中国应急管理法治年度报告

2021-2022

主　　编 ◎ 刘　锐
执行主编 ◎ 王　静
副 主 编 ◎ 吴小亮　闫丽彬

中国政法大学出版社

2023·北京

声　明　　1. 版权所有，侵权必究。

　　　　　2. 如有缺页、倒装问题，由出版社负责退换。

图书在版编目（CIP）数据

中国应急管理法治年度报告.2021-2022/刘锐主编. —北京：中国政法大学出版社，2023.11

ISBN 978-7-5764-1209-3

Ⅰ.①中… Ⅱ.①刘… Ⅲ.①突发事件－公共管理－法治－研究报告－中国－2021-2022　Ⅳ.①D922.104

中国国家版本馆 CIP 数据核字(2023)第 211655 号

出 版 者	中国政法大学出版社	
地　　　址	北京市海淀区西土城路 25 号	
邮寄地址	北京 100088 信箱 8034 分箱　邮编 100088	
网　　　址	http://www.cuplpress.com（网络实名：中国政法大学出版社）	
电　　　话	010-58908285(总编室) 58908433 （编辑部） 58908334(邮购部)	
承　　　印	北京九州迅驰传媒文化有限公司	
开　　　本	720mm×960mm　1/16	
印　　　张	24	
字　　　数	370 千字	
版　　　次	2023 年 11 月第 1 版	
印　　　次	2023 年 11 月第 1 次印刷	
定　　　价	105.00 元	

编委会

顾　问

洪　毅　中国应急管理学会会长、国家行政学院原副院长

应松年　中国法学会行政法学研究会名誉会长、中国政法大学终身教授

胡建淼　中共中央党校（国家行政学院）国家一级教授，第十四届全国政协委员、社会和法制委员会委员

委　员

王锡锌　北京大学法学院教授、《中外法学》主编

吴　蕾　《中国法学》原编审

李显东　中国政法大学民商经济法学院教授、中国应急管理学会法律工作委员会主任

余勋盛　中国保险行业协会副秘书长

于　安　广东外语外贸大学云山工作室首席专家、清华大学公共管理学院教授

王敬波　黑龙江大学校长、党委副书记、教授

李洪雷　中国社会科学院法学所副所长、教授

杨伟东　中国政法大学法治政府研究院教授

作　者

刘　锐　中国应急管理学会法律工作委员会副主任兼秘书长、中共中央党校（国家行政学院）政法部教授

张　红　北京师范大学法务办公室主任、教授

成协中　中国政法大学法学院行政法研究所所长、教授

王祯军　辽宁师范大学法学院教授

孟　磊　中国地质大学（北京）经济管理学院教授

王　静　北京师范大学法学院副教授

杨　霞　中央司法警官学院法学院副教授

崔俊杰　首都师范大学政法学院副教授

陈　悦　安徽大学管理学院讲师

吴小亮　上海澄明则正律师事务所主任、律师

闫丽彬　北京市易和律师事务所高级合伙人

曾雯萱　北京师范大学法学院硕士研究生

谢一帆　首都师范大学政法学院硕士研究生

序
PREFACE

突如其来的新型冠状病毒肺炎，对中国的冲击是全方位的，涉及经济、政治、社会、文化和思想等各个方面。特别是对我们的国家治理体系和治理能力是一次全面而深刻的检验。中国是世界上控制新冠疫情最好的国家。这从宏观上讲，是我们的制度优势；从微观上讲，离不开地方各级领导干部的高度重视和辛勤工作。就法治领域而言，它使人们更加关注应急管理法治的问题。

习近平总书记指出，"疫情防控越是到最吃劲的时候，越要坚持依法防控"。法治对疫情防控至关重要，对应急管理也同样重要。国家管理所面对的社会状态可分为两类：一是平时状态；二是应急状态。适用平时状态的法称"常态法"；适用应急状态的法则称"应急法"。我国现行法律大多属于"常态法"，是为调整平时状态下的各种社会关系而设置。应急状态下，由于社会出现突发事件而使国家和社会处于危急之中，便需要由特别的法律来规制人们的行为。如果用"平时法律"去处理应急事件，会显得措施不力，坐失良机。在应急状态下用以规制人们行为，特别是应急处置行为的特别法，就是应急法。

我国应急法律体系，是指用以规范国家应急处置行为的法律规范体系。它并不是由一个称之为"中华人民共和国应急法"的法规来集中体现，而是指散见于宪法、法律、法规和规章中的各种法律规范的总和。

应急状态可以从广义和狭义上理解和掌握。

广义上的应急状态，就是指因自然灾害、事故灾难、公共卫生事件和社会安全事件等突发事件，引发全国或一定范围内的混乱和危害，使得国家和政府部门必须紧急应对处置的状态。这种状态具有突发性、危害性和紧迫性等特点。所谓突发性，是指引发应急状态的事件是突然发生的，人们一般无法预料；所谓危害性，是指突发的事件及其所引起的状态都不是一件好事，而是一种危害人类、自然、社会、国家的极端不利事件及状态；所谓紧迫性，是指这种事件具有急速发展的势态，不紧急处置会对人类、自然、社会、国家造成无法挽回的损失。广义上的应急状态又包括三种状态：一是应急状态（狭义）；二是紧急状态；三是战争状态。这三种状态，在确认和宣布机关、法律适用和程序等方面都是有所区别的。

狭义的应急状态不包括紧急状态与战争状态。它虽然也由自然灾害、事故灾难、公共卫生事件和社会安全事件等突发事件所引起，但它没有到达紧急状态的程度，也未进入战争状态，它是适用《中华人民共和国突发事件应对法》（以下简称《突发事件应对法》）及相关法律，而不是适用"紧急状态法"或"战时状态法"处置的状态。简单地说，应急状态（狭义）就是《突发事件应对法》所界定的状态；《突发事件应对法》其实是一部"应急状态（狭义）"的应对法。紧急状态下，是比应急状态（狭义）更严重的一种状态，是指有关部门采取《突发事件应对法》和其他有关法律、法规、规章规定的应急处置措施不能消除或者有效控制突发事件，有关国家机关需要采取更严厉更特殊的措施进行应对的状态。紧急状态一般因内乱和战争等社会安全事件引发，但也不排除因自然灾害、事故灾难、公共卫生事件而引起。

这三种状态，在确认和宣布机关、法律适用和程序等方面都是有所区别的。所以有些地方宣布进入"应急阶段"和"应急状态"，这是符合法律规范的，是完全正确的。我国自新中国成立以来，未宣布过任何紧急状态和战争状态。所以我曾撰文呼吁应当慎用"紧急状态""战时管制""战时动员令"等夸张而不规范的提法。

在这次新冠疫情防控战中，反映出我们对应急法律知识的了解和掌握

序

是不够的，不知道县级以上政府有发布预警的权力和职责；将应急状态的确认和宣布与针对应急状态的响应机制混为一谈；不清楚在应急状态下政府到底拥有哪些紧急处置权；不知道是否有权宣布"紧急状态"和"战时管制令"，等等。我国的普法工作虽然进入到第七个五年（"七五普法"），但对应急法律知识的普及显然还是一个短板。

推进国家治理现代化离不开国家治理法治化。甚至可以说，推进国家治理现代化的关键在于法治化，推进国家治理法治化的过程本身就是推进国家治理现代化的过程，二者具有同步性。习近平总书记指出，"人类社会发展的事实证明，依法治理是最可靠、最稳定的治理"，"法治是国家治理体系和治理能力的重要依托"。党的第十九届四中全会提出要"加强系统治理、依法治理、综合治理、源头治理"。我们党将全面依法治国引入国家治理，并将法治作为推进国家治理体系和治理能力现代化的重要抓手和依托，是中国法治理论和法治实践中的一项伟大变革。党的十九届四中全会通过的《中共中央关于坚持和完善中国特色社会主义制度 推进国家治理体系和治理能力现代化若干重大问题的决定》强调了"制度"和"治理"两个关键词。"制度"反映在强调坚持和完善中国特色社会主义制度，对支撑中国特色社会主义制度的根本制度、基本制度和重要制度作了全面系统的顶层设计，体现了以"制度之治"为主要特征的"中国之治"；"治理"表现在围绕推进国家治理体系和治理能力现代化的主轴，设定了国家治理现代化的精细目标、具体步骤和有效措施。对于中国这艘"巨轮"来说，"制度"决定航向，"治理"反映动力，"法治"保驾护航；航向、动力和护航相辅相成，缺一不可。

应急管理法治作为国家治理体系和治理能力现代化的组成部分，也必须在国家治理的性质、方向和法治保障基础上守正笃实、久久为功。我欣喜地看到中国应急管理学会法律工作委员会的专家团队开启了一件在学术上很有意义的工作，对两年以来我国应急管理法治的方方面面展开全景式的汇总分析，既对形成的经验予以总结推广，也对存在的问题予以深度分析。这是一项基础性工作，是一件为更多关注应急管理工作的各方面提供翔实资料和专业分析的工作，在此基础上，还有待与应急管理有关的各行各业的专家进一步来分析研究，产出更多丰富扎实的学术成果，为应急管理法治乃至法治中国、法治政府和法治社会建设提供学理支撑。

这篇序言是为《中国应急管理法治年度报告（2019-2020）》而作的，再次献给孜孜以求的作者团队，祝贺《中国应急管理法治年度报告（2021-2022）》发布！

胡建淼
2023 年 10 月 10 日

前言
FOREWORD

2021-2022年是中国法治建设历程中具有历史意义的时期。

习近平法治思想明确为全面依法治国的指导思想，为建设法治国家，我国先后发布"一规划两纲要"，即《法治中国建设规划（2020-2025年）》《法治社会建设实施纲要（2020-2025年）》和《法治政府建设实施纲要（2021-2025年）》。

2020年11月16日至17日，中央召开全面依法治国工作会议，将习近平法治思想明确为全面依法治国的指导思想。习近平法治思想以"十一个坚持"为核心要义，回答了为什么建设社会主义法治国家、怎样建设法治国家等一系列重大理论和实践问题，涉及法治建设的方方面面。应急法治化是全面依法治国的题中应有之义，习近平法治思想是应急法治建设的指导思想、主要原则和总体目标，在习近平法治思想指引下形成了推动应急法治建设的有益探索和经验。为统筹推进法治中国建设各项工作，中共中央印发了《法治中国建设规划（2020-2025年）》，建设法治中国，总体目标为实现法律规范科学完备统一，执法司法公正高效权威，权力运行受到有效制约监督，人民合法权益得到充分尊重保障，法治信仰普遍确立，法治国家、法治政府、法治社会全面建成。为加快推进法治社会建设，中共中央印发《法治社会建设实施纲要（2020-2025）》，对法治观念宣介、制度规范完善、权利保护、社会治理和网络治理等方面工作进行部署。为在新发展阶段持续深入推进依法行政，全面建设发展政府，根据当前法治政府建设实际，中共中央、国务院印发《法治政府建设实施纲要（2021-2025）》，其中专门对健全突发事件应对体系进行规定，并对依法预防处置重大突发事件作出布局安排，分别从完善突发事件应对制度、提高突发事件依法处置能力以及引导和规范基层组织和社会力量参与突发事件应对等方面提出改革发展举措。法治建设"一规划两纲要"是我国"十四五"时期全面依法治国的总蓝图、路线图、施工图。

2021-2022年是中国应急法治建设具有历史意义的时期。

为落实《中华人民共和国国民经济和社会发展第十四个五年规划和2035年远景目标纲要》，国务院及突发事件应对管理部门对应急的任务和职责印发"十四五"规划。2021年12月国务院印发《"十四五"国家应急体系规划》，针对安全生产、防灾减灾救灾等工作，要求主动适应国家治理体系和治理能力现代化，"积极推进应急管理体系和能力现代化"，到2035年"建立与基本实现现代化相适应的中国特色大国应急体系"。2022年12月，为加强突发事件紧急医学救援工作，有效减轻各类突发事件对人民群众身心健康和生命安全的危害，保障社会和谐稳定与经济平稳发展，国家卫生健康委印发《突发事件紧急医学救援"十四五"规划》。为提升重大安全风险防范和应急处置能力，2022年6月22日，应急管理部印发《"十四五"应急救援力量建设规划》。为防范化解重大安全风险，有效遏制矿山重特大事故发生，保护从业人员生命安全，全面提升矿山安全综合治理效能，实现矿山安全高质量发展，2022年7月19日，应急管理部、国家矿山安全监察局印发《"十四五"矿山安全生产规划》。为贯彻落实"十四五"期间公共安全与防灾减灾领域科技创新的总体思路、发展目标和重点任务，2022年9月15日，科技部和应急部印发《"十四五"公共安全与防灾减灾科技创新专项规划》。为加强应急物资保障体系建设，提高应对灾害事故的能力和水平，2022年10月11日应急管理部、国家发展改革委、财政部、国家粮食和储备局联合印发《"十四五"应急物资保障规划》。为更好地从源头上防范化解重大安全风险和有效应对突发事件，地方政府根据各自"十四五"规划，也分别制定应急管理的"十四五"规划，如2021年，上海市人民政府办公厅印发《上海市应急管理"十四五"规划》；2022年七台河市人民政府印发《七台河市"十四五"应急体系建设规划》；2022年九江市应急管理局等部门印发《九江市"十四五"综合防灾减灾规划》。

2021-2022年是中国应急法治建设承上启下的重要阶段。

这两年恰巧是我国应对新冠疫情的重要时期，也是逐渐收官的阶段。

从2020年开始"三年卓有成效的疫情防控工作，为我国疫苗、药物的研发应用以及医疗等资源准备赢得了宝贵时间。根据疫情形势，主动调整防控策略是科学、及时、必要的。"[1]

进入2022年，具有强传染性的奥密克戎变异株迅速蔓延。同期，我国始终在人群免疫水平、卫生健康系统承压能力、社会公共卫生干预措施三项中力求保持平衡。2022年初，国家卫生健康委部署全国医疗机构加强呼吸道传染病防治能力建设。2022年5月，国务院联防联控机制印发《大规模奥密克戎疫情应对处置方案》，明确了提升医疗救治能力、加强定点医院储备等要求。2022年6月，国务院联防联控机制总结北京冬奥会等防控成功经验，推出第九版防控方案，进一步减少隔离时间，推动诊断标准与国际接轨。截至2022年11月上旬，全国完成新冠疫苗全程接种人数已超过总人口的90%。

2022年11月10日，习近平总书记主持召开中共中央政治局常务委员会会议并发表重要讲话，提出"坚持科学精准防控，提高防疫工作的有效性"，"要在落实各项防疫举措的同时加强分析研判，必要的防疫举措不能放松"，并首次提出二十条优化措施，向海内外释放中国因时因势、主动

---

[1] 新华社：《中国战"疫"进入新阶段——我国因时因势优化疫情防控措施纪实》，载新华网https://h.xinhuaxmt.com/vh512/share/11304541？d，最后访问日期：2023年10月8日。

优化防控政策的鲜明信号。2022年11月11日，将风险区调整为"高、低"两类，高风险区一般以单元、楼栋为单位划定；不再判定密接的密接；取消入境航班熔断机制等措施开始实行，二十条优化措施重点就加强医疗资源建设，推进疫苗接种，加快药物储备，强化重点机构、重点人群保护等作出部署。2022年11月下旬，北京社会面病例数不断波动上升，病毒传代时间平均仅约2天，重庆、广州等地疫情也开始快速传播，多点多链并行、散发聚集并存。2022年12月15日至16日，习近平总书记在中央经济工作会议发表重要讲话。会议强调，要更好统筹疫情防控和经济社会发展，因时因势优化疫情防控措施，认真落实新阶段疫情防控各项举措，保障好群众的就医用药，重点抓好老年人和患基础性疾病群体的防控，着力保健康、防重症。2022年12月26日，国家卫生健康委发布公告：经国务院批准，自2023年1月8日起，解除对新型冠状病毒感染采取的《中华人民共和国传染病防治法》规定的甲类传染病预防、控制措施；不再纳入《中华人民共和国国境卫生检疫法》规定的检疫传染病管理。

"3年多来，我国始终坚持因时因势优化调整防控政策措施，高效统筹疫情防控和经济社会发展，成功避免了致病力较强、致死率较高的病毒株的广泛流行，有效保护了人民群众生命安全和身体健康。经过全党全国各族人民的同心抗疫，我国取得疫情防控重大决定性胜利。"[1]2021-2022年作为我国突发公共卫生事件应对的重要阶段，是打赢疫情防控战的关键时期，也集中代表着我国应急体系和能力建设得以充分提升，从2023年开始进入新的历史阶段。

法治国家建设的路线图为推进应急法治建设作出重要部署，新冠疫情防控战为应急发展建设提供丰富的实践素材和宝贵经验。应急领域的"十四五"规划确立应急建设内容，多方面结合，全面开启应急法治建设新征程。

---

[1]《国家卫生健康委新闻发言人米锋在2023年2月23日国务院联防联控机制新闻发布会上的发言》，载中国政府网 https://www.gov.cn/xinwen/gwylflkjz236/mobile.htm，最后访问日期：2023年10月8日。

前言

本书包括如下部分。

第一章中央应急管理法治特点与发展方向。在2021-2022年度，中央制定、修订的关于应急管理规范共有3部法律，5部规章以及若干其他规范性文件。这一阶段中央应急管理法治特点为：积极推进应急管理"放管服"改革、加快推进应急管理法律法规和标准体系建设、持续推进全过程公正文明智慧执法。在中央应急管理法治的发展方向上，主要为夯实应急法治基础建设、深化应急管理体制改革、防控化解灾害事故风险、健全共建共治共享体系、增进创新驱动的发展动能、增强应急管理法治宣传教育。在中央应急管理法治发展的实践困境上，主要有应急管理法律规范不健全、应急管理法治实施效果不理想、应急管理法治监督不到位、应急管理法治保障不足。中央应急管理法治的完善措施应从如下几个方面开展，中央应急管理法治的完善措施展望，形成高效的应急管理法治实施体系，构建严密的应急管理法治监督体系。

第二章国内应急管理法治研究综述。国内学者对"应急管理法治"的研究在继2003年"非典"事件后再次出现繁荣景象。梳理两年来相关学术成果可以发现，与"非典"事件引发的国内第一波"应急法治"研究热相比，本次由新冠疫情防控引发的研究在研究进路上并未有实质改变，总体上沿着应急法治基础理论研究、非常状态的制度和机制建构研究、具体类型突发事件应对法律问题研究的路径展开。国内学者对应急法治的学术旨趣很大程度上来源于为回应现实问题而对疫情防控相关问题的思考。研究对象涵盖突发事件的预防与准备、监测与预警、处置与救援、恢复与重建各个环节的理论与实践问题。研究涉及的内容比较广泛，既包括紧急权规制、非常状态下的权利保护等应急法治领域的热点问题，也涉及诸如应急越级行政、伤亡人员的社会保障制度等以往少有学术关注的问题；既有应急法治基础理论等传统的老问题，也有数字接触追踪技术法律规制、大数据算法应用法治化等新兴问题。

第三章地方应急管理法治特点与发展方向。2021年、2022年全国各地以法律、行政法规和部门规章为蓝本，结合本地区实际情况，对地方性的法规规章进行修订，主要涉及突发事件类、公共卫生类、安全生产类、消防救援类、自然灾害类等。地方应急管理法治的特点有重视公共卫生领域的应急立法、承接上位法的变动、加强组织建设、推进应急管理领域体制变革和应急管理法治的机制革新。在地方应急管理法治的展望上，应与国家的目标政策衔接，体制机制方面既要细化基层应急管理职责与任务，也要完善部门协同，完善治理模式、提高治理能力，优化要素配置。

第四章地方应急管理法治的先进经验和试验做法。地方应急管理法治试验做法有：重塑应急管理法治发展理念，完善体系构建；推进应急管理法治信息化建设，注重因地制宜；完善应急管理法治评估与监督机制，不断迭代。地方应急管理法治经验为：科学预报、系统预防、避险管控、精准减灾。

第五章全国重特大生产安全事故汇总。本章对2021年、2022年全国发生的重特大生产安全事故进行汇总，主要对重特大生产安全事故的概况、经过、应急处置情况、事故原因、主要教训等相关情况进行介绍。通过对事故的梳理和分析，总结出我国重特大安全生产事故暴露出的问题，并对今后的工作提出相关对策及建议。

第六章应急管理执法典型案例汇总与梳理。安全生产领域行政执法是当前应急管理机关执法工作的重要与主要面向，但应急管理执法并不仅限于此，应急管理执法的法律依据亦不仅限于《中华人民共和国安全生产法》及其下位法。在防灾救灾减灾领域，《中华人民共和国防震减灾法》、《中华人民共和国森林防火条例》等法律法规赋予了主管机关实施行政处罚等行政执法权。此外，《突发事件应对法》、《中华人民共和国突发公共卫生事件应急条例》、《中华人民共和国传染病防治法》、《中华人民共和国消防法》以及《中华人民共和国突发环境事件应急管理办法》等法律规范同样是相应主管机关开展应急管理执法的重要法律依据。不同类型的行政执法在法律依据、执法模式等方面成熟度、稳定性存在较大差异。

第七章应急管理司法案例。2021至2022年度的应急管理领域行政诉讼、非诉执行案例，主要集中在行政赔偿、行政补偿、行政处罚、非诉执行等案件类型。应急管理领域行政补偿诉讼案件多因应急管理领域政策、法律变化引起，根据行政补偿法定原则，对于该类案件，人民法院判决行政机关予以补偿的通常要求必须有直接补偿文件、当地的习惯性做法、关联性判例或单方补偿承诺、双方签订补偿协议等依据。针对应急管理领域行政赔偿诉讼案件，应急管理领域的职权单位及其工作人员在行使职权过程中，如有侵犯人身权、财产权的行为，人民法院经查证属实，应当予以赔偿。应急管理领域的行政诉讼案件中数量最多的是行政处罚诉讼案件，非诉强制执行案件中绝大部分的案例为申请强制执行行政处罚。针对该类案件人民法院主要审查行政机关作出行政处罚决定所认定的事实是否清楚、法律适用是否准确、程序是否合法、是否存在超越职权或者滥用职权行为等进行审查。人民法院通常审查的重点和难点在于行政处罚的种类较难识别。经对比2021年之前应急管理领域的行政诉讼案件，人民法院对行政机关行为的合法性审查更加严格；随着行政诉讼要求行政机关负责人出庭制度的不断完善，2021年至2022年的应急管理领域行政诉讼案件，有越来越多的行政机关负责人出庭应诉，有效地助推行政争议实质性化解，提升行政机关负责人和行政执法人员应诉能力和水平。

第八章我国应急管理法治建设成效、问题与展望。2021-2022年，各级管理部门不断深入推进应急管理法治化建设，从力度、覆盖面和效果上看，都取得显著成果。然而，也存在许多不足之处，应急法治化的社会感受度不明显，主要为应急法律规范体系有待完善、应急法治实施体系需要健全、应急法治监督体系亟待完备、应急法治保障体系需要提升。因此，在接下来的改革中，一方面，运用法治思维和法治方式将党和国家机构改革和转变政府职能统筹推进、一体谋划；另一方面，应坚持问题导向、目标导向，将风险规制和突发事件应对分类推进，从数量的全转向质量的好，完善应急法治体系。

目 录 CONTENTS

序 ·· 001
前 言 ·· 005
第一章 中央应急管理法治特点与发展方向 ·· 001
  第一节 中央应急管理法治发展概况 ·· 001
    一、我国现行应急管理法律体系的分类与构成 ···························· 001
    二、2021-2022 年度中央应急管理法治的进展变化 ···················· 004
    三、2021-2022 年度中央应急管理法治的主要特点 ···················· 014
  第二节 中央应急管理法治的发展 ·· 015
    一、夯实应急法治基础建设 ·· 016
    二、深化应急管理责任体制改革 ·· 018
    三、防控化解灾害事故风险 ·· 019
    四、健全共建共治共享体系 ·· 021
    五、增进创新驱动的发展动能 ·· 022
    六、加强应急管理法治宣传教育 ·· 024
  第三节 中央应急管理法治发展的实践困境 ···································· 024
    一、应急管理法律规范不健全 ·· 024
    二、应急管理法治实施效果不理想 ·· 027
    三、应急管理法治监督不到位 ·· 030

四、应急管理法治保障不足 …………………………………………… 032
第四节 中央应急管理法治完善的措施 ………………………………… 035
一、健全系统完备的法律规范体系 …………………………………… 035
二、形成高效的应急管理法治实施体系 ……………………………… 038
三、构建严密的应急管理法治监督体系 ……………………………… 040
四、建设有力的应急管理法治保障体系 ……………………………… 042

第二章 国内应急管理法治研究综述 ………………………………… 044

第一节 应急法治基础理论研究 ………………………………………… 045
一、紧急权研究 ………………………………………………………… 045
二、非常状态下的权利保护研究 ……………………………………… 050
三、应急法律原则研究 ………………………………………………… 051
第二节 应急法律制度和机制建构研究 ………………………………… 053
一、宏观制度建构研究 ………………………………………………… 053
二、微观制度和机制建构研究 ………………………………………… 055
第三节 具体类型突发事件应对法律问题研究 ………………………… 065
一、公共卫生事件法律问题研究 ……………………………………… 065
二、社会安全事件法律问题研究 ……………………………………… 069
第四节 应急行政诉讼问题研究 ………………………………………… 070
第五节 研究述评与展望 ………………………………………………… 071

第三章 地方应急管理法治特点与发展方向 …………………………… 077

第一节 各省市应急管理法治发展概况 ………………………………… 078
一、按层级划分地方应急管理法规规章制度 ………………………… 078
二、按灾害类型划分地方应急管理法规规章制度 …………………… 084
第二节 地方应急法治的特点 …………………………………………… 090
一、重视公共卫生领域的应急立法 …………………………………… 090
二、承接上位法的变动 ………………………………………………… 094
三、加强组织建设 ……………………………………………………… 101

四、推进应急管理领域体制变革 …………………………………… 104

　　五、应急法治中的机制革新 ………………………………………… 105

第三节　地方应急管理法治的展望 ……………………………………… 109

　　一、与国家的目标政策衔接 ………………………………………… 109

　　二、体制机制方面 …………………………………………………… 111

　　三、完善治理模式、提高治理能力 ………………………………… 113

　　四、重视风险防控与事前准备 ……………………………………… 114

　　五、优化要素配置 …………………………………………………… 117

第四章　地方应急管理法治的先进经验和试验做法 ………………… 119

第一节　应急管理法治的先进经验和试验做法 ………………………… 119

　　一、重塑应急管理法治发展理念，完善体系构建 ………………… 119

　　二、推进应急管理法治信息化建设，注重因地制宜 ……………… 120

　　三、完善应急管理法治评估与监督机制，不断迭代 ……………… 121

第二节　自然灾害类各地的先进经验和试验做法 ……………………… 123

　　一、森林草原火灾防治中各地应急管理法治的先进经验 ………… 123

　　二、防汛工作中各地应急管理法治的先进经验 …………………… 129

第三节　事故灾难类各地的先进经验和试验做法

　　　　　——以上海城市数字应急为例 ……………………………… 134

　　一、背景简介 ………………………………………………………… 134

　　二、经验介绍 ………………………………………………………… 135

第四节　各地应急管理法治经验总结 …………………………………… 139

　　一、科学预报 ………………………………………………………… 139

　　二、系统预防 ………………………………………………………… 140

　　三、避险管控 ………………………………………………………… 140

　　四、精准减灾 ………………………………………………………… 141

第五章　全国重特大生产安全事故汇总 ………………………………… 143

第一节　全国重特大生产安全事故概况 ………………………………… 144

一、2021 年全国重特大生产安全事故概况 …………………… 144

　　二、2022 年全国重特大生产安全事故概况 …………………… 146

　第二节　全国重特大生产安全事故汇总 …………………………… 149

　　一、2021 年全国重特大生产安全事故汇总 …………………… 149

　　二、2022 年全国重特大生产安全事故汇总 …………………… 162

　第三节　全国重特大生产安全事故反映出来的问题和对策 ……… 170

　　一、存在的问题 ………………………………………………… 171

　　二、对策建议 …………………………………………………… 183

第六章　应急管理执法典型案例汇总与梳理 ……………………… 189

　第一节　绪言 ………………………………………………………… 189

　　一、应急管理执法概貌 ………………………………………… 189

　　二、安全生产领域行政执法概述 ……………………………… 190

　　三、其他类型应急管理执法概述 ……………………………… 193

　第二节　安全生产组织类违法 ……………………………………… 194

　　一、概述 ………………………………………………………… 194

　　二、典型案例分析 ……………………………………………… 195

　第三节　安全生产事故预防与损害防免类违法 …………………… 197

　　一、概述 ………………………………………………………… 197

　　二、典型案例分析 ……………………………………………… 201

　第四节　应急预案类违法 …………………………………………… 207

　　一、概述 ………………………………………………………… 207

　　二、典型案例分析 ……………………………………………… 207

　第五节　行政许可类违法 …………………………………………… 210

　　一、概述 ………………………………………………………… 210

　　二、典型案例分析 ……………………………………………… 211

　第六节　安全生产规章制度和安全操作规程类违法 ……………… 214

　　一、概述 ………………………………………………………… 214

二、典型案例分析 …………………………………………… 215

　第七节　其他类型违法 ………………………………………… 218

　　一、安全生产管理协议、发包或出租类违法 ………………… 218

　　二、工伤保险、责任保险类违法 ……………………………… 219

　　三、检测检验类违法 …………………………………………… 220

　　四、消防类违法 ………………………………………………… 221

　　五、民航类违法 ………………………………………………… 222

　　六、航运交通类违法 …………………………………………… 223

　　七、突发环境事件应急管理类违法 …………………………… 224

　　八、突发公共卫生事件应急管理类违法 ……………………… 225

第七章　应急管理司法案例

　第一节　行政案件和非诉执行案件 …………………………… 226

　　一、概述 ………………………………………………………… 226

　　二、典型案例分析 ……………………………………………… 227

　第二节　公益诉讼案件 ………………………………………… 248

　　一、概述 ………………………………………………………… 248

　　二、典型案例分析 ……………………………………………… 249

　第三节　刑事案例 ……………………………………………… 272

　　一、概述 ………………………………………………………… 272

　　二、典型案例分析 ……………………………………………… 273

　第四节　民事案例 ……………………………………………… 291

　　一、概述 ………………………………………………………… 291

　　二、典型案例分析 ……………………………………………… 293

第八章　我国应急管理法治建设成效、问题与展望 ………… 316

　第一节　2021－2022年我国应急管理法治建设成效和特点 … 317

　　一、应急管理法律规范体系日益健全 ………………………… 317

　　二、应急管理法治实施体系大力推进 ………………………… 319

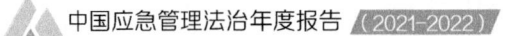

三、应急管理法治监督体系进一步完善 …………………… 326

四、应急管理法治保障体系更加丰富 …………………… 327

第二节 应急管理法治建设新变化 ………………………… 328

一、理念新变化：大安全和大应急 ……………………… 328

二、大安全和大应急法治建设总体目标 ………………… 330

第三节 应急管理法治建设新问题 ………………………… 331

一、应急管理法治原则确立问题 ………………………… 331

二、应急管理法律规范体系问题 ………………………… 333

三、应急管理法治实施体系问题 ………………………… 333

四、应急管理法治监督体系问题 ………………………… 336

五、应急管理法治保障体系问题 ………………………… 336

第四节 应急管理法治建设新方向 ………………………… 336

一、确立应急管理法治原则 ……………………………… 337

二、协调应急管理法律规范体系 ………………………… 339

三、提升应急管理法治实施体系 ………………………… 340

四、完善应急管理法治监督体系 ………………………… 346

五、健全应急管理法治保障体系 ………………………… 347

小　结 ………………………………………………………… 348

附：关于对《突发事件应对管理法（草案）》的修改意见 ………… 350

后　记 ……………………………………………………………… 360

第一章
中央应急管理法治特点与发展方向

第一节 中央应急管理法治发展概况

一、我国现行应急管理法律体系的分类与构成

应急管理是国家治理体系的重要组成部分。党的十八大以来，全面依法治国在各领域、各环节深入推进，应急管理领域也更加强调坚持依法管理，运用法治思维和法治方式提高应急管理的法治化、规范化水平。

应急管理法律体系是指一国现行的应急管理法律规范按照不同类型的突发事件应对类别分类组合而形成的一个成体系化的有机联系的统一整体。其作为应急管理体系中的重要一环，既是推动应急管理法治化的支撑，也是应急管理实施中的重要依据。当前，我国应急管理法律体系以《中华人民共和国宪法》（以下简称《宪法》）为依据，以《中华人民共和国突发事件应对法》（以下简称《突发事件应对法》）为核心，以各类"单灾种"应急法律为支撑的模式，应急管理工作逐步走上了规范化、法制化的轨道。具体分类情况如下表所示：

效力层级	种类	名称
法律	自然灾害类	《中华人民共和国防震减灾法》（2008 修订） 《中华人民共和国水法》（2016 修正） 《中华人民共和国气象法》（2016 修正） 《中华人民共和国防沙治沙法》（2018 修正） 《中华人民共和国森林法》（2019 修订）
	事故灾难类	《中华人民共和国放射性污染防治法》（2003 制定） 《中华人民共和国环境保护法》（2014 修订） 《中华人民共和国水污染防治法》（2017 修正）

续表

效力层级	种类	名称
		《中华人民共和国海洋环境保护法》（2023修订） 《中华人民共和国大气污染防治法》（2018修正） 《中华人民共和国建筑法》（2019修正） 《中华人民共和国固体废物污染环境防治法》（2020修订） 《中华人民共和国消防法》（2021修正） 《中华人民共和国海上交通安全法》（2021修订）
	公共卫生事件类	《中华人民共和国进出境动植物检疫法》（2009修正） 《中华人民共和国传染病防治法》（2013修正） 《中华人民共和国国境卫生检疫法》（2018修正） 《中华人民共和国动物防疫法》（2021修订）
	社会安全事件类	《中华人民共和国领海及毗连区法》（1992施行） 《中华人民共和国戒严法》（1996施行） 《中华人民共和国专属经济区和大陆架法》（1998施行） 《中华人民共和国价格法》（1998施行） 《中华人民共和国中国人民银行法》（2003修正） 《中华人民共和国银行业监督管理法》（2006修正） 《中华人民共和国人民警察法》（2012修正） 《中华人民共和国监狱法》（2012修正） 《中华人民共和国商业银行法》（2015修正） 《中华人民共和国保险法》（2015修正） 《中华人民共和国证券法》（2019修订） 《中华人民共和国民族区域自治法》（2001修正） 《中华人民共和国农业法》（2012修正） 《中华人民共和国种子法》（2021修正） 《中华人民共和国野生动物保护法》（2022修订）
行政法规	自然灾害类	《中华人民共和国海洋石油勘探开发环境保护管理条例》（1983施行） 《森林病虫害防治条例》（1989施行） 《地质灾害防治条例》（2004施行） 《蓄滞洪区运用补偿暂行办法》（2000施行） 《军队参加抢险救灾条例》（2005施行） 《森林防火条例》（2008修订） 《草原防火条例》（2008修订） 《中华人民共和国防汛条例》（2011修订） 《破坏性地震应急条例》（2011修订） 《中华人民共和国自然保护区条例》（2017修订） 《中华人民共和国森林法实施条例》（2018修订） 《人工影响天气管理条例》（2020修订）

第一章 中央应急管理法治特点与发展方向

续表

效力层级	种类	名称
	事故灾难类	《中华人民共和国民用核设施安全监督管理条例》（1986施行） 《中华人民共和国海上交通事故调查处理条例》（1990施行） 《中华人民共和国矿山安全法实施条例》（1996施行） 《国务院关于特大安全事故行政责任追究的规定》（2001施行） 《中华人民共和国渔业船舶检验条例》（2003施行） 《劳动保障监察条例》（2004施行） 《建设工程安全生产管理条例》（2004施行） 《电力监管条例》（2005施行） 《生产安全事故报告和调查处理条例》（2007施行） 《特种设备安全监察条例》（2009修订） 《工伤保险条例》（2010修订） 《淮河流域水污染防治暂行条例》（2011修订） 《中华人民共和国计算机信息系统安全保护条例》（2011修订） 《核电厂核事故应急管理条例》（2011修订） 《国务院关于预防煤矿生产安全事故的特别规定》（2013修订） 《危险化学品安全管理条例》（2013修订） 《煤矿安全监察条例》（2013修订） 《中华人民共和国电信条例》（2016修订） 《防止拆船污染环境管理条例》（2017修订） 《农业转基因生物安全管理条例》（2017修订） 《中华人民共和国防治海岸工程建设项目污染损害海洋环境管理条例》（2018修订） 《中华人民共和国河道管理条例》（2018修订） 《中华人民共和国内河交通安全管理条例》（2019修订） 《建设工程质量管理条例》（2019修订） 《放射性同位素与射线装置安全和防护条例》（2019修订） 《中华人民共和国道路运输条例》（2023修订）
	公共卫生事件类	《中华人民共和国传染病防治法实施办法》（1991施行） 《突发公共卫生事件应急条例》（2011修订） 《重大动物疫情应急条例》（2017修订） 《植物检疫条例》（2017修订） 《中华人民共和国国境卫生检疫法实施细则》（2019修订）

续表

效力层级	种类	名称
	社会安全事件类	《行政区域边界争议处理条例》（1989发布） 《国防交通条例》（2011修订） 《民兵工作条例》（2011修订） 《中华人民共和国民用航空安全保卫条例》（2011修订） 《殡葬管理条例》（2012修订） 《中华人民共和国水生野生动物保护实施条例》（2013修订） 《中华人民共和国陆生野生动物保护实施条例》（2016修订） 《中央储备粮管理条例》（2016修订） 《饲料和饲料添加剂管理条例》（2017修订） 《民用运力国防动员条例》（2019修订） 《军人抚恤优待条例》（2019修订） 《营业性演出管理条例》（2020修订） 《兽药管理条例》（2020修订） 《粮食流通管理条例》（2021修订） 《农药管理条例》（2022修订）

二、2021-2022年度中央应急管理法治的进展变化

全国应急管理工作会议报告指出，2021-2022年度在党和国家历史上极为重要，应急管理系统也于其中经受了严峻考验。应急管理部门和消防救援队伍坚决贯彻落实习近平总书记重要指示精神和党中央、国务院决策部署，严格落实疫情要防住、经济要稳住、发展要安全的要求，顶住了疫情不确定性叠加经济下行压力加大对安全生产造成的冲击，全力以赴推进防范化解重大安全风险各项工作，取得新的历史性成绩。我国应急管理工作的开展须遵循现代法治原则，强化法律在应急管理各领域、各方面、各环节的规制作用，保障各项应急管理工作在法治的框架下开展。在2021-2022年期间，中央制定、修订的关于应急管理规范共有3部法律，5部规章以及若干其他规范性文件。以上应急管理法律法规的制定（修订），逐步健全了我国应急管理法治体系。

(一) 法律

在事故灾难类专业性应急管理法律方面,《中华人民共和国安全生产法》(以下简称《安全生产法》) 自 2002 年 11 月 1 日实施以来,于 2009 年、2014 年、2021 年进行过三次修正。最近一次修正主要围绕习近平总书记关于安全生产工作一系列重要指示批示精神和党中央、国务院有关决策部署,从强化企业安全生产主体责任、完善政府安全监管体制机制等方面,进一步推进安全生产治理体系和治理能力现代化。在社会安全事件类专业性应急管理法律方面,我国修正了《中华人民共和国消防法》(以下简称《消防法》),进一步扩大了消防执法主体范围,并强化了消防安全主体责任落实。在综合性法律监管方面,对《中华人民共和国行政处罚法》(以下简称《行政处罚法》)进行了修订,明确了应急管理领域综合行政执法制度,并相对集中行政处罚权。

1.《安全生产法》修改亮点

(1) 加大对安全生产违法行为的处罚力度

在处罚数额上,普遍提高了对违法行为的罚款数额,对特别重大事故的罚款,最高可以达到 1 亿元;一是增加了按日计罚制度。2021 年修正的《安全生产法》第 112 条规定"生产经营单位违反本法规定,被责令改正且受到罚款处罚,拒不改正的,负有安全生产监督管理职责的部门可以自作出责令改正之日的次日起,按照原处罚数额按日连续处罚"。此规定进一步加大了安全生产违法成本。二是罚款的金额更高。2021 年修正的《安全生产法》对相关违法行为普遍增加了罚款金额,其中,第 114 条规定,发生特别重大事故,情节特别严重、影响特别恶劣的,应急管理部门可以按照罚款数额的 2 倍以上 5 倍以下,对负有责任的生产经营单位处以罚款,最高可至 1 亿元。三是惩戒力度更大。第 78 条加大对违法失信行为的联合惩戒和公开力度,规定监管部门发现生产经营单位未按规定履行公示义务的,予以联合惩戒;有关部门和机构对存在失信行为的单位及人员采取联合惩戒措施,并向社会公示。第 92 条规定,对第三方机构出具虚假报告等严重违法行为,一方面不仅处罚额度大幅增加;另一方面规定五年内不得从事相关工作,情节严重的,实行终身行业和职业禁入。

(2) 落实安全生产责任制

此次修改将"管行业必须管安全、管业务必须管安全、管生产经营必须管安全"以法律形式予以固化,强化和落实生产经营单位主体责任与政府监管责任。同时将生产单位的主要负责人的责任细化为"生产经营单位的主要负责人是本单位安全生产第一责任人,对本单位的安全生产工作全面负责。其他负责人对职责范围内的安全生产工作负责"。要求生产经营单位应建立全员安全责任制,就是要把生产经营单位全体员工的积极性和创造性调动起来,形成人人关心安全生产、人人提升安全素质、人人做好安全生产的局面,从而整体上提升安全生产的水平。

(3) 推进矿山安全法治建设

一是增加了动火、临时用电等危险作业时的要求:本次修改第43条"生产经营单位进行爆破、吊装、动火、临时用电以及国务院应急管理部门会同国务院有关部门规定的其他危险作业,应当安排专门人员进行现场安全管理,确保操作规程的遵守和安全措施的落实"。在原条款规定的爆破、吊装等作业的基础上,增加动火、临时用电作业时应当安排专门人员进行现场安全管理,确保操作规程的遵守和安全措施的落实。二是规范了矿山建设项目外包施工管理:第49条新增第3款"矿山、金属冶炼建设项目和用于生产、储存、装卸危险物品的建设项目的施工单位应当加强对施工项目的安全管理,不得倒卖、出租、出借、挂靠或者以其他形式非法转让施工资质,不得将其承包的全部建设工程转包给第三人或者将其承包的全部建设工程支解以后以分包的名义分别转包给第三人,不得将工程分包给不具备相应资质条件的单位"。该条款加强了矿山企业的安全生产主体责任,其设计主要针对实践中某些产业为了暂时性私利,倒卖、出租、出借或者以其他形式非法转让施工资质而严重影响建设项目的生产安全。[1]

2. 《消防法》修改亮点

(1) 应急管理部门被赋予新的职能

应急管理部门应当对辖区的消防工作进行监督管理;应当加强消防法律、法规的宣传,并督促、指导、协助有关单位做好消防宣传教育工作;对消防安全重点单位报本级人民政府备案;制订和公布消防产品相关政策;向本级人民政府书面报告重大火灾隐患等。

---

[1] 邬燕云编著:《中华人民共和国安全生产法专家解读》,应急管理出版社2021年版。

(2) 推进消防领域"放管服"改革

"在简政放权方面，取消和精简了 3 项消防审批。一是取消消防技术服务机构资质许可，取消消防设施维护保养检测、消防安全评估机构资质许可制度，企业办理营业执照后即可开展经营活动。二是简化公众聚集场所投入使用、营业前的消防安全检查，实行告知承诺管理，公众聚集场所做出符合消防安全标准的承诺后即可投入使用、营业。三是放宽消防产品市场准入限制，将强制性产品认证目录中的 13 类消防产品调整出目录，改为自愿性认证，仅保留公共场所、住宅使用的火灾报警产品、灭火器、避难逃生等强制性产品的认证"。[1] 在简政放权的同时，也加强了事后监管，如将消防违法违规行为记入信用记录，严重违法失信企业纳入"黑名单"管理，以及倒查工程建设、中介服务、消防产品质量、使用管理等各方主体责任，严肃责任追究。

3. 《行政处罚法》修改亮点

(1) 增加综合行政执法制度

《行政处罚法》第 18 条第 1 款规定"国家在城市管理、市场监管、生态环境、文化市场、交通运输、应急管理、农业等领域推行建立综合行政执法制度，相对集中行政处罚权"。这一规定主要针对当前存在执法机构多、执法权分散、部门间职权交叉重叠、执法效率低下等问题，体现了党中央"统筹配置行政处罚职能和执法资源，相对集中行政处罚权，整合精简执法队伍""继续探索实行跨领域跨部门综合执法"的要求。这也是法律层面上第一次规定综合执法制度，从横向上整合政府职能和行政执法力量，为今后进一步建立"精简、统一、效能"的行政管理体制提供了法律依据和法律保障。

(2) 对重大突发事件依法快速、从重处罚

为了强化公共卫生法治保障，确保在发生突发事件时行政机关能够依法采取相应的应对措施，及时有效实施管控，最大限度维护社会公共利益，新修订的《行政处罚法》对突发事件下的行政处罚实施作出了有针对性的制度安排。该法第 49 条规定"发生重大传染病疫情等突发事件，为了控制、减轻和消除突发事件引起的社会危害，行政机关对违反突发事件应对措施的行为，依法快速、从重处罚"。这一条款为行政机关在突发事件中依法处置违法行为

---

[1] 王久平、李鹏辉：《全国人大常委会再次修改〈中华人民共和国消防法〉推进消防"放管服"改革法制衔接》，载《中国应急管理》2021 年第 5 期。

提供了法律依据。首先行政机关的快速处罚权是要在发生突发事件的情况下适用，包括自然灾害、事故灾难、公共卫生事件和社会安全事件等。其次针对的对象是违反突发事件应对措施的行为，如违反控制、封锁、划定警戒区、交通管制等控制措施的行为，也包括囤积居奇、哄抬物价、制假售假、哄抢财物、干扰破坏应急处置工作等扰乱市场秩序、社会秩序的行为。此外，快速行政处罚必须依法实施，符合"为了控制、减轻和消除突发事件引起的社会危害"的特定目的。

（二）行政法规

为了提高建设工程抗震防灾能力，降低地震灾害风险，保障人民生命财产安全，2021年5月12日国务院第135次常务会议通过了《建设工程抗震管理条例》（以下简称《条例》），《条例》自2021年9月1日起施行。《条例》共八章五十一条，从勘察、设计和施工、鉴定、加固和维护、农村建设工程抗震设防、保障措施、监督管理、法律责任等方面展开。

1. 出台背景

鉴于独特的地质结构，我国自古以来一直是一个地震灾害频发的国家。建设工程抗震工作直接关系人民群众生命健康和财产安全，关涉经济发展和社会稳定。近年来，党中央、国务院高度重视建设工程抗震工作，作出一系列重大决策部署，不断提高建设工程抗震防灾能力，降低地震灾害风险、减少人员伤亡和财产损失。但仍然存在着大量治理和监管难题，亟待破解。如老旧建设工程、农村建设工程普遍未采取抗震设防措施，应对地震灾害风险的能力不足；建设工程抗震设防、鉴定加固等相关责任的规定不够完善，与建设工程抗震全过程管理的现实需求存在差距；建设工程抗震领域相关保障措施以及监督管理等存在薄弱环节，影响和制约了抗震设防标准落实及防灾能力的提升等。为破解这些实践难题，迫切需要加强顶层设计，从立法层面完善相关制度体系，为推进建设工程抗震管理工作提供有力的法治保障，《建设工程抗震管理条例》应运而生。

2.《条例》亮点

（1）明确新、改、扩建建设工程抗震设防达标要求及相关措施

《条例》规定新建、扩建、改建建设工程应当符合抗震设防强制性标准，由建设工程勘察、设计、施工、工程监理等相关单位和人员依法对建设工程

抗震负主体责任。建立建筑工程分类设防制度，明确位于高烈度设防地区、地震重点监视防御区的重大建设工程的编制抗震设防专篇义务、超限高层建筑工程抗震设防审批制度，同时确立隔震减震技术使用及相关标准规范。

（2）已建成建设工程的抗震鉴定、加固和维护

《条例》规定实行建设工程抗震性能鉴定制度，根据抗震性能鉴定结果和加固价值进行抗震加固。确立抗震加固竣工验收合格后的相关抗震信息的公示制度，维护公众的知情权。明确建设工程抗震构件、隔震沟、隔震缝、隔震减震装置及隔震标识的检查、修缮和维护职责，从而实现已建成建设工程的抗震鉴定、加固和维护工作的规范有序进行。

（3）解决农村建设工程抗震设防的短板问题

《条例》规定加强对农村建设工程抗震设防的管理，提高农村建设工程抗震性能。首先，政府对抗震性能鉴定未达到抗震设防强制性标准的农村村民住宅和乡村公共设施建设工程抗震加固，给予必要政策支持。其次，明确农村危房改造、移民搬迁、灾后恢复重建等建设工程需达到抗震设防强制性标准。最后，政府编制发放适合农村的实用抗震技术图集，并加强指导服务、技术培训、示范引导等。

（4）强化建设工程抗震保障措施与监督管理

《条例》规定建立相应的政策支持制度和建设工程抗震责任企业及从业人员信用记录制度。明确有关职能部门监督管理职责及其权限，有关职能部门应当加强对抗震设防强制性标准执行情况的监督检查，包括灾后开展建设工程安全应急评估和建设工程震害调查，建立完善抗震设防数据信息库并实时共享数据等。

（5）强化建设工程抗震设防法律责任

《条例》对违反本条例规定的行为设定了严格的法律责任，明确了住房和城乡建设主管部门或者其他有关监督管理部门工作人员的法律责任，强化对建设单位、设计单位、施工单位、工程质量检测机构和抗震性能鉴定机构等的责任追究，特别是加大了对建设单位及相关责任人等的处罚力度，并对工程质量检测机构出具虚假的检测数据或者检测报告、抗震性能鉴定机构出具虚假鉴定结果等行为，情节严重的，依法设定了吊销资质证书、执业资格证书以及限制从业等行政处罚。

（三）规章

1. 2022年10月13日应急管理部令第9号公布《应急管理行政执法人员依法履职管理规定》。此规定共21条，主要从监督、保障两个方面，对应急管理行政执法人员履职尽责作出规定，坚持约束与激励并重，强调有错必纠、容纠并举，尽职免责、失职问责。[1]

2. 2022年1月6日应急管理部公布了《关于修改〈煤矿安全规程〉的决定》。本次修正贯彻了习近平法治思想和习近平总书记关于安全生产工作的重要论述精神，坚持人民至上、生命至上，深刻汲取近年来煤矿领域重特大事故教训，进一步强化了煤与瓦斯突出、冲击地压、透水、火灾等煤矿重大灾害防治要求，提高了煤矿安全生产条件和现场管理标准。[2]如增加重要设备材料入矿查验和入井前安全性能检查要求、增加推广自动化、智能化开采要求。

3. 2021年9月13日应急管理部令第7号公布了《社会消防技术服务管理规定》。为贯彻实施《消防法》，此规定对消防技术服务机构从业条件、社会消防技术服务活动、监督管理、法律责任等方面作出了系统性规定。如规定强化了便民利企措施：取消了消防设施维护保养检测、消防安全评估机构资质许可，企业办理营业执照后即可开展经营活动；取消了消防技术服务机构的分级制度，适当降低了从业条件等。为确保社会消防技术服务活动质量，规定重点加强了对消防技术服务机构的事中事后监管以及新增对消防技术服务机构的信用监管。

4. 2021年7月25日应急管理部令第6号公布《工贸企业粉尘防爆安全规定》。此规定是专门针对工贸行业粉尘涉爆企业制定的部门规章，是督促相关企业落实主体责任，建立健全安全监管执法长效机制的重要举措。同时，针对粉尘涉爆企业安全风险高、数量大，监督管理难的问题，规定从突出重点企业、聚焦重点环节、强化技术支撑等方面提出了一系列要求。[3]

5. 2021年6月21日应急管理部令第5号公布《高层民用建筑消防安全管

---

[1] 参见《〈应急管理行政执法人员依法履职管理规定〉解读》，载《中国应急管理报》2022年11月2日，第2版。

[2] 参见《"十四五"国家应急体系规划》。

[3] 参见《应急管理部安全执法和工贸监管局负责同志就〈工贸企业粉尘防爆安全规定〉答记者问》，载《吉林劳动保护》2021年第8期。

理规定》。此规定对高层民用建筑的消防安全职责、消防安全管理、消防宣传教育和灭火疏散预案、法律责任等方面作出了系统性规定。[1]

(四) 标准

在2021-2022年两年间,重点领域和关键环节标准制修订工作不断向前推进。应急管理部共批准6项安全生产行业标准,30项应急管理行业标准,9项消防救援行业标准,不断完善工作机制,积极推进法规标准体系建设。2021年,应急管理部报请国家标准化管理委员会发布《人员密集场所消防安全管理》《坠落防护安全带》等19项国家标准;公布《加油(气)站油(气)储存罐体阻隔防爆技术要求》等行业标准;下达《有限空间作业安全技术规范》《社会应急力量救援队伍建设规范》等25项国家标准、行业标准制修订计划项目,组织研制应急避难场所、风险监测预警、救灾物资、救援装备等200多项紧缺重要标准。2022年,应急管理部共下达56项行业标准立项计划,公告发布《社会应急力量建设基础规范》等19项行业标准;报请市场监管总局(标准委)批准发布《危险化学品企业特殊作业安全规范》等14项国家标准;组织对63项国家标准、57项行业标准进行复审评估;加快应急管理标准梳理和优化,划转28项职业健康国家标准和计划至国家卫生健康委,接收18项地震应急救援国家标准和行业标准。

(五) 规范性文件

1. 完善安全监管执法建设

安全生产是关系人民群众生命财产安全的大事,是党和政府对人民利益高度负责的要求。习近平总书记提出要坚持依法治理,加强安全生产监管执法工作,监管执法要精准。在2021-2022年两年间,应急管理部印发《关于加强安全生产执法工作的意见》,围绕精准、严格、规范三个执法要素,对各级应急管理部门的执法工作提出了全新的要求;应急管理部和司法部联合印发《应急管理综合行政执法技术检查员和社会监督员工作规定(试行)》,就执法专业力量不足、执法检查易流于形式与社会监督力量不足、执法规范化建设有短板这几个执法工作的瓶颈问题提出了针对性的规范措施;同时就《关于深化消防执法改革的意见》中提出的"规范执法行为、完善执法程序"

---

[1] 参见肖方:《应急管理部消防救援局相关负责人就〈高层民用建筑消防安全管理规定〉答记者问》,载《中国消防》2021年第8期。

要求，应急管理部印发《消防救援机构办理行政案件程序规定》《消防行政法律文书式样》，明确办理行政案件的总体要求、一般性规定和三种基本程序，同时在调查取证的基本要求、案件执行、终结和移送等方面均作出了系统性规定。

2. 落实企业安全生产主体责任

压实企业安全生产主体责任，是深入贯彻新发展理念的要求，是从责任制视角处罚，遏制重特大事故的重大举措。在2021-2022年间，财政部和应急部联合印发《企业安全生产费用提取和使用管理办法》，从规范层面推动企业安全生产投入的加强；应急管理部印发《企业安全生产标准化建设定级办法》，进一步规范和促进企业开展安全生产标准化建设，建立健全安全生产管理体系；应急管理部办公厅印发《危险化学品企业重大危险源安全包保责任制办法（试行）》，推动企业端强化落实重大危险源安全管理责任，与政府端预警系统和联合检查机制形成合力，加快构建重大危险源常态化隐患排查和安全风险防控制度体系。

3. 严格安全风险源头防范

安全风险的源头管控是应急管理工作的重中之重，也是最为经济、有效的管理方式。将危险遏制在萌芽阶段、避免重大灾害事故的发生，是对人民群众生命财产最好的保护方式。在2021-2022年两年间，应急管理部的相关法治建设主要集中于以下方面：

（1）危险化学品安全管理类。从危险化学品的销售渠道管控出发，应急管理部等七部门发布《关于加强互联网销售危险化学品安全管理的通知》；印发《危险化学品生产建设项目安全风险防控指南（试行）》，对危险化学品生产建设项目提出全过程安全风险防控的要求；在柴油安全管理方面，应急管理部等10部门发布关于调整《危险化学品目录（2015版）》的公告，将"1674柴油［闭杯闪点≤60℃］"调整为"1674柴油"，明确规定生产、经营柴油的企业按危险化学品企业进行管理，同时应急管理部办公厅配套印发《关于认真做好柴油安全许可有关工作的通知》，加强柴油企业的准入管控和规范管理；此外，针对硝酸铵、瓶装液化石油气以及煤炭的安全风险管控，应急管理部、工业和信息化部、公安部、交通运输部和海关总署联合印发《关于进一步加强硝酸铵安全管理的通知》；住房和城乡建设部会同公安部、交通运输部、商务部、应急管理部、市场监管总局联合印发《关于加强瓶装液化石油气安全管理的指导意见》和应急管理部、国家矿山安监局、国家发展改革委、国家能源局联合印发《关于加强煤炭先进产能核定工作的通知》。

（2）消防救援类。根据《托育机构管理规范（试行）》要求，国家卫生健康委员会和应急管理部组织制定《托育机构消防安全指南（试行）》，进一步加强托育机构消防安全管理工作；应急管理部和国家文物局联合印发《文物建筑和博物馆火灾风险防范指南及检查指引（试行）》，全面加强文物建筑和博物馆火灾防范工作；针对农村地区自建房的消防安全问题，国务院安全生产委员会办公室发布《关于重点督办消防安全问题突出的村（居）民自建房集中连片地区的通知》；应急管理部还发布《关于贯彻实施新修改〈中华人民共和国消防法〉全面实行公众聚集场所投入使用营业前消防安全检查告知承诺管理的通知》，以促进新规定的落地生根。

（3）安全生产综合协调类。体育总局等十一部门联合印发《关于进一步加强体育赛事活动安全监管服务的意见》，体育赛事活动管理的薄弱环节和漏洞进行详细规定；此外，针对近年来一些城市脱离实际需求，攀比建设超高层建筑，盲目追求建筑高度第一、形式奇特，抬高建设成本，加剧能源消耗，加大安全管理难度的超高层建筑规划问题，住房和城乡建设部与应急管理部印发《关于加强超高层建筑规划建设管理的通知》。

4. 加强应急救援队伍建设

习近平总书记在主持中央政治局第十九次集体学习时，就推进我国应急管理体系和能力现代化作出了全面论述，强调要加强应急救援队伍建设，以坚持少而精为建设原则，以专常兼备、反应灵敏、作风过硬、本领高强为建设目标，强化应急救援队伍战斗力建设，抓紧补短板、强弱项，提高各类灾害事故救援能力。为推动国家安全生产应急救援队伍建设发展尽快适应新时代新形势新任务，在2021-2022年两年间，应急管理部印发《矿山救护队标准化定级管理办法》，以全面提高矿山救护队整体建设水平和综合应急救援能力为旨归，进一步规范矿山救护队标准化定级工作；人力资源社会保障部和应急管理部联合印发《国家综合性消防救援队伍消防员招录办法》，贯彻应急救援队伍坚持少而精的建设原则，对消防员招录条件与范围、招录程序、纪律与监督等作了明确规定；国务院安委会办公室发布《关于进一步加强国家安全生产应急救援队伍建设的指导意见》，对应急救援队伍建设在总体上从宏观层面提供了指导引领；此外，应急管理部、中央文明办、民政部和共青团中央还针对从事防灾减灾救灾工作的社会组织、城乡社区应急志愿者等社会应急力量联合印发《关于进一步推进社会应急力量健康发展的意见》。

5. 科学化、智慧化应急管控建设

应急管理的高质量发展，需要推动信息技术与应急管理业务的深度融合。应急管理部印发《关于推进应急管理信息化建设的意见》，就推进"十四五"应急管理信息化建设，提出坚持集约化发展、夯实大数据基础、深化应用系统建设、提高应急支撑能力、强化试点示范带动、加大支持保障力度等6项要求；应急管理部办公厅还印发《化工园区安全风险智能化管控平台建设指南（试行）》和《危险化学品企业安全风险智能化管控平台建设指南（试行）》，加强在危险化学品领域的信息化智慧风险防控建设；针对科学化应急管控，主要体现在提高应急信息发布的时效性和覆盖面，也就是应急广播建设上，国家广播电视总局和应急管理部联合印发《应急广播管理暂行办法》；加强农村地区广播建设，国家广播电视总局、国家乡村振兴局、公安部、财政部和应急管理部联合印发《关于加快推动农村应急广播主动发布终端建设的通知》。

三、2021-2022年度中央应急管理法治的主要特点

（一）积极推进应急管理"放管服"改革

2021-2022年，应急管理"放管服"改革持续深化。应急管理部编制应急管理系统行政许可事项清单及实施规范。同时通过应急管理部2021年、2022年法治政府建设年度报告所展示的数据来看，"2021年部行政审批窗口共受理行政许可事项188项，办结送达133项；2022年部行政审批窗口共受理行政许可事项234项，办结送达129项，不断优化政务服务"。[1]

（二）加快推进应急管理法律法规和标准体系建设

首先表现为推动重点领域立法工作，如2021年完成《安全生产法》《消防法》修改工作，2022年稳步推进国家综合性"消防救援队伍和人员法"、

---

[1]《应急管理部2022年法治政府建设年度报告》《应急管理部2021年法治政府建设年度报告》。

"应急救援队伍管理法"和"森林草原防灭火条例"的起草工作。其次,从前述有关标准的制定可以看出,在2021-2022年两年间,重点领域行业标准制修订工作不断细化。最后在程序上我国贯彻落实公众参与、专家论证、风险评估等相关制度,认真听取和反映利益相关群体的意见建议,提升重大行政决策科学化、民主化、法治化水平。

(三)持续推进全过程公正文明智慧执法

法律的生命在于执行,严格规范公正文明执法永远在路上。2021-2022年,中央应急管理法治将执法的重要性提升到新的高度,持续推进全过程公正文明智慧执法。一方面,不断深化应急管理综合行政执法改革与规范化建设。在依法履职方面出台不少真招、实招、妙招,通过《应急管理行政执法人员依法履职管理规定》,进一步落实行政执法责任制和问责制。注重对基层行政执法工作规范化的引领指导,总结印发典型经验推动地区间优秀经验的相互借鉴。另一方面,深入推进"互联网+执法"系统建设,促进执法的智慧化与信息化。上线执法文书制作客户端,实现文书可视化制作、文书内容自动关联、执法清单便捷应用。开发执法系统企业端,打通企业台账报送、审批、更新渠道,闭环执法检查管理。开发智能识别重点设备模块,智能提醒推送执法检查依据。

第二节　中央应急管理法治的发展

国务院印发的《"十四五"国家应急体系规划》中明确指出了"十四五"时期国家应急体系规划总体目标分两步走"到2025年,应急管理体系和能力现代化建设取得重大进展,形成统一指挥、专常兼备、反应灵敏、上下联动的中国特色应急管理体制,建成统一领导、权责一致、权威高效的国家应急能力体系,防范化解重大安全风险体制机制不断健全,应急救援力量建设全面加强,应急管理法治水平、科技信息化水平和综合保障能力大幅提升,安全生产、综合防灾减灾形势趋稳向好,自然灾害防御水平明显提升,全社会防范和应对处置灾害事故能力显著增强。到2035年,建立与基本实现现代化相适应的中国特色大国应急体系,全面实现依法应急、科学应急、智慧应急,形成共建共治共享的应急管理新格局。"

一、夯实应急法治基础建设

（一）推进完善法律法规架构

在2021-2022年，应急管理重点立法项目不断推进，立法成效显著。但应急管理法律法规之间相互矛盾、重点领域规范设定不足等问题仍然存在。所以，在未来，应急立法需紧紧围绕中央重大决策、人民群众呼声和工作实际需要，立足当前、着眼长远，整体规划、突出重点，加强上位法对下位法的统合、同位法之间的衔接互补、中央立法对地方立法的统一规范，切实增强相关法律法规的统一性、可操作性和实效性，继续大力推进完善法律法规架构。具体而言，首先，考虑进一步出台《安全生产法》的配套条例或细则，同时加快《中华人民共和国传染病防治法》（以下简称《传染病防治法》）、《突发事件应对法》的修订工作，以增强法律的现实可操作性，符合现实需要。同时，持续推进精细化立法，特别从立法程序方面着手，健全应急管理立法立项、起草、论证、协调、审议机制和立法后实施情况评估机制。其次，要务实推进制定、修订关于自然灾害防治、矿山安全、危险化学品安全等特定领域法律法规和关于应急救援组织、国家消防救援人员等应急管理主体方面的法律法规，推动构建具有中国特色的应急管理法律法规体系。[1]为应对新冠疫情给突发事件应对管理工作带来的新形势新挑战，目前，全国人大正式启动《突发事件应对法》的修改工作。2021年12月20日，《突发事件应对法》的修订草案上会审议，草案涉及完善应急管理体制和应急保障制度、畅通信息报送和发布渠道、加强突发事件应对管理能力建设等内容。此外，全国人大常委会2021和2022年度立法工作计划均将修改《传染病防治法》、制定"中华人民共和国突发公共卫生事件应对法"列入其中，以此推动国家公共卫生防护网建设。最后，持续推进精细化立法，特别从立法程序方面着手，健全应急管理立法立项、起草、论证、协调、审议机制和立法后实施情况评估机制。完善应急管理规章、规范性文件制定制度和监督管理制度，定期开展规范性文件集中清理和专项审查，以维护法制的统一。

---

[1] 参见樊晓磊：《统筹推进应急法治建设的发展路径》，载《中国党政干部论坛》2022年第3期。

（二）严格安全生产执法

近年来，企业存在危险行为"屡禁不止、屡罚不改"的现象频频发生。例如：2021年3月24日，浙江省温州市平阳县应急管理局在"小化工"专项整治行动排查过程中，执法人员突击检查某企业仓库，现场查获油墨280桶。该非法储存点100米范围内有住户300余户，居住人员1000余人，属于人员密集居住区域，一旦油墨发生爆炸，将导致重大人身财产损失，后果不堪设想。经核查，该批油墨属洪某某所有，其长期无证非法存储经营危险化学品油墨，且分别于2013年、2015年曾被属地监管部门予以行政处罚。相对于洪某某的违法收入来说，行政处罚罚款微乎其微，违法成本很低，导致其心存侥幸，通过不断更换危险化学品储存窝点等方式逃避检查。[1]这表明当前执法工作与党中央、国务院的新要求以及人民群众的新期待相比还有较大差距，既有熟视无睹、该严不严、该重不重、屡禁不止的问题，也有多层重复执法、选择性执法、信息化建设滞后、执法效率不高等问题。因此，加强安全生产执法工作任重而道远，在未来，注重执法效率的同时，还需关注执法效果。结合案件具体情况，综合运用"四不两直"、异地交叉执法、"双随机、一公开"等方式，加大重点抽查、突击检查力度，建立健全安全生产典型执法案例报告制度，严厉打击非法生产经营行为。全面推行行政执法公示、执法全过程记录、重大执法决定法制审核三项制度，以及公众聚集场所投入使用、营业前消防安全检查告知承诺制。严格事故前严重违法行为责任追究，严格执行移送标准和程序，规范实施行政执法与刑事司法衔接机制，特别注重加大对"屡禁不止"现象等痛点问题的研究，提出创造性的解决方案。

（三）推进应急标准建设

重大灾害事故的每一次发生，都是应急法治管理短板与不足的一次暴露，应急标准建设，特别是重点领域和关键环节的标准设定，对推动实施标准化战略、促进安全生产形势持续稳定好转、遏制重特大安全事故发生意义重大。在未来，应急管理标准体系建设以结构完整、层次清晰、分类科学为目标，重点加快完善应急管理、矿山安全等领域专业标准化技术组织建设。应急标准的制修订除针对灾害事故暴露出的问题和短板外，应急管理领域大数据、

---

[1] 参见张敏：《精准 严格 规范 全面提高执法质量——写在〈关于加强安全生产执法工作的意见〉颁布后》，载《中国应急管理》2021年第5期。

物联网、人工智能等新技术应用标准、应急产品标准及服务类团体建设标准同样不能忽视，甚至由于这类问题的新颖性、专业性、跨行业性等特质，使得其标准的制定更为困难和复杂，需以更加审慎的态度应对。建立健全应急管理相关标准运行状况实施效果评估制度，根据实施效果的评估结果，更新修订相关国家标准或行业标准，从而推动应急标准体系的完善。促进企业标准化与企业安全生产治理体系深度融合，开展国家级应急管理标准试点示范。鼓励企业创建应急管理相关国际标准，推动标准和规则互认，促进相关制度与国际接轨。

二、深化应急管理责任体制改革

应急管理责任的有效落实，具有极强的警示和促进作用，在一定程度上可以起到事半功倍的效果。深化应急管理责任体制改革，压实应急管理责任，从责任主体上进行分类，主要有三个方面的内容：（1）强化地方属地责任。建立党政同责、一岗双责、齐抓共管、失职追责的应急管理责任制。将应急管理体系和能力建设纳入地方各级党政领导干部综合考核评价内容。推动落实地方党政领导干部安全生产责任制，制定安全生产职责清单和年度工作清单，将安全生产纳入高质量发展评价体系。同时健全地方政府预防与应急准备、灾害事故风险隐患调查及监测预警、应急处置与救援救灾等工作责任制，推动地方应急体系和能力建设。（2）明确部门监管责任。严格落实管行业必须管安全、管业务必须管安全、管生产经营必须管安全要求，依法依规进一步夯实有关部门在危险化学品、新型燃料、人员密集场所等相关行业领域的安全监管职责，加强对机关、团体、企业、事业单位的安全管理，健全责任链条，加强工作衔接，形成监管合力，严格把关重大风险隐患，着力防范重点行业领域系统性安全风险，坚决遏制重特大事故。（3）落实生产经营单位主体责任。2021-2022年，应急管理部出台了大量法律规范对企业安全生产主体责任进行规范，但当前相关文件明显是不够的，"落实生产经营单位主体责任"必将是当前乃至未来一段时间内应急管理法治的重点内容。健全生产经营单位负责、职工参与、政府监管、行业自律、社会监督的安全生产治理机制。在将生产经营单位的主要负责人列为本单位安全生产第一责任人的同时，鼓励重点行业领域规模以上企业组建安全生产管理和技术团队，建立企业全员安全生产责任制度。健全"双报告"制度,即生产经营单位重大事故隐患排查治理情况需及时向负有安全生产监督管理职责的部门和职工大会(职代会)汇报。[1]

三、防控化解灾害事故风险

(一) 注重风险源头防范管控

在2021-2022年,我国科学高效组织抢险救援,打赢珠江流域性洪水、辽河支流绕阳河决口、青海大通山洪等抢险救援突击战和重庆、湖南、广西、江西等南方地区森林防灭火攻坚战;有力完成东航坠机、湖南长沙自建房倒塌、河南安阳火灾等急难险重救援任务;成功应对贵州三河顺勋煤矿顶板、广东茂名石化火灾、云南鹤庆在建高速隧道塌方、云南富盛煤矿顶板等生产安全事故,展示了我国应急管理救援能力的强大与应急管理救援体制的有力。但上述胜利均是事后救援的胜利,灾害已然发生、损失已然造成,这使得我国应急管理开始将更多的目光由事后救济转向源头监管。将灾难遏制在源头,是近年来应急管理的基本原则,也是灾害应急治理的重点内容。其实在2021-2022年,应急管理法治注重风险源头防范管控的倾向已经十分明显,然而在未来,源头管控的作用空间仍然巨大。首先,加强风险评估。适当引入第三方评估机制,做好全国自然灾害综合风险普查,加强地震构造环境精细探测和重点地区与城市活动断层探察,编制自然灾害风险和防治区划图。还要健全安全风险评估管理制度,推动重点行业领域企业建立安全风险管理体系,全面开展城市安全风险评估,定期开展重点区域(包括各工业园区)、重大工程和大型油气储存设施等安全风险评估,制定落实风险管控措施。政府定期牵头开展城市整体安全风险评估,推进城镇周边火灾风险调查。其次,科学规划布局。以保护人民生命财产为出发点,强化自然灾害风险区划与各级各类规划融合,加强超大特大城市治理中的风险防控,统筹县域城镇和村庄规划建设,严格控制区域风险等级及风险容量,推进实施地质灾害避险搬迁工程,加快形成有效防控重大安全风险的空间格局和生产生活方式布局。城市防灾减灾救灾基础设施用地需求,如应急避难场所规划布局,应当纳入当地

---

[1] 参见《"十四五"国家应急体系规划》。

土地利用年度计划并予以优先保障。[1]

(二) 深化安全生产治本攻坚

深化安全生产的治本攻坚首先要找好"本"和"坚",抓好主要矛盾,从问题出发;其次要扎实"治"和"攻",狠抓工作落实,啃下难啃的硬骨头。以煤矿领域治本攻坚为例,矿山安全生产既存在安全发展理念不牢、违法违规行为屡禁不止、企业主体责任落实不到位、监管监察能力不足等问题,又面临采掘接续紧张系统性风险、增产保供阶段性风险、季节性周期性风险,还要迎接能源安全稳定供应、重大灾害日趋严重、矿山安全事故反弹带来的挑战。唯有深化治本攻坚,狠抓工作落实,才能牢牢守住安全生产底线。[2]在未来,安全生产治本攻坚的重点领域主要有:危险化学品、烟花爆竹、矿山、工贸、消防、道路运输、其他交通运输、城市建设、工业园区等功能区以及危险废物。首先,严格安全准入。制定重点行业领域的"禁限控"目录,推动实施全球化学品统一分类和标签制度,推动建立高危行业领域建设项目安全联合审批制度,强化特别管控危险化学品全生命周期管理。以更加严格审慎的态度授予准入许可,严格建设项目安全设施同时设计、同时施工、同时投入生产和使用制度,健全重大项目决策安全风险评估与论证机制。其次,加强隐患治理。完善安全生产隐患分级分类排查治理标准,制定隐患排查治理清单,实现隐患自查自改自报闭环管理。推动将企业安全生产信息纳入政府监管部门信息平台,构建政府与企业多级多方联动的风险隐患动态数据库,综合分析研判各类风险、跟踪隐患整改清零。最后,深化专项整治。深入推进重点行业领域安全整治,解决影响制约安全生产的薄弱环节和突出问题,督促企业严格安全管理、加大安全投入、落实风险管控措施。完善企业退出市场机制,推动安全基础薄弱、安全保障能力低下且整改后仍不达标的企业退出市场。持续推进企业安全生产标准化建设,实现安全管理、操作行为、设施设备和作业环境规范化。[3]例如,针对危险废物管理,一方面强化危险废物全过程监管,根据实际情况更新《国家危险废物名录》,修订危险废物鉴别、贮存以及水泥窑协同处置污染控制等标准,制定完善危险废物重点监管

---

[1] 参见《"十四五"国家应急体系规划》。

[2] 参见《深化治本攻坚 狠抓工作落实》,载《中国煤炭报》2022年1月11日,第1版。

[3] 参见《"十四五"国家应急体系规划》。

单位清单；另一方面要建立废弃危险化学品等危险废物监管协作和联合执法工作机制，加强危险废物监管能力与应急处置技术支持能力建设。

四、健全共建共治共享体系

（一）提升基层应急治理能力

基层是国家应急管理体系的神经末梢，是防灾减灾救灾工作的前沿阵地。大力推进基层治理网格化管理，完善基层应急管理组织体系，是实现基层应急管理现代化，推动应急管理事业高质量发展的着力点。以黄冈为例，其地理位置特殊，加之森林覆盖率高，地震地质构造复杂，海洋灾害、气象灾害、地质灾害、森林灾害等一应俱全。"2021年11月，黄冈市在全省率先着手建设'5G+森林防火智慧平台'，逐步形成了一个系统、一个市级监控中心、11个县市区监测平台、101个乡镇监控点、536个高清摄像头和679个云广播共同'织成'的森林防火网。""黄冈市坚持守正创新，从人防、物防到技防，探索出了一条基层应急管理能力建设新路径。"[1]厘清基层应急管理权责事项，落实基层政府及相关部门责任也是提升基层应急治理能力的重要一环。在"十四五"阶段，当地政府有责任指导基层组织和单位修订完善应急预案。引导乡镇（街道）、村（社区）防灾减灾基础设施建设有序发展，增强城乡社区综合服务设施应急功能。同时加强和规范基层综合性应急救援队伍、微型消防站建设，推动设立社区、村应急服务站，培养发展基层应急管理信息员和安全生产社会监督员，建立完善"第一响应人"制度。

（二）健全社会服务体系

针对目前存在的政府监管力量不足，专业能力和水平需有效提升和完善的现状，社会化服务机构的积极参与和充分补充可以较好弥补应急管理部门在工业企业监管过程中产生的盲区和空白。一方面支持行业协会制定行约行规、自律规范和职业道德准则，建立健全职业规范和奖惩机制。鼓励行业协会、专业技术服务机构和保险机构参与风险评估、隐患排查、管理咨询、检验检测、预案编制、应急演练、教育培训等活动。推进检验检测认证机构市场化改革，支持第三方检测认证服务发展，培育新型服务市场。另一方面强

---

[1] 王毕勇：《黄冈市：信息化为基层应急管理赋能》，载《湖北应急管理》2023年第5期。

化保险等市场机制在风险防范、损失补偿、恢复重建等方面的积极作用,探索建立多渠道多层次的风险分担机制,大力发展巨灾保险。鼓励企业投保安全生产责任保险,丰富应急救援人员人身安全保险品种。[1]

五、增进创新驱动的发展动能

(一) 破解重大瓶颈难题

一方面在党中央的领导、国务院决策部署下,"十三五"时期我国应急管理事业改革发展取得重大进展,防范化解重大安全风险能力得到了明显提升;另一方面也要看到目前我国发展仍然处于重要战略机遇期,安全生产基础薄弱的现状短期内难以根本改变,风险隐患仍然突出。而且随着新能源、新产业的出现及应用,一些"想不到、管得少"的领域风险逐渐凸显,灾害事故发生的隐蔽性、复杂性、耦合性进一步增加,灾害防控难度不断加大。通过关键技术提升应急管理能力,完善应急管理科技配套支撑链条成为不二选择。

首先,应当深化应用基础研究。尤其是针对一些衍生灾害事故和生态环境破坏所形成的复杂多样的灾害链、事故链,更应当聚焦灾害事故防控基础问题,强化多学科交叉理论研究。如"在自然灾害领域,研制先进设备优化震源信号的探测与分析,助力地震灾害监测;在社会安全领域,加强风险预警的准确性;在公共卫生领域,人工智能、大数据等新兴技术的创新在新冠疫情应对的各个阶段都发挥了积极作用"。[2]通过整合利用中央与地方政府、企业以及其他优势科技资源,加强自主创新和"卡脖子"技术攻关,制定国家重大应急关键技术攻关指南,加快主动预防型安全技术研究。

其次,搭建科技创新平台,研制先进适用装备。以国家级实验室建设为引领,加快健全主动保障型安全技术支撑体系,完善应急管理科技配套支撑链条。同时"整合优化应急领域相关共性技术平台,推动科技创新资源开放共享,统筹布局应急科技支撑平台,以实现新增具备中试以上条件的灾害事故科技支撑基地10个以上。在此基础上,鼓励和支持先进安全技术装备在应

---

[1] 参见《"十四五"国家应急体系规划》。
[2] 郁建兴、陈韶晖:《从技术赋能到系统重塑:数字时代的应急管理体制机制创新》,载《浙江社会科学》2022年第5期。

急各专业领域的推广应用,如加快研制适用于干旱、高温热浪等突发性灾害的智能化、实用化、轻量化专用救援装备,加快航天、航空、船舶、兵器等军工技术装备向应急领域转移转化。"[1]

最后,加强国际交流合作。"十四五"时期要进一步"加强与联合国减少灾害风险办公室等国际组织的合作,推动构建国际区域减轻灾害风险网络。有序推动'一带一路'自然灾害防治和应急管理国际合作机制建设,创办国际合作部长论坛。推进中国—东盟应急管理合作。积极参与国际大科学装置、科研基地(中心)建设"。[2]

(二)构建人才集聚高地

应急管理一直是政府应对自然灾害、突发事件的一个基本职能,近年来,随着应急预案、应急管理体制、应急管理机制和法制建设为中心的研究深入,加强应急管理人才的培养已成为重中之重。习近平总书记在中央政治局第十九次集体学习时强调"大力培养应急管理人才,加强应急管理学科建设"。由于我国应急管理学科教育建设晚,加上应急管理工作的特殊性,政府应急管理部门出现招录少、留人难、专业化人才缺乏等现象,人才数量和质量与公共部门需求之间存在较大差距。[3]

一是加强专业人才培养。如进一步完善我国应急管理学科的建设与课程设计,高校试点设置"应急管理"二级学科。"十四五"国家应急体系规划中也提到要鼓励各地依托现有资源建设一批应急管理专业院校和应急管理职业学院。加强应急管理学科专业体系建设,加强综合型、复合型、创新型、应用型、技能型应急管理人才培养。同时实施高危行业领域从业人员安全技能提升行动,严格执行安全技能培训合格后上岗、特种作业人员持证上岗制度,积极培养企业安全生产复合型人才和岗位能手。提升应急救援人员的多言多语能力,依托高校、科研院所、医疗机构、志愿服务组织等力量建设专业化应急语言服务队伍。

二是加强干部队伍建设。一方面将应急管理纳入地方党政领导干部必修

---

[1] 参见《"十四五"国家应急体系规划》。
[2] 《"十四五"国家应急体系规划》。
[3] 参见叶呈嫣、张行:《创新应急管理人才培养》,载《中国社会科学报》2023年5月10日,第6版。

内容，开发面向各级领导干部的应急管理能力培训课程。完善应急管理干部素质培养体系，建立定期培训和继续教育制度，提升应急管理系统干部政治素养和业务能力。另一方面，也应当加强教师队伍建设，全面提升专业教师的数据思维与应用实践能力。教师队伍建设是应急管理专业人才培养的关键要素，高校应以公共管理学科队伍建设为基础，整合相关学科师资，组建专门的应急管理专业人才队伍，加强优秀年轻干部发现培养和选拔使用。建立健全符合应急管理职业特点的待遇保障机制，完善职业荣誉激励、表彰奖励和疗休养制度。

六、加强应急管理法治宣传教育

加强应急管理法治宣传教育是学习贯彻习近平法治思想，提高公众应对突发事件能力，实现应急管理改革发展目标的重要一环。根据中华人民共和国应急管理部印发的《全国应急管理系统法治宣传教育第八个五年规划（2021-2025年）》，我国应急管理法治宣传教育要以习近平法治思想为引领，通过繁荣发展安全文化事业和安全文化产业，推动安全宣传进企业、进农村、进社区、进学校、进家庭，深入开展群众性法治宣传教育，增强应急管理法治宣传教育的针对性实效性，到2025年，实现普法工作长效机制进一步完善，全面落实"谁执法谁普法"的普法责任制，应急管理法治宣传教育工作的针对性实效性进一步增强，应急管理系统干部职工的法治思维、法治能力明显提升，应急管理工作相对人对法律法规的知晓度、法治精神的认同度和法治实践的参与度显著提高，办事依法、遇事找法、解决问题用法、化解矛盾靠法的法治环境显著改善。[1]

第三节 中央应急管理法治发展的实践困境

一、应急管理法律规范不健全

近年来，在党中央和国务院的坚强领导下，我国应急管理工作取得了显著成效。尤其是在新冠疫情防控和抗击洪涝等重大突发事件中，我国充分发

---

[1]《全国应急管理系统法治宣传教育第八个五年规划（2021-2025年）》。

挥了党的领导优势和制度优势，依靠人民群众的力量，采取了有力有效的措施，展现出了强大的组织动员能力和协调联动能力，获得了国内外的广泛赞誉。但在实际应急管理工作中，也暴露出诸多问题和缺陷，尤其是在我国的应急管理法治建设中，仍然面临着诸多的困境与挑战。以下将从四个方面对我国目前应急管理法律制度建设所面临的现实困境进行剖析。

（一）基础性法律规范存在结构性缺失

我国疆域辽阔，人口众多，各级各类突发事件的发生，给现有的应急管理法律规范体系带来了严峻的挑战。目前《宪法》是我国应急管理法律制度的基础，《突发事件应对法》是其核心内容，其他相关的单行法律法规如《中华人民共和国防震减灾法》（以下简称《防震减灾法》）、《中华人民共和国防洪法》（以下简称《防洪法》）、《中华人民共和国防沙治沙法》（以下简称《防沙治沙法》）等是其辅助性的法律制度。习近平总书记多次指出，要提高社会管理的法治化水平，而法律是推动应急管理事业改革与发展的重要手段。

《突发事件应对法》作为我国主要的应急管理法律，为中央发挥应急管理治理效能在一定程度上奠定了制度基础，但仍需精细化完善。与此同时，在"一事一法"的应急管理模式下，我国的应急法律、法规数量众多，虽然有很多细化的规定，但总体上相对比较零散。部分法律规范虽具有很强的专业性，总体上还不够完善，层次关系也不够明确，协调性较差，导致相关政府部门在实施过程中很难在短时间内找出与之相适应的法律。因此，当前我国的应急管理法律规范体系已无法适应各类突发事件的实际需求，基础性法律规范存在结构性缺失，亟需一部有效的应急管理基本法作为我国应急管理领域的基本法律或基础性法律，解决我国当前应急管理基础法律规范缺失的问题。

（二）综合法与单行法之间存在冲突

目前，已经在全国范围内颁布了一系列各个行业领域突发事件预防与处置的法律法规，例如《地质灾害防治条例》《中华人民共和国消防救援衔条例》《危险化学品安全管理条例》《煤矿安全监察条例》《森林防火条例》《草原防火条例》等。各专项法规在各自的行业范围内具有较强的针对性和可操作性，但在与综合性法规的协调、冲突等方面也存在一定的问题。中央层级的立法多是行政法规和部门规章，这在一定程度上保证了突发事件由行政机关应急处理的特征，但由于缺少上位基本法的领导，导致各法律规范之间的冲突层出不穷,并且效力层级也不够高。例如我国《地质灾害防治条例》对地质灾害的界定、分类、分级等作出了明确的规定,但是与《突发事件应对法》的有关规定并不一致,造成了实践应用上的困难。目前我国的应急管理法律制度还没有形成一个明确的框架,不同的应急法律制度之间没有明确的等级关系,从而造成了不同的法律制度在条款上的重叠和冲突。《突发事件应对法》与单行法、单行法与地方性法规、行政规章的某些条款在应急预案、应急救助、应急责任等方面存在不一致或不协调的规定。例如"《传染病防治法》立足公共卫生保障,对疫情防控措施及适用程序做出规定,但《突发事件应对法》《传染病防治法》的公共卫生应急管理规定并不一致,这两部法律的应急预案规定及适用程序存在冲突"[1],从而造成了在应急管理过程中的法律适用相互矛盾的问题。

(三)应急管理机制亟待立法理顺

《突发事件应对法》建立了"统一领导、综合协调、分类管理、分级负责、属地管理"的应急管理制度,目的是通过分工明确、分类管理来提高应急管理的效能,实现应急处理过程中的指令统一和资源整合。但是,目前我国的应急管理工作大多是以"分类管理、分级负责、属地管理"为主,而忽略了"统一领导、综合协调",尤其是在新冠疫情事件应对过程中表现尤为突出。从纵向上看,中央作为最高国家权力机关的执行机关,与地方政府之间以及上下级地方政府之间存在纵向的关系网络,而突发事件常常发生在特定的地方,此时作为具有直接利益关系以及直接责任主体的地方政府应当作为第一处理人进行应急管理。但面对重大突发事件,地方往往要逐级上报,进而出现由中央决策的局面。这往往导致出现决策和执行机制之间存在应急相应主体不清晰、信息不对称等问题,有的地方政府在"科层"组织规则的作用下,极易形成"盲从"的官僚惰性,导致其缺乏参与地方治理的积极性与主动性。[2]从横向上看,各部门在处理各自负责领域内的应急事务时,管理体系相对分散,缺少一个稳定且综合的应急协调指挥中心和危机管理体系。致使相关部门衔接配合不够、管理脱节,且信息碎片化、治理条块化,协同

---

[1] 参见任颖:《中国公共卫生统合式立法的法理与策略》,载《法学评论》2021年第3期。

[2] 参见代海军:《突发事件的治理逻辑及法治路径———以新冠肺炎疫情防控为视角》,载《行政法学研究》2021年第2期。

联动机制亟待理顺与完善。

（四）党内法规制度仍需完善

中共十八大以来，法治成为治国理政的基本方式，并紧紧围绕国家治理现代化展开，不仅以良法善治深化了法治的内涵，还将党内法规体系纳入法治体系，从而拓展了法治的外延，实现了新时代中国法治的再次超越，呈现出党内法规和国家法律一体化建设和发展的趋势。[1]近年来，从党中央到地方各级党委不断健全党内法规体系建设，加强党内法规实施，不断推进党内法规制度优势向国家治理各领域转化。但是，应急管理领域中党内法规制度建设仍存在一些问题需要破除和解决。一方面，应急管理法律规范与党内法规制度之间的协调性和完备性存在欠缺，相关制度之间配合度不够且存在程序性制度设计缺陷。另一方面，应急管理领域党内法规责任制等相关制度与机制仍不健全，缺乏党组织在应急管理中的职责和权力的明确规定，且在基层治理层面的落实不足，影响了党内法规的制度优势在应急管理规范化中向治理效能转化。[2]这些对于应急管理领域中党内法规体系的建设与实施产生了较大的负面影响。

二、应急管理法治实施效果不理想

（一）部门间管理职能划分模糊

在应急管理法治的部门职能上存在着划分模糊的情形，职能上的模糊和混淆也导致了部门间协调性的下降，包括部门之间职能的"争抢"与"推搡"，存在着管理上的缺位。回顾这一实践困境的原因，不难发现是由于立法的缺失，并未对应急管理的职能进行明确的划分，各级政府和各个部门之间的职能不明确、不清晰。[3]综合性的应急管理体系与自然灾害应急管理体系、公共卫生应急管理体系等专项体系之间存在着壁垒，并没有有机地结合起来，发挥系统的效应。在中央已经建立了应急管理部，主要职责在于公共卫生突发事件和自然灾害突发事件的应急管理，发挥统筹协调作用。但应急管理部在宏观上的应急管理协调仍存在不足之处，未能很好地协调和划分各部门之

---

[1] 参见肖金明、白玉荣：《新时代中国法治的理念和形态》，载《法学论坛》2021年第5期。
[2] 参见陈光：《论基层治理中党内法规制度优势的效能转化》，载《党内法规研究》2023年第2期。
[3] 参见李雪峰：《健全国家突发公共卫生事件应急管理体系的对策研究》，载《行政管理改革》2020年第4期。

间的应急管理职责。中央的应急管理部与地方的应急管理厅、局的职能划分之间存在着模糊性，导致在自然灾害、公共卫生事件应急管理过程中综合协调职能发挥不足。部门间管理职能协调机制缺失，致使中央与地方、地方各部门之间在应急管理中职能衔接并不协调，各地方政府、各地方部门在应急管理过程之中自主性不足、协调性不足，部门间的应急管理职能需要进一步理顺，促使各部门之间能够共同协作。[1]

(二) 应急管理决策制度不健全

在完善的应急管理中，主要分为三个阶段。第一个阶段，在应急事件发生之前的预防阶段，首先应当减少突发事件发生的可能性，已经发生的要减轻、降低灾害、灾难造成的伤害。第二个阶段，在应急事件发生之后的响应阶段，为灾民提供各种各样的救助，同时开展援助活动，防止二次伤害。第三个阶段，在突发事件发生之后的恢复阶段，包括生产秩序、生活秩序和社会秩序的恢复建设。应急管理在事前预防、事中处置和事后恢复过程中发挥着协调作用，而应急管理决策制度作为在事发应对和事中处置阶段的重要内容，尚不够完备，存在着决策制度的缺失。

在应对社会公共卫生突发事件时，部分政府的应急管理相关决策的作出迟缓，缺乏体系性的应急决策制度。面对突发事件，相关应急管理部门能否及时作出正确的决策对于突发事件的处置至关重要。在面对着自然灾害、公共卫生事件突发时，完备的决策制度能够很大程度上减少人民的财产损失，保护人民的生命财产安全。在应急管理决策制度上，虽然法律对相关应急管理作出了规定，但由于一些价值上的衡量，比如过于重视经济效益等因素，导致了应急管理决策的作出可能存在着滞后性和主观性的缺陷。[2]在应急管理过程中，突发事件处于动态的变化之中，发展和演变具有突发性和不确定性，应急管理决策也应该具有高度的动态性，注意到事件的不同阶段，相应地作出不同的处置决策，才能形成更加完成的决策制度。[3]

---

[1] 参见李玮:《论我国公共卫生应急法治的完善——基于新冠疫情的思考》，载《苏州大学学报 (法学版)》2020年第3期。

[2] 参见曹舒、米乐平:《农村应对突发公共卫生事件的多重困境与优化治理——基于典型案例的分析》，载《中国农村观察》2020年第3期。

[3] 参见李玮:《论我国公共卫生应急法治的完善——基于新冠疫情的思考》，载《苏州大学学报 (法学版)》2020年第3期。

(三) 多元主体参与机制不完善

在应急管理法治的参与主体上，多元主体参与的渠道与机制并不完善。在应急管理法治的参与过程中大体可以分为政府、社会和国家三个层面。应急管理涉及社会公共的生命财产安全，关乎社会和国家的长治久安和人民的幸福指数，需要政府、社会、国家三大主体参与进来。[1]2019年习近平总书记在中央政治局第十九次集体学习时强调，"要坚持群众观点和群众路线，坚持社会共治……支持引导社区居民开展风险隐患排查和治理，积极推进安全风险网格化管理，筑牢防灾减灾救灾的人民防线。"[2]在应急管理过程中，多元主体参与可以很好地协调不同部门之间的职能，发挥不同群体在应急管理之中的作用，深入推进多元主体在应急物资管理、应急社会防控、应急决策指挥的协作，提高应急管理法治的水平。

然而在目前的应急管理模式下，多元主体之间存在割裂，多元参与的渠道和机制并不完善，多元主体难以协调合作，无法相互配合，共同发挥作用和功能。国家、政府、社会多元主体在应急管理中的成效甚微，主要原因在于参与的渠道和机制匮乏，没有相应的法律法规制度相配套，使得各个主体之间各自为战，并未相互协作。[3]

(四) 社会动员和社会治理机制不健全

应急管理的本质在于突发情况或者紧急状态下公共利益的及时维护，而在我国由于人口基数较大，应急管理所面向的对象众多，政府往往难以有效应对。因此社会动员以及及时引入社会化参与就显得十分必要。但在应急管理领域，尤其是在新冠疫情期间，相应的社会动员工作以及配套的机制并未完全建立，其一，对于社会力量的引入显得"仓促"和无序，没有明确的规范和流程作为支撑形成具有储备性质的社会力量；其二，社会动员的渠道也较为单一，社会动员宣传有限，在紧急状态下仅依靠基层组织例如街道和村

---

[1] 参见周振超、张梁：《非常规重大突发事件"紧急行政"模式的法治优化》，载《中国行政管理》2021年第2期。

[2] 《习近平在中央政治局第十九次集体学习时强调：充分发挥我国应急管理体系特色和优势 积极推进我国应急管理体系和能力现代化》，载中国法院网，www.chinacourt.org/article/detail/2019/11/id/4697598.shtml，最后访问日期：2023年10月8日。

[3] 参见张铮、李振华：《中国特色应急管理制度体系构建：现实基础、存在问题与发展策略》，载《管理世界》2022年第1期。

（居）民委员会的"临时招募"，一方面人员素质及专业素养难以保证，另一方面应急管理的相关培训也无法在短期内实现预期效果，这种情况下通过社会动员的"志愿者"可能无法"解"应急管理之"急"；其三，在应急管理领域对于社会化参与的统一协调机制尚不健全。没有形成统一的调度、运转和补充机制，在工作统筹和安排上随意性较大，带有一定的盲目性。

三、应急管理法治监督不到位

中央应急管理能否保证在法治的轨道上运行，关键在于法治监督能否落实到位。中央应急管理事业作为国家治理的重要课题，法治监督的缺位意味着其法治化道路未能形成有效的权力制约机制，其在国家治理体系和治理能力现代化领域难以发挥应有的效能，进而无法在"紧急状态"下维护国家利益、保障人民生命财产安全。中央应急法治监督的缺失主要表现在以下几个方面：

（一）应急法治监督体系效能不高

党的十八届四中全会强调要形成"严密的法治监督体系"，这既是全面推进依法治国的基本要求，也是加快建设中国特色社会主义法治的重要环节。而"严密的法治监督体系"的建成有赖于各个领域内以"规范"构建"监督"的内容和框架，再由各种"监督规范"由点及面在具体领域以"横向到边，纵向到底"的覆盖范围形成由面到体的"监督体系"。而在中央应急管理领域作为"监督规范"的相应法律法规尚不完备，监督体系效能不高。一方面，在法律规范层面，我国应急管理领域呈现出承载力不足的"窘境"，纵然在法律规范体系的总体结构上形成以《突发事件应对法》为核心，其他例如《消防法》《防震减灾法》《传染病防治法》等为补充的规范体系，[1]但是这些规范就其内容而言无法消弭"法律天然滞后性"所带来的冲击，无法为应急管理中的利益矛盾提供法律层面的效率解纷；另一方面，这些规范本身重在迎合"应急"与"管理"项下的功利性目的，"权力制约"似乎并不是他们所有规制的重点，即使涉及"监督管理"其目的也是在于紧急状态下管理目标的实现；再者，由于地方立法未能有所"反应"，这些具体领域的法律作

---

[1] 参见代海军：《突发事件的治理逻辑及法治路径——以新冠肺炎疫情防控为视角》，载《行政法学研究》2021年第2期。

为上位法亦未能与地方立法形成上下呼应的局面，中央的应急管理法律规范显得"单薄"以致"心有余而力不足"。

（二）应急管理法治责任承担不明确

有权必有责，用权受监督，如果在应急管理领域责任承担不明确，必然会使权力监督形式意义大于实质意义。责任承担不明确主要有两方面表现：一是责任主体不明确，二是具体责任不明确。正如上述所言，在中央应急管理中各种规范多以上位法的"形态"存在，而执行这些规范或者细化明确这些规范的主体却在地方、在基层，也就是说最主要的、最应当明确的责任主体难以在这些上位规范中直接体现，应当通过地方立法的适配进而确定。再者，在应急管理过程中，由于涉及利益主体众多、涉及部门职能范围较广，在特殊事项上难免会存在职权交叉、职责不明的情况，加之在"不做不错"等责任意识淡薄的思想作用下，各部门在责任承担上相互推诿的情况也时有出现。此外，应急管理事项具有高度的复杂性，在责任主体及具体责任的设置上存在各种因素的权衡考量，法律责任如何与政治责任、党内责任协调统一，如何在审慎基础上做到合理、公正，这是一个难题，更何况需要在一个位阶较高的规范中予以明确。如果责任承担不明确，显然也就丧失了法治监督的实质价值。

（三）应急管理法治监督主体模糊

从中央应急管理领域法律规范来看，"监督主体"似乎是一个抽象的概念，因为这些规范中都毫无例外地没有明确专门的"监督主体"，申言之中央应急管理过程中的监督仍然以传统的内部监督、外部监督为主，所谓的内部监督更多的是一种作为应急管理职能主体的"政府""部门"的自我监督；而外部监督，以媒体和民众监督为主。这些固然是法治监督的一部分，但显然不能支撑中央应急管理法治事业的全部，因为上述的监督一方面内部监督缺乏"独立性"；外部监督力量又不足，不是一种"监督性"的权力，无法引起正式程序下带有"法律赋予"的权能进而展开的直接追责机制。而且，上述监督主体并不都是法律规范所涉及的，许多外部监督主体的主体资格来自宪法规定以及法理的证成。因此监督主体的模糊、"专门监督"模式的缺失亦为中央应急管理法治的发展造成挑战并带来风险。

（四）应急管理法治监督方式单一

中央应急管理的法治监督方式更多还是依赖内部监督机制。虽然内部监督似乎更符合"紧急行政"和"效率行政"项下快速应急、效率管理的价值，但其弊端也显而易见。一旦内部监督丧失"自省"的原则方向，那么"权力制约"的功能和价值完全无法实现，甚至有异化法治价值的风险。当然，监督方式单一也源于中央应急管理的另一掣肘：多元化参与的不足。中央应急管理的主体多以中央政府、部门为主，其在总体定位上就天然带有一种"高位统筹"的作用，因此在应急管理领域的中央权力集中既是必然也是应然，故而"行政一体"的内部监督自然生成。这种内部监督方式尽管会有多种表现形式，但是不能改变其是"行政监督权"的本质。而相较于内部监督，外部监督看似有着更多样的形式、更广泛的主体，但是在应急管理的"紧急状态"下不仅外部监督的行权条件不够充分，其行权的效果是否真的能够达到有效"监督"也难尽言，甚至在一些情况下外部监督仅仅沦为形式或者带来影响公共利益的不利后果。综上所述，中央应急管理法治监督方式还是呈现出内部监督这一单一化局面。

四、应急管理法治保障不足

（一）应急管理保障机制欠缺

新时代下，我国应急管理制度、机制与模式正在持续完善中，尤其是在过去三年新冠疫情对于全球各国应急管理模式进行了重大考验的背景下，中国特色社会主义制度优势下的应急管理模式表现非常优异。但是，我们也应当认识到，精彩表现的背后也存在诸多问题。我国当前应急管理模式中，仍然存在部门机构职能划分与"大应急"理念耦合度不足、应急管理全过程预案体系与协调联动机制不足、多元主体参与渠道与机制不完善、应急管理法律法规级别数量与其地位不对应、大数据科技使用与管理规范不足的问题，需要在构建应急管理制度体系的过程中探索解决。[1]同时，在应对突发事件过程中，还存在过于依赖政府主导，在一定程度上忽视了社会力量参与，缺乏科技支撑等问题。综上，我国应急管理建设模式仍存在诸多缺陷，亟需完善。

---

〔1〕 参见张铮、李政华：《中国特色应急管理制度体系构建：现实基础、存在问题与发展策略》，载《管理世界》2022 年第 1 期。

(二) 人员和设备的专业性不足

应急管理法治的实施和贯彻，不仅需要管理体制、决策机制等制度上的保障，同时也需要人员和设备上的支持。在我国的应急管理过程之中，应急管理人员往往都是一些非专业性人员，对应急管理的相关知识并未较深的掌握，在专业性和人才储备方面存在着不足。应急管理往往涉及一些数据监测、报表制作等专业性较强的工作，存在着专业上的壁垒。[1]比如，在之前新冠疫情暴发过程中，反映出我国医疗卫生人员的不足，涉及公共医疗突发事件时，医护人员往往处于匮乏的状态，人员的不足成为应急管理中的困境。同时，在应急管理的事前检测预防阶段中，需要一定的专业设备为突发事件的预警提供技术支持。在处置突发事件时，也需要专业设备提供数据反馈，比如自然灾害突发时，通过卫星遥感技术检测出受灾的面积和范围。在应急管理之中，专业性设备不足，也制约着应急管理的发展。

(三) 应急管理资源保障体系薄弱

在应对突发事件上，我国的应急管理资源保障体系存在着薄弱的环节。公共卫生事件的发生，首先暴露出国家应急管理资源保障体系的不足。法律应当先行，为应急管理资源提供法治保障。但我国当前的立法体系之中尚未对应急管理资源进行单行法上的规定，应急管理资源立法保障缺失，内容上涉及应急管理资源保障的法律、法规也较少，缺乏专门保障应急管理资源的立法。同时，在立法的层级上，立法效力较低，主要是地方层面的地方政府规章，尚未出台全国性的专门性法律。在立法的内容上，立法年代较早，可能无法适应当今时代下应急管理资源的新变化、新特点。

其次，在应急管理资源保障的部门上，部门之间的协调机制不足。应急管理资源可能会涉及应急管理、市场监管、交通、发改、商务等多个部门，多个部门之间在职能上存在着模糊性和重合性，导致了各类应急管理资源在种类、数量等方面存在着不足。在发生突发事件时，现有储备的应急管理资源可能无法适应人民的实际需要，无法适应现实具体需要的物资，无法为人民提供良好的保障。

在应对新型的突发事件时，应急管理资源保障薄弱，表明相关的应急管理

---

[1] 参见广东省社会科学界联合会课题组：《改革完善公共卫生治理体系——新时代推进社会治理现代化的重大任务》，载《新经济》2020年第11期。

部门在新型突发事件上的认识明显不足。以近年来发生的公共卫生事件——新冠肺炎为例，在新冠疫情暴发之初，防护服、口罩等医疗物资明显短缺，无法满足实际医务工作者和人民的需要，还有一些退烧等药物也存在着缺口。[1]原因就在于此类应急管理资源的储备不足，则无法应对突发事件的发生。

在我国应急管理资源储备的传统部门主要涉及粮食、稀有金属、石油、天然气等资源，应急管理资源的保障单一。在应急管理资源的模式上，我国主要是依靠国家的力量对应急管理物资进行调控，保障模式上较为单一，未能重视市场和社会储备的力量，导致了国家的应急管理资源储备压力过大，增加了财政上的负担和支出。[2]

（四）基层应急管理能力弱基础薄

应急管理事业发展离不开中央与地方的一体化建设，二者并不是孤立与割裂的关系。中央应急管理的法治建设一方面为地方基层应急管理的发展提供方向和指引，另一方面地方基层应急管理的完善化、规范化亦为中央应急管理法治建设提供保障。而当下，承担应急管理主要事务、落实中央应急管理政策、具体实行应急管理措施的地方和基层并不具备相应的或者说所期待的应急管理能力。其一，应急管理的地方机制尚未形成，具体制度建设还有待完善，依靠地方政府统筹的"大家长"模式并不能在紧急状态下或者面临突发事件时总能快速反应、妥善处理。其二，基层应急管理的资金保障及财政保障不足。这表现在地方应急财政占比较小，预备费用的提取以及财政资金使用上存在失范和混乱的问题，应急管理的资金吸纳以及物资筹集渠道相对单一，社会化程度有限。其三，基层应急管理的人才保障严重不足。应急管理专业人员组成的专业队伍，是处理应急管理具体事项的核心，应急管理的法治保障既要求具体相应的专业人员，也要求具备人才培养机制或者专业模式。正所谓"人是万物的尺度"，也是"管理的核心"，没有"人"作为制度要素的运作，再"良善"的制度机制设计都难以有所建树。应急管理的人才，既包括具体领域具备专业技术素养的人员，也包括具备法律专业素养及

---

[1] 参见李雪峰：《健全国家突发公共卫生事件应急管理体系的对策研究》，载《行政管理改革》2020年第4期。

[2] 参见孙翊等：《加快推进我国应急物资储备治理体系现代化建设》，载《中国科学院院刊》2020年第6期。

社会治理能力的人员。一方面应急管理人才总体数量偏少，另一方面他们落入应急管理基层的比例相当有限，因此人才保障是应急管理法治保障亟须解决并不容忽视的重要问题。

（五）应急管理法治理念宣传不到位

由于突发的自然灾害、卫生事件等具有突发性、不确定性的特点，这也决定了应急管理需要进行系统性、全流程的管理，不仅是对某一事件的处置，更是包括事前的预警、事发时应对、事中处置和事后恢复的系统阶段。应急管理中事前的预防和预警至关重要，做好事前的预防和预警有利于将危险扼杀在摇篮之中，避免国家和人民遭受财产损失。但在应急管理法治的实践之中，应急管理法治理念的宣传并未受到重视，这也导致了社会公众的应急意识、预防意识和危机意识欠缺。一方面，由于突发事件的突发性和稀少性，人们往往认为是小概率事件，应急管理意识淡薄。另一方面，应急管理部门也缺乏宣传的意识，对应急管理法治宣传工作并不重视，缺乏应急管理危机事件事前的宣传和教育，导致在面对突发事件时化解危机的能力较弱，也可能会导致不必要的人身财产损害。

在应急管理法治理念的宣传之中，并未就合法和合理的理念有所侧重，导致应急管理法治中合法意识和合理意识缺乏。首先是合法意识，在应急管理过程中，要在法律授权的范围内、按照法定程序来行使权力。在应急管理过程之中尚未树立起良好的合法意识，法无授权不可为。[1]同时，应急管理法治也尚未树立起良好的合理意识，在应对突发事件时，所采取的措施是否合理尚不明确，采取的应急管理措施要尽可能地减少侵害。

第四节　中央应急管理法治完善的措施

一、健全系统完备的法律规范体系

（一）树立预防为主治理理念

构建国家应急管理法律规范体系应当以总体国家安全观为统领，树立安

---

〔1〕参见马怀德：《疫情防控必须依靠法治运用法治完善法治》，载《中国政党干部论坛》2020年第5期。

全发展观理念，坚持以人民为中心，以防范化解重大风险为重心。在发展理念上，我国提出了总体国家安全观，并将其作为"新形势下塑造和维护中国特色大国安全的强大思想武器"。突发事件应对是指包含预防与应急准备、监测与预警、应急处置与救援工作、事后恢复与重建等数个环节在内的全链条管理过程。要坚持关口前移，全面做好突发事件预防工作，抓早抓小抓苗头，把突发事件控制在基层、化解在萌芽、解决在当地。[1]中央和地方政府需要进一步强化突发事件风险的危机意识和风险意识，把不断完善突发事件应急预案、应急管理制度、应急管理机制，不断加强应急管理能力建设，作为各级政府最优先履行的、常态化的基本公共服务职责。

（二）构建系统性应急管理法规

一部切实有效的应急管理基本法可以奠定应急管理法律规范体系的基础。目前，我国应急管理法律规范体系还存在一些问题，需要进一步改进。应急管理关涉广大人民的生命安全健康，应当以基本法律为纲领，统领覆盖广泛、内容繁多的法律规范，系统解决应急管理所涉及的复杂问题和情况，避免应急管理领域立法的分散化。

法律规范系统是一个由一系列要素按照一定的规律布局集合而成的，因此具有系统性。而一个系统的结构是该系统中的各个部分彼此间相互影响的次序与模式。因此构建应急管理法律规范系统，不仅要构建关于应急管理本身的法律规范系统，而且要注重构建应急管理不同阶段不同领域的法律规范系统。在一个复杂多样的体系中，各种因素都是互相作用和依存的，对体系进行分类，使体系结构化系统化，才能使体系有序地运行。"应急管理法"作为应急管理法律体系中位阶最高的法律，其在结构上应当包括从事前、事中、事后各阶段，并对突发事件的减缓、预备、响应、恢复的全过程进行规范；发挥其核心地位的功能定位，应对各类突发事件。[2]

（三）完善应急管理法治制度化内容

习近平总书记明确指出要运用法治思维和法治方式提高应急管理的法治化、规范化水平，坚持问题导向，完善应急管理各项制度。应急管理制度是

---

[1] 参见钟开斌：《国家应急管理体系：框架构建、演进历程与完善策略》，载《改革》2020年第6期。

[2] 参见杨鑫：《我国应急管理法律体系问题研究》，东北林业大学2022年硕士学位论文。

在应急管理实践中逐渐形成和丰富的。制度化又可以保障应急管理成功实践的稳定性、规范性和合法性。[1]制度具有根本性、稳定性、长期性、全局性。在修法过程中，应在遵从基本法律所确立的基本原则和制度框架的前提下，将单行法规定的应急体制、分类分级、监测预警以及行政处罚等各项制度向基本法律全面"看齐"，从源头上避免法律冲突的产生。[2]对于应急管理相关的法律制度进行系统地梳理和修订，从法律法规、政策文件、技术标准、应急预案等方面构建完善的制度体系；坚持问题导向，突出重点问题，重点完善应急预案制度、应急处置制度、应急救助制度、应急监督制度、应急责任制度等各项制度，为党中央和各级人民政府进行应急管理工作提供坚实的法律保障。

（四）健全领域党内法规体系建设

习近平法治思想中，党的领导占有非常重要的地位，唯有将党的领导贯穿于整个公共卫生突发事件法律制度的各个环节，才能在法治轨道上实现国家应急管理体系和管理能力现代化。党的十九届四中全会明确提出党内法规体系是中国特色社会主义法治体系的五大组成部分。突发事件的防控管理需要充分发挥宪法原则统领、法律规则制约、党内法规与国家政策治理机能等多层级的法治规范控制功效。党内法规体系的建设属于国家法治建设的重要内容，并且发挥着关键作用；同时其在应急管理过程中也发挥了重要作用，为应急管理法治建设顺利推进提供坚实的政治保障。应当将党内法规体系纳入应急管理法治规范体系建设，这既能深入贯彻与落实党对立法工作的领导，也能为中国特色社会主义应急管理法治体系的建设与健全理清关系。近年来，在应急管理过程中"政党法治"与"国家法治"的协作，既展现了近几年来党内法规制度建设的丰硕成果，也积累了不少鲜活的实践经验，值得在我国应急管理法治体系建设过程中加以转化适用，提升党内法规应有的支撑和保障作用。[3]

---

[1] 参见刘一弘：《应急管理制度：结构、运行和保障》，载《中国行政管理》2020年第3期。

[2] 参见代海军：《突发事件的治理逻辑及法治路径———以新冠肺炎疫情防控为视角》，载《行政法学研究》2021年第2期。

[3] 参见孟鸿志：《以习近平法治思想推进公共卫生应急法治体系建设》，载《南京社会科学》2021年第3期。

二、形成高效的应急管理法治实施体系

(一) 提升应急管理能力体制机制

进入21世纪以来,随着人工智能、大数据、物联网等技术的发展和进步,全球已经步入了信息时代并不断地深入发展。在应急管理领域,智慧化技术的运用有利于提升政府应急管理的能力和水平,对于推进中央应急管理法治的现代化具有重要的意义。政府完善智慧化技术在应急管理领域的应用,能够提高对风险的预测和感知能力,利用智慧化技术建立应急管理的预警机制,使得在应对突发事件时能够在事前进行警示和监测,及时快速地采取对应的预防措施,降低应急管理之中的风险。[1]在自然灾害、公共卫生等事件发生后,智慧化技术可以有效地消除不同部门之间的信息壁垒,做到数据的共享和公开,促进多元主体之间的沟通和协作,事中的应对和决策也可以更加高效,及时地反映出突发事件的变化和影响,作出相应的反制措施。

在事后恢复上,政府使用智慧化技术,在对应急管理数据进行整合和分析之后,能够精准地分析出突发事件发生背后的原因,可以针对不同地区、不同人群的情况,具体问题具体分析,采取最有效的恢复措施,开展具体针对性的恢复重建工作,提升政府的应急管理能力和水平。

(二) 完善部门应急联动机制

一是加强应急管理部门不同层级之间的联动。中央与地方的应急管理部门在发挥职能过程之中充分联动,在中央的统筹领导下,结合地方的特色和情况,发挥出各自在应急管理中的优势。在当前的应急管理内部之间进行整合,除了设立应急管理部统一集中发挥应急管理职能之外,应当发挥应急管理部门内部之间的协调和联动。

二是促进应急管理部门和相关部门之间的联动和协调。以成立的应急管理部为例,其集中承担了原先五个议事协调机构的应急管理职能,但同时公共卫生事件、自然灾害、公共安全等突发事件的应急管理职能仍然分散于诸如:卫生、公安、交通等部门之中,因此需要加强应急管理部门与其他涉及应急管理职责的部门之间的联动和协调,共同发挥各自的优势,避免应急管

---

〔1〕 参见张铮、李振华:《中国特色应急管理制度体系构建:现实基础、存在问题与发展策略》,载《管理世界》2022年第1期。

理的缺位或重叠。[1]

（三）推进全过程应急协调机制建设

应急预案在应急管理法治过程中发挥着巨大的作用，但在应急管理的实践中应急预案体系往往没有受到应急管理部门的重视。[2]完善全过程情景化应急预案体系，从而将突发事件化解在事前阶段，起到很好的预防作用。及时在突发事件发生之后，应急管理预案也可以很好地发挥协调作用，高效率地进行应急管理和处置，推进应急协调机制建设。

（四）健全风险监测系统

现代信息技术与突发事件领域相结合是推进应急管理能力提升的重要途径。在传统的风险检测中，风险检测预防性不足，无法起到检测预防的作用。健全智能化和协同化的云风险检测系统，一方面，利用大数据、人工智能等技术在农业、林业、食品、卫生等领域进行数据检测，例如为防止一些危害人类身体健康的病原体，对于进口的食品、产品也要加强智能化检测，防止外来风险的进入，保障安全。另一方面，在应急管理过程中，与互联网公司进行合作，开发智能化、协同化的风险检测系统，通过大数据的分析和检测，起到良好的预防作用。

（五）构建多元参与应急治理新格局

在应急管理过程中，除了政府的统领作用之外，还需要社会多元主体的参与、需要人民群众的支持。在发生自然灾害、公共卫生事件等突发事件之后，需要社会力量参与进来，人民群众就地迅速开展救援，在应急管理过程中具有先导性作用。[3]应急管理过程中，在党的领导下充分发挥社会力量，让社会群体、人民群体参与到应急管理之中，完善社会力量参与应急管理的机制，推进应急管理法治的深入发展。

---

[1] 参见张锋：《大数据视域下特大城市应急管理模式反思与重构》，载《城市发展研究》2020年第9期。

[2] 参见代海军：《突发事件的治理逻辑及法治路径——以新冠肺炎疫情防控为视角》，载《行政法学研究》2021年第2期。

[3] 参见莫于川：《应对新型冠状病毒肺炎疫情的应急法治原则》，载中国智库网，https://www.chinathinktanks.org.cn/content/detail?id=kjlbum39&pt=1，最后访问日期：2023年10月8日。

三、构建严密的应急管理法治监督体系

（一）提升应急法治监督体系效能

提升应急法治监督体系效能的关键在于发挥应急管理法治建设过程中的制度合力，形成以法律规范为核心、多方参与的监督模式、多种监督方式并存的监督体系。所谓以法律规范为核心就是要求完善应急管理领域的法律规范体系，目标是多方位、全覆盖地涉及应急管理的各个事项；多方参与包括：人大监督、党内监督、司法监督、行政监督、民众监督、媒体监督等；[1]而多种监督方式并存则要求不断拓宽监督渠道，利用现代科技及信息技术创造新的监督方式和平台。法治监督体系的有效运转同时还依靠以党的领导为根本下的制度创新。由于法治的内涵是不断丰富与动态变化的，法治监督的疆域也随之相应调整，因此如果不能及时根据实际情况，针对新问题、新境遇、新环境做出革新，那么就会有制度僵化的风险，此时所谓的法治监督也无法发挥其自身的效能价值。此外，法治监督领域的制度创新，不但能为法治建设注入制度活力，亦能促进应急管理领域的制度革新。

（二）完善应急管理的责任制度

责任制度的完善在于构建一套完整的应急处置追责机制。首先，需要针对应急管理中不同事件、不同事项做出区分，不论是公共卫生，还是自然灾害，抑或是社会群体性事件，应当分门别类，不同类别的应急管理事项具有不同的成因、性质和矛盾，因此对应的处置方式和应对机制也各不相同，由此看来在各个子系统中各自的机制体制千差万别，这就需要根据具体情况对责任制度进行设计。其次，根据应急管理事项的具体情况，设置责任承担的具体类型，主要包括行政责任、刑事责任、民事责任、政务处分、党内处分等。最后，引入正当程序作为有力保障，责任追查既要在实体上保证权责一致，又要在程序上做到公正、合理，给予充分的救济权利，否则法治监督就会沦为变相的"权力滥用"，与"权力监督"的本质内涵相去甚远。此外，由于应急管理领域的特殊性，仍要保证责任豁免制度的存在。应急管理事项具有专业性、复杂性、不确定性等特征，要求在极短的时间内做出快速决策、

---

[1] 参见周振超、张梁：《非常规重大突发事件"紧急行政"模式的法治优化》，载《中国行政管理》2021年第2期。

科学决策，这本身要求甚高，如果一味地以"结果"论处，可能就会出现"法不责众、无人担当"的局面，故而依照事件的具体情况、相关因素，区分主观与客观、故意与过失、能力与素养的综合标准，建立相应的减责、免责机制是必要的，也是符合法治精神的。

（三）明确应急管理的监督主体

明确应急管理监督主体就是要明确行使监督权的主体资格问题。设立专门的应急管理监督机构不失为应急管理领域法治监督的一种新思路、新方向。专门的监督部门或者机构在机构设置上相对独立，更加符合"监督权"的中立色彩，能够破除内部监督中存在的一些弊端；在机构建设上，其专业性更强，能够吸纳应急管理领域更多的人才，对于监督事项和监督过程也能有针对性的把握；应急管理涉及事项众多，在每个领域都单独明确相应的监督主体显然会造成行政内部的责任过重，各方的监督权也显得模糊不清和冗杂，往往为了规范和谨慎，根据不同层级、地域都赋予了所谓的"监督权"，但对于各方"监督权"的相应范围并未予以界分，也未明确发生"监督权冲突"时如何处理，如何协商，因此监督效果往往会大打折扣。设立专门的监督机构根据不同事项组建不同子部门统一、专门行使监督权能够有效化解这一问题，也更加符合效率化、规范化和专业化的要求。

（四）健全应急管理的监督方式

随着社会的不断发展，行政功能的外溢效果无法满足作为典型"风险行政"的应急管理事业，也无法满足其发展中所面临的各种需求，因此中央应急管理事业亦应当引入多元化参与模式。而多元参与机制的机理就在于通过社会力量的引入从资金、物资、技术、人员等层面获得支持。作为应急管理事业的投入者、支持者，社会组织及人员必然具有相应的监督资格和地位，他们所享有的监督权与带有公权色彩的监督必然大相径庭，这主要表现在监督方式上，社会组织及团队的监督不拘泥于传统的监督方式，包括一般的书面投诉、举报、检举等，他们可以利用其市场主体地位、资金、资源以及科技信息技术多渠道、多形式地开展监督，比如打造公私合作的平台展开监督、利用新媒体、融媒体等形式进行信息披露或者利益媒体宣传的形式开展变相监督等。应急管理领域多元参与模式的建立，为健全、丰富法治监督方式创造了条件和基础；此外，随着信息化社会的不断发展，依托互联网、大数据、区块链等技术开展的数字监督、信息监督、网络监督形式层出不穷，这也为数字政府建设提供助力。

四、建设有力的应急管理法治保障体系

（一）构建一体化法治建设保障体系

在突发事件应对活动中，人力资源包括应急管理人员、应急救援队伍、应急管理专家组等，财力资源主要包括财政资金、灾害保险、社会捐赠，物力资源包括应急物资、应急装备、应急场所等。[1]应急资源的合理配置及其高效使用，是有效应对突发事件的基本保障。应当构建涵盖人员培训、资金投入、物资储备等方面的人财物一体化建设的法治保障体系，以提高应急管理的能力和效率。

第一，完善应急管理中应急人员保障的动员、管理与救助制度，完善应急人员在应急管理中的服务管理、后勤保障等制度；通过立法明确应急人员的法律定位，为其管理工作内容提供法律依据；最后健全遗属救助等优抚制度，提升我国遗属优待抚恤工作中个人、企业以及社会团体的参与度。第二，完善应急管理工作中财政保障的预算管理和申请拨付制度。明晰中央和地方在应急管理工作中的财政责任承担比例，根据突发事件级别以及发展阶段，构建财政资金的动态申请以及拨付机制，尝试将重大突发事件纳入巨灾保险范围，以此减轻各级政府财政负担。第三，完善应急管理工作中应急物资保障的储备计划，加强中央与地方政府的年度应急物资储备计划，建立应急物资清单，明确应急物资质量等级，并完善征收征用与补偿制度以及市场参与机制。第四，在应急状态下，发挥好法的效益价值，可以促进应急资源的合理调配，集中力量应对主要问题、主要方面，也可以促进社会在应急状态后期转换视角，在根除紧急事态的同时，准备进行事后的恢复与重建工作。[2]

（二）建立运转高效的资源保障体系

在应急管理资源保障体系上，针对其不足之处，应建立立足底线、运转

---

[1] 参见钟开斌：《国家应急管理体系：框架构建、演进历程与完善策略》，载《改革》2020年第6期。

[2] 参见吴叶乾：《后疫情时代应急法治的难题及其突破——以法的价值关系架构为中心》，载《南海法学》2022年第1期。

高效的资源保障体系。应急管理资源保障体系应重视动态储备和能力储备的模式，立足应急管理资源保障的底线，做到"应储尽储"，动态地适应自然灾害、公共卫生事件的变化，随着疫情阶段的深入，应急管理物资也会相应地进行变化，比如从前期的缺少口罩、防护服，再到后期的缺少退烧药、抗原，故要立足底线建立动态的资源保障体系。[1] 也要提升应急管理物资的储备能力，建立运转高效的资源保障体系。

(三) 加快基层应急管理体系建设

基层应急管理能力建设有关中央应急管理的统筹安排、总体决策，因此提升基层应急管理能力和水平势在必行。第一，要优化地方财政结构。将应急管理事项纳入地方财政重要部分，给予充分财政支持[2]；第二，开展应急管理的定期培训，利用地方高校、研究机构对相应课题展开深入研究，并依托研究成果进行常态化学习与研讨；第三，通过政策扶持吸引应急管理领域人才，打造专业化的应急管理队伍，并形成成熟的人才培养机制；第四，构建社会参与和多方共建的建设模式，依托社会力量开展更广泛、更高效、更集中的学习与宣传。

---

[1] 参见孙翊等：《加快推进我国应急物资储备治理体系现代化建设》，载《中国科学院院刊》2020年第6期。

[2] 参见孟鸿志：《以习近平法治思想推进公共卫生应急法治体系建设》，载《南京社会科学》2021年第3期。

第二章
国内应急管理法治研究综述

2021年和2022年正值我国新冠疫情防控的第二年和第三年。出于对"新冠疫情引发全球性公共卫生危机，对常态法律秩序和法治实践构成挑战"[1]这一现实问题的回应，国内学者对"应急管理法治"（下文简称"应急法治"）的研究在继2003年"非典"事件后再次出现繁荣景象。梳理两年来相关学术成果可以发现，与"非典"事件引发的国内第一波"应急法治"研究热相比，本次由新冠疫情防控引发的研究在研究进路上并未有实质改变，总体上沿着应急法治基础理论研究、非常状态的制度和机制建构研究、具体类型突发事件应对法律问题研究的路径展开。对此，有学者评论认为，学术的历史似乎在不断重演，无非是紧急状态或者"应急法治"的场景从战争状态或者政治内乱，演变成了恐怖主义袭击、全球金融危机，再转变成了公共卫生危机；同时，学术的相关研讨开始从政治哲学和宪法学为主的讨论，形成公共管理学、国际法学、行政法学，甚至刑法学等"技术性、应用性学科"踊跃参与其中的局面。[2]两年间的研究对象分布显示，应急法治基础理论、应急制度和机制建构、公共卫生事件应急法治等问题是学者们关注的重点。[3]

---

[1] 参见郑玉双：《紧急状态下的法治与社会正义》，载《中国法学》2021年第2期。

[2] 参见李学尧：《应急法治的理想类型及其超越》，载《中国法律评论》2021年第2期。

[3] 截至2023年4月27日，通过"突发事件""应急法治（制）""紧急状态""紧急权""权利克减"等关键词在"中国知网"查询并筛选，共搜集到2021-2022年间发表的与"应急法治"相关主题的期刊论文84篇。本研究综述涉及的研究成果包括发表于核心期刊的论文、虽发表在非核心期刊但主题新颖且质量较高的论文和部分学术专著。

第二章 国内应急管理法治研究综述

图 2-1　2021-2022 年发表的"应急法治"相关主题论文关键词分布

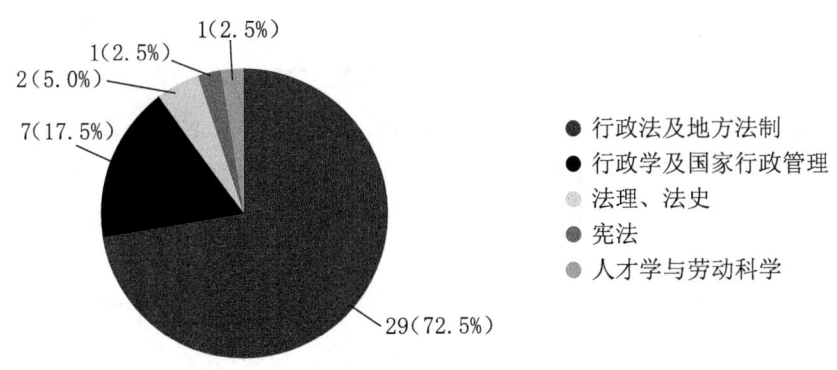

图 2-2　2021-2022 年发表的"应急法治"相关主题论文的学科分布

应急法治基础理论的内涵丰富，梳理 2021 年和 2022 年有关应急法治的研究成果可以看到，紧急权的正当性及规制、非常状态下的权利保护、应急法律原则等问题受到了学者们的重点关注。

第一节　应急法治基础理论研究

一、紧急权研究

紧急权的行使直接影响到公民的权利，是应急法治研究中非常重要的问题。如刘小冰所言，紧急状态的本质就是增加政府紧急权力、依法克减公民权利。因此，权利克减乃是紧急状态的制度核心，其基本作用在于回应对紧急权力的意义期待。[1]刘志欣以美国紧急权制度实践为视角研究认为：紧急状态与法治的内在紧张关系是紧急状态法律研究的重要命题。[2]在有关紧急权的研究成果中，紧急权的正当性和规制问题是受学者关注最多的问题。关于紧急权正当性，学者们从不同视角给予了论证。刘小冰认为紧急状态下任何一项紧急权力的产生都是以克减公民权利为前提的，因而在立法上确认权利克减制度是满足规制型社会对法律发展的现实需要，其在客观关系系统中具有正当性。[3]林鸿潮、陶鹏认为，应对突发事件的行动所追求的价值取向是安全稳定秩序，而对这些价值的追求，在任何情况下都不免要以对个人自由不同程度的干预和限制为条件，即使在日常化的风险管理环节，政府对风险的干预也是以对个体自由的限制为代价的，遑论在突发事件爆发期中各种非常态应急措施对个人权利甚至是基本权利的克减。[4]有学者从管理学的视角，结合新冠疫情防控的实践，提出突发新型传染病疫情等非常规重大突发事件已构成国家治理的重大现实挑战。基于防范系统性公共危机而启动以"紧急行政"为主导的国家紧急权力，将可能成为应对非常规重大突发事件不得不作出的治理模式选择。[5]

虽然学者们从不同视角给予紧急权正当性以证成，但由于紧急权具有高度集中性、高度裁量性、程序简化性等特殊性，并会对公民权利造成临时克减，这些特性使其与常态下的行政权相比更容易溢出法治边界，从而增加了规制的必要性及难度，[6]因此，紧急权[7]问题始终引起学者们的高度警惕，

---

[1] 参见刘小冰：《紧急状态下公民权利克减的逻辑证成》，载《法学》2021年第7期。

[2] 参见刘志欣：《紧急状态破坏法治吗？——二战以来美国紧急权力扩张及制约问题研究》，载《国外社会科学前沿》2021年第10期。

[3] 参见刘小冰：《紧急状态下公民权利克减的逻辑证成》，载《法学》2021年第7期。

[4] 参见林鸿潮、陶鹏：《应急管理与应急法治十讲》，中国法制出版社2021年版，第2页。

[5] 参见周振超、张梁：《非常规重大突发事件"紧急行政"模式的法治优化》，载《中国行政管理》2021年第2期。

[6] 参见江必新、黄明慧：《论紧急行政权的限度》，载《行政法学研究》2022年第5期。

[7] 应急法治研究的"紧急权"是国家机关在非常状态下行使的以克减公民权利为主要特征的权力，而非公民在紧急情况下行使的自救权利，后者如陈璇在《紧急权：体系建构、竞合适用与层级划分》一文中所指的"紧急权"，是指公民在缺乏公力救助途径的急迫情状下，以损害他人的某一法益为代价来保护另一法益的权利。类似的论文还有徐万龙的论文《紧急权体系中的正当防卫及其否定》。（参见陈璇：《紧急权：体系建构、竞合适用与层级划分》，载《中外法学》2021年第1期；徐万龙：《紧急权体系中的正当防卫及其否定》，载《当代法学》2022年第6期。）

如刘志欣以域外实证研究的视角对紧急权在实践中的扩张性给予了分析。他通过研究美国紧急权制度实践提出，自珍珠港事件以来，美国紧急权力持续扩张，并对法治产生一定破坏。在第二次世界大战、冷战、后"9.11"事件等不同时期，美国紧急权力运行展示了权力持续扩张并呈现棘轮效应，并在"9.11"事件之后达到高峰；制约权力时有懈怠，而且显示出共时性制约困境，这表明制约机构在紧急状态时存在信息与专业能力薄弱的问题；利益集团游说、金钱政治、大法官提名的策略性行为等政治因素影响也加剧了制度偏差。[1]

因此，紧急权规制问题自然成为应急法治基础理论研究的核心问题，"如何防止紧急权滥用"可谓是应急法治研究经久不衰的老问题，总体上，学者们主要基于两种不同的研究方法形成了以下两种不同的观点。

一种是基于法教义学的研究，主张结合紧急权的特性设计规制机制，认为基于实现紧急行政权设定目的的需要，常态法治下的权力制约理念、方式及原则又不完全适配于紧急行政权的规制。为紧急行政权设置必要且合理的限度，应当充分注意到紧急行政权的特殊性，提升常态下权力规制机制在紧急状态下的适配度，从而在授予政府必要权力与对这种权力保持反思品质之间寻求平衡。因此，不应完全打破常态下权力制约机制，而是寻求根据紧急行政权的特殊性，对相关规则原则进行适应性调整或者有区别适用（有些较常态下的规制更为严格、有些更为宽松），从而框定紧急行政权的配置及行使限度。具体而言，一是适应性调整合法原则，规范紧急行政权的职权配置；二是确立权利底线保障原则，明确紧急行政权的外部边界；三是宽松适用比例原则，约束紧急行政权合理行使；四是严守必要程序原则，规制紧急行政权的运行全程。[2]这种规制进路也得到了其他学者的响应，刘小冰提出，应确立权利克减的基本原则，包括相称性原则，不得克减原则，合法性原则，裁量性原则；[3]范进学从权力的一般原理出发研究认为，作为公权力，其发布的法令或采取的措施，只有遵循合法原则与比例原则，才能合乎合法行政

---

[1] 参见刘志欣：《紧急状态破坏法治吗？——二战以来美国紧急权力扩张及制约问题研究》，载《国外社会科学前沿》2021年第10期。

[2] 参见江必新、黄明慧：《论紧急行政权的限度》，载《行政法学研究》2022年第5期。

[3] 参见刘小冰：《紧急状态下公民权利克减的逻辑证成》，载《法学》2021年第7期。

与合理行政的法治要求。[1]刘志欣在研究美国紧急权制度实践的基础上提出，为了解决权力扩张及制约问题，紧急状态法律研究应当从自由与安全、共时与历时、暂时与永久等三对范畴进行整体性反思，并在制度结构上做出安排，力求保持紧急状态与法治的平衡，以避免紧急状态破坏法治。[2]沈赏、张平则通过研究紧急状态中民族习惯法的"出场"与"调适"表达了对紧急权规制的思考，他们认为，"风险社会学"的要旨"选择即风险"恰恰是"现代社会"必须面对的问题。通过风险社会学的角度审视"新冠疫情"防控，既能够明确区分"风险分配主体"和"风险化约主体"的权责问题，更能够以一种"系统论"的逻辑指出在"行政法治"这一异常表述下法律和政治面对的根本"吊诡"，这表现为"行政止于建议"和"暴力执法的认定"上的模糊，进而反映出了"紧急权力"和"公民权利"之间的张力。通过对实证资料的整理和分析，一种以"民间习惯法"的介入来转移上述张力的方案的"可接受性"得以证明，但是从风险社会学角度看，"民间习惯法"的"出场"则意味着"风险"和"吊诡"的再制，因此对于这种"出场"，又必须通过中国语境下的"政法传统"对其进行"政治"和"法律"意义上的规范。[3]

除了法教义学的研究方式之外，一些学者也尝试基于法哲学、法社会学的立场思考紧急权规制问题。郑玉双认为，由于紧急事态的现实急迫性和风险扩张性，紧急状态的事实性和规范性存在张力，紧急权力的行使面临价值优位性和法治融贯性难题。紧急状态下的秩序是紧急权力决策和行使的特殊社会语境，具有合法性环境和正义环境之双层结构。在紧急秩序的解释性特征之下，应超越形式法治观和实质法治观的局限，将紧急状态视为法治的临界状态。紧急权力行使以恢复常态秩序为直接目的，其法治内涵是在正义框架下作出维护和修复基本善的应急处理并促进合法性环境和正义环境的互动。基于对法治理想的追求，应将合法性和正义的制度互嵌与共同体德性的培育

---

[1] 参见范进学：《重申"认真对待权利"——不确定状态下的权利理论》，载《探索与争鸣》2022年第8期。

[2] 参见刘志欣：《紧急状态破坏法治吗？——二战以来美国紧急权力扩张及制约问题研究》，载《国外社会科学前沿》2021年第10期。

[3] 参见沈赏、张平：《紧急状态中民族习惯法的"出场"与"调适"——基于风险社会学与系统论的质性研究》，载《青海民族研究》2021年第4期。

作为紧急状态中重塑社会正义的重要内容，以凝聚宪法共识、化解紧急危机和巩固社会根基。[1]李学尧反思了紧急理论的"施米特主义"和"凯尔森主义"，肯定了紧急政策突破法律边界的合理性，并在对法治与紧急状态关系的类型化基础上，对应急法治的概念及其实践做了理想化的定义，认为应急法治的理论是施密特理论与规范分析视角的某种妥协，既从政治现实主义角度，试图对规范分析视角下的"应急法治"理论做超越式反思，也从人性的普适性出发，对过度由事实推导规范的"中国特色论"法治观表达了审慎性的警惕。对于紧急权力行使的研究，应该借助于一种能够贯穿群体行为与个体行为的跨学科研究的理论工具。[2]但在宾凯看来，郑玉双关于紧急状态下的法治与社会正义研究，注意到了紧急状态中法律与社会环境互动的临界特征。但是，这种基于法哲学的分析进路，尚缺乏社会理论的厚度，因而对于紧急状态下社会系统之间的具体互动结构只能语焉不详，并且容易滑入对"社会正义"过于理想化的空洞诉求。对于李学尧试图通过"权力再平衡机制"让"中国的治理模式不断趋近于法治"的观点，宾凯认为只能是针对常态社会治理的答案，而无法应对非常状态的"决策悖论"，同时，紧急治理也无法托付于"脑科学""行为科学"等轻飘飘的承诺。[3]因此，他并非单纯以法治的视角，而是采用跨学科的研究视角，借助德国社会学家卢曼的社会系统论的观察优势，尤其是结合系统论政治学、系统论法学和组织社会学的方法，探索紧急权行使的"可能性条件"。他借助于福利国家运行逻辑这条辅助线，建立起一个可应用于现代国家紧急权行使的系统论法学分析框架，试图探索紧急状态下国家机关（组织）作出紧急决策的"可能性条件"，在所提炼的紧急权运行框架内，从紧急决策的角度，阐释国家机关在紧急权行使时所面临的决策悖论，并尝试寻找出能够吸收决策悖论所造成的不确定性的决策前提。[4]他认为，可以把灵活的"目的"与刚性的"条件"组合成为一种拓扑结构，为紧急状态下的行政治理提供法治约束（亦即目的纲要的"再条件化"）。除此之外，可以把人事安排嵌入条件纲要中。通过人事安排的"再条

---

[1] 参见郑玉双：《紧急状态下的法治与社会正义》，载《中国法学》2021年第2期。
[2] 参见李学尧：《应急法治的理想类型及其超越》，载《中国法律评论》2021年第2期。
[3] 参见宾凯：《系统论观察下的紧急权：例行化与决断》，载《法学家》2021年第4期。
[4] 参见宾凯：《系统论观察下的紧急权：例行化与决断》，载《法学家》2021年第4期。

件化",把紧急治理的"决策者"与"责任"关联起来,决策者即便不承担法律责任,也需要承担政治责任。

二、非常状态下的权利保护研究

在应急法治研究中,与紧急权问题对应的重要问题无疑是公民权利的保护。关于这一问题,有学者基于权利正当性理论分析后重申应"认真对待权利",认为不确定状态下如何认真对待权利与法治,无疑是我们每个人应认真思考的时代课题。重申"认真对待权利"之目的在于,权利作为法律的本质与目的,既构成了法律的道德基础,亦构成了人们对法律尊重与忠诚的基石,进而成为政治道德的来源。通过重申"认真对待权利"这一经典命题,有助于社会公众对权利保障、法律信任、法治信仰以及政府公信力获得持续有效的普遍认同并达致共识。只有公权力认真对待并善待权利,方能体现其理性的政治道德;只有公权力公平对待社会每一个个体的权利,法律才能获得人们对它的接受与尊重,进而使人们相信法律、尊崇法律、信仰法治,维护政府的公信力。[1]

除了给予权利保护一般性的关注,较多学者则是结合疫情防控实践表达了对个人信息保护的思考。公共利益是个人信息保护中必须考虑的因素,其背后是公共利益与个人利益的价值衡量。公共利益相对优位性这一价值位阶规律构成了公共利益适当限缩个人信息权益的正当性基础,国内外立法也普遍将公共利益作为处理个人信息知情同意机制的例外情形。但高志宏认为利益冲突的多样性决定了个人信息保护的复杂图景,救济不力的困境更是我国个人信息保护的现实关照。我国个人信息保护法中的公共利益条款存在公共利益内涵外延模糊、代表机制缺失、行使规则滞后等问题,导致因个别公共利益泛化滥用侵犯个人信息权益现象,这在突发公共事件应对中尤为明显。在我国制定统一个人信息保护法的时代背景下,个人信息保护法治建设重点应发生转变。宏观层面,应采取公私法协同推进的多元化法治路径,充分发挥部门法功能,建立综合治理模式,并实现个人信息保护法制体系内部的统一和协调。中观层面,应确立法律授权、目的正当、最小比例、安全保

---

[1] 范进学:《重申"认真对待权利"——不确定状态下的权利理论》,载《探索与争鸣》2022年第8期。

障等公共利益限制个人信息权益的基本原则。微观层面，应当从界定公共利益的内涵外延、明确公共利益代表主体、健全个人信息保护救济途径等方面构建公共利益限制个人信息权益的具体规范。[1]沈伟伟则出于对个人信息权益限缩常态化的担忧，以疫情防控期间使用的健康码为例，针对数字疫情防控措施，结合有关个人数据保护的理论与实践，提出日常状态和紧急状态之间的"恢复机制"这一新理念，借此阐释平衡国家权力和公民基本权利的新制度进路，指出我国应当将被遗忘权纳入数字紧急状态恢复机制。[2]

三、应急法律原则研究

法律原则相对于法律规则所具有的适用空间弹性大的特点，使其在应对具有不确定性的突发事件的情景下能够发挥独特的权力规制功能。应急法制中的主干法属于宪法或行政法，公法原则适用于应急法领域。但囿于应急法治的特殊性，一些公法原则往往在应急法领域具有特殊的表现形式，这些原则的内涵、正当性、功能、制度表现等问题成为应急法治基础理论的组成内容。彭錞撰文对"行政应急性原则"的正当性再次给予了论证。他明确了行政应急性原则的内涵：为应对紧急事件，基于公共利益的必要，应在事前制定法律规范，突破日常法律授予行政机关应急权力，促进有效应急，但仍须尽量持守法治价值，避免无限授权；若按照既定法律还不足以应急，则应采取违法应急措施，但事后须接受并通过立法机关、司法机关的审查，方可获得追认和免责，并指明行政应急性原则是中国行政法学罕见的原创性概念，但也一直被批评为不利于应急法治。这是对该原则的误解。行政应急性原则具有法律原则的特征，亦符合我国行政法基本原则的标准，能为完善事前应急立法的程序、内容和效力以及应急行为事后审查的渠道和逻辑提供规范性指引。这一由中国学者首倡的概念，理应作为行政法基本原则，指导下一阶

---

[1] 参见高志宏：《个人信息保护的公共利益考量——以应对突发公共卫生事件为视角》，载《东方法学》2022年第3期。

[2] 参见沈伟伟：《论数字紧急状态的恢复机制——以新冠疫情防控为例》，载《清华法学》2021年第2期。

段的应急法治建设。[1]

苏宇探讨了"风险预防原则"的价值功能、内涵和作用发挥的路径。他认为风险预防原则已在全球范围的理论与实践中形成多种版本，众版本间的分歧与争论，使得构成该原则的基础性要素不断凸显，各要素间的关系也被逐步廓清。风险预防原则的基础性要素主要包括危害预期、不确定性、预防措施和证明机制，四项要素及其相互间的关系决定了风险预防原则的内部结构。结构化的风险预防原则，内含积极授权原则、整体比例原则、最小最大值原则、反向证明原则四项子原则。依此检视我国风险预防的法律制度及相关实践，要进一步发挥风险预防原则的作用，需要完善不确定性条件下采取风险预防措施的法律授权，引入等级化或概率化的合比例性要求，普遍建立反向证明机制及风险预防措施动态调整机制。[2]

范继增、王瑜鸿以国际人权法的视角分析了"比例原则"这一传统应急法治中的热点问题。他们从正当性、必要性和可行性三个角度审慎考察和展望了欧洲疫情克减措施适用风险预防性比例原则的潜在趋势，认为新冠疫情常态化态势给欧洲各国采取的权利克减措施带来了法治挑战。在疫情暴发与遏制阶段，多数欧洲国家倾向于根据风险预防原则采取"封城"和强制性居家隔离等克减权利措施。然而，《欧洲人权公约》第 15 条和相关的欧洲人权法院判决要求克减措施必须符合比例原则。但欧盟法院针对疫情克减措施表现出宽松的裁判态度，欧洲人权法院针对疫情克减措施也表现出情景化裁判倾向。[3]这一观点也得到了其他学者的认同，如比例原则在应急管理中的适用应当留有相对灵活的余地，不应该像常态那样被严格适用，要适当放宽，以免造成政府畏首畏尾、消极作为。[4]

此外，林鸿潮、陶鹏还对权力优先原则、人权保障原则、信息公开原则进行了简单分析，认为应急法治原则应该从两个方面进行全面理解，一方面是强调行政机关及其工作人员应当依法开展应急决策、实施应急处置活动；

---

[1] 参见彭錞：《再论行政应急性原则：内涵、证立与展开》，载《中国法学》2021 年第 6 期。

[2] 参见苏宇：《风险预防原则的结构化阐释》，载《法学研究》2021 年第 1 期。

[3] 参见范继增、王瑜鸿：《趋向风险预防性的比例原则——基于欧洲疫情克减措施的裁判逻辑》，载《人权》2021 年第 4 期。

[4] 参见林鸿潮、陶鹏：《应急管理与应急法治十讲》，中国法制出版社 2021 年版，第 138 页。

第二章　国内应急管理法治研究综述

另一方面则是要为他们在必要时做出的形式上违法而实质上正当的应急活动提供正面激励。[1]

第二节　应急法律制度和机制建构研究

应急法律制度是由众多制度和机制组成的制度体系，其功能的发挥有赖于各组成制度和机制的建构、完善和良好运行。如学者所言："应急法制乃是基于法理支撑、制度建设与技术实施三重维度的解构与重构的完整过程。"[2]因此，应急法律制度和机制建构是应急法治研究的重要问题。由于其内涵丰富且与实践具有紧密的联系，通常更能吸引学术关注。综观两年来关于应急制度和机制建构的研究成果，总体上可分为宏观层面总括性的研究和微观层面针对具体制度和机制的研究。

一、宏观制度建构研究

学者们主要从两个方面探讨了宏观层面的制度建构问题。

一方面，一些学者专注于应急制度的建构模式和理念。如周振超、张梁从行政管理的视角检视了非常态、极限化风险治理情境下行政主导危机应对全过程的"紧急行政"模式，认为这一模式目前面临法律条件不足等现实问题。非常规重大突发事件"紧急行政"模式需依循应急管理的法治原则进行系统优化，从推进应急法制体系革新，加强"紧急行政"的自我规范、司法保障、守法激励以及法治监督等方面，构建非常规重大突发事件"紧急行政"应对模式下的良法善治。[3]代海军认为，新冠疫情应对折射出国家的强制干预权与免于国家强制干预的自由权之间的紧张状态，从一个侧面反映出国家治理的理性与现行公共安全治理能力不足之间的矛盾。我国现行应急管理体系以突发事件应对为导向，资源分散且偏重末梢管理，公

---

[1] 参见林鸿潮、陶鹏：《应急管理与应急法治十讲》，中国法制出版社2021年版，第130页。
[2] 参见刘小冰：《以紧急状态法为重心的中国应急法制体系的整体重构》，载《行政法学研究》2021年第2期。
[3] 参见周振超、张梁：《非常规重大突发事件"紧急行政"模式的法治优化》，载《中国行政管理》2021年第2期。

民、社会有效参与欠缺。破解这一困局,需要将传统的应急管理升级为公共安全治理,完善党、政、军的协调机制和应急指挥平台,进一步理顺府际关系、社会协同参与的政社关系,推进应急管理机制创新与流程链再造。在全面推进依法治国的语境下,建立和完善公共安全治理体系,走法治化道路是必然选择。[1]金晓伟认为,在疫情防控等重大突发事件应对情境中,社会状态的切换影响公权力与私权利(自由)之间的动态结构,关系到政府应急行为和应急措施的合法性判断。结合制度、实践和理论维度审视,紧急状态的多重逻辑是社会状态不确定性的根源,不利于公权力与私权利(自由)的动态平衡,引发了我国应急法律体系内部的冲突。弥合冲突的基本立场是消解紧急状态的多重逻辑张力,统一全社会关于疫情防控等重大突发事件应对的法律共识,为不同社会状态下政府应急行为和应急措施提供明确的合法性判断情境。在具体思路上,除了持续发挥法律解释的调和作用,还应以疫情防控法律体系建设为契机,撬动紧急状态立法,构建完善的紧急状态法律制度,打通应急法律体系中的紧急状态规定。在立法设计层面,"分立"和"整合"两种路径具有相同的逻辑进路,但基于技术性和策略性考量,后者更符合立法精简、效率的要求,且有助于提升制度效能。[2]

另一方面,一些学者对应急法制建构的路径进行了一般性的研究。刘小冰分析了以紧急状态法为重心的中国应急法制体系整体重构的问题,认为我国应急法制存在紧急状态宪法规定的制度落空、应急法制的制度冲突、实施中的"法律无感"与错乱等问题。为此,须以紧急状态法为重心进行整体重构,这是基于其在应急法制体系中拥有基本法和主干法的地位。应急法制的整体重构应以国家紧急权力理论为法理基础,在制度层面应废除《中华人民共和国戒严法》(以下简称《戒严法》),制定"紧急状态法",并明确国家应急决定的法律效力既定、追责和免责等关键问题,同时,应急法制体系的

---

[1] 参见代海军:《突发事件的治理逻辑及法治路径——以新冠疫情防控为视角》,载《行政法学研究》2021年第2期。

[2] 参见金晓伟:《我国应急法律体系的冲突与弥合——以紧急状态的多重逻辑为切入点》,载《河南社会科学》2021年第4期。

整体重构还需要多种要素的嵌入。[1]金晓伟认为，紧急状态法制对于解决宪法上紧急状态制度的虚置问题，推动应急基本法的结构性调整，填补应急法律体系中的制度断层，提升其体系内部各个层次、各个相关条款之间的融贯性，有着十分紧迫的现实意义。经过理论条件和现实障碍的细致论证，可以推导出我国紧急状态法制的实现条件极为特殊，寄希望于短期内制定一部统一的"紧急状态法"似乎不具备可行性。从完善应急法律体系的整体考量，可以将紧急状态法制的任务一分为二，按照实体分散和程序统一的思路分别展开实质性构建，同时发挥"情境化"规范进路的聚合效应，打破分散的形式结构体系，在超常规应急治理（紧急状态）情境中实现规范内容的实质统一。建构本土化的紧急状态法制理论应当立足于中国的紧急治理实践，从反思我国应急法律体系的缺陷切入，加以中西方比较研究，或许是一种可行的思路。基于"平战结合"的紧急状态法制理论及其体系建构，不仅有助于创设一个本土化理论框架，为世界其他国家理解中国的应急法治提供新视角，而且能够真正为人类命运共同体提供有关应急治理的"中国方案"和"中国智慧"。[2]刘琳璘认为，紧急状态理论需建立在宪法框架之下受宪法的约束与规范，方具有正当性与合法性。世界各国宪法文本中大多规定了紧急状态条款，并制定了专门的《紧急状态法》。当前我国的紧急状态制度尚存在一些漏洞和短板，应从修改宪法紧急状态规范、加快紧急状态法律体系构建、加强人大实施监督等方面推进我国紧急状态的宪法实施，以有效应对未来各种突发公共危机。[3]

二、微观制度和机制建构研究

在微观层面的制度建构研究中，学者们关注的内容比较广泛。

一是重大突发事件应对中的政治动员制度研究。林鸿潮认为，重大突发事件应对中的政治动员有助于促进公共部门的组织适应，极大提升应急行动

---

[1] 参见刘小冰：《以紧急状态法为重心的中国应急法制体系的整体重构》，载《行政法学研究》2021年第2期。

[2] 参见金晓伟：《论我国紧急状态法制的实现条件与路径选择——从反思应急法律体系切入》，载《政治与法律》2021年第5期。

[3] 参见刘琳璘：《紧急状态的宪法检视与实施》，载《河南财经政法大学学报》2021年第3期。

效率。这是我国的制度优势，也是新冠疫情防控取得重大战略成果的重要原因之一。但是，政治动员所产生的强大"政治势能"和激起的地方绩效竞争容易诱发应急措施过度施行，扩大应急行政中公、私权两端的失衡状态，特别是造成应急行政政治化，悬置应急法治的制度框架。对于突发事件应对中的政治动员，现行法采取前置和外置于应急行政过程的设计，明显脱离实际，无法回应实践。为了保障政治动员模式之下的应急法治，应考虑将"党的领导"原则导入应急领域的重要法律，为政治动员纳入法律视野提供"接口"。[1]在此基础上，将实施政治动员的主体限定在中央和省两个层级，以避免地方上对应急行政的过度政治"包装"。同时，通过接续法律责任追溯链条，还原"遁入"政治的应急行政活动，将其重新置于法律预设的控权框架之下。[2]同时，林鸿潮也对战时隐喻式应急动员下的问责机制进行了思考，他认为应急动员中隐喻式的战时叙事将治理目标转换为政治目标，为超常规突发事件应对中国家能力的进一步扩展提供了正当化理由，并向体制内外释放了用于催化政治意识和道德意识的信号，极大提升了应急效率。战时话语的有效性源于其背后的权责设定构成对官员的强大压力机制，但体制内外的"压力差"隐藏着法治风险。为了缓释这种压力机制和法治价值之间的紧张关系，应当改变针对官员的问责制，将目前即时、刚性、单独的问责方式进行延时化、弹性化、综合化改革，引入其他一些能够影响官员行为的因素，以之与战时话语所塑造的压力机制对冲。[3]

二是应急财政制度研究。陈治认为，在应对突发事件而组织、调配、动用公共资源的过程中，财政作为国家治理的基础与重要支柱发挥了关键作用，而财政应急实践又是透过预算法上的一系列应急机制进一步展示其行动轨迹的，能否在预算层面提升公共资源的统筹规划与管理利用水平成为审视国家应急治理成效的重要标准。然而，预算法上的相关应急机制安排适用范围过于局限于紧急处置阶段，缺乏风险预防的制度化考量；当风险转变为现实危机时，应急机制又过于注重资金保障，忽视预算法内在的行为约束要求；进一步到恢复重建阶段，预算法应急机制还面临与预算法之外的其他风险应对

---

[1] 参见林鸿潮：《重大突发事件应对中的政治动员与法治》，载《清华法学》2022年第2期。
[2] 参见林鸿潮：《重大突发事件应对中的政治动员与法治》，载《清华法学》2022年第2期。
[3] 参见林鸿潮：《战时隐喻式应急动员下的问责机制变革》，载《法学》2022年第9期。

专门立法的关系调适,以克服支出法定化及预算僵化的困扰。整体观之,预算法提供的应急机制远未适应风险社会突发事件应对的实践需求,与其支撑国家应急治理体系建设的应有定位存在明显差距。基于此,有必要面向风险预防需求扩展预算法应急机制的适用范围,区分不同阶段、不同类型预算法应急机制的保障与约束需求,协调预算法与其他风险应对专门立法的关系,使预算法真正承载突发事件的应对重任。[1]王婷婷认为,面对突如其来的新冠疫情,中国综合运用应急财政措施进行及时干预的同时,也暴露出财政应急法治建设存在专门性立法不足、资金配置有失公平、监督问责机制不尽完善等问题。为应对疫情带来的财政法治挑战,部分国家秉持"紧急不避法治"原则,通过制定专门的应急财政法律制度、依法设置应急财政的适用条件、科学调整应急财政的具体措施、合理设置应急财政的实施程序等方式优化了法治框架。进入常态化疫情防控时期,中国应立足国情,从"四个维度"加紧完善危机应对的财政干预法律制度,兼顾常态治理与应急治理,持续完善应急财政干预规则体系;兼顾形式法治与实质法治,确立财政例外规则及其回归路径;兼顾精准治理与实质公平,合理调适财税制度的运用领域;兼顾效果保障与廉洁维护,加强应急财政干预的监管力度。[2]

三是紧急状态制度的实施机制研究。2020年新冠疫情蔓延全球,世界各国纷纷宣布进入紧急状态,政府采取了"封城"、停工、停课等多项临时性、强制性举措以应对危机,但在实施中出现诸多问题,紧急状态的秩序维持与宪法实施成为学者们关注的焦点。李昊认为,我国宪法紧急状态确立了立法机关保留、法律优先原则、要式职权行为、比例原则等法定实施标准,但在实践中,由于《传染病防治法》等单行立法包含了事实上的紧急状态非常措施,且专门的紧急状态法缺位,导致国家决定和宣布紧急状态面临困难,紧急状态下应当由全国人大常委会另行规定的非常措施缺失,基层实践中出现以应急状态之名行紧急状态之实的争议。完善国家非常状态法治建设,关键是加强紧急状态的宪法实施工作,当前,紧急状态立法应遵循上位法、关系

---

[1] 参见陈治:《突发事件背景下预算法应急机制的困境与出路》,载《法学论坛》2022年第1期。

[2] 参见王婷婷:《常态化疫情防控视域下中国应急财政干预的法治路径》,载《上海交通大学学报(哲学社会科学版)》2022年第6期。

法、平衡法的原则,宜采取一般法与单行法相结合的渐进模式。紧急状态宪法实施需规范行政职权行为,落实全国人大常委会"另行规定"、法律监督、执法检查、答复法律询问等职权。[1]谢士衍对紧急状态的决定和宣布机制进行了研究,他认为在我国,紧急状态的决定和宣布是典型的中央事权,除了宪法和法律授权的有关中央国家机关外,任何地方都不能决定或宣布其辖区进入紧急状态。但不得不反思的是,在此次抗疫过程中,有些地方政府,甚至地方为应对疫情设置的临时机构,居然能宣布其辖区进入紧急状态,甚至"战时状态",这不但是严重的越权行为,也是违宪违法行为,其对中央和地方的应急行为无益反害。一方面,必须依宪依法严格规范紧急状态的决定和宣布,明确紧急状态发布的要素;另一方面,对于违宪违法决定和宣布紧急状态的地方,应依法紧急、从重地予以处置。[2]底高扬对香港特别行政区的紧急立法权问题进行了认真思考。他认为1997年2月全国人大常委会所作的决定是一项政治决断,具有授予行政长官紧急立法权的功能。行政长官紧急立法权具有完善香港紧急法制、应对香港社会风险、拓展"一国两制"弹性空间的必要性。其正当性可由香港紧急法治的发展阶段、行政长官的双首长地位、适合香港的紧急权力法律制度模式证成。其实施前提是事实的紧急情况而非拟制的紧急状态,实施时应明确行政长官紧急情况判断权与全国人大常委会紧急情况判断权的关系、应妥善处理紧急立法权实施的及时性与民主性的关系、紧急情况下比例原则的标准应从"是否合理"转向"是否明显不合理"。

四是突发事件应对中的应急征用和先行用地制度研究。金成波认为,为了有效应对突发事件,行政机关可以依法对相对人实施应急征用,然而应急征用对相对人相关权利的限制超出了其所应当承受的公共责任的限度,属于出于公共利益的特别牺牲,所以为了规范政府应急征用的权力,保护相对人的合法权益,必须对应急征用制度予以规范。应急征用制度的核心架构包括征用的主体、客体、程序和补偿。未来应该规范应急征用的主体类型,廓清主体的权责;确定应急征用的客体范围,禁止超范围征用;设计应急征用的

---

[1] 参见李昊:《紧急状态的宪法实施机制与完善路径》,载《法学论坛》2021年第1期。
[2] 参见谢士衍:《论我国紧急状态的决定和宣布》,载《上海政法学院学报(法治论丛)》2022年第5期。

程序，保障依程序征用；细化应急征用的补偿，保证有征用必有补偿。[1]宋宗宇、李南枢认为，政府应急征用制度是国家治理体系和治理能力现代化的重要组成部分。我国已经建立了层级较为完备的应急征用法律体系，但通过法规检索与案例梳理发现，应急征用制度设计仍然存在不足。应当坚持以人民为中心的顶层理念，在征用阶段遵循约束与激励并重，厘定征用主体、完善征用程序、补足激励措施。在补偿阶段恪守效率与公平兼顾，确定补偿主体与利益范围、保障补偿程序公正高效、公平协商制定补偿标准。在保障措施中坚持权力与责任均衡，强化行政主体的责任配置、建立多元征用监督机制、设计梯次征用救济程序。[2]方涧从历史维度考察，结合耕地保护的需要，对突发事件应对中的先行用地问题进行了分析，他认为国家自卫权、宪法的行政组织效能与紧急状态条款、行政效能原则的程序表达共同构成了先行用地的理论和规范支点。在我国现有法律体系规范中，这种先行用地实质上包括土地征用和征用转征收两种情形。在制度建构中，应对先行用地的适用类型进行开放性控制，达至与永久基本农田制度和建设用地指标控制的制度衔接，同时在用地审批规范内部通过对申请和批准主体、补偿等问题的规范寻求自我平衡。[3]秦树泽以突发公共卫生事件应对为视角对应急征用补偿制度进行了检视与思考。他认为应急征用措施作为抑制突发公共卫生事件无序扩散的前置手段，在疫情处置与防控过程中扮演了重要角色。但当前突发公共卫生事件背景下的应急征用补偿作为填补被征用主体特别损害的制度性保障，在实定规范和具体实践中还存有较多疏漏。与应急征用行为相关联的补偿制度在规范层面存有补偿原则尚不一致、范围尚不具体、标准尚不统一、程序较为粗略和救济途径较为单一等立法障碍，在具体实践中面临应急征用主体补偿观念淡薄、补偿告知义务缺漏等现实困境。完善应急征用补偿制度的实定规范，改进应急征用主体观念缺失等实践领域现存的诸多问题，不失为突发公共卫生事件背景下应急征用补偿制度的具体优化路径。[4]

---

[1] 参见金成波：《论应急征用制度的构建》，载《河南社会科学》2021年第4期。

[2] 参见宋宗宇、李南枢：《重大公共卫生事件中政府应急征用的法制构造——兼评我国〈突发事件应对法〉第12条》，载《广东社会科学》2022年第2期。

[3] 参见方涧：《论突发事件应对中的先行用地》，载《河南财经政法大学学报》2022年第4期。

[4] 参见秦树泽：《应急征用补偿的制度检视与优化进路——以突发公共卫生事件为视角》，载《西北民族大学学报（哲学社会科学版）》2022年第1期。

五是应急信息公开制度研究。周维栋认为信息公开作为应对风险社会的重要手段，在突发公共卫生事件治理中发挥着关键作用。《传染病防治法》与《突发事件应对法》关于信息公开的规定存在冲突与缺陷，是导致行政机关无法正确选择适用法律，从而延误疫情信息公开的重要原因。上述两部法律构成新的一般规定与旧的特别规定之间的冲突，在应急状态下很难按照《中华人民共和国立法法》第 105 条规定的裁决机制解决，应该在合宪性秩序下优先选择适用《突发事件应对法》。突发公共卫生事件的信息公开需要兼顾行政效率与权利保障，因此应该遵循统一领导、及时准确、风险沟通与隐私保护原则。为了增强信息公开的可操作性，主张建立政府主导的多元主体协同规则、完善时间动态调整规则、强化信息有序共享规则、明确信息内容分层规则。现行《传染病防治法》第 38 条的规定已经不足以应对风险信息公开的需要，应该从信息的发布主体、原则与内容等方面，完善疫情信息公开机制。[1]

六是应急状态下行政许可制度研究。宋文豪认为，《中华人民共和国行政许可法》（以下简称《行政许可法》）和《突发事件应对法》未涉及行政许可的效力基于应急状态的变动问题。行政许可的实施在应急状态下面临合法性困境，其纾解应从形式与实质两个层面着手。应急状态下，行政机关原则上具有概括的许可实施职权，在缺乏可预见性的规范时，可在满足基本的形式合法性前提下，通过情事变更原则满足实质合法性。此时，行政许可的条件、审查标准与程序等应与常态有所差异。许可中止制度在应急状态下具有适用空间，其核心在于有效期的中止，适用于被许可人无过错的情况，有必要在《行政许可法》中加以规定。应急状态作为不可抗力，可能但不一定完全导致行政许可废止的结果。此时，行政许可的废止仍需以许可目标完全不可实现或者许可的继续实施极可能导致个人或公共利益的严重损害为前提。现行行政许可有效期延续制度在审查强度和程序等方面规则不明。应急状态下，应当放宽许可延续的申请期，对延续申请可以采用形式和书面审查，并建立依职权延续和临时延续制度。为更好应对应急状态，应当根据应急状态

---

[1] 参见周维栋：《论突发公共卫生事件中信息公开的法律规制——兼论〈传染病防治法〉第 38 条的修改建议》，载《行政法学研究》2021 年第 4 期。

各处置阶段的需要，创设新的许可类型。[1]

七是风险规制中的政府职权划分研究。靳文辉认为央地政府关系事关政府基础性权力的配置与运行，对风险规制中的央地政府关系予以规范建构，是增进风险规制有效性的重要途径。一体化和弹性化是塑造风险规制中的央地政府组织关系形态的基本要求。一体化可补强风险规制的系统性和权威性，弹性化则能克服传统科层制的封闭性和层级性弊端。在事权配置方面，风险规制权的央地配置在制度上宜采取定限模糊化的规范形式，以更好契合风险的不确定性，提升风险规制行为的动态适应性。实践中，风险规制权的央地配置，应依据能力标准和效能标准来确定具体方案。风险规制中的央地政府关系主要有"命令服从""央地合作""地方主导—中央协助""地方实施—中央监督"几种类型。规制过程中需结合具体的规制目标对央地政府关系类型进行择取和组合，以使央地政府关系类型与风险规制任务相互契合和协调。[2]

八是跨行政区联合应急制度研究。叶必丰认为跨行政区联合应急制度建立后，地方主体的实施准备都比较积极。实施准备的内容大多是综合性的机制建设，大多系对制度的概括和复制，主要发挥了制度传导作用；少部分为具体化和工作安排，起到了具体落实作用。通过新冠疫情防控的检验表明，跨行政区联合应急措施在实施主体上广泛，川渝区域和基层主体表现更为突出；各地方主体对跨行政区联合应急措施的充分运用，珠三角区域和省级主体表现更为突出。各区各级各类主体对信息通报、处置措施衔接、应急资源共享及其他跨行政区联合应急措施四个选项的偏好，呈依次减弱的态势，其中珠三角区域在实质性措施上表现最佳。跨行政区联合应急的效果总体良好，省级地方主体与基层地方主体对是否有待继续完善持相反的态度。从理论上看，一项制度能否得以有效实施，与需求、资源、技术、习惯和上级指挥等因素紧密相关。[3]

九是社会组织参与应急治理制度研究。何荣山、李南枢认为社会组织参

---

[1] 参见宋文豪：《应急状态下行政许可的实施》，载《南大法学》2021年第2期。
[2] 参见靳文辉：《风险规制中的央地政府关系之规范建构》，载《法学研究》2022年第5期。
[3] 参见叶必丰：《跨行政区联合应急制度的实施状况分析》，载《行政法学研究》2022年第1期。

与应急治理,既是国家治理体系和治理能力现代化的重要组成部分,亦是应急治理走向多元化、社会化的现实需要。尽管我国已经建立了层级较为完备的应急治理法律系,但通过法规检索发现,社会组织参与仍然缺乏详细与可操作化的规定。今后应以科学定位、权责明确、依法自治为目标,重视参与广度与深度的结合,明确应急治理角色定位,构筑全生命周期参与体系,建立多维路径参与范式。同时需完善激励与保障措施,其中激励措施需实现成本与效益兼顾,做到经济、政治、社会心理激励相结合,而保障措施则应做到效率与公平并重,构筑多主体监管体系,完善主被动结合机制,建立高效协调救济路径。[1]

十是应急越级行政机制研究。白云锋认为《突发事件应对法》关于"必要时可以越级上报"的规定、各类应急信息网络直报系统等越级行政实践是应急行政中的行政法新机制。相对于科层制下的层级行政而言,越级行政本质上是为突破层级之间的逐级限制,实现跨级别扁平化行政的方式。应急越级行政难以实行的主要原因在于科层结构的影响及越级行政规范细则的缺失。作为一项例外但必要的制度,应急越级行政亟待条件、内容与效果上的约束和体制基础与具体机制上的保障。在约束层面,应急越级行政需满足"属地政府难以应对危机"与"经批准"等实体和程序条件的限制、客观事实和审慎主观判断的内容限定及报告不豁免其他职责的效果约束。在保障层面,应急越级行政实效保障的基础在于,根据应急法秩序的要求,科层行政的刚性结构在越级行政时被局部悬置。应急越级行政实效保障的具体举措包括越级行政实体与程序内容的规范化、越级行政合法性追认与责任豁免程序的构建、越级行政形式的多样化等。[2]

十一是伤亡人员的社会保障制度研究。何小勇认为,突发公共卫生事件下所致的伤亡,应根据伤亡情形和人员的类别予以不同的社会保障。医护人员履行预防救护职责伤亡的,应以职业病认定工伤享受工伤待遇;国家机关工作人员参与抗疫伤亡的,应认定为工伤享受工伤待遇;其他人员参与抗疫伤亡的,按视同工伤享受工伤待遇。社会保障法制建设完善后,参与突发事

---

[1] 参见何荣山、李南枢:《社会组织参与应急治理的法制构造——兼评〈中华人民共和国突发事件应对法〉第三十四条》,载《重庆社会科学》2022年第10期。

[2] 参见白云锋:《应急越级行政的法治建构》,载《法学》2022年第2期。

件应急处理工作伤亡的人员应享受社会优抚保障。社会公众感染疫病的，适用医疗保险制度予以保障。应健全、完善社会保险、社会优抚、社会救助等制度的顶层设计和法制建设，确保社会保障制度能向社会公众提供清晰、稳定的安全预期。[1]

十二是快速行政处罚制度研究。刘文浩认为，《行政处罚法》修订后的第49条和新冠疫情防控期间行政机关从快处罚的实践，使重大突发事件应对中的快速行政处罚受到关注。快速行政处罚是非常状态下行政处罚制度的特殊适用，以常态行政中的普通行政处罚程序为基础，其性质属于行政裁量中的程序裁量。在重大突发事件应对背景下，快速行政处罚具有特殊的制度功能。但是，《行政处罚法》第49条的"粗糙立法"使快速行政处罚制度在适用时面临启动标准不清、适用范围模糊、实施限度不明等问题。应当从细化适用条件、补全适用范围、设定适用限度等方面对快速行政处罚进行制度完善。[2]

十三是《突发事件应对法》的修改问题研究。《突发事件应对法》自颁布实施以来，学界修改建议之声一直存在。新冠疫情防控中该法暴露出的问题再次引发学者们的关注。代海军认为我国《突发事件应对法》实施状况不理想，表面上看是制度规定过于原则，没有处理好与单行法的关系，深层原因在于立法理念滞后、调整门槛过低、工作机制不畅，以及由此产生的体系紊乱以及制度抵牾。纠正《突发事件应对法》存在的系统性偏差，需要摆脱对"事"的应对的路径依赖，确立以风险管理为中心的制度架构。从健全应急法体系的整体考量，有必要制定一部严格意义上的"紧急状态法"。[3]同时，他认为应当将《突发事件应对法》全面修改为应急管理法，以此协调和统领各应急管理单行法。[4]张真源在论及突发事件应对中的双重响应体系时也对《突发事件应对法》的修改问题进行了分析，他认为双重响应体系中预

---

[1] 参见何小勇：《突发公共卫生事件伤亡人员的社会保障适用研究》，载《交大法学》2022年第4期。

[2] 参见刘文浩：《重大突发事件应对中的快速行政处罚——兼评新修〈行政处罚法〉第49条》，载《行政法学研究》2022年第2期。

[3] 参见代海军：《我国〈突发事件应对法〉修改研究》，载《行政管理改革》2021年第1期。

[4] 参见代海军：《突发事件的治理逻辑及法治路径——以新冠肺炎疫情防控为视角》，载《行政法学研究》2021年第2期。

警响应与应急响应在立法层面的"阶段性"预设，无法有效契合突发事件应对的实践逻辑。而定位于具有各自功能的"异质性"解释则构成了双重响应体系回归实践理性的基础。这一解释突破了现有规范对预警响应和应急响应在时间结构上的严格设计以及在程序衔接上的因果关联，为以风险递进效应为分析工具所得出的功能调和论与适用场景的理论概化奠定了基础和前提，进而为《突发事件应对法》的修改提供价值引导和理论依循。[1]

十四是突发公共卫生事件应对中的专利药品强制许可制度研究。张韬略运用比较研究的方法对新冠肺炎威胁之下的专利药品强制许可制度进行了研究，他认为德国专利法提供了由联邦政府主动基于公共福利或国家安全颁发专利强制实施令，或由联邦专利法院应申请并基于公共利益颁发专利强制许可的两种路径，且通过《国家防治全国性流行病保护居民法》对《人类传染病法的预防和控制法》进行修订，形成了以行政征收为主、强制许可为辅的局面。我国专利法规定了与国家紧急状态或公共利益相关的强制许可，可以应对新冠肺炎背景下的专利药获取。但与德国不同，我国尚无颁发专利强制许可的经验，而且这类强制许可的启动权完全掌握在政府主管机关手中，对公众需求的敏感度不足。我国应完善与公共利益相关的药品强制许可制度，坚持谦抑但不抑制的政策导向，改革目前僵化的启动机制，并在具体适用时严格审查公共利益要件并做好利益平衡。[2]

十五是应急法治能力提升机制研究。李牧、董明皓认为基层应急法治能力提升，是加快推进基层治理体系和治理能力现代化建设的重要目标，需从理念引领、主体塑造、预案规约三向度协同推进方能提升。理念引领上，将基层党建引领与以人民为中心理念内化为在法治轨道上推进基层应急管理的行动指南，从而强化党建在基层应急管理的政治引领功能，也为基层应急管理广聚人民力量；主体塑造上，在强化应急法治知识认知积累中培育基层党员群众的法治素养，提升运用法治预防与应对突发事件的能力；预案规约上，编制与村规民约同质的基层应急预案为基层党员群众依法应对突发事件提供

---

[1] 参见张真源：《论突发事件应对中的双重响应体系——兼论〈突发事件应对法〉的修改》，载《交大法学》2022年第6期。

[2] 参见张韬略：《新冠肺炎威胁之下的专利药品强制许可：德国、中国的路径比较及启示》，载《德国研究》2021年第1期。

具体方案，构建契合基层需求的应急演练机制，从而提升基层党员群众应急法治能力之执行力。[1]

第三节　具体类型突发事件应对法律问题研究

具体类型的突发事件应对研究最能体现应急法学的实践性特征，是应急法治研究的重要内容。以《突发事件应对法》所作的自然灾害、事故灾难、公共卫生事件和社会安全事件的突发事件类型划分进行梳理会发现，两年间有关"自然灾害"和"事关灾难"的法学研究成果不仅数量稀少，而且在核心或重要期刊上较为少见。相对有代表性的成果如王凌燕、任慧丽对我国农村自然灾害行政救助法律问题的研究，认为我国行政救助目前存在的法律及救助体系方面存在的问题，结合国内外对此问题相关的优秀经验，应加强专项法律制定及完善、设立专项自然灾害基金、打造高效应急物资供应平台、加强社会资金的使用监督等。[2]杨帆从《安全生产法》法律责任切入，对生产安全事故的国家赔偿救助责任进行了分析，认为我国生产安全事故多以生产经营单位为主要赔偿救助主体，对违法违规行政监管导致损害的赔偿救助不足，国家赔偿救助存在制度困境，亟待肯定行政监管部门对生产安全事故的赔偿救助责任，明确行政部门违法违规监管与事故损害结果关系的认定规则，建立事故受损者先行申请国家赔偿救助、行政部门后续追偿制度，完善生产安全事故国家赔偿救助责任体系。[3]相比之下，关于突发公共卫生事件应对法律问题的研究呈现"疫情催化效应"，无论在数量还是发文期刊的质量上均居于首位，社会安全事件的研究则次之。

一、公共卫生事件法律问题研究

新冠疫情防控引发众多学者对我国突发公共卫生事件应急法律制度和实

---

〔1〕参见李牧、董明皓：《论基层应急法治能力提升的三重向度》，载《学术交流》2022年第9期。

〔2〕参见王凌燕、任慧丽：《我国农村自然灾害行政救助的法律研究》，载《农村经济与科技》2022年第7期。

〔3〕参见杨帆：《论生产安全事故的国家赔偿救助责任——从〈中华人民共和国安全生产法〉法律责任切入》，载《社会福利（理论版）》2022年第2期。

践的思考。根据研究对象，可以分为总论性研究和分论性研究。

在总论性研究中，林鸿潮、郑悠然认为我国现行的传染病法制将传染病日常防控、常规应急和超常规应急三种制度杂糅在一起。在以《传染病防治法》为代表的相关立法中，传染病日常防控的思路主导了疫情应急处置活动，而具体到应急处置环节又忽视了超常规应急的情形。为了使制度设计及其实施情景之间互相匹配，应当根据"风险—事件—危机"的疫情演变过程，运用场景化的研究视角，将被折叠的传染病法制充分展平。具体而言，应当以传染病暴发、流行为节点界分日常防控和应急处置，以应急措施是否具备形式合法性或者克减基本权利为标准界分常规应急和超常规应急。在区分日常防控、常规应急、超常规应急三种情景的逻辑框架下完善相关立法，形成体系化的传染病法制。[1]郭晖认为在新冠疫情防控实践中，我国公共卫生应急管理法治体系为依法防控提供重要保障，但同时也暴露出法律规范存在冲突式缺陷，公共卫生应急管理法短缺，常态化防控法律法规缺失，法律修改和实施机制不健全等问题。应以习近平法治思想为指导，坚持和加强党的领导，丰富和发展公共卫生应急管理法治体系的内涵，强化紧急时期和疫情常态化阶段法治建设，构建完善的法律修改和执行机制，进一步全面优化我国公共卫生应急管理法治体系。[2]梁晨认为突发公共卫生事件防控法治化是推进国家治理体系和治理能力现代化的必然要求。从新冠疫情防控实践来看，我国突发公共卫生事件防控暴露出法治化程度不高的缺陷，体现在公共卫生法律体系未能满足形式法治的要求、行政应急权的规制未能满足应急法治的要求、公共卫生制度设计未能满足健康法治的要求三大方面。突发公共卫生事件防控的法治化，要求坚持以人民健康为中心的公共卫生治理理念，完善公共卫生法律体系，合理配置行政应急权并规范其运行，建立动态调整机制以保证比例原则的适用，并且为权利救济提供法律途径。[3]苏海雨、郑文盛认为突发公共卫生事件中公民、法人以及其他组织会受到相应的立法和行政上的暂时性权益限制。应急治理之下的紧急行政权力与个人权益是更加紧密的相互

---

[1] 参见林鸿潮、郑悠然：《传染病法制中的制度折叠及其重构》，载《治理研究》2022年第5期。

[2] 参见郭晖：《公共卫生应急管理法治体系的优化》，载《河北法学》2022年第2期。

[3] 参见梁晨：《突发公共卫生事件防控法治化：理念、问题与路径》，载《湘潭大学学报（哲学社会科学版）》2022年第1期。

依存关系。行政紧急措施是为了保护整个社会的公共利益，但仍需保障个体最低限度的权益，防止行政恣意侵害。公众通过承担服从者、受益者、参与者、监督者等角色，实现了多主体参与的基层公共卫生治理。最后，应当遵循行政法上的比例原则，规范行政应急程序与指导，及时追究违法行政法律责任，设置行政诉讼紧急审理程序，实现公共卫生应急治理的法治化。[1]王志鑫、吴大华认为我国当前已形成以宪法为基础，法律、法规、规章与规范性文件及全国性与地方性立法并存的突发公共卫生事件应急法律体系，但其依然存在立法理念落后、立法模式不合理、体系存有空白、体系结构与运行失衡、法律制度缺失与不完善等问题。为此，有必要在借鉴国际公共卫生应急法治经验的基础上，通过更新法律体系理念、确立科学法律体系模式、强化法律体系建设等举措予以完善。[2]

在分论性研究中，一些学者将研究对象置于突发公共卫生事件应急的具体制度或机制上。一是政府信息披露制度研究。李洪雷、张亮认为在应对传染病引发的突发公共卫生事件中，政府披露信息并非仅指公布疫情，发布预警也是信息披露的另一种重要方式。基于对《突发事件应对法》第43条的体系性考察及其与《传染病防治法》相关规定关系的梳理，可知发布预警与发布突发事件信息在法律上分属应急管理中的不同环节；《突发事件应对法》第43条与《传染病防治法》第19条在形式上存在不一致，但通过运用法律适用规则，可以确定应当适用《突发事件应对法》第43条的规定，不存在需要提交全国人大常委会裁决的法律冲突；虽然相关法律、行政法规和国务院规定中欠缺地方政府发布预警的权限和程序依据，但这不影响政府履行发布预警的职责，地方立法、行政立法或者各级政府依法制定的应急预案都可以作为发布预警的实施依据。[3]二是警察执法问题研究。李耀光、常小龙认为突发公共卫生风险下，公众心理面临严重冲击，给警察突发公共卫生事件现场执法带来严峻挑战。认识、把握风险下的公众心理，有助于现场执法警民沟

---

[1] 参见苏海雨、郑文盛：《突发公共卫生事件中应急治理的法治化保障》，载《中国卫生事业管理》2022年第5期。

[2] 参见王志鑫、吴大华：《我国突发公共卫生事件应急法律体系的检视与完善》，载《中国卫生事业管理》2022年第8期。

[3] 参见李洪雷、张亮：《论地方政府在应对突发公共卫生事件中的发布预警职责》，载《中国社会科学院研究生院学报》2021年第4期。

通，能提升突发公共卫生事件现场执法效能。执法对象风险认知偏差主要有三类，即认知信息偏差："信息过载"与"信息茧房"的双重陷阱；认知情绪偏差："心理噪音"与"情绪感染"的内外夹击；认知加工策略偏差：选择性信息加工下的"歧途"。通过风险沟通赋能，实现现场执法创新的主要路径有：风险沟通理念赋能：以"风险认知治理"优化现场执法理念；风险沟通技术赋能：将风险认知矫正嵌入现场执法。[1]三是传染病防治制度的启动和运转机制研究。李广德认为传染病防治法的调整对象关涉传染病防治制度的启动和运转，决定了整个传染病防治法的目标实现和功能发挥。根据立法对病种的确认方式，可大致提炼出国家主义防治观和专业主义防治观两种理论类型。国家主义防治观通过法律事前明确而严格地列举传染病病种及其等级，以体现国家权力对紧急状态的谨慎态度和对维护秩序的重视，凸显国家角色；专业主义防治观则通过立法中的传染病定义而将临机判断、确认甚至决策的权力交给专业机构和专业人员，体现对智识的尊重和对科学的追求，以更符合传染病防治本身的规律性和科学性，凸显专家作用。两种防治类型在理论上各有优劣，评价两者正当与否的标准在于何种类型下做出限制公民权利和自由的决定更符合比例原则的要求，而在规范主义价值立场上，这首先需要实现国家主义防治观与专业主义防治观的平衡。我国现行《传染病防治法》在调整对象上体现出国家优先的中国特色制度优势，尤其具有形式合法性并能获得强大的组织与效率保障，但也存在因专业机构和专业人员的制度性角色不足而带来的应对迟疑等缺陷。因此，我国传染病防治立法在调整对象上应增加专业主义的比重，以实现国家角色与专家作用的互补与协同。[2]四是数字接触追踪技术法律规制问题研究。张恩典认为我国以健康码为中心的数字接触追踪技术在疫情防控中成效显著，但也存在隐私和歧视的双重风险。在疫情防控常态化背景下，宜在保障数字接触追踪技术防疫功能的前提下将其纳入法治框架内。数字接触追踪技术应用应当遵循比例原则，并健全以隐私政策为中心的数据采集告知制度、完善数字接触追踪技术影响

---

〔1〕参见李耀光、常小龙：《基于风险沟通理论的突发公共卫生事件现场执法研究——以新冠疫情防控为例》，载《中国人民公安大学学报（社会科学版）》2022年第6期。

〔2〕参见李广德：《传染病防治法调整对象的理论逻辑及其规制调适》，载《政法论坛》2022年第2期。

评估制度，建立事前与事后相结合的算法解释权制度以及基于数据防疫功能强弱程度的动态多元化数据删除制度，实现数字接触追踪技术应用法治化。[1]

二、社会安全事件法律问题研究

关于社会安全风险事件的应急法治问题，学者们的研究主要体现了两种思路。

一是结合新冠疫情防控对社会秩序的影响探寻社会安全治理之策，如寇丽平认为疫情防控常态化对社会安全治理的挑战表现为经济复苏受阻、社会秩序被反复冲击、疫情与其他社会风险相互叠加、社会心理失衡等。社会安全治理要适应疫情防控常态化带来的挑战，以增强人民群众安全感、建设更高水平平安中国、完善社会安全治理体系和提高预测预警预防各类风险能力为愿景，从宏观认识上坚持大局意识和底线思维，强化风险意识，发展创新"枫桥经验"、推进精准治理、打造治理共同体等方面，推进治理体系和治理能力的现代化。[2]李京客、张勤通过调查研究，结合新冠疫情下社区矛盾的现状，深入研究了当前社区矛盾的诱因，并对各地完善社区矛盾化解机制的多元路径进行了探索。[3]二是对社会安全风险事件应急法治的一般性研究。王祯军对大数据时代社会稳定风险评估的法律问题进行了研究，认为将大数据应用于稳评，关键要在稳评和法治所追求的价值中找寻"公约数"，确保稳评符合法治的价值。应用大数据推进稳评的法治化，需要建立数据丰富的风险信息数据库推进稳评的民主性和公平性，规范数据使用行为，保护个人合法权益。应用大数据探究风险起因和维权路径，科学设计算法分析平衡利害与合法性的关系。[4]继而他又对算法应用于稳评问题进行了分析，认为提升社会稳定风险的识别、分析和预测能力是提高稳评效能的关键。算法的独特

---

[1] 参见张恩典:《数字接触追踪技术的实践类型、社会风险及法律规制》，载《法学论坛》2022年第3期。

[2] 参见寇丽平:《疫情防控常态化背景下推进社会安全治理现代化》，载《中国应急管理科学》2022年第1期。

[3] 参见李京客、张勤:《重大风险视域下城市社区矛盾化解机制研究》，载《中国应急管理科学》2021年第12期。

[4] 参见王祯军:《法治视域下大数据应用于社会稳定风险评估的作用、问题及路径》，载《理论月刊》2021年第3期。

功能可以在提升稳评的效能中发挥作用。算法在稳评中的应用既需要界定好政府、评估机构与网络平台的法律关系，也要解决个人权利保护和公共利益维护问题。为此，应合理构建政府、网络平台企业、评估机构的法律关系，加强算法设计的监管，建立算法评估机制，确保算法应用与人工"风险沟通"相结合。[1]

第四节 应急行政诉讼问题研究

一些学者将研究视野延伸至司法实践领域，围绕着"应急行政行为的司法认定"和"应急法律法规实施"的问题进行了研究。

林鸿潮以最高人民法院裁判文书为样本分析认为，在涉及行政紧急权力的诉讼中，法院首先需要甄别被诉行为是否真正具备应急性，以防止行政机关滥用职权。当前我国司法实践主要从事实证据、职权、程序等常规性形式审查标准入手认定应急行政行为，效果不佳。应当认识到应急法中控权性规范密度比较低、以应急性规范为主的特点，从法定化的应急体制、机制中挖掘可资利用的观察点，将案件系争的应急行政过程尽可能真实地还原出来，建立起符合应急行政活动本质特征的司法认定标准。[2]金晓伟、冷思伦透过司法之维分析援引《突发事件应对法》的684份裁判文书分析认为，《突发事件应对法》在执法司法适用方面存在明显的场景偏差问题，亟须在修法、适法环节正本清源。围绕应急行政行为的可诉性、突发事件的认定等具体问题，行政与司法之间保持着既默契又分歧的张力关系，而基于"功能性分权"理论的"合作程度"分析框架有助于重塑两造关系。在此基础上，法院应当针对应急行政行为的特点探索构建一套适合应急状态的司法审查模式。[3]

---

[1] 参见王祯军：《算法应用于社会稳定风险评估的可行性、法律问题及对策》，载《法治研究》2022年第2期。

[2] 参见林鸿潮：《应急行政行为的司法认定难题及其化解》，载《政治与法律》2021年第8期。

[3] 参见金晓伟、冷思伦：《〈突发事件应对法〉实施的司法之维：场景偏差、两造张力与审查模式》，载《江西财经大学学报》2021年第6期。

第五节 研究述评与展望

总体而言，2021年和2022年国内关于应急法治的研究可谓成果颇丰。国内学者对应急法治的学术旨趣很大程度上来源于为回应现实问题而对疫情防控相关问题的思考。研究对象涵盖突发事件的预防与准备、监测与预警、处置与救援、恢复与重建各个环节的理论与实践问题。研究涉及的内容比较广泛，既包括紧急权规制、非常状态下的权利保护等应急法治领域的热点问题，也涉及诸如应急越级行政、伤亡人员的社会保障制度等以往少有学术关注的问题；既有应急法治基础理论等传统的老问题，也有数字接触追踪技术法律规制、大数据算法应用法治化等新兴问题研究。

其中，应急法治基础理论问题仍然是学界关注的重点，尤以紧急权的规制和应急法律制度与机制构建问题的研究成果最多。在紧急权规制的研究中，基于法教义学的立场深入研究并认为应通过制度手段规制紧急权依然是主流的研究进路和观点。同时，也出现了从法哲学和法社会学的研究方法切入，针对紧急权规制的法治困境，继而从法哲学和法社会学的角度探寻有效路径的研究进路。虽然通过这种新的研究视角所得出的结论尚存在"理想化的空洞诉求"或面临无法应对非常状态的"决策悖论"的困境，[1]但毕竟是超越法教义学封闭体系的可喜尝试，研究结论也总能给人以耳目一新的感觉。无论运用哪一种视角的研究，归纳主要研究观点和结论可知，在坚持应急法治主义的共同立场下，学者们在各自的研究中所得出的结论不可避免地具有某种逻辑上的关联。[2]另外，基于应急法治主义的共同立场也使得应急法治的研究更多关注的并非应急法制如何提高应急效率问题，而是如何运用法治价值规训应急行为的问题。因此，对相关问题的研究实质是落脚于如何更好地保护公民权利。这一研究倾向从范进学的研究结论可见一斑——通过重申"认真对待权利"这一经典命题，有助于社会公众对权利保障、法律信任、法

---

[1] 参见宾凯：《系统论观察下的紧急权：例行化与决断》，载《法学家》2021年第4期。
[2] 参见郑玉双：《紧急状态下的法治与社会正义》，载《中国法学》2021年第2期；参见宾凯：《系统论观察下的紧急权：例行化与决断》，载《法学家》2021年第4期；参见林鸿潮：《重大突发事件应对中的政治动员与法治》，载《清华法学》2022年第2期。

治信仰以及政府公信力获得持续有效的普遍认同并达致共识。只有公权力认真对待并善待权利,方能体现其理性的政治道德;只有公权力公平对待社会每一个个体的权利,法律才能获得人们对它的接受与尊重,进而使人们相信法律、尊崇法律、信仰法治,维护政府的公信力。[1]有鉴于此,可以说,上述基于应急法治主义的学术立场并通过不同研究视角和进路所得出的结论具有殊途同归的特点,这似乎可以看作是应急法治规律性的体现。因此,在数量众多的研究成果中,学者们普遍认同紧急权在非常状态下具有的正当性,同时又特别关注紧急权的规制问题,表明学者们对应急法制之于应急管理的支持和保障功能普遍抱有肯定态度。

从研究成果的数量分布来看,应急法律制度和机制建构问题受到较多学者的关注,这一现象说明了应急法制与实践的密切联系。从广义上来说,应急法律制度和机制建构问题不仅涉及"应急法律制度和机制建构研究"的涵盖内容,也包括"具体类型突发事件应对法律问题研究"和"应急诉讼问题研究"的内容。如此看来,突发公共卫生事件的制度和机制建构是所有制度研究中的重中之重,其他制度和机制研究,除紧急状态的研究外,则显现出碎片化或零星化的样态。学者们关于相关制度的研究各有见地,但观点总体上具有一定的同质性。正如学者在突发公共卫生事件的信息公开制度的研究中所言,"突发公共卫生事件的信息公开需要兼顾行政效率与权利保障,"[2]还有学者认为在应急法制的适用中应保持谦抑的态度,因为"基于突发事件的不确定性这一本质特征,应急管理领域的法律体系有着鲜明的特殊性。和其他领域的法律比起来,应急法在刚性和弹性、稳定性和变动性、普适性和个别性等方面都存在明显的内在张力。这就要求我们的司法机关、执法部门在理解应急管理领域的法律时,不能过于僵化地恪守传统的法教义学立场,而是要以更加灵活的方式,实质化地把握、理解法律的目的和精神"。[3]这些结论在前述制度与机制建构的研究中受到普遍响应,而"效率优先,兼顾权利保护"的价值取向在其他应急法治问题研究中均有体现。这也与学者提

---

[1] 参见范进学:《重申"认真对待权利"——不确定状态下的权利理论》,载《探索与争鸣》2022年第8期。

[2] 参见周维栋:《论突发公共卫生事件中信息公开的法律规制——兼论〈传染病防治法〉第38条的修改建议》,载《行政法学研究》2021年第4期。

[3] 参见林鸿潮、陶鹏:《应急管理与应急法治十讲》,中国法制出版社2021年版,第3页。

出的"把政治系统的目的纲要导入到法律系统的条件纲要,让政治系统内的第二符码(即'合法/非法')和第二纲要(即'条件纲要')唱出自己的程序性声部,以达成控制紧急权行使的功能"[1]的观点前后呼应。应急法律制度和机制建构研究既与应急实践联系紧密,也必须以科学的应急法治基础理论为理论分析工具。同时,制度的建构必须适应其根植的土壤,特别是调整以维护国家安全为目的的应急管理的法律制度,必然具有本土化的建构特征。这一制度建构和完善应遵循的基本思想在一些学者的研究中有所体现。如李学尧认为中国成功控制新冠疫情中所浮现的某种"中国特色的法治形态",以及这种"特色化法治形态"对于规范分析视角下应急法治主义理论的挑战和超越。[2]郭晖关于"以习近平法治思想为指导,坚持和加强党的领导……构建完善的法律修改和执行机制"[3]的观点则进一步明确了新时代完善应急法制和机制的根本遵循和基本路径。

紧急权规制、应急法律制度和机制建构研究的广泛与深入,说明学者们试图在应急法制具有的提高应急效率和保障公民权利、配置紧急权力与控制紧急权力的功能之间寻求一种平衡。但关键的问题是,应急权的行使和规制总是面对不确定性的突发事件导致的事实性和法律的规范性之间的张力,在现实中,总会面临着如学者所言"应急处置措施的采取并不总是具有法律授权——某些时候甚至连概括性的空白授权都没有,而现实情势迫使政府采取的也往往并不是非强制性措施,而是可能严重损害公民权利甚至导致严重危害后果的强制性措施"[4]的处境,特别是在应对突发事件的"万无一失,一失万无"的紧迫情况下,单纯依靠体现形式理性的应急法制配置紧急权和规制紧急权,无疑面临着困难。应急法制主要解决的是确定性问题,而不确定性的突发事件应对问题或许正是应急法治理论研究致力于解决的问题,这本就是应急法治理论研究的价值所在。然而,应急法治理论体系毕竟是由概念、范畴基于一定的理论逻辑所组成的理论体系。科学的、能够反映应急法治规律性的理论必定建立在科学的概念和基本范畴的基础上。然而,纵观两年来

---

[1] 参见宾凯:《系统论观察下的紧急权:例行化与决断》,载《法学家》2021年第4期。
[2] 参见李学尧:《应急法治的理想类型及其超越》,载《中国法律评论》2021年第2期。
[3] 参见郭晖:《公共卫生应急管理法治体系的优化》,载《河北法学》2022年第2期。
[4] 参见林鸿潮:《应急法制概论》,应急管理出版社2020年版,第15页。

甚至是自2003年"非典"事件以来的研究，有关应急法治的概念和基本范畴的研究仍然非常薄弱，概念模糊和基本范畴不清晰的问题在一定程度上限制了应急法治理论的发展。例如自"突发事件应对""应急管理"纳入学界视野，关于紧急权的研究始终是应急法治研究的热点和重点问题。然而一些涉及概念和基本范畴的理论问题至今在学界也未有公认的结论。如什么是紧急权？紧急权是只能在紧急状态下行使的权力，还是也可以在一般突发事件应对中行使的权力？紧急权的行使究竟是以突发事件的性质和危害程度为启动标准，还是以克减公民基本权利的程度为启动标准？这些问题是实践中防止紧急权滥用必须从理论上予以回应的问题。另外，在我国应急法治研究中还有"应急状态"和"应急权力"的概念，从中又会产生很多问题需要在理论上界定清楚。如有学者提出行政应急性原则"这一由中国学者首倡的概念，在应急法制相对落后、违法应急屡禁不绝的本土语境下，具有独特而重大的意义，理应作为我国行政法上的基本原则，指导下一阶段的应急法治建设"。[1]这一观点可以引发很多值得继续思考的问题，如行政应急性原则与国内学者提出"应急状态"是什么关系？"应急状态"与"紧急状态"有何联系？对应地，"紧急权力"和"应急权力"之间又有何关联？行政应急性原则的适用是同时涵盖紧急状态和应急状态，还是仅仅适用于紧急状态？抑或是仅仅适用于应急状态？这些与概念和基本范畴相关问题的模糊必然导致理论研究的结论出现逻辑上的问题。如关于紧急权正当性的研究，有学者认为紧急状态下任何一项紧急权力的产生都是以克减公民权利为前提的，因而在立法上确认权利克减制度是满足规制型社会对法律发展的现实需要，其在客观关系系统中具有正当性。[2]这一命题显然会面临这样的提问：启动紧急权制度和权利克减两者之间是什么关系？两者中谁是谁的前提？谁又是谁的结果呢？再如，有学者研究指出，在一次成功应对紧急状态之后，会从中抽取成功应对的制度经验，然后，将这种制度经验塑造成"应急法治"的构成部分，并将紧急状态转变成常规状态，[3]还有学者指出，从宪法角度而言，此次新冠疫情让我国在实质上进入紧急状态，并采取为了维护社会秩序和公民生命健

---

[1] 参见彭錞：《再论行政应急性原则：内涵、证立与展开》，载《中国法学》2021年第6期。
[2] 参见刘小冰：《紧急状态下公民权利克减的逻辑证成》，载《法学》2021年第7期。
[3] 参见李学尧：《应急法治的理想类型及其超越》，载《中国法律评论》2021年第2期。

康而将日常法律悬置,为包括个人数据采集、国家信息监控在内的各项数字疫情防控措施,带来合法性基础。[1]诸如将此类将疫情防控状态视为紧急状态的学者大有人在。于是,相关的问题就需要在理论上予以明确:"什么是紧急状态?"学者们所确认的"紧急状态"是否是我国宪法规定的"紧急状态"?如何解释自2004年"紧急状态"入宪以来我国虽经历几次特别重大的突发事件,但均未启动紧急状态的现象?凡此种种,凸显对"紧急状态"的彰明不仅是理论研究的课题,也是实践中完善相关制度的紧迫任务。因此,应急法治基本范畴研究应成为未来应急法治研究的重点内容。范畴及体系,是人类在一定历史阶段理论思维发展水平的指示器,也是各门科学成熟程度的标志。从历史上看,科学研究,尤其是理论研究,在某种意义上就是提出分析、论证和积累概念的过程。学术思想的革命总是同范畴的变革相连。与修正或变革理论体系的革命一样,范畴的革命和以基石范畴为核心的研究范式的革命是极其重要的。[2]应急法治理论研究的发展必须建基于应急法治基本范畴的研究,方能得出有说服力的研究结论,担负为应急法治实践提供理论指引的学术重任。

除了基本范畴问题,一些学者的研究观点也提出了需要进一步研究的问题。如应急法治主义如何面对"悲剧性选择"问题?在场景化的研究视角将成为一种研究趋势的背景下,为了使制度设计及其实施情景之间互相匹配,如何根据"风险—事件—危机"的危机演变过程,运用场景化的研究视角,应急法制充分展平?[3]另外,未来的研究对于一些实践现象也应当予以理论回应,如2022年鄂尔多斯政法委提醒公民"自救"和"紧急避险"的公告受到民众普遍好评,这背后蕴含着怎样的理论逻辑?如何通过应急法治理论诠释这一现象?当然,从数据上看,两年来研究成果少且未有涉及的问题,诸如应急物质资源的社会捐赠制度,突发事件的预控制度、恢复和重建制度等很多问题,亦应是未来需要继续深入研究的问题。

尤其值得一提的是,应急管理法治化是实现党的二十大提出的"全面推

---

[1] 参见沈伟伟:《论数字紧急状态的恢复机制——以新冠疫情防控为例》,载《清华法学》2021年第2期。
[2] 参见张文显:《法哲学范畴研究》,中国政法大学出版社2001年版,第1页。
[3] 参见林鸿潮、郑悠然:《传染病法制中的制度折叠及其重构》,载《治理研究》2022年第5期。

进国家各方面工作法治化"[1]的必然要求,是全面推进依法治国的重要内容。习近平法治思想是全面依法治国的根本遵循和行动指南,如何在习近平法治思想指引下建构本土化的应急法治理论,并在符合我国国情的应急法治理论指导下建构应急法律制度和机制,无疑是新时代应急法治研究的重要任务。总之,应急法治领域两年来丰富的研究成果为未来的研究奠定了基础,同时也为未来的研究指明了方向并拓展了空间。

---

[1] 习近平:《高举中国特色社会主义伟大旗帜 为全面建设社会主义现代化国家而团结奋斗——在中国共产党第二十次全国代表大会上的报告》,人民出版社2022年版,第40页。

第三章
地方应急管理法治特点与发展方向

《法治政府建设实施纲要（2021-2025年）》提出，要健全突发事件应对体系，依法预防处置重大突发事件。坚持运用法治思维和法治方式处理应急管理工作，实现越是工作重要、事情紧急，越要坚持依法行政，严格依法实施应急举措，把应急管理工作全面纳入法治轨道。

《"十四五"国家应急体系规划的通知》明确应急管理的主要任务是，要深化体制机制改革，构建优化协同高效的治理模式，健全领导指挥体制，完善监管监察体制，优化应急协同机制，压实应急管理责任；要夯实应急法治基础，培育良法善治的全新生态，推进完善法律法规架构，严格安全生产执法，推动依法行政决策，推进应急标准建设；要防范化解重大风险，织密灾害事故的防控网络，注重风险源头防范管控，强化风险监测预警预报，深化安全生产治本攻坚，加强自然灾害综合治理；要加强应急力量建设，提高急难险重任务的处置能力，建强应急救援主力军国家队，提升行业救援力量专业水平，加快建设航空应急救援力量，引导社会应急力量有序发展；要强化灾害应对准备，凝聚同舟共济的保障合力，强化应急预案准备，强化应急物资准备，强化紧急运输准备，强化救助恢复准备；要优化要素资源配置，增进创新驱动的发展动能，破解重大瓶颈难题，构建人才集聚高地，壮大安全应急产业，强化信息支撑保障；要推动共建共治共享，筑牢防灾减灾救灾的人民防线，提升基层治理能力，加强安全文化建设，健全社会服务体系。为此，2021年至2022年，各地围绕有关精神，加强地方应急管理立法工作，取得了积极的成效。

第一节 各省市应急管理法治发展概况

"法治兴则国兴,法治强则国强。"各省市以习近平新时代中国特色社会主义思想为指导,深入贯彻落实党中央和国务院对应急管理的决策部署,坚定不移贯彻新发展理念,坚持稳中求进工作总基调,坚持人民至上、生命至上,坚持总体国家安全观,更好统筹发展和安全,以推动高质量发展为主题,以防范化解重大安全风险为主线,深入推进应急管理体系和能力现代化,坚决遏制重特大事故,最大限度降低灾害事故损失,全力保护人民群众生命财产安全和维护社会稳定,为建设更高水平的平安中国和全面建成社会主义现代化强国提供坚实安全保障。

总体来说,在国家层面,与突发事件应急管理有关的现行有效的法律法规共有90余部,涉及安全生产类、消防救援类、公共卫生类等突发事件和应急管理等多个领域,包括法律、行政法规和规章等。2021年、2022年全国各地以法律、行政法规和部门规章为蓝本,结合本地区实际情况,对地方性的法规规章进行修订,主要涉及突发事件类、公共卫生类、安全生产类、消防救援类、自然灾害类等。

一、按层级划分地方应急管理法规规章制度

目前,我国在应急管理法律法规主要有《突发事件应对法》、《消防法》、《中华人民共和国气象法》(以下简称《气象法》)、《安全生产法》、《防洪法》、《防震减灾法》、《中华人民共和国动物防疫法》(以下简称《动物防疫法》)等法律,《自然灾害救助条例》、《生产安全事故应急条例》、《重大动物疫情应急条例》、《气象灾害防御条例》、《铁路交通事故应急救援和调查处理条例》、《中华人民共和国防汛条例》(以下简称《防汛条例》)等行政法规,《中华人民共和国船舶污染海洋环境应急防备和应急处置管理规定》《生产安全事故应急预案管理办法》《防雷减灾管理办法》等部门规章。2021年,全国各地根据国家层面应急法的指导,结合当前应急管理领域面临的形势,针对本地区具体情况,在突发事件应对、救援队伍建设、公共卫生应急管理、安全生产事故、气象灾害防御等领域展开针对性法规的立改废活动。详细如

第三章 地方应急管理法治特点与发展方向

下表所示：

序号	性质	省市	名称
1	地方性法规	山东省	《山东省突发事件应急保障条例》
		乌鲁木齐市	《乌鲁木齐市突发公共卫生事件应急条例》
		珠海市	《珠海经济特区突发公共卫生事件应急条例》
		山东省	《山东省安全生产条例（2021修订）》
		盐城市	《盐城市安全生产条例》
		上海市	《上海市安全生产条例（2021修订）》
		淮南市	《淮南市消防安全管理规定》
		青海省	《青海省消防条例（2021修订）》
		陕西省	《陕西省消防条例（2021修正）》
		贵州省	《贵州省消防条例（2021修正）》
		天津市	《天津市消防条例（2021修订）》
		湖北省	《湖北省消防条例（2021修正）》
		甘肃省	《甘肃省消防条例（2021修订）》
		大连市	《大连市消防条例（2021修正）》
		江苏省	《江苏省气象灾害防御条例（2021修正）》
		吉林市	《吉林市气象灾害防御条例（2021）》
		河南省	《河南省气象条例（2021修正）》
		抚顺市	《抚顺市气象灾害防御条例》
		甘肃省	《甘肃省实施〈中华人民共和国防洪法〉办法（2021修订）》
		江苏省	《江苏省防洪条例（2021修正）》
		湖南省	《湖南省实施〈中华人民共和国防洪法〉办法（2021修正）》
		湖北省	《湖北省实施〈中华人民共和国防洪法〉办法（2021修正）》

续表

序号	性质	省市	名称
2	地方政府规章	武汉市	《武汉市旅游突发事件应急管理办法》
		辽宁省	《辽宁省重大动物疫情应急实施办法（2021修正）》
		河南省	《河南省突发公共卫生事件应急办法》
		山东省	《山东省突发公共卫生事件应急办法（2021修订）》
		山东省	《山东省生产安全事故应急办法》
		湖北省	《湖北省生产安全事故应急实施办法》
		江西省	《江西省消防安全责任制实施办法》
		吉林省	《吉林省自然灾害救助办法（2021修正）》
		湖北省	《湖北省自然灾害救助办法（2021修正）》
		西藏自治区	《西藏自治区地震预警管理办法》
		广东省	《广东省地震预警管理办法》
		山东省	《山东省地震预警管理办法》
		河南省	《河南省地震预警管理办法》
		新疆维吾尔自治区	《新疆维吾尔自治区地震预警管理办法》
3	地方规范性文件	福建省	《福建省市场监管突发事件应急管理办法（试行）》
		山东省	《山东省专业应急救援队伍建设管理办法》
		湖南省	《湖南省应急管理厅省级应急救援队伍管理办法（试行）》
		吉林市	《吉林市应急管理专家管理办法（修订）》
		厦门市	《厦门市应急管理专家管理办法》
		山西省	《山西省应急管理厅安全生产和应急管理专家使用管理办法》
		淄博市	《淄博市应急管理专家工作规则（试行）》

续表

序号	性质	省市	名称
		广州市	《广州市应急管理专家库管理办法》
		山东省	《山东省应急管理专家管理办法》
		湖北省	《湖北省市场监管局市场监管突发事件应急管理办法》
		深圳市	《深圳市支持社会应急力量参与应急工作的实施办法（试行）》
		保定市	《保定市灭火与消防应急救援社会联动工作机制实施细则》
		贵州省	《贵州省自然灾害救灾资金管理暂行办法》

2022年，全国各地结合本地区具体实际情况，重点在安全生产领域、消防救援领域、自然灾害领域等制定了地方性法规，在地震预警、气象灾害防御等领域制定了地方政府规章，同时各省市完善了突发事件应急准备制度。详细如下表所示：

序号	性质	省市	名称
1	地方性法规	上饶市	《上饶市突发公共卫生事件应急条例》
		汕头经济特区	《汕头经济特区突发公共卫生事件应急条例》
		辽宁省	《辽宁省公共卫生应急管理条例》
		山西省	《山西省安全生产条例（2022修订）》
		珠海经济特区	《珠海经济特区安全生产条例（2022修订）》
		甘肃省	《甘肃省安全生产条例（2022修订）》
		湖北省	《湖北省安全生产条例（2022修订）》
		浙江省	《浙江省安全生产条例（2022修订）》
		内蒙古自治区	《内蒙古自治区安全生产条例（2022修正）》
		烟台市	《烟台市安全生产监督管理条例（2022修订）》
		黑龙江省	《黑龙江省安全生产条例（2022修订）》

续表

序号	性质	省市	名称
		宁夏回族自治区	《宁夏回族自治区安全生产条例（2022修订）》
		湖南省	《湖南省安全生产条例》
		贵州省	《贵州省安全生产条例》
		北京市	《北京市安全生产条例（2022修订）》
		辽宁省	《辽宁省安全生产条例（2022修正）》
		汕头经济特区	《汕头经济特区消防条例（2022修订）》
		合肥市	《合肥市消防条例（2022修订）》
		内蒙古自治区	《内蒙古自治区消防条例（2022修正）》
		商丘市	《商丘市居民住宅区消防安全管理条例》
		许昌市	《许昌市居民住宅区消防安全管理条例》
		新疆维吾尔自治区	《新疆维吾尔自治区消防条例（2022修正）》
		安徽省	《安徽省消防条例（2022修订）》
		辽宁省	《辽宁省消防条例（2022修订）》
		西藏自治区	《西藏自治区消防条例（2022修订）》
		广东省	《广东省实施〈中华人民共和国消防法〉办法（2022修订）》
		雅安市	《雅安市自然灾害应急避险若干规定》
		厦门经济特区	《厦门经济特区气象灾害防御条例（2022修正）》
		青海省	《青海省气象条例（2022修正）》
		湖北省	《湖北省气象灾害防御条例（2022修订）》
		湖南省	《湖南省气象灾害防御条例》
		河南省	《河南省气象信息服务条例》
		江西省	《江西省气象灾害防御条例（2022修订）》
		东莞市	《东莞市气象灾害防御条例》

第三章　地方应急管理法治特点与发展方向

续表

序号	性质	省市	名称
		甘肃省	《甘肃省气象灾害防御条例（2022修订）》
		武汉市	《武汉市地质灾害防治和地质环境保护条例》
		山东省	《山东省气象灾害防御条例（2022修正）》
		安徽省	《安徽省实施〈中华人民共和国防洪法〉办法（2022修正）》
2	地方政府规章	武汉市	《武汉市应对突发事件应急征用和补偿实施办法（2022修改）》
		昆明市	《昆明市突发公共卫生事件应急办法（2022）》
		淄博市	《淄博市突发公共卫生事件应急办法（2022）》
		山东省	《山东省安全生产行政责任制规定》
		贵阳市	《贵阳市消防安全管理办法（2022修改）》
		山东省	《山东省火灾高危单位消防安全管理规定（2022修正）》
		云南省	《云南省火灾高危单位消防安全管理规定（2022修改）》
		武汉市	《武汉市消防管理规定（2022修订）》
		江苏省	《江苏省自然灾害救助办法（2022修订）》
		天津市	《天津市地震预警管理办法》
		河北省	《河北省地震预警管理办法》
3	地方规范性文件	南宁市	《南宁市突发事件应急预案管理办法》
		北京市通州区	《通州区建筑工程突发事件信息管理办法》
		江苏省	《江苏省突发事件预警信息发布管理办法》
		青岛市	《青岛市应急救援队伍建设管理办法》
		福建省	《福建省省级应急救援队伍管理办法（试行）》
		宿迁市	《宿迁市应急救援队伍建设管理暂行办法》
		宁夏回族自治区	《宁夏回族自治区应急管理专家管理办法》

续表

序号	性质	省市	名称
		西安市	《西安市应急管理专家管理办法》
		武汉市	《武汉市应急管理专家管理办法》
		长沙市	《长沙市应急管理专家管理办法》
		陕西省	《西咸新区应急管理专家管理办法》
		广东省	《广东省应急管理厅关于社会应急力量参与事故灾害应急救援的管理办法》
		辽宁省	《辽宁省省级应急救灾物资储备管理暂行办法》
		安徽省	《安徽省金属冶炼企业安全生产应急救援队伍管理办法》
		安徽省	《安徽省自然灾害应急救援队伍管理办法（试行）》
		福建省	《福建省自然灾害救灾资金管理办法》

二、按灾害类型划分地方应急管理法规规章制度

从国家层级来看，截至2022年12月31日，我国应急管理法律法规主要有：综合的应急管理法律1部，涉及安全生产的法律1部，行政法规2部，部门规章37部；涉及消防的法律2部，行政法规1部，部门规章25部；涉及公共卫生的法律2部，行政法规1部，部门规章3部；涉及自然灾害的行政法规10部，部门规章30部。

2021年《安全生产法》《消防法》进行了修改，《中华人民共和国突发事件应对管理法（草案）》（以下简称《突发事件应对管理法（草案）》）公布并征求意见，国家层面的法律法规进行了修改调整。以此为契机，2021年各地对与安全生产和消防领域有关的条例进行了修改和完善，并且各地针对本地区实际，对不同领域的应急管理问题进行了立法。详情如下表所示：

第三章 地方应急管理法治特点与发展方向

序号	领域	省市	名称
1	综合类	山东省	《山东省突发事件应急保障条例》
2	行业应急管理类	武汉市	《武汉市旅游突发事件应急管理办法》
		福建省	《福建省市场监管突发事件应急管理办法（试行）》
		湖北省	《湖北省市场监管局市场监管突发事件应急管理办法》
3	应急队伍建设类	山东省	《山东省专业应急救援队伍建设管理办法》
		湖南省	《湖南省应急管理厅省级应急救援队伍管理办法（试行）》
		吉林市	《吉林市应急管理专家管理办法（修订）》
		厦门市	《厦门市应急管理专家管理办法》
		山西省	《山西省应急管理厅安全生产和应急管理专家使用管理办法》
		淄博市	《淄博市应急管理专家工作规则（试行）》
		广州市	《广州市应急管理专家库管理办法》
		山东省	《山东省应急管理专家管理办法》
		深圳市	《深圳市支持社会应急力量参与应急工作的实施办法（试行）》
4	公共卫生类	乌鲁木齐市	《乌鲁木齐市突发公共卫生事件应急条例》
		珠海经济特区	《珠海经济特区突发公共卫生事件应急条例》
		辽宁省	《辽宁省重大动物疫情应急实施办法（2021修正）》
		河南省	《河南省突发公共卫生事件应急办法》
		山东省	《山东省突发公共卫生事件应急办法（2021修订）》
5	安全生产类	山东省	《山东省安全生产条例（2021修订）》
		盐城市	《盐城市安全生产条例》
		山东省	《山东省生产安全事故应急办法》

续表

序号	领域	省市	名称
		湖北省	《湖北省生产安全事故应急实施办法》
		上海市	《上海市安全生产条例（2021修订）》
6	消防救援类	淮南市	《淮南市消防安全管理规定》
		青海省	《青海省消防条例（2021修订）》
		陕西省	《陕西省消防条例（2021修正）》
		贵州省	《贵州省消防条例（2021修正）》
		天津市	《天津市消防条例（2021修订）》
		湖北省	《湖北省消防条例（2021修正）》
		甘肃省	《甘肃省消防条例（2021修订）》
		大连市	《大连市消防条例（2021修正）》
		江西省	《江西省消防安全责任制实施办法》
		保定市	《保定市灭火与消防应急救援社会联动工作机制实施细则》
7	自然灾害类	江苏省	《江苏省气象灾害防御条例（2021修正）》
		吉林市	《吉林市气象灾害防御条例（2021）》
		河南省	《河南省气象条例（2021修正）》
		抚顺市	《抚顺市气象灾害防御条例》
		甘肃省	《甘肃省实施〈中华人民共和国防洪法〉办法（2021修订）》
		江苏省	《江苏省防洪条例（2021修正）》
		湖南省	《湖南省实施〈中华人民共和国防洪法〉办法（2021修订）》
		湖北省	《湖北省实施〈中华人民共和国防洪法〉办法（2021修正）》
		吉林省	《吉林省自然灾害救助办法（2021修正）》
		湖北省	《湖北省自然灾害救助办法（2021修正）》

续表

序号	领域	省市	名称
		西藏自治区	《西藏自治区地震预警管理办法》
		广东省	《广东省地震预警管理办法》
		山东省	《山东省地震预警管理办法》
		河南省	《河南省地震预警管理办法》
		新疆维吾尔自治区	《新疆维吾尔自治区地震预警管理办法》
		贵州省	《贵州省自然灾害救灾资金管理暂行办法》

2022年在坚持"政府统一领导、部门依法监管、单位全面负责、公民积极参与"工作原则、落实"管行业必须管安全、管业务必须管安全、管生产经营必须管安全"制度，根据地方实际，在生产安全领域、消防领域重点进行立法，同时各省市重视风险治理的理念，重视风险预防的作用，并在救援队伍建设方面进行了立法。详细如下表所示：

序号	领域	省市	名称
1	应急管理类	武汉市	《武汉市应对突发事件应急征用和补偿实施办法（2022修改）》
		南宁市	《南宁市突发事件应急预案管理办法》
		北京市通州区	《通州区建筑工程突发事件信息管理办法》
		江苏省	《江苏省突发事件预警信息发布管理办法》
		辽宁省	《辽宁省省级应急救灾物资储备管理暂行办法》
2	应急队伍建设类	宁夏回族自治区	《宁夏回族自治区应急管理专家管理办法》
		西安市	《西安市应急管理专家管理办法》
		武汉市	《武汉市应急管理专家管理办法》
		长沙市	《长沙市应急管理专家管理办法》
		陕西省	《西咸新区应急管理专家管理办法》
		宁夏回族自治区	《宁夏回族自治区应急管理专家管理办法》

续表

序号	领域	省市	名称
		青岛市	《青岛市应急救援队伍建设管理办法》
		福建省	《福建省省级应急救援队伍管理办法（试行）》
		宿迁市	《宿迁市应急救援队伍建设管理暂行办法》
		广东省	《广东省应急管理厅关于社会应急力量参与事故灾害应急救援的管理办法》
3	公共卫生类	上饶市	《上饶市突发公共卫生事件应急条例》
		汕头经济特区	《汕头经济特区突发公共卫生事件应急条例》
		辽宁省	《辽宁省公共卫生应急管理条例》
		昆明市	《昆明市突发公共卫生事件应急办法（2022）》
		淄博市	《淄博市突发公共卫生事件应急办法（2022）》
4	安全生产类	山西省	《山西省安全生产条例（2022修订）》
		珠海经济特区	《珠海经济特区安全生产条例（2022修订）》
		甘肃省	《甘肃省安全生产条例（2022修订）》
		湖北省	《湖北省安全生产条例（2022修订）》
		浙江省	《浙江省安全生产条例（2022修订）》
		内蒙古自治区	《内蒙古自治区安全生产条例（2022修正）》
		烟台市	《烟台市安全生产监督管理条例（2022修订）》
		黑龙江省	《黑龙江省安全生产条例（2022修订）》
		宁夏回族自治区	《宁夏回族自治区安全生产条例（2022修订）》
		湖南省	《湖南省安全生产条例》
		贵州省	《贵州省安全生产条例》
		北京市	《北京市安全生产条例（2022修订）》
		辽宁省	《辽宁省安全生产条例（2022修正）》
		山东省	《山东省安全生产行政责任制规定》
		安徽省	《安徽省金属冶炼企业安全生产应急救援队伍管理办法》

续表

序号	领域	省市	名称
5	消防救援类	汕头经济特区	《汕头经济特区消防条例（2022修订）》
		合肥市	《合肥市消防条例（2022修订）》
		内蒙古自治区	《内蒙古自治区消防条例（2022修正）》
		商丘市	《商丘市居民住宅区消防安全管理条例》
		许昌市	《许昌市居民住宅区消防安全管理条例》
		新疆维吾尔自治区	《新疆维吾尔自治区消防条例（2022修正）》
		安徽省	《安徽省消防条例（2022修订）》
		辽宁省	《辽宁省消防条例（2022修订）》
		西藏自治区	《西藏自治区消防条例（2022修订）》
		广东省	《广东省实施〈中华人民共和国消防法〉办法（2022修订）》
		贵阳市	《贵阳市消防安全管理办法（2022修改）》
		山东省	《山东省火灾高危单位消防安全管理规定（2022修正）》
		云南省	《云南省火灾高危单位消防安全管理规定（2022修改）》
		武汉市	《武汉市消防管理规定（2022修订）》
6	自然灾害类	雅安市	《雅安市自然灾害应急避险若干规定》
		厦门经济特区	《厦门经济特区气象灾害防御条例（2022修正）》
		青海省	《青海省气象条例（2022修正）》
		湖北省	《湖北省气象灾害防御条例（2022修正）》
		湖南省	《湖南省气象灾害防御条例》
		河南省	《河南省气象信息服务条例》
		江西省	《江西省气象灾害防御条例（2022修正）》

续表

序号	领域	省市	名称
		东莞市	《东莞市气象灾害防御条例》
		甘肃省	《甘肃省气象灾害防御条例（2022修订）》
		武汉市	《武汉市地质灾害防治和地质环境保护条例》
		山东省	《山东省气象灾害防御条例（2022修正）》
		安徽省	《安徽省实施〈中华人民共和国防洪法〉办法（2022修正）》
		江苏省	《江苏省自然灾害救助办法（2022修订）》
		天津市	《天津市地震预警管理办法》
		河北省	《河北省地震预警管理办法》
		安徽省	《安徽省自然灾害应急救援队伍管理办法（试行）》
		福建省	《福建省自然灾害救灾资金管理办法》

第二节　地方应急法治的特点

一、重视公共卫生领域的应急立法

公共卫生安全事关人民群众生命安全和身体健康，事关社会和谐稳定和经济持续发展，事关国家长治久安。强化法治意识，将应对突发性公共卫生事件纳入法治轨道，可以有效预防和及时化解突发公共卫生事件，可以有效提高处理突发公共卫生事件能力。各地积极发挥主动性，明显加大了在公共卫生方面的应急立法。

（一）将生命健康作为公共卫生应急的核心价值

人类健康是社会文明进步的基础，人民生命健康安全是国家安全的基石。突发急性传染病往往传播范围广、传播速度快、社会危害大，是重大的生物安全问题。公共卫生应急管理问题要强化底线思维，增强忧患意识，时刻防范卫生健康领域重大风险。中国特色社会主义进入新时代，坚持以人民健康为中心，把人民健康优先发展摆在重要地位，确保人民群众生命安全和身体健康，维护人民群众切身利益，是我们党治国理政的一项重大任务。近年来，各地区有关公共卫生法规中都突出强调保障人民生命健康。如 2022 年 9 月起施行的《上饶市突发公共卫生事件应急条例》指出其目的和原则是保障公众生命安全和身体健康，坚持人民至上、生命至上，以保障健康为核心，设计了从应急准备、应急处置到应急保障等多维度手段和机制。如《珠海经济特区突发公共卫生事件应急条例》表明为了保障公众生命安全与身体健康，对突然发生，造成或者可能造成公众健康严重损害，需要采取应急处置措施予以应对的重大传染病、群体性不明原因疾病等严重影响公众健康的事件，遵循以人为本、生命至上的原则，从体制机制、应急指挥、疾病预防控制、监测预警、应急医疗救治等方面规定各种制度以保障公众生命健康。

（二）形塑多方参与的治理结构

党的二十大报告明确指出，"提高防灾减灾救灾和重大突发公共事件处置保障能力"。应急管理作为社会治理格局的重要一环，强调形成共建共治的"全社会参与"模式，不仅能为及时应对突发公共事件提供人员保障和支持力量，也是形成应急管理共同体的必经要途。"全社会参与"模式以构建应急管理共同体为根本目标，它不仅突破了以往各级政府主导的"命令型"应急管理模式，而且积极推动产生了自下而上的扁平化的新型应急动员机制。在应急突发场域中，国家构建的以"政府-企业-社会"为主体的应急管理共同体，不仅注重发挥本国政府的应急管理能力，而且将企业、社会组织和社区民众等其他应急主体放置于同等重要的位次。

2022 年 2 月施行的《辽宁省公共卫生应急管理条例》在公共卫生社会治理方面，建立健全公共卫生社会治理体系，发挥各级党组织作用，建立党委领导、基层党组织为基础的工作机制；强调将区域治理、部门治理、社区治理、单位治理、行业治理有机结合，形成跨部门、跨层级、跨区域的公共卫生事件预防与处置体系；培育公共卫生领域社会组织和专业社会工作者、志愿者队伍，完善社会力量参与机制，构建多方参与、协调配合的公共卫生社会治理架构；开展公益宣传，普及公共卫生知识，宣传文明健康生活理念，提高公众科学素养和健康素养。

《汕头经济特区突发公共卫生事件应急条例》让医疗卫生人员和机构参与

进公共卫生事件之中，确立"吹哨人"权益保障制度。明确规定建立突发公共卫生事件信息报告制度，完善突发公共卫生事件报告系统，建立健全网络直报机制。同时，执行职务的医疗卫生人员以及有关人员根据专业论断发现发生或者可能发生突发公共卫生事件线索的，应当依法将具体情况向单位和属地疾病预防控制机构报告。获悉情况的单位和疾病预防控制机构应当及时向卫生健康部门报告，卫生健康部门应当及时向政府和市卫生健康部门报告。情况紧急时可以越级报告。对非恶意报告的单位和个人，不得追究法律责任。确保一线医疗卫生人员积极履行"吹哨人"职责，免除后顾之忧。

（三）进一步完善监测预警体系

预警监测是突发公共卫生事件应急管理中的重要一环，加强突发公共卫生事件预警制度建设是提高国家公共卫生应急管理能力和体系建设的重要组成部分。完善预警监测有助于及时准确识别突发公共卫生事件，快速判断并发出预警，为尽快采取有效控制措施打下基础，对提高突发公共卫生事件应急处置能力、保障人民生命安全和财产安全具有重要意义。

为进一步健全突发公共卫生事件监测机制，提高监测能力，《河南省突发公共卫生事件应急办法》规定县级以上政府应当建立和完善突发公共卫生事件监测预警系统，完善多渠道监测哨点建设；疾病预防控制机构负责监测预警的日常工作，收集、核实、汇总各类监测信息，进行综合研判，及时为政府和有关部门提供决策依据和建议。建立与国家衔接的全省突发公共卫生事件应急报告制度。建立健全突发公共卫生事件信息发布制度，明确县级以上人民政府及其相关部门应当依法、及时、准确向社会发布突发公共卫生事件的相关信息。《乌鲁木齐市突发公共卫生事件应急条例》建立健全突发公共卫生事件监测预警系统，建立综合监测预警平台，完善多渠道监测哨点建设，建立智慧化预警多点触发机制。此外，将医疗卫生机构、病原微生物实验室等单位和口岸、机场、火车站等公共场所的经营管理单位作为监测哨点单位，完善监测哨点网络和预警体系，提升公共卫生风险评估和早期预警能力。并且，疾病预防控制机构负责突发公共卫生事件的日常监测，对收集到的信息和监测哨点上报的信息进行核实、汇总，形成监测分析报告。

（四）健全信息报告和发布制度

在突发事件到来前主动设法减轻灾害，持续监控威胁性事件，警告和动员国家相关部门、地方政府和民众,在实践尚未出现或者已经出现时,进行迅速并且人性化地做出回应,这需要建立畅通的信息发布渠道以保证应急信息的传输和发布。《淄博市突发公共卫生事件应急办法(2022)》建立了突发公共卫生事件应急报告制度,对属于突发公共卫生事件的,明确了报告时限和报告流程。建立了调查核实制度,规定接到报告的人民政府、卫生健康等部门要立即组织力量对报告事项进行调查核实,并采取必要的控制措施。建立了突发公共卫生事件信息通报、事件举报与信息发布制度,由市卫生健康行政主管部门依法、公开、透明、及时、准确、全面地发布突发公共卫生事件信息。

(五)丰富应急处理手段

重大传染病等突发公共卫生事件始终是人类健康的大敌,及时稳妥应对处置突发公共卫生事件关系国家安全与发展,关系经济社会大局稳定。为了能够更好地同当前我国经济社会发展的实际需要相适应,同公共卫生事件应急管理的实际相适应,在对原有应急管理理念进行创新的基础上,丰富应急管理手段,用多元化、精细化、差异化的手段应对不同类型公共卫生事件,从而与我国应急管理发展理念相适应。

《珠海经济特区突发公共卫生事件应急条例》在传统的划定区域风险等级,分区分级采取差异化、精准化的防控措施基础上,充分发挥中医药在公共卫生事件医疗救治中的作用,提高中医药救治能力,建立中西医联合会诊制度,完善中西医协同救治机制,制定中医药救治方案,指导医疗卫生机构在预防、救治和康复中积极运用中医药技术方法。同时,卫生健康部门建立完善突发公共卫生事件心理健康评估、心理危机干预和心理援助机制。并按照有关规定为有需求的公众提供心理援助,重点针对患者、医学观察对象、封闭式管理对象以及医疗卫生人员等提供心理疏导和危机干预。《辽宁省公共卫生应急管理条例》提出,建立完善现代化的公共卫生大数据平台。明确要求构建卫生健康整体诊治体系,全方位全周期保障人民健康,着力提升人民的生活品质和生命质量。完善大数据管理机制,依托省大数据资源平台,建立完善省卫生健康数据平台和省级公共卫生应急指挥系统,打造公共卫生应急管理集成应用;丰富大数据应用场景,建立能够满足公共卫生事件监测预警、分析研判、调度处置、物资储备、流行病学调查、执法监督等大数据应用场景的数据管理平台；健全大数据智慧监管，建立健全公共卫生事件监测、预警数据平台，形成智慧化预警的多点触发机制，建立应急物资数据管理平台，实现对物资存储、调运、轮换智能化管理，依托数据管理平台，实施数字智慧卫生健康执法监督等。

二、承接上位法的变动

（一）安全生产领域

2021年6月10日，中华人民共和国第十三届全国人民代表大会常务委员会第二十九次会议通过《全国人民代表大会常务委员会关于修改〈中华人民共和国安全生产法〉的决定》（以下简称《关于修改〈中华人民共和国安全生产法〉的决定》）。此次《安全生产法》的修订，既是结合新实际、回应新情况，也是对于权责关系、惩戒标准的升级与适配。新修《安全生产法》加大了违法惩处力度，这是系统考量的结果，也是维持法律威慑力、影响力、引导力的必要举措。在此基础上，各地安全生产条例纷纷进行了修改，与《安全生产法》保持一致。

1. 压实生产经营单位主体责任

安全生产人人都是主角，没有旁观者。企业是经济社会发展的主体，也是落实安全生产责任的主体。生产经营单位要做到把安全生产真正放在心上、抓在手上，做到"先安全再生产、不安全不生产"，坚决堵住一切可能导致事故的安全漏洞，有效防范和遏制安全事故发生，筑牢安全生产"防火墙"。企业既是社会经济活动中的建设者又是受益者，是安全生产中不容置疑的责任主体，在社会生产中负有不可推卸的社会责任。增强安全生产主体责任，实现安全生产，是企业追求利益最大化的最终目的，是实现物质利益和社会效益的最佳结合。《北京市安全生产条例（2022修订）》，在生产经营单位主体责任的制度设计方面，力求平衡好履行安全生产责任与开展正常生产经营活动的关系。一方面，明确生产经营单位的主要负责人是单位安全生产第一责任人，其他负责人对职责范围内的安全生产工作负责。还明确了主要负责人、专职分管负责人、安全总监、安全生产管理机构和人员的具体职责。要求生产经营单位落实全员安全生产责任制、安全风险分级管控、加强安全生产标准化建设等。另一方面，在确保安全生产的前提下，对小微企业和安全风险较低、信用良好的生产经营单位采取差异化监管措施，进一步减轻企业负担，优化营商环境。

《山西省安全生产条例（2022修订）》完善了生产经营单位安全生产责任体系，增加了对生产经营单位安全生产基本义务的规定，进一步明确从主要负责人到一线从业人员的全员安全生产责任。增加和细化了生产经营单位主要负责人安全生产责任制规定，对矿山等行业领域生产经营单位，实行主要负责人安全生产履职尽责承诺制度，在危险化学品等高危行业推行企业主要负责人安全生产考核记分办法。健全了生产经营单位安全管理制度，完善了安全生产管理机构、安全生产管理人员以及注册安全工程师的配置及职责，明确达到一定规模的高危行业领域生产经营单位应当设置安全总监。

2. 重视安全生产中的事故预防

"安全无小事，隐患无大事。"安全生产事故是一个渐进的、量变到质变的过程，在不安全因素积累到一定程度出现的飞跃性质变的表现。从本质上看，是员工安全生产意识淡薄，从源头上看，是安全管理中的松懈。在风险管控中，一切安全事故，都可以预防和避免。重视安全生产中事故预防，将"安全第一，预防为主"的理念落到实处，能够有效控制和减少安全事故确保企业安全生产。

《珠海经济特区安全生产条例（2022修订）》在安全监督方面从查事故转变为重预防，推行事故隐患排查治理制度和约谈制度。将事故隐患排查治理制度予以固化，促使各部门层层落实督办职责，增设约谈制度。同时着力减轻企业负担，多种方式打造"精准化、信息化、信用化"监管新模式，实施分级分类监管、非现场执法和非现场检查，推动监管"智慧化"，构建信用监管制度。并且强化执法力量，优化专家咨询制度和执法技术检查员制度。通过优化综合行政执法技术检查员制度补充执法力量，增设专家咨询制度为重大安全生产问题提供决策建议。

《北京市安全生产条例（2022修订）》规定了更为有力的安全生产监管措施，切实保障人民群众生命财产安全和城市安全运行。明确建立健全安全生产督察考核制度，市、区人民政府组织编制安全生产权力和责任清单。在举办重要会议和重大活动以及国家法定节假日期间，可以根据需要制定专项安全生产管理措施。加强对危险化学品的集中管理，明确相关部门根据有关规定和现实需要制定危险化学品禁限控措施。强化社会监督，明确建立健全举报奖励制度，鼓励单位、个人通过市民服务热线等举报安全生产违法行为和事故隐患。

3. 细化不同主体责任

生产安全关系到人民生命健康、财产安全和地区的繁荣稳定，是一个重大课题。维护生产安全，不仅需要明确党委和政府的监管职责、压实生产经营单位的第一责任主体，还需要明确其他主体的安全责任，营造"全员参与、齐抓共管"的安全大格局的氛围。

《甘肃省安全生产条例（2022修订）》进一步细化了主体责任，规定了物业机构的安全管理职责，物业服务企业应当对其服务区域的人流干道、消防设施及通道、地下车库、化粪池、窨井、电梯、水暖等重点部位进行经常性检查；对燃气、供电等重要设施做好日常防护。强调了人员密集场所的安全要求，对人员密集的经营场所，从经营条件、疏散通道、消防器材配备、应急预案制定、应急救援及演练等方面做出了强制性规定，明确了人员密集场所的禁止行为。强化了校园的安全管理责任，规定教育行政主管部门、学校、幼儿园应当加强安全管理和安全知识教育，制定事故应急救援预案并定期组织演练。要求除必要的教学用途之外，禁止以任何形式或者名义组织学生从事接触易燃、易爆、放射性、有毒、有害等危险物品的劳动或者其他危险性劳动。加强了城乡规划的安全保障责任，要求城乡规划行政主管部门不得在城镇人口密集区批准新建、改建、扩建生产和储存易燃易爆物品、危险化学品的工厂、仓库；已在城镇人口密集区建成的上述项目，应当纳入改造规划，逐步迁出或者转产。

《上海市安全生产条例（2021修订）》以清单制的方式细化不同主体责任，规定了公安、住房城乡建设管理、交通、经济信息化、农业农村、生态环境、消防救援机构等部门，在各自的职责范围内依法对有关行业、领域的安全生产工作实施监督管理；商务、教育、科技、民政、民族宗教等行业领域主管部门以及国有资产管理部门应当将安全生产作为行业领域管理的重要内容，从行业规划、产业政策、标准规范等方面加强行业安全生产工作；其他有关部门在各自职责范围内，做好安全生产相关工作；部门具体分工实行清单制管理，由安全生产委员会根据有关法律、法规和规章的规定，确定成员单位安全生产工作责任清单、权力清单、监管清单和任务清单，报经同级人民政府批准后执行。

4. 完善安全生产普法教育培训

强化安全发展观念，提升全民安全素质，在全社会营造学习安全知识、强化安全意识、筑牢安全防线的浓厚氛围。进行安全发展理念的宣传教育和公共安全知识的宣传教育，普及与人民群众生产生活息息相关的多发易发灾害事故的风险防范、避险知识、隐患排查、应急处置和自救互救等安全常识，努力营造良好安全舆论氛围。

《湖北省安全生产条例（2022修订）》一是规定"将安全生产法律、法规纳入领导干部培训和全民普法范围，将典型事故防范和应急避险知识普及纳入国民教育，增强全社会的安全生产意识和防范事故能力"。二是强化媒体安全生产公益宣传和舆论监督，规定"报刊、广播、电视、网络等媒体应当开展安全生产法律、法规和安全生产知识的公益宣传，加强舆论监督"。《浙江省安全生产条例（2022修订）》规定各级人民政府和有关部门应当采取多种形式普及安全生产法律、法规和安全生产知识，开展安全生产宣传教育活动。居民委员会、村民委员会应当予以协助。每年六月为安全生产月，各级人民政府和有关部门应当集中开展安全生产宣传教育活动。新闻、出版、广播、电影、电视、互联网等从业单位应当开展安全生产公益性宣传，并创新舆论监督形式，加强对安全生产违法行为的舆论监督。

5. 重视风险防控

安全风险管理是安全生产领域的一个重要组成部分。安全生产中有着风险易发、多发带来的挑战，重视风险防控，全面提升风险预判力，见微知著、未雨绸缪，力争把风险化解在源头，防止各种风险传导、叠加、演变、升级。如为有效防范化解安全风险，强化新产业新业态管理，《北京市安全生产条例（2022修订）》规定了生产经营单位应当建立安全风险分级管控制度，组织风险辨识评估、采取相应的风险管控措施，如实填报安全风险辨识评估情况。明确负有安全生产监督管理职责的部门应当编制行业、领域安全风险辨识评估标准，指导、督促生产经营单位落实安全风险分级管控责任、实现有效管控，加强新兴行业、领域以及使用新工艺、新技术、新材料等的安全风险辨识。并结合新产业和业态的特点，对电动车集中充电场所以及室内体验、竞技类新业态的生产经营单位需要遵守的安全管理要求作出规定。

《上海市安全生产条例（2021修订）》要求单位对现场所有的风险进行评估、分级和管控后，不仅要在较大及以上级别的风险工作场所内设置告知牌及警示标志，结合风险分级管控结果进行隐患排查，查出风险后，及时整改，如不能及时整改，需制定整改方案，落实整改责任人等要素，确保隐患风险得以控制。隐患从评估、排查到治理，整个过程不仅形成了有效闭环，还能够在政府部门的管控下，防止复合风险及公共安全风险等。同时，要求如生产经营活动涉及多个生产经营单位的，各单位应当根据作用及各自约定，承担相应的安全生产责任，生产经营单位在发包项目时，除对承包方的资质进行考核外，还要在安全协议中约定各自的安全生产职责，发包方除要向承包方提示项目、场所、设备的基本情况之外，还要对承包方的工作进行协调管理和安全检查，发现问题还要督促整改，对于如动火这样的危险作业，即使是发包给专业承包商的，生产经营单位也要监管其安全生产职责，由单位安全生产管理人员进行现场安全检查和监督。

（二）在消防领域

近年来，随着国家各个领域改革的不断深化，消防工作的管理体制和消防执法体制发生了全方位深层次变革。为了使法治建设与改革相适应，确保重大改革于法有据，国家对《消防法》先后作出了三次修正。地方立法的一个重要功能就是保障国家法律和制度措施在地方的贯彻实施，根据地方实际对国家法律的制度进行衔接和细化，打通国家法律落地实施的"最后一公里"。因此，及时修订消防条例，是保障国家法制统一，贯彻实施好国家法律和政策措施的需要。

1. 明确不同主体在消防领域中的责任

落实消防安全责任是《消防法》的题中应有之意，《消防法》明确了我国消防工作的原则是"政府统一领导、部门依法监管、单位全面负责、公民积极参与"，并强调了实行消防安全责任制。只有不断强化消防安全责任，才能做好火灾防控工作，营造良好的消防安全环境。

《合肥市消防条例（2022修订）》按照2017年国务院办公厅印发的《消防安全责任制实施办法》及安徽省政府公布的《安徽省消防安全责任制规定》要求，贯彻安全发展理念，落实消防安全责任制，进一步落实了消防工作坚持"党政同责、一岗双责、齐抓共管、失职追责"的责任体系，落实"三管三必须"的工作要求和"安全自查、隐患自除、责任自负"的工作责任。同时织密基层安全网格，压实各级工作职责。明确了市、县级人民政府消防安全管理工作机制，明确乡镇人民政府、街道办事处以及公安派出所、消防工作站按照消防安全管理要求，开展消防安全日常巡查、检查、消防宣传教育、应急疏散演练、督促整改火灾隐患等方面的职责。

2. 进一步深化消防执法改革

2019年中共中央办公厅、国务院办公厅印发的《关于深化消防执法改革的意见》中指出，推动消防执法理念、制度、作风全方位深层次变革，全面改革消防监督管理工作，从源头上堵塞制度漏洞、防范化解风险，坚持放管并重、宽进严管，把该放的权力充分放给市场，做好简化审批和强化监管有效衔接，加强和规范事中事后监管，守住消防安全底线。

在中央精神的指导下，《辽宁省消防条例（2022修订）》深化消防执法改革，建立综合监管机制，强化事中事后监管，增设"火灾事故调查"章节，将省政府规范性文件上升到法律层面，明确了火灾事故责任调查组组成和职责。赋予专家检查法律地位，推动加强社会专业力量建设。明确了公安派出所依据公安部有关规定承担日常消防监督检查的法定职责。规定公安派出所会同消防救援机构加强"九小场所"监管，创制性地将应急管理部危化品联合监管五项机制与省住建部门联合执法经验成果纳入立法，建立多部门综合监管和全链条执法协作体系。聚焦热点难点问题，对极具辽宁地域特点的建筑外墙外保温系统火灾风险隐患，从已建在建系统维护管理、结合城市更新治理等多个维度加强系统性防范。强化"高低大化"火灾高危单位和"老幼文博"重点照护场所管理，加强电气焊作业、电动自行车和农村可燃物管理，防大火控小火。

3. 重视对社会热点问题的回应

《广东省实施〈中华人民共和国消防法〉办法（2022修订）》聚焦难点热点问题，回应社会关切。明确电动车、出租屋、物业服务以及建筑物安全疏散等方面监管要求。增加了电动车消防安全管理的内容，明确拟建、在建的住宅小区、住宅建筑和人员密集场所，应当按照规定设置电动自行车、电动摩托车集中停放、充电场所。既有建筑应当按照消防技术标准设置或者改造上述场所，禁止在建筑物的公共门厅、疏散通道、安全出口、楼梯间以及不符合消防安全条件的室内场所停放电动自行车、电动摩托车或者为电动自行车、电动摩托车及其电池充电，禁止携带电动自行车、电动摩托车及其电池进入电梯轿厢，并设定了相关法律责任。进一步细化规定了建筑物或者场所的出租人和承租人的相关消防安全责任；针对物业消防安全监管中的薄弱环节，规定居民住宅区的物业服务人应当履行的6项消防安全责任，明确非居民住宅区委托物业服务人提供消防安全服务的相关要求、未实行物业管理的居民住宅区以及物业服务人发生变更的消防管理要求。同时细化消防安全疏散要求，明确同一建筑物由两个以上业主、使用人管理或者使用的，不得设置影响疏散的分隔设施；居住建筑设置防盗网等设施时，应当根据逃生和灭火救援需要预留或者另行设置逃生窗口；除有特殊安防要求外，非居住建筑不得设置防盗网等影响逃生和灭火救援的障碍物；高层公共建筑、大型商业综合体应当按照规定在公共区域开展消防安全提示和消防安全知识宣传，并在首层或者主要出入口显著位置提示安全出口、疏散通道和灭火器材的位置；高层公共建筑内的人员密集场所、大型商业综合体应当按照楼层、区域确定火灾疏散引导员。

4. 消防安全评估结果将与单位及个人信用挂钩

《云南省火灾高危单位消防安全管理规定（2022修改）》对火灾高危单位消防安全评估制度作了进一步完善，在管理中引入信用评价机制，将消防安全评估结果和单位信用挂钩。第12条规定，消防救援机构应当会同发展改革、住房城乡建设、市场监管、应急管理、税务、金融监管、海关等部门和银行、保险、证券等金融机构，将火灾高危单位消防安全评估结果纳入社会信用体系，作为单位信用评级的重要依据并定期向社会公布。各类行业协会应当将行业火灾高危单位的消防安全状况纳入行业信用评价体系；信贷征信机构应当依法收集火灾高危单位消防安全信息，并提供征信服务。

5. 强配注册消防工程师

近年来，大型商场火灾事故屡见不鲜，给人民的生命和财产造成了巨大损失。如今的大型商场将购物、娱乐、餐饮等功能集于一身，具有体量大、建筑面积广、储货量多、人员密集等特点，所以一旦发生火灾，危害极大。因此配备注册消防工程师参与消防安全管理工作很有必要，提前防范火灾危险事故发生。《山东省火灾高危单位消防安全管理规定（2022修正）》规定人员密集场所、易燃易爆危险品企业火灾高危单位的消防安全管理人、消防工作归口职能部门的负责人，应当按照国家规定取得注册消防工程师资格。火灾高危单位消防工作归口职能部门应当确定负责防火检查（巡查）、自动消防系统值班操作、消防设施（器材）检验与维修、消防宣传教育等工作的消防管理人员，其数量应当与火灾高危单位的经营规模和消防工作强度相适应。自动消防系统值班操作人员和企业专职消防队员应当按照国家规定取得相应岗位的职业资格证书。

三、加强组织建设

（一）重视专业人才库建设

习近平总书记在中央人才工作会议上强调，综合国力竞争说到底是人才竞争。人才是衡量一个国家综合国力的重要指标。国家发展靠人才，民族振兴靠人才。我们必须增强忧患意识，更加重视人才自主培养，加快建立人才资源竞争优势。应急管理事业改革发展迫切需要解决人才短板问题，要把人才工作作为一件大事来抓，下大力气全方位培养、引进、用好人才，为防控重大安全风险、推进应急管理体系和能力现代化提供坚实人才保障。应急管理是国家治理体系和治理能力的重要组成部分。建设中国特色应急管理体制，亟须充足的与"大国应急"相匹配的安全生产、自然灾害防治、应急救援等领域高素质专业化人才。

《山东省突发事件应急保障条例》中规定加强应急管理人才的引进和培养，建立应急管理人才库。鼓励、支持高等院校优化应急领域学科专业布局，加强教学科研力量，建立一流的师资队伍和研究机构。行业协会、学会、商会等社会组织应当发挥各自优势，引导、支持会员单位科学应对突发事件。

旅游突发事件发生后，特别需要精通旅游业务等方面的专业人才，而在旅游突发事件涉及外国人时，还需要语言方面的人才。因此，《武汉市旅游突发事件应急管理办法》明确规定，政府应当组织建立应对旅游突发事件的专业人才库，聘请旅游安全、应急救援、外语、保险、心理等专业人才，为旅游突发事件事前防范、事中应对处置和善后工作提供决策咨询建议和技术支持，并建立对参与应急处置工作的专业人才给予补偿或者报酬的配套制度。

（二）重视综合性消防队伍建设

2018年中共中央办公厅、国务院办公厅印发《组建国家综合性消防救援队伍框架方案》就推进公安消防部队和武警森林部队转制，组建国家综合性消防救援队伍，建设中国特色应急救援主力军和国家队作出部署。组建国家综合性消防救援队伍，是以习近平同志为核心的党中央坚持以人民为中心的发展思想，着眼我国灾害事故多发频发的基本国情作出的重大决策，对于推进国家治理体系和治理能力现代化，提高国家应急管理水平和防灾减灾救灾能力，保障人民幸福安康，实现国家长治久安，具有重要意义。组建国家综合性消防救援队伍以习近平新时代中国特色社会主义思想为指导，坚持党对国家综合性消防救援队伍的绝对领导，坚持队伍建设正规化、专业化、职业化方向，按照构建统一领导、权责一致、权威高效的国家应急能力体系要求，创新体制机制，优化统筹力量，加强队伍管理，强化政策保障，着力建设一支政治过硬、本领高强、作风优良、纪律严明的中国特色综合性消防救援队伍，全面提高防灾减灾救灾和保障安全生产等方面能力，有效维护人民群众生命财产安全和社会稳定。国家综合性消防救援队伍从处置"单一灾种"向应对"全灾种、大应急"转变，对提高打赢制胜能力、加快推进队伍转型升级提出了更高的标准、更严的要求。正规化建设是巩固和提高队伍战斗力的根本保证。面对新的形势要求，各地以点带面，推动正规化建设纵深发展。

《内蒙古自治区消防条例（2022修正）》明确指出旗县级以上人民政府应当按照国家规定建立国家综合性消防救援队、专职消防队，统筹建设各类灾害事故处置专业救援队伍，并根据需要建设物资储备和消防训练基地，配备复杂火灾扑救和特殊灾害事故抢险救援装备。同时建立专职消防队应当报当地消防救援机构验收，专职消防队的撤销或者合并，应当经当地消防救援机构批准，应当按照国家标准建设消防站，配备消防人员、消防车辆和器材装备，并依法享受社会保险和福利待遇。

《陕西省消防条例（2021修正）》规定县级以上人民政府应当加强国家综合性消防救援队站建设，确保国家综合性消防救援队站设置符合国家标准。省人民政府应当建立综合消防训练基地，适应火灾扑救、应急救援训练的需要。设区的市人民政府应当按照接警后消防车在五分钟能到达责任区边缘的要求，在市区设置国家综合性消防救援队站或者专职消防队，并根据当地消防安全和应急救援的需要，建立消防特勤站和相应的消防训练基地。县级人民政府应当建立和完善国家综合性消防救援队站、专职消防队。

（三）发挥社会救援队伍的作用

社会救援力量是我国应急体系的重要组成部分，要加强引导、强化服务，积极支持和规范队伍建设发展，推动社会救援力量发挥更大作用。据不完全统计，2018-2020年，全国社会应急力量累计参与救灾救援约30万人次，参与应急志愿服务约180万人次，已逐步成为应急救援力量体系的重要组成部分。社会应急救援力量的重要性为各省市所认识，成为应急救援体系的重要组成部分，健康发展社会救援力量，提高对事故灾难的防范处置能力，最大限度地减少事故灾难造成的损失，尤为重要和迫切。各省市应急管理部门充分认识到推进社会救援力量健康发展的重要性和必要性，社会救援队伍为提高应对各类灾害事故的应急救援能力和水平，为构建和谐社会、促进经济社会协调健康发展提供保障。

《宿迁市应急救援队伍建设管理暂行办法》规定，社会应急救援队伍由社会组织或者志愿者群体自行建立，自愿或者根据市、县（区）人民政府及其组成部门的调度指令参与应急救援任务，社会应急救援队伍在行政主管部门的指导下加强日常管理，行政主管部门及相关部门通过资金支持、物资捐赠、业务培训、联合演练等方式，帮助扶持社会救援队伍提高救援技能，民政部门依法对符合条件的社会救援组织进行注册登记，应急管理部门会同有关部门强化对社会应急救援力量的工作指导和支持保障。

《深圳市支持社会应急力量参与应急工作的实施办法（试行）》明确社会应急力量实行登记管理机关和业务主管部门双重负责的管理体制，由发起人向民政部门申请登记，登记前由业务主管部门负责前置审核；要求社会应急力量加强党的建设，并按照专业化、属地化的发展方向，加强制度建设、人才建设、装备建设、能力建设；要求应急管理部门会同业务主管部门、民政部门对登记注册的社会应急力量实行动态管理，鼓励探索创新社会应急力量管理方式；明确在突发事件发生后，由应急管理部门或其他牵头处置部门组织协调社会应急力量有序参与应急救援，并要求参加应急救援的社会应急力量服从现场统一指挥。要求应急管理部门推动建立社会应急力量业务能力和诚信评价体系，评价结果将作为政府部门购买服务、落实扶持政策和实施奖惩措施的依据。同时按照"谁使用、谁负责"的原则，对社会应急力量参与突发事件应急救援工作发生的相关费用给予必要补偿，对于事先未签订应急救援服务协议或协议范围之外的救援补偿，明确了人员工资福利和补贴、食宿交通费、装备和材料损耗费等相应的补偿原则和依据，明确了社会应急力量参与生产安全事故应急救援和防灾减灾救灾工作的补偿责任主体，并明确了社会应急力量申请补偿费用的具体方式。

四、推进应急管理领域体制变革

（一）强化党的集中统一领导

《中共中央关于制定国民经济和社会发展第十四个五年规划和二〇三五年远景目标的建议》（以下简称《"十四五"规划》）确定了"十四五"时期经济社会发展必须遵循的五大原则，其中首要的是坚持党的全面领导。应急管理承担防范化解重大安全风险、及时应对处置各类灾害事故的重要职责，担负保护人民群众生命财产安全和维护社会稳定的重要使命。各级综合规划、应急管理专项规划及相关规划必须落实好五大原则，且首先要落实好党的全面领导这一重要指导原则。北京市、上海市、湖北省、山东省等各省市在各自修订的安全生产条例中，明确表示安全生产工作坚持中国共产党的领导，在坚持"管行业必须管安全、管业务必须管安全、管生产经营必须管安全"的同时，强化和落实党委和政府属地管理责任。乌鲁木齐市、淄博市等地区在公共卫生领域应急办法中明确表示坚持党委领导的原则，完善党委统一领导、政府分级负责、社会共同参的体制。

（二）在应急管理中坚持整体性治理

应急管理抢险救援救灾具有多部门、领域广、指挥协同复杂等特点，建立健全跨区域、跨部门等应急协调联动机制，坚持整体性治理，以协调、整合、责任为治理机制，对治理层级、功能、公私部门关系及信息系统等碎片化问题进行有机协调与整合，不断从分散走向集中、从部分走向整体、从破碎走向整合，有利于优化整合应急资源、形成防灾减灾合力，从而提升应急效率。新修正的《安全生产法》第41条第3款明确表示将重大事故隐患纳入相关信息系统也体现了整体性治理的理念。各省市在应急管理领域中的法规规章也体现出整体性治理的理念。

《辽宁省重大动物疫情应急实施办法（2021修正）》规定重大动物疫情应急工作按照属地管理原则，逐级建立责任制。人民政府主要领导为本行政区域内重大动物疫病防控第一责任人,分管领导为主要责任人,有关部门领导为直接责任人。省、市、县农业农村行政主管部门具体负责组织重大动物疫情的监测、调查、控制、扑灭等应急工作。林业草原主管部门、农业农村行政主管部门按照职责分工,加强对陆生野生动物疫源疫病的监测。海关、农业农村行政主管部门按照职责分工,加强国内外重大动物疫情的相互通报。其他有关部门在各自职责范围内,做好重大动物疫情的应急工作。建立健全动物卫生行政管理、执法监督、技术支持、乡(镇)动物卫生监督和村级动物卫生防疫等重大动物疫情控制体系。县以上人民政府应当设立由人民政府主要领导或者分管领导任总指挥的重大动物疫情应急指挥部,统一领导、指挥、协调重大疫情应急工作。

五、应急法治中的机制革新

（一）强化事前的应急准备

应急准备是应急管理过程中一个极为关键性的过程,是针对可能发生的安全事故,为有效迅速地进行应急行动所进行的各种准备工作,其中包括应急体系的建设、有关部门和人员职责的落实、预案编写、应急队伍组织、应急物资设备的准备和保管、预案的演练等,其最终目的是保持重大事故应急救援所需要的应急能力和极速反应能力。

《山东省生产安全事故应急办法》对于事前准备环节进行了细化创新。一是细化了预案的构成办法,将国务院第 708 号令中没有规范,而应急部第 2 号令等国家有关规定关于事故应急预案的一些要求,纳入到《山东省生产安全事故应急办法》的范畴。一方面细化了政府预案构成,明确了专项应急预案和部门应急预案的概念。另一方面细化了企业预案构成,明确了综合应急预案、专项应急预案和现场处置方案的概念。二是完善了政府预案的报备制度,明确了预案的报备主体、对象和时限。县级以上人民政府、乡镇人民政府、街道办事处制定的专项应急预案,应当自公布之日起 20 个工作日内,报送上一级人民政府应急管理部门和其他有关部门备案。三是明确了高危和人员密集单位的范围,按照《山东省安全生产条例（2021 修订）》《山东省生产经营单位安全生产主体责任规定》等规定,并结合实际,将范围确定为：矿山、金属冶炼、道路运输、城市轨道交通运营、建筑施工单位,危险物品的生产、经营、储存、装卸、运输单位和使用危险物品从事生产并且使用量达到规定数量的单位等高危生产经营单位,以及宾馆、商场、娱乐场所、旅游景区等人员密集场所经营单位。四是明确企业预案的报备执行"谁主管、谁负责"原则,高危和人员密集单位的应急预案,应当自公布之日起 20 个工作日内,按照所属行业、领域报送有关部门备案。五是细化了企业预案演练频次,针对实践中争执较多的演练频次问题,设定为:高危和人员密集单位应当每半年至少组织 1 次综合或者专项应急预案演练,每 2 年对所有专项应急预案至少组织 1 次演练,每半年对所有现场处置方案至少组织 1 次演练。其他生产经营单位应当每年至少组织 1 次综合或者专项应急预案演练,每 3 年对所有专项应急预案至少组织 1 次演练,每年对所有现场处置方案至少组织 1 次演练。六是完善了预案评估制度,高危和人员密集单位应当每 2 年至少进行 1 次应急预案评估;其他生产经营单位应当每 3 年至少进行 1 次应急预案评估。七是完善了应急救援队伍制度,将应急救援队伍体系细化为国家综合性消防救援队伍、专业性应急救援队伍、专家库、生产经营单位应急救援队伍等组成部分,并明确了相关职责、条件、备案等事宜。

(二) 发挥技术在应急领域中的作用

应急行业是一个不同于其他行业的特殊领域,应急科技创新体系整体设计,对应急管理业务工作具有重要支撑作用。应急体系建设中,从事前的安全隐患排查和安全预防控制体系建设、社会矛盾纠纷多元预防调处化解综合机制建设,事发时的预测预警预防各类风险的应急管理能力体系建设,事中处置过程中防灾减灾救灾能力建设和统一指挥、专常兼备、反应灵敏、上下联动的应急管理体制建设,到事后的恢复重建和总结评估,要坚持总体国家安全观,增强整体性、协同性、精准性,就必须强化和创新科技支撑。

《珠海经济特区安全生产条例(2022 修订)》鼓励和支持安全生产先进技术的推广应用,提高安全生产水平。同时还强调负有安全生产监督管理职责的部门应当运用大数据、物联网、人工智能等现代信息技术汇聚涉及安全生产的基础信息和风险管控、隐患排查治理、应急救援、事故查处、行政执法等信息资源,提升治理安全风险隐患的能力和水平。

(三) 防范化解重大风险

党的十九届五中全会提出,"统筹发展和安全""把安全发展贯穿国家发展各领域和全过程,防范和化解影响我国现代化进程的各种风险"。防范化解重大风险,是中华民族实现伟大复兴必须跨越的关口,是各级党委、政府和领导干部必须担负起的政治责任。做好防范化解重大风险工作,对推动经济社会安全可持续发展、为全面建设社会主义现代化国家保驾护航具有特殊而重要的意义。

1. 推动事故灾害落实双重治理机制

2021年6月10日,第十三届全国人民代表大会常务委员会第二十九次会议通过了《关于修改〈中华人民共和国安全生产法〉的决定》,双重预防机制被正式写入了修改后的《安全生产法》。这表明,风险分级管控与隐患排查治理双重预防机制将长期开展下去,而且必须要认真、规范、科学地开展下去,这将是管控风险、消除隐患、保证安全生产的重要手段。如《北京市安全生产条例(2022修订)》第15条明确规定生产经营单位的主要负责人应当依照安全生产法的规定,组织制定包括安全风险分级管控制度和生产安全事故隐患排查治理制度在内的安全生产规章制度并督促落实;《浙江省安全生产条例(2022修订)》规定生产要建立健全全员安全生产责任制和安全生产规章制度,加大对资金、物资、技术、人员的投入保障力度,构建安全风险分级管控和隐患排查治理双重预防机制,接受政府监管和社会监督,提高安全生产水平,确保安全生产。设区的市、县(市、区)人民政府及其有关部门应当加强重点行业、领域的安全生产数字化监管,根据实际开发、运用安全生产风险监测、隐患排查、事故调查、应急救援、行政执法等方面的特色应用场景,提升安全风险管控、事故隐患治理和应急处置的能力。

2. 重视自然灾害风险预防

我国发展进入战略机遇和风险挑战并存、不确定难预料因素增多的时期,各种"黑天鹅""灰犀牛"事件随时可能发生。我们必须增强忧患意识,坚持底线思维,做到居安思危、未雨绸缪,准备经受风高浪急甚至惊涛骇浪的重大考验。2021年国务院关于印发的《"十四五"国家应急体系规划》强调要健全风险防范化解机制,做到关口前移、重心下移,加强源头管控,夯实安全基础,强化灾害事故风险评估、隐患排查、监测预警,综合运用人防物防技防等手段,真正把问题解决在萌芽之时、成灾之前;增强多灾种和灾害链综合监测、风险早期感知识别和预报预警能力显著。《厦门经济特区气象灾害防御条例（2022修正）》以问题为导向，加强了气象灾害风险评估和管理。坚持规划先行，完善气象灾害防御规划与国土空间规划的衔接与协调，明确气象灾害防御规划的相关内容应纳入国土空间规划。强化大型群众性活动的气象预警，坚持统筹规划布局，统一全市整体气象监测系统的规划、统一气象标准和统一信息汇交，规范信息共享，做好机场等重要场所、交通要道、人口密集区域和气象灾害易发区域的气象监测设施建设，坚持人民至上、生命至上，加强突发事件的应急处置，授权轨道交通、公交和海上客运船舶等公共交通工具驾驶员、车站行车人员、地下空间及码头和港口管理人员可以先行采取停止运行、疏散人员等紧急安全防护措施，并及时向所在单位、行业主管部门报告。

《湖南省气象灾害防御条例》强化了气象部门有做好预报预警的义务，充分发挥气象防灾减灾第一道防线作用。其规定气象部门要加强对气象灾害的形成机理、预报技术的科学研究和技术攻关，建立健全分灾种、分重点行业的气象灾害监测预报预警体系，提高灾害性天气预报预警的准确率和时效性，及时会同有关部门制作并发布气象灾害衍生、次生灾害预报和风险预警等信息。明确了媒体等对于极端天气预警信息的传播义务。要求广播、电视、报纸、电信等媒体对极端天气的气象灾害预警信息要通过多种形式及时无偿播发。同时，通信运营企业要保障气象灾害预警信息发布及时、准确、有效。强调了要建立健全以气象灾害预警为先导的部门应急联动机制和社会响应机制。有关部门应当将相关应急预案与气象灾害应急预案相衔接，分灾种、分等级制定基于气象灾害预警信息的应对措施。政府有关部门要研究制定极端天气防灾避险制度，在信息共享、灾情研判、预报预警、应急处置上密切合作；在社会响应机制上确立了基于高级别预警的"四停"规定，即发布台风、大风、暴雨、暴雪、道路结冰等高级别预警期间，公民、法人和其他组织应当服从当地人民政府、有关部门的指挥安排，遵守"停工、停业、停课、停运"的规定，并在气象灾害发生后开展自救互救。

（四）推进区域协同治理

区域协调发展战略是协调区域发展不平衡的一把金钥匙。区域协同以区域重大战略为引领，推动技术、信息、资金、土地、人口各要素区域间充分自由流动、高效集聚与优化配置，建立更加有效的区域协同发展新机制，推动形成优势互补、高质量发展的区域经济布局和国土空间体系，增强区域发展新动能。近年来，区域协同也逐渐应用到应急管理领域。

区域协同是经济社会发展的一个重要手段，一系列法律法规和政策文件的出台为区域协同在各领域的应用积累了经验。在应急管理领域，区域协同可以促进信息共享，从而提高应急管理的能力和水平。为进一步加强京津冀协同发展，更大限度发展区位优势，《天津市地震预警管理办法》中规定天津市与北京市、河北省建立地震预警协同工作机制，加强地震预警交流与合作。与北京市、河北省统一地震预警信息源和地震预警信息发布阈值、发布内容。天津市地震工作主管部门与北京市、河北省地震工作主管部门协同推动建设区域地震监测预警平台，建立地震预警数据和信息共享机制，实现地震预警信息互为备份、互为服务，提升区域地震预警能力。天津市地震工作主管部门与北京市、河北省地震工作主管部门共同推进区域内地震预警新技术的推广应用，推动建设集科研实验、成果转化、科技交流、集成示范为一体的区域地震预警科技创新平台。

第三节　地方应急管理法治的展望

一、与国家的目标政策衔接

（一）建立健全大安全大应急框架

坚持以安全为统领，构建大安全大应急治理体系，把安全发展贯穿国家发展各领域和全过程是中国共产党执政经验的总结。公共安全是国家安全的重要组成部分，应急管理承担着防范化解重大生产安全风险和灾害风险的重要职责。推动公共安全治理模式转型必须坚持系统思维和方法，将应急管理职能有机融入公共安全中，构建大安全、大应急治理体系。第一，注重统筹协调，统得好，可以使不同部门有序运转，提升系统整体效能，分得好，可以激发各部门的主动性、积极性、创造性。要强化统的意识、统的权威、统的能力，加快形成"横向到边、纵向到底、上下对应、分级负责"的管理机制。第二，重视队伍建设，紧紧围绕"专常兼备、反应灵敏、作风过硬、本领高强",深化应急预案、应急指挥、应急救援三大体系建设。健全军地对接协调机制，持续推进应急管理与消防救援深度融合，加快航空应急救援建设步伐，强化"大救援"格局。第三，要根据突发事件复杂演化机理，探索建立部门之间、地区之间、层级之间、条块之间、军地之间的协作机制，建立健全上下联动、左右协同、前后衔接的工作格局，形成应对突发事件的整体合力。

（二）筑牢预防为主、防抗救相结合的理念

公共安全治理水平和治理能力现代化的一个基本标志就是从制度化、规范化的事后补救惩罚向制度化、规范化、科学化、超前化的事前预防转型。坚持综合减灾理念，坚持以防为主、防抗救相结合，紧紧抓住"防"和"救"这两大环节，着眼解决当前自然灾害防治领域最现实、最紧迫的突出问题，部署防范化解重大风险、加强应急力量建设和强化灾害应对准备等重点任务，实施风险防控能力提升工程和巨灾应对能力提升工程，努力实现从注重灾后救助向注重灾前预防转变，从减少灾害损失向减轻灾害风险转变。不断推动公共安全治理从"要我安全"向"我要安全"跨越、从"被动防御"向"源头治理、主动防控"转型，从"随机安全"向"本质安全"升级，从"传统安全"向"智慧安全"转变、从"局部管控"向"系统治理"突破，着力通过理念、制度、体制、机制、管理手段的改革创新，把公共安全治理的着力点放到源头治理上。

（三）提高重大突发公共事件处置保障能力

党的二十大报告指出："提高防灾减灾救灾和重大突发公共事件处置保障能力，加强国家区域应急力量建设。"党的二十大报告突出强调"保障能力"，具有很强的针对性和现实意义。各省市应结合贯彻落实党的二十大精神，切实抓好相关规划的实施，进一步完善顶层设计，加强政府应急资源与社会应急资源统筹能力；加强应急设施建设和应急物资储备；加强科技创新，提高信息保障和指挥调度能力，加大物资、技术、装备、人才、法律、机制等保障能力建设，更好适应防灾减灾救灾和重大突发公共事件处置工作需要，要全面做好抢险物资和手段准备。要依托信息化手段完善精准化监测预警、推进应急装备现代化，同时须注重平灾结合，增强城市韧性，提高城市免疫力、自愈力。同时，为更好地提高应急保障能力，必须建设完善现代化应急物资保障体系，切实解决好应急物资总量不足、结构不合理、布局不合理等突出问题；提高紧急运输保障能力，完善铁路、公路、水路、民航等应急运力储备，切实保障应急物资及时有效到位，进一步优化物资储备布局，加强实物储备、落实产能储备、完善社会储备、鼓励家庭储备，构建现代化应急物流体系，加强应急基础数据库建设，推动应急平台之间互联互通、数据交换、系统对接、信息共享。

(四) 提升应急治理法治化水平

党的十八大以来，在推进全面依法治国以及国家治理体系和治理能力现代化的背景下，习近平总书记多次强调要提升应急治理法治化水平，推进应急治理体系和能力现代化。近年来的突发性公共卫生事件让人们更加意识到完善应急法治体系的必要性和紧迫性。事实证明，只有加快推动应急法治建设，才能够让政府在非常态社会下进行规范化、制度化、标准化施策，有条不紊、科学合理地处置各种突发事件和紧急状态。一方面，各省市应当按照现代行政法治的要求，加强公共应急法制建设，制定和完善法规和规章，把应对突发事件的公共应急系统纳入法治化轨道；在突发事件导致公共危机，政府动员社会资源应对危机时，应贯彻行政应急性原则，及时采取公共危机管理所需的各种行政应急措施，另一方面，予以及时和充分的权利救济，更加稳健地维护我国经济社会发展和人权保障所需的法律秩序，要通过法律明确授权，赋予公权力机关紧急行政权等应对紧急事件的必要职权，还要防止公权力滥用，限制私权利必须保障基本人权，不能突破人道主义底线，避免对公民权利的过分限缩，克服走极端的倾向，防范应急状态下出现社会冲突，维护社会正常管理秩序。

二、体制机制方面

(一) 细化基层应急管理职责与任务

近几年，应急管理的重点逐步由自然灾害、事故灾难等突发事件，发展到如今自然灾害、事故灾难、公共卫生应急事件等各类突发事件齐头并进。但无论哪个领域、哪一类突发应急事件、哪一个部门主管，最后都要通过基层有关部门来落实。因此，基层的应急管理是减少灾害风险和损失的第一道防线，也是国家应急管理体系的基础和建设重点，基层应急管理的意识、能力和水平对我国应急管理工作发挥着极其重要的作用。第一，明确基层应急管理突发事件前的各项准备，建立健全基层应急管理组织体系，包括建立基层应急领导机构、办事机构和工作机构，落实工作人员和必要的经费，确保机构到位、人员到位、职责到位，完善基层应急预案体系建设，根据地区特色、行业特点，制定应急预案，组织群众广泛参与应急演练；抓好基层应急队伍建设，充分整合现有基层社区工作者、警务人员、医务人员、民兵、预备役、企事业应急队伍、社会应急队伍、志愿者队伍，构建基层应急力量；针对实际情况储备一定的应急物资，提高自身防灾抗灾能力；强化突发事件的防范和预警，做好隐患排查监控；开展基层应急宣传和教育培训，在社区群众中广泛开展应急法规、政策和自救互救、逃生避险等知识的宣传教育普及，增强群众应急意识，提高公众抵抗风险的能力。

第二，明确突发事件中的应急处置和生活安置，在突发事件发生后的第一时间，排查灾情、快速上报，同时组织应急救援队伍以保护人民群众生命财产为重点，开展紧急救援，及时组织受灾群众疏散、转移，排查各种隐患，确保不出现次生灾害，做好受灾群众的临时生活安置工作，紧急调拨、发放救灾物资，切实解决好受灾群众的基本生活。

第三，明确突发事件之后的恢复和重建。开展恢复和重建，在当地党委政府的统一领导下，积极开展恢复重建，协助有关方面做好善后处置、物资发放、抚恤补偿、医疗康复、心理引导、环境整治、保险理赔、事件调查评估和制订实施重建规划等各项工作；做好受灾群众思想工作，加强舆论宣传引导，及时回应社会关切，做好受灾群众心理疏导和死亡失踪人员家属安抚，做好社会治安管理和群众矛盾疏解，组织群众自力更生、重建家园，确保灾区生产生活秩序的稳定。灾后恢复和重建通常持续时间较长，作为基层应急部门需要有全局和大局意识，配合上级有关部门做好恢复和重建工作以及相关的辅助工作。

（二）完善部门协同机制

自2018年3月17日组建应急管理部作为国务院的组成部门，全国各省市都建立了应急管理部门，将分散的应急管理的职能整合由应急管理部门来管理。但由于应急管理事项涉及多领域内容，因此要完善政府部门协同机制。其一，要建立有效的沟通渠道，加强培训和交流，政府部门之间应建立起良好的沟通渠道,做到及时沟通信息、交流意见和协调行动,及时共享信息,避免信息壁垒和工作冲突,鼓励跨部门交流和学习,推动经验分享和相互借鉴,提高协同机制的有效性。其二,要明确各部门在应急管理领域的工作分工,明确各自的职责和工作范围,避免出现职能重叠和责任模糊的情况,同时要根据自己的职责和优势,积极参与协同工作,形成工作分工合理、互相补充的体系。其三,要加强统筹和协调能力,注重加强部门间的合作和协同,推动资源共享、信息共享和协同行动。

三、完善治理模式、提高治理能力

(一) 补强应急管理短板

近年来,各省市在应对突发事件的实践中不断总结经验、探索规律,应急管理工作取得了进展。当前,我国还处在突发事件多发、并发的阶段,必须清醒地认识到,我国基层应急管理工作还存在薄弱环节,还不适应复杂多变的公共安全形势与快速发展的经济社会形势,与落实中央的决策部署、最大限度地保障人民群众生命财产安全的要求还存在差距。各省市在清晰认识应急管理短板的基础上,要完善应急救援机制,更要着力抓好灾害和事故的事前防范,善于从事故处置中汲取教训,健全机制、完善制度,把事故转化为推进工作的动力,促进全行业本质安全水平的提高。利用现有制度优势,更有效地将应急和管理统筹起来,促进应急和管理形成整体,加强源头治理和风险防控;统筹推进防灾减灾救灾各阶段工作,积极完善灾前监测、预报和防御体系,分析和预判灾害风险,善于总结规律,转危为机、转危为安,从而提高抗灾能力,科学和有效应对重大灾害风险。

(二) 发挥法治在应急管理中的作用

《安全生产法》《消防法》的修改、《突发事件应对管理法(草案)》的公布表示出国家对法治在突发事件应急管理中作用的重视,各省市一方面要重视立法,完善应急管理领域法规,继续修订安全生产领域、消防领域的法规条例,并针对实际制定具有地方特色的突发事件应对管理领域的法规。另一方面要持续精细化立法,进一步完善应急管理领域立法起草、论证、审议等程序,完善立法后评估制度。通过精细化立法提高应急管理工作的可操作性。

同时要加强应急管理的监管和执法力度，加大建筑工程、矿山、危险化学品等重点领域安全生产执法力度，持续推进"互联网+执法"，运用"双随机、一公开"等方式，加大抽查、检查力度，严厉打击非法生产经营行为。全面推行公众聚集场所投入使用、营业前消防安全检查告知承诺制，建立健全应急管理监管和执法机制，加强对应急管理工作的监督和评估。通过执法检查、处罚和问责等手段，确保应急管理工作的有效实施和执行。发挥法治思维在应急管理工作中的作用，提升应急管理的科学性、规范性和效能性，提高应对突发事件和灾害的能力，最大程度地减少人员伤亡和财产损失。

（三）进一步完善应急管理社会共治

社会共治这一基于法治的多元共治体系是我国实践中形成的要求和制度创新。社会治理中以基于法治的多元主体共同治理为特征的社会共治是国家治理体系和治理能力现代化非常重要的方面，它不仅仅是政府治理社会，而且是包括政府与社会共同治理，更确切地说，是政府与社会共同推进的过程。要进一步完善应急管理社会共治，可以从以下几个方面入手：第一，提升社会公众的意识，加强公众的灾害防范意识，通过宣传教育、媒体报道等方式普及防灾减灾知识，提高公众的自我保护意识和能力。政府可以组织相关培训和演习活动，提升社会大众的应急意识和应对能力。第二，确立社区共治，发挥社区的基层组织和居民自治的作用，建立健全社区应急管理机制。组建社区应急队伍，定期进行应急演练，提高社区居民的组织能力和应急反应能力。同时，加强社区与相关部门的沟通和合作，形成联防联控的格局。第三，完善多元化参与的机制，鼓励社会各界的参与和合作，形成多元化的应急管理力量。政府可以建立政府-企事业单位-社会组织的三方合作机制，共同制定和落实应急预案，共享资源和信息。鼓励民间组织和志愿者的积极参与，发挥其在社区救援、物资储备等方面的作用。

四、重视风险防控与事前准备

习近平总书记在党的二十大报告中强调，坚持安全第一、预防为主，建立大安全大应急框架，完善公共安全体系，推动公共安全治理模式向事前预防转型。安全第一、预防为主的要求，充分体现了以人民为中心的发展思想，彰显了尊重生命、情系民生的执政理念，为应急管理指明了方向、提供了遵循。在应急管理领域进一步落实"两个坚持""三个转变",增强忧患意识,强化预防意识。

(一)提高预警监测和预报能力

提高预警监测能力,可以有效预测和预警各类灾害和突发事件,及时采取应对措施,防止和减轻灾害的损失。为此政府应建立完善的监测系统,包括气象、地质、海洋、环境等方面的监测站点和仪器设备。同时,需要加强与科研机构、高校等的合作,提高监测手段和技术水平。提升数据分析能力,建立数据库,并运用数据分析技术进行综合评估和预测分析。政府可以引进人工智能、大数据和云计算等技术手段,提升数据分析的准确性和效率。政府和相关部门应制定相应的预警机制和流程,明确各个环节的责任和职责。预警信息应及时准确发布,并确保信息的广泛传播,以便公民和社会组织能够及时采取相应的应对措施。预警监测和预报技术在不断发展,政府和科研机构应密切关注最新的科技进展,及时引进新技术和新方法,并进行实践和测试,持续改进预警能力。

(二)预警信息发布和上报要及时准确

确保预警信息的及时准确发布和上报是提高预警监测和预报能力的重要环节,可以使预警信息快速为公众所知晓,要重视预警信息的发布和上报。以下是一些建议:其一,建立高效的信息收集和传输系统,政府和相关部门应建立高效的信息收集和传输系统,确保从监测站点获取的数据能够及时、准确地传输到预警中心。可以利用现代化的通信技术,如卫星与无线通信,提高信息传输的速度和稳定性。其二,利用新媒体和社交平台加强信息传播,借助互联网、手机应用和社交媒体等新媒体平台,及时将预警信息传达给公众。政府可以建立官方微信、微博等社交媒体账号,并与其他媒体进行合作,多渠道地发布预警信息,增加信息传播的广度和深度。其三,强化信息上报和反馈机制,建立信息上报和反馈机制,要求监测站点和预警中心对监测数据进行及时上报和评估。同时,要设立监测数据质量监控机制,加强对数据的核实和审核,确保数据的准确性和可靠性。通过建立规范化的发布程序、利用新媒体平台加强信息传播、强化信息上报和反馈机制等手段,不断提高预警信息的质量和效率。

(三)完善救援力量布局,提高救援效能

综合应急救援队伍是应急管理体系建设的重要组成部分,是防范和应对

突发性自然灾害事件和生产安全事故极其重要的力量。如今，国家综合性消防救援队伍加速转型升级，新组建水域、山岳、地震、空勤等专业队3000余支，建设"10+2"森林消防综合应急救援拳头力量。2018年中共中央办公厅、国务院办公厅印发《组建国家综合性消防救援队伍框架方案》。组建国家综合性消防救援队伍的指导思想是：全面贯彻党的十九大和十九届二中、三中全会精神，以习近平新时代中国特色社会主义思想为指导，坚持党对国家综合性消防救援队伍的绝对领导，坚持队伍建设正规化、专业化、职业化方向，按照构建统一领导、权责一致、权威高效的国家应急能力体系要求，创新体制机制，优化统筹力量，加强队伍管理，强化政策保障，着力建设一支政治过硬、本领高强、作风优良、纪律严明的中国特色综合性消防救援队伍，全面提高防灾减灾救灾和保障安全生产等方面能力，有效维护人民群众生命财产安全和社会稳定。组建国家综合性消防救援队伍共有6个方面的主要任务。一是建立统一高效的领导指挥体系。省、市、县级分别设消防救援总队、支队、大队，城市和乡镇根据需要按标准设立消防救援站；森林消防总队以下单位保持原建制。根据需要，组建承担跨区域应急救援任务的专业机动力量。国家综合性消防救援队伍由应急管理部管理，实行统一领导、分级指挥。二是建立专门的衔级职级序列。国家综合性消防救援队伍人员，分为管理指挥干部、专业技术干部、消防员3类进行管理；制定消防救援衔条例，实行衔级和职级合并设置。三是建立规范顺畅的人员招录、使用和退出管理机制。根据消防救援职业特点，实行专门的人员招录、使用和退出管理办法，保持消防救援人员相对年轻和流动顺畅，并坚持在实战中培养指挥员，确保队伍活力和战斗力。四是建立严格的队伍管理办法。坚持把支部建在队站上，继续实行党委统一的集体领导下的首长分工负责制和政治委员、政治机关制，坚持从严管理，严格规范执勤、训练、工作、生活秩序，保持队伍严明的纪律作风。五是建立尊崇消防救援职业的荣誉体系。设置专门的"中国消防救援队"队旗、队徽、队训、队服，建立符合职业特点的表彰奖励制度，消防救援人员继续享受国家和社会给予的各项优待，以政治上的特殊关怀激励广大消防救援人员许党报国、献身使命。六是建立符合消防救援职业特点的保障机制。按照消防救援工作中央与地方财政事权和支出责任划分意见，调整完善财政保障机制；保持转制后消防救援人员现有待遇水平，实行与其职务职级序列相衔接、符合其职业特点的工资待遇政策；整合消防、安全生产等科研资源，研发消防救援新战法新技术新装备；组建专门的消防救援学院。

应急救援队伍建设应坚持专业化与社会化相结合。专业应急救援队伍应健全组织机构、严格队伍管理、加强实战训练、落实值班备勤、编制处置方案、配齐装备物资，做到训练有素、令行禁止、快速反应、高效处置。社会应急力量救援队伍具有覆盖面广、组织灵活、反应迅速、贴近基层，在参与事故灾害抢险救援行动中起到了积极作用，成为应急救援领域的一支重要补充力量。各地区建成省、市、县三级培育的社会应急力量救援队伍规范管理体系，建立高效协同的社会应急力量救援队伍参与灾害事故抢险救援行动现场协调机制；依托社会应急力量救援队伍建立建筑物倒塌、山地、水上、潜水、应急医疗等类别的培训基地开展救援队伍能力建设测评工作，实现社会应急力量救援队伍管理、医疗处置、自我保障等能力建设全面提升。

五、优化要素配置

（一）人才要素

在突发事件多发的时代，应急人才已成为各省市危机治理水平的重要体现。可以说，培养与储备应急人才，是应对突发事件的关键要素，也是"十四五"期间深化应急体系建设的重要一环。其一，各省市将应急管理纳入各类职业培训内容，加强注册安全工程师、注册消防工程师等职业资格管理；其二，依托地区的高等院校和现有资源，建设应急管理学科专业体系，鼓励高校开设应急管理相关专业，强化复合型、应用型应急管理人才的培养。其三，继续完善专家咨询库建设，将长期从事应急管理等特定行业领域研究或实践的资深专业人士纳入专家咨询库。同时，应加大专业人才招录和培养力度，提高应急管理干部队伍专业人才比例，推进应急管理系统、国家综合性消防救援队伍干部交流，加强优秀年轻干部发现培养和选拔使用。建立健全符合应急管理职业特点的待遇保障机制，完善职业荣誉激励、表彰奖励和疗休养制度。

（二）科技要素

公共安全与防灾减灾是平安中国的重要内容，是国家治理体系和治理能力现代化的重要支撑。党中央、国务院一直高度重视公共安全与防灾减灾科技创新工作。一方面，各省市要提高科技在应急管理领域的保障，借助科技搭建应急信息网络平台，推动有线和无线通信网络相融合。并针对具体情况，在灾害多发易发地区、重要城市、高风险设施周边区域建设信号稳定的网络基站，提升区域通信网络保障能力。另一方面，各省市应建立健全应急管理数据库，对数据信息进行整理登记，充分发挥数据对应急管理的重要作用，建立应急管理数据共享平台，统筹规划建立数据资源共享服务体系，进一步整合应急管理数据，融合相关行业和互联网数据，建成覆盖面广的专题数据库。

第四章
地方应急管理法治的先进经验和试验做法

第一节 应急管理法治的先进经验和试验做法

一、重塑应急管理法治发展理念，完善体系构建

党的十九届四中全会将坚持以人民为中心的发展思想作为坚持和完善中国特色社会主义制度、推进国家治理体系和治理能力现代化的显著优势之一。坚持以人民为中心的发展思想，体现了党和国家的根本立场、价值取向，体现了党的执政理念和执政方式的根本性变革。应急管理工作是政府职责与人民群众生命财产安全紧密相关的重要领域，应急管理法治工作也必须坚持以人民为中心，坚持"为了人民、依靠人民、造福人民"的理念。

坚持以人民为中心的发展思想，体现了"从群众中来、到群众中去"的工作方法，在应急管理法律制度中，坚持以人民为中心的发展思想，就是要将安全生产、防灾减灾救灾和突发事件应对等工作纳入法治轨道，在应急管理法律制度中强调人民群众是制定法律和执行法律的主体，也是推进应急管理法治建设的根本力量。新中国成立以来，我国应急管理法律制度逐步健全完善，在安全生产、防灾减灾救灾和突发事件应对等方面取得了一系列重大成就，形成了具有中国特色的应急管理法律制度体系。但当前我国应急管理法律制度还存在不少不足和缺陷，需要在实践中不断完善，需要从法律制度层面更好地贯彻落实以人民为中心的发展思想。

在突发事件应对方面，《突发事件应对法》对突发事件的应急指挥机制、应急预案管理、信息报告、调查处理和应急保障等作了规定，但在基层社区、街道等方面的应对措施还不够，在城市灾害事故应急管理方面还存在职责不明和协作不畅等问题。在安全生产方面,《安全生产法》的立法目的是保护人民群众生命财产安全,但对生产经营单位和相关人员在发生事故后的责任追究以及如何做好安全生产工作等方面未作明确规定。

在防灾减灾救灾方面,《防洪法》、《防汛条例》和《防震减灾法》等法律法规对防洪、防汛和防震减灾救灾的组织体系、工作制度、应急准备、应急处置以及保障措施等作了规定,但在突发灾害发生后的责任追究、工作联动、资金保障和社会参与等方面的规定还不够,需要根据实际情况进一步完善。在社会治理方面,《突发事件应对法》在应急信息报告、应急预案管理、监测预警、应急响应、调查处理和后期重建等方面的规定较为原则,基层组织和社会组织在应对突发事件中的作用还没有充分发挥,社会参与还不够充分。

这就要求我们在应急管理法律制度中必须贯彻以人民为中心的发展思想,要将以人民为中心的发展思想贯穿到应急管理法律制度的整个过程中,将人民群众的利益摆在首位,切实把人民群众的生命安全和身体健康放在第一位,努力保障人民群众安居乐业,为实现应急管理工作由被动应急向主动预防转变提供坚强法治保障。习近平总书记指出,"全面依法治国是中国特色社会主义的本质要求和重要保障"。我们要以习近平新时代中国特色社会主义思想为指导,坚持以人民为中心的发展思想,用好法律赋予的职权,善于运用法治思维和法治方式化解社会矛盾、维护社会稳定,将应急管理工作纳入法治化轨道,统筹应急管理法律制度体系建设,增强应急管理法律制度的科学性、系统性和可操作性,进一步提升我国应急管理法治水平,提高应急管理工作的科学化、专业化、信息化和精细化水平,保障人民群众生命财产安全和社会稳定,努力实现新时代应急管理工作现代化。

二、推进应急管理法治信息化建设,注重因地制宜

推进应急管理信息化建设,利用信息技术手段提高应急管理效率和水平,应急管理能力现代化对数字化升级的需求在不断提升。十九届五中全会明确提出"要坚定不移建设数字中国,加快数字化发展"的战略要求,推动应急管理数字化转型成为当前的迫切需求。建立应急管理现代化体系,推动应急管理数字化转型,充分利用大数据、物联网、人工智能等新技术,提高对风

险因素的感知、预测、防范和综合分析能力，建立高效科学的灾害防治体系，是提升政府执政能力和灾害应对能力的重大举措，是进一步深化机构机制改革的重要步骤。应急管理数字化转型不仅是推动国家应急管理体系和能力现代化的战略支撑，还是保障社会经济高质量发展的强力护城河。

强化应急管理法治信息化建设，应当统筹推进应急管理法治信息化建设，将法治信息化建设纳入智慧城市规划，以数字技术赋能应急管理现代化，形成数字应急、智慧城市等新应用场景，同时提升应急管理执法效能。以推进全国安全生产专项整治三年行动为抓手，健全完善安全生产执法体系，严格落实安全生产执法"三项制度"。统筹发挥各类媒体作用，通过电视广播、微信微博等形式，加大安全生产公益宣传力度，大力普及安全知识、防范技能和法律法规，增强全民应急意识。强化对企业主要负责人和安全管理人员的履职尽责管理，提高安全生产信息化监管监察能力，进一步完善应急管理法治体系。

注重因地制宜，首先，注重与应急管理机构改革相适应。根据应急管理机构改革进展情况，统筹安排各项改革任务，协调推进涉及的法律法规制修订工作。其次，注重与国家安全生产法治体系相衔接。进一步完善应急管理法律法规，统筹做好立法、执法、司法、守法等各项工作。加强应急管理重点领域立法工作，加快推动安全生产、地震防灾减灾救灾等领域立法。以《安全生产法》修订为契机，抓紧研究制定有关配套规章和规范性文件，加快构建科学完备的应急管理法律体系。同时要注重与应急管理部门职责相衔接，研究制定应急管理部门与相关部门、单位的工作职责，明确相关部门、单位在应急救援中的职责分工，形成分工明确、责任清晰、联动高效的应急救援机制。并且做到注重与地方立法相协调，地方立法是推进应急管理事业改革和发展的重要保障。要完善地方性法规规章体系，在国家层面立法和国务院立法不足的情况下，积极探索开展应急管理领域地方性法规规章的制定工作。注重与执法体制机制相衔接。加强应急管理综合行政执法工作，建立健全综合行政执法体系，为行政执法提供组织保障、制度保障和技术保障。

三、完善应急管理法治评估与监督机制，不断迭代

完善应急管理法治评估与监督机制，有利于推动我国应急管理事业的发

展,为依法防控重大突发事件奠定了坚实基础。但是,此次疫情所带来的重大危机也给我们敲响了警钟,在新时代推进应急管理法治建设必须不断地进行理论创新和实践创新。

一是要正确把握"应急"的科学内涵,不断推进应急管理法治建设的科学化。要从根本上解决"人治"与"法治"相矛盾的问题,就必须坚持在中国特色社会主义法律体系框架内推进应急管理法治建设,并通过科学合理的立法和严格公正执法等方式来推动应急管理法治建设。

二是要加强对《突发事件应对法》实施效果的评估。突发事件应对法明确规定了有关国家机关和社会组织对突发事件应急处置工作进行监督和制约的权利和义务。各级人民政府应当对本行政区域内突发事件应对工作进行绩效评估,并将评估结果作为调整完善政府工作、制定有关公共政策和规划、加强政府能力建设、强化政府责任的重要依据。因此,必须加强对应急管理法治建设效果的评估,通过科学合理的评估机制来推动应急管理法治建设。

三是要完善相关配套制度。目前,我国还没有一部系统完整的应急管理法律法规体系,在立法层面上存在着法律位阶较低、立法质量不高、法律法规之间衔接不够等问题。在此背景下,各级人民政府应当加快推进《突发事件应对法》等相关立法工作,进一步完善应急管理法律体系建设,通过健全相关配套制度来推动应急管理法治建设。

四是要强化对行政机关及其工作人员的监督。在应急管理法治建设中,行政机关及其工作人员的监督至关重要,各级人民政府和相关行政部门要严格依法行政,严格公正执法。具体而言,各级人民政府和相关行政部门应当加大对应急管理行政执法人员的培训力度,不断提升其依法履职能力;要定期开展行政执法专项监督检查,及时纠正和查处违法行政行为;要建立健全应急管理行政执法监督考核制度,对在突发事件应对工作中作出突出贡献的先进集体和个人予以表彰和奖励;要畅通人民群众和社会公众参与监督渠道,积极回应人民群众对于突发事件应对工作的新要求新期待;要加强对应急管理行政执法行为的监督力度,建立健全内部监督机制、社会监督机制以及舆论监督机制。

五是要加强突发事件应对法治宣传教育工作。法律的生命力在于实施,法律的权威也在于实施。党的十八大以来,我国在应急管理法治建设中取得了显著成绩，但也必须清醒地认识到，在推进应急管理法治建设过程中还存在着一些问题与不足。因此，必须加强对突发事件应对法治宣传教育工作的重视程度，不断增强全社会依法防范应对突发事件的意识和能力；要建立健全应急管理法律法规宣传教育机制，通过开展多种形式的普法宣传教育活动来提升公民、法人和其他组织遵守突发事件应对法律法规的意识；要加强应急管理法治文化建设，引导公民和其他组织自觉守法、遇事找法、解决问题靠法。

第二节　自然灾害类各地的先进经验和试验做法

一、森林草原火灾防治中各地应急管理法治的先进经验

（一）湖南省湘潭市：不战而屈人之兵，未雨绸缪"一四二"

1. 背景简介

湖南省是我国南方重点林区省，森林资源丰富。全省林业用地面积1299.8万公顷，占全省国土总面积的61.4%；森林覆盖率59.57%，活立木总蓄积量5.05亿立方米。其中，位于湖南省的湘潭市森林面积334.5万亩，森林覆盖率46.2%，易受持续干旱、高温天气影响，森林防火形势严峻。2022年，1-12月，湘潭市应急管理局强化"一四二"措施坚决遏制森林火灾发生，作为2021年全省唯一未发生森林火灾的市州，湘潭市森林防火工作做法得到了省委省政府充分肯定和专门推介。湘潭市遏制森林火灾发生的经验做法，主要在于"一四二"措施的强化和坚决落实。

关于该措施的落实主要体现在以下文件中。如湘潭市出台《关于加强基层应急管理能力建设的意见》[1]，加快推进乡镇（街道）"六有"、村（社区）"四有"应急站点标准化建设；出台《湘潭市深化应急管理综合行政执法改革实施方案》《湘潭市企业三级安全生产标准化定级实施办法（试行）》；修订完善《湘潭市党政领导干部安全生产责任清单和年度任务清单》《湘潭市市直部门安全生产工作责任清单》，坚持落实《湘潭市安全生产和消防工作考

---

[1] 湘潭市人应急管理局：《2022年湘潭市应急管理工作要点》，载http://yjj.xiangtan.gov.cn/5122/5125/content_1048400.html，最后访问日期：2023年10月8日。

核办法》；由湘潭市森林防灭火指挥部下发《关于全力做好当前森林防灭火工作的紧急通知》（潭森防指发〔2022〕6号）和4号林长令等。

2. 经验介绍

（1）"一四二"措施的含义

所谓"一四二"措施，即"一个目标"、"四个必须"和"两个一律"。"一个目标"，指严禁一切野外用火。"四个必须"是：市、县两级人民政府分管林业的副市长、副县（市、区）长专职负责森林防火督查督导工作，必须每天在辖区范围内开展全天候明察暗访；市、县两级林长必须每天对责任区域进行一次森林防火工作督查；安全防范综合督导组必须每天开展森林防火督查，重点督查野外火源管控和应急队伍建设；热点火情和重要情况必须第一时间报告市委、市政府。"两个一律"指，凡发现焚烧秸秆等违规野外用火行为的，一律对发生地乡镇（街道）、村（社区）严肃追究纪律责任；凡拒不执行森林防火命令或者禁火令的、发生森林火情的，一律移交公安机关严肃追究法律责任。

（2）"一四二"措施的具体实施

① "两个一律"

如2022年10月17日16时，湘潭市接省森林防灭火指挥部发布的森林火险红色预警：未来24小时湘潭市全境森林火险气象等级极高（5级）。按森林火灾应急预案规定，湘潭市随即启动红色预警响应措施，各地森防部门在岗待命，严格防范。森林防灭火指挥部要求，严格落实红色预警响应措施，发生森林火灾要立即启动森林火灾Ⅲ级应急响应。特别要管住火、看住山、防住人，要设卡巡查管护，对重点林区重点地域开展流动巡查，特护期内严禁任何野外违规用火行为，发现烧荒烧田坎烧秸秆等违规用火行为坚决处置，务必严防死守、盯死看牢野外火源。湘潭市森林防灭火指挥部办公室指出，在特护期湘潭市森林防灭火工作实行最严厉的断燃措施，严格实行一案双查，坚决做到"两个一律"。

② "四个必须"

如2022年9月以来，湘潭市连发3道加强森林防灭火令，要求市、县两级分管林业的副市长、副县长在辖区范围内开展全天候明察暗访；市、县两级林长每天对责任区域进行一次森林防火督查。

连日来，湘潭市1946名市、县（市、区）、乡（镇）、村（社区）"四级林长"深入683个森林网格，全天候进行"横向到边、纵向到底"森林防火巡护。积极发挥民间力量，全市221名"民间林长"走家串户签订森林防火承诺书和签收禁火令，构筑全民森林防灭火的防线。2022年9月以来，各级林长累计巡林2899次，排除森林火灾风险隐患300余个，全市范围内未发生森林火灾。

湘潭市按照县级50至100人、乡镇30至50人、村级10至30人的规模，组建森林防火应急队伍。投入1600余万元，用于修缮应急消防水池，清理防火通道，开设防火隔离带以及森林防灭火扑救物资补给。

（二）江西省赣州市于都县段屋乡：织密防火网，防火于未燃

面对持续晴旱无雨干燥气候下异常严峻的森林防火工作形势，江西省赣州市于都县段屋乡多措并举、多点发力，织密织牢森林防火安全网，形成了一套卓有成效的工作方法和值得推广的工作经验。其应用的代表性应急管理法治的相关文件为《江西省森林防火条例》[1]、《关于禁止在森林防火区野外用火的通告》等，具体落实情况内容如下。

1. 网格化管控，全力织牢防火"责任网"

一是签订责任状和承诺书。村里向乡里、小组向村里签订森林防火责任状，村民签订森林防火承诺书，把责任压实到村到组到人。二是网格化管理。全乡划分为10个网格，驻村领导担任网格长，把"山头地块"落实到人，把"五类人员"管控到位，做到守住山、管住人、看住火，打通责任落实"最后一公里"。三是制定预案和奖惩办法。明确部门职责和人员安排，实行奖惩制度，有奖有罚，奖罚分明。

2. 广泛化发动，全方位织牢防火"宣传网"

在传统宣传的基础上，段屋乡创新宣传措施，全方位立体式织牢防火"宣传网"。把宣传标语贴在村干部的车上，让宣传标语动起来，达到时时在宣传、处处有宣传的效果。录制山歌版森林防火短视频，通过群众喜闻乐见、通俗易懂的山歌唱响森林防火之声，把森林防火之声传到每位段屋人民的耳朵里。在逢圩日和全员核酸日到圩镇和采样点开展集中宣传，发放宣传单6000余份。

---

[1] 南康区人民政府：《江西省森林防火条例》，载http://www.nkjx.gov.cn/nkqrmzf/czzc/202212/3185adec68a2462ba97b32cacbaa7fcd.shtml，最后访问日期：2023年10月8日。

3. "白加黑"巡逻，全天候织牢防火"巡查网"

"白加黑"巡逻不留防火空白。一是划片设组，将护林员分成三班组，每天在重点时段对责任片区林区进行全域巡逻，针对夜间起火难发现、难扑灭的问题，组织护林员开展好夜间巡逻，让人民睡上安稳觉。二是压实村组责任，不留死角，不放过边边角角和偏远林区，确保巡逻巡护全覆盖。

4. 制高点瞭望，全覆盖织牢防火"安全网"

在全乡18个重点山口、重点路口设置卡口开展宣传、收缴火种，确保火种不上山，火源不入林。在段屋高点设置瞭望点俯瞰全乡观察防火形势，安排护林员两班值守，配置望远镜和对讲机等装备；将林区企业、果茶基地和寺庙转为森林防火观察哨，确保火情早发现、早报告、早处置。

5. 以罚促教，全面织牢防火"惩戒网"

针对烧草木灰、烧田坎等违规野外用火行为，一经发现，顶格处罚，决不姑息，连带追究网格责任到村到组到人。将前期违规野外用火处罚案例整理汇编，适时在今日段屋公众号进行推送，通过公布违规野外用火反面典型，达到处罚一个、教育一片、震慑全乡的效果。

(三) 四川省仁和区：自治共治齐发力

气候、植被、地形等多种因素给四川森林防灭火带来挑战。从气候条件看，西南地区3月以来干旱少雨，气温回升明显，大风天气频繁。从物候条件看，四川属亚热带常绿阔叶林重点火险区，极其易燃。随着森林资源总量不断增长，林区可燃物载量持续增加，远超重特大森林草原火灾临界值，一旦遇有高温大风极端气象，极易引发大灾。从山形地势看，四川的山区往往山高林密坡陡，山谷纵横，风向往往飘忽多变，风往往干燥又变化无常。地形复杂陡峭，也给消防员及时到达火场、展开扑火作业带来了挑战。此外，四川林牧区农事用火、生产生活用火较多，林下经济活动和森林旅游日益频繁，野外火源管控压力较大。针对这一现状，四川省攀枝花市发布了一系法治性文件，如《攀枝花市仁和区2022年计划烧（清）除实施方案》、《攀枝花市森林防火计划烧除操作规程》[1]、《森林草原防灭火边界联防协议书》、

---

[1] 攀枝花市应急管理局：《攀枝花市林业局关于对市政协九届五次会议第14号提案答复的函》，载http://yjglj.panzhihua.gov.cn/zwgk/zdlyxxgk/zxta/4090434.shtml，最后访问日期：2023年10月8日。

《攀枝花市仁和区综合应急救援队伍组建及管理办法（试行）》等，在现实中发挥了较大作用，其经验值得借鉴。

1. 充分发动群众自治，构建群防群治工作格局

近年来，四川省攀枝花市仁和区坚持"管住人、管住火、管住山"工作原则，在主要进山入口、重要区域和重要设施设置固定值守卡点实行24小时值守，在高火险期按标准增设义务宣传点和义务巡护人员，规范开展入山登记、火源收缴、宣传教育等工作，全面提升群众防火参与度。一是根据各村民小组防火工作实际，由村组干部牵头组织村民在进出村社、林区、防火重点区域累计设立森林防灭火群众义务宣传点238个，由村民挂牌轮流参与值守，对过往群众进行防火宣传教育和劝导；二是各乡镇根据各自工作实际，在聘请专职巡山护林员的基础上，发动群众和放牧人员志愿担任义务巡山护林员，进一步增强巡山护林力量，增加巡山护林的频度和密度。通过发动群众参与卡点值守和巡山护林工作，彻底转变了森林防火"干部干、群众看"的被动局面，形成了人人都是护林防火宣传员的格局。近年来，仁和区发动3000余名村民参与了森林防灭火义务宣传和巡护工作，打通了群防群治末端发力终端建效最后"一公里"。

2. 科学会商研判，有效实施计划烧除

坚持"因害设防"的原则，主要在重点林区、自然保护区、集中坟场、道路两旁、荒山荒坡等生态保护区和火灾易发多发区开展计划烧除。

一是强化组织领导。仁和区高度重视计划烧除工作，由区委区政府主要领导同志亲自安排部署，区委区政府分管领导牵头负责组织实施全区计划烧除工作，在认真研究分析计划烧除存在的问题、困难以及在全区工作实际的基础上编制印发了计划烧（清）除方案，对计划烧除范围时间进行上图管理，全面提升计划烧除的科学性、合理性和可操作性。

二是坚持烧前会商和告知。计划烧除期间，各乡镇将每天烧除区域、位置、具体时段、参与烧除人员等信息上报区林业局，由区林业局组织气象、环保等部门审核后上报市计划烧除会商研判小组进行会商。经会商同意后，由区林业局牵头将各乡镇（街道）计划烧除范围、时间、地点等汇总编制计划烧除公告，通过媒体和各乡镇发放告知书、召开群众会议、微信群发布烧除公告、电话告知等方式将烧除区域、时间、地点等提前告知群众，切实提

升群众知晓度和取得群众理解支持。

三是坚持风险防控。各乡镇（街道）在烧除期间严格依据计划烧（清）除实施方案和烧除操作规程要求开展烧除工作，烧除全部由地方专业扑火队伍组织实施，防止漫山点火、随意烧除的情况发生。同时各乡镇在烧除前全面开展了烧除区域人员清场、设置观察警戒哨、开设控制线等安全措施，烧除完成后，各乡镇（街道）均派出巡山护林员或村组干部对烧除区域进行看守，确保做到火灭人走，切实避免了因计划烧除造成群众生命和财产损失。

四是强化监督检查。在烧除期间，区委区政府分管领导不定时下沉到乡镇一线督导检查，对各乡镇实施情况进行指导督促，确保各烧除点位按规定时间、范围、面积实施烧除，同时区林业局每天派出工作组对各乡镇烧除情况进行指导检查，对烧除过程中出现的问题及时研究解决办法，对不按规范和计划实施的乡镇进行及时纠正，确保统筹好计划烧除和空气环境质量要求。全区2022年拟计划烧除面积26万亩，实际烧除面积22万余亩，有效降低了森林草原火灾隐患。

3. 加强省界联防，健全全域合作机制

一是主动对接联系，签订边界联防协议。加强区域联防合作，主动与云南省永仁县、华坪县等边界区县联合召开边界协作会议并签订《森林草原防灭火边界联防协议书》，同时加强与攀枝花市盐边县、西区及各边界乡镇沟通协调，及时签订了《边界联防协议》，有效建立了森林防灭火联防联控机制。

二是联合落实防控措施。针对边界林区错综复杂、部分区域人员集中的特点，通过开展联合警示教育、签订森林防火承诺书、设置边界联防卡点等方式强化边界森林防火防控，使当地村民们清醒认识到当前森林防火面临的严峻形势和森林火灾的危害，进一步提升边界森林防灭火管控能力。

三是共同做好隐患整治。对边界联防区域开展联合隐患排查整治，对排查出的问题，主要采取计划烧除并结合人工铲除的方式，对边界道路、林下可燃物进行隐患整治，有效解决森林火灾隐患，防止森林火灾跨界火灾的发生。

四是强化联合巡护巡查。在高火险时段及时开展边界联合巡逻合作，明确双方的巡护时段、巡护区域，确保重点林区应急巡逻全覆盖，确保发现火情后双方地方专业打火队第一时间到达现场，及时打早打小打了。

五是建立信息共享机制。加强交流和协作，密切联防关系，与周边乡镇建立乡镇、派出所、村组、护林员、打火队五级协作机制，实现信息共享、资源共享。同时搭建了通信沟通平台，加强日常信息交流，实现森林防灭火共驻、共建、共防、共赢。

4. 靠前驻防，进一步提升队伍快速处置水平

为推动基层应急治理体系和治理能力现代化，进一步提高地方专业扑火队能力，区应急管理局、区林业局多次组织人员深入各乡镇（街道）调研队伍建设及管理使用工作，制定了《攀枝花市仁和区综合应急救援队伍组建及管理办法（试行）》，坚持统一领导、统筹协调、分类管理、属地负责的原则，整合森林防灭火、防汛减灾、防地震地灾等各方面应急力量，组建了区综合应急救援队伍，以分队形式分驻到全区12个乡镇，并明确了队伍由区应急委员会统一领导，区应急委员会办公室（区应急管理局）统筹调度管理，属地乡镇具体负责管理，防火期由仁和区森林防灭火指挥部办公室和林业局负责队伍的管理调用的规范调用流程，确保了森林草原防灭火工作的连续性和稳定性。

同时结合仁和区森林草原防灭火工作实际，按照规模适当、科学组编、布局合理的原则，160人的区综合应急救援队伍以分队形式分驻到全区12个乡镇，其中前进镇32人，太平乡20人，仁和镇、务本乡、平地镇、大龙潭彝族乡各12人，布德镇、同德镇、福田镇、啊喇彝族乡、大田镇、中坝乡各10人，有效加强了乡镇基层森林草原防灭火力量，形成了"五个手指分散，合拢变成有力拳头"的作用。既提高了一般小火的快速处置效率，又能在发生较大以上森林草原火灾时，集中力量打大火。

二、防汛工作中各地应急管理法治的先进经验

（一）广东省河源市：关口前移上下通，七举六问两至上

河源市，广东省辖地级市，别称"槎城"，位于广东省东北部，地处东江中上游、韩江上游和北江上游，东靠梅州市，南接惠州市，西连韶关市，北邻江西省赣州市；属南亚热带季风气候，气候温和，雨量充沛，容易发生洪涝灾害。

机构改革以来，广东省河源市应急管理局深入贯彻落实习近平总书记关

于防汛救灾重要指示批示精神，积极探索实践三防应急管理体系改革，筑牢安全度汛防线，推进防汛减灾取得"五个实现"，取得明显成效，在防范应对2021年影响全市的16场次主要降水，特别是在"5.17""5.31"局部特大暴雨过程中实现人员零伤亡，确保人民群众生命财产安全。其代表性文件有《河源市建立健全应急管理体系工作方案》《河源市洪涝地质灾害分级处置标准》等。其经验主要体现在以下方面。

1. 健全责任对接机制，实现领导指挥关口前移

河源市应急管理局加快构建"大应急"工作格局，推动出台了《河源市建立健全应急管理体系工作方案》，率先在全省出台建立健全"六个体系"、实施"一个机制"的应急管理体制机制，构建起"党委领导、政府主体""市级统领、县镇主体"的全域型三防指挥体系和"四级联系人"的责任对接机制。同时，制定《河源市洪涝地质灾害分级处置标准》，健全突发事件分级处置机制，对汛期内可能出现的洪涝地质灾害，按"特别重大""重大""较大""一般"进行分类，相应明确须参与现场处置和坐镇指挥部处置的人员，在暴雨来袭时，确保各级领导干部第一时间靠前指挥。

2. 夯实基层应急体系，实现上下联动畅通高效

打通防汛救灾"最后一公里"，是"6.10""6.12"抢险救灾的一个重要经验。两年来，在完成市县两级三防机构全部转隶的基础上，河源市应急管理局积极推进全市101个乡镇（街道）的应急管理办公室建设，按照"有组织机构、有制度建设、有队伍建设、有体制机制、有预案演练、有物资保障"的"六有"建设标准，推动乡镇应急（三防）管理规范化标准化建设，切实打通基层应急管理落实的"最后一公里"，实现全市上下联动畅通高效。

3. 建立"七个举措"方法，实现防范应对有力有序

在防范应对强降雨过程中，河源市应急管理局通过实战探索，建立了"加强领导、以防为主、落实责任、准确研判、协调联动、预置力量、强化保障"的"七个举措"防汛工作法，聚焦重点领域、关键环节，落细落实防御措施，推动着全市应急响应工作逐渐迈向成熟，防御风险的反应能力不断提高。

4. 创新"防汛六问"培训，实现应急能力全面提升

众多成功避险的案例表明，一个负责到位的镇村干部可以救一村的人，

作为防御前沿阵地的镇村,洪涝和地质灾害风险的防控责任重大。为提升镇村干部防汛救灾实战经验,河源市应急管理局创新工作方法,制定了设问式教学提纲"防汛六问"工作法,重点对各乡镇书记、镇长、分管应急(三防)领导、应急办主任及工作人员、村干部等镇村两级干部进行防汛救灾业务培训。2021年以来,全市各县区、各乡镇共开展防汛业务培训79次7048人次,开展防汛应急演练70次5223人次,并结合值班检查进行考查,使各级三防责任人清楚掌握"防什么、怎么防",全面提高了防汛责任意识和防范灾害的应急处置能力。

5. 坚持"两个至上"理念,实现抢险救灾成效明显

河源市应急管理局认真贯彻落实习近平总书记关于"人民至上、生命至上"的重要论述,建立气象灾害预警信号与应急转移挂钩机制。在强降雨期间,市应急管理局迅速将预警信息传递到基层,指挥调度应急救援力量开展临灾转移群众,强化主动预防避让机制,避免重大人员伤亡。2021年5月31日凌晨2时,河源江东新区古竹镇累计降雨量接近50毫米,在气象灾害预警信号与应急转移挂钩机制的框架下,河源市应急管理局及时对接气象部门,研判该地区后续降雨量可能超过200毫米后,第一时间通知江东新区和古竹镇各级三防联系人立即到岗到位,组织转移危险区人员;同时,强化提前预置抢险救援力量,紧急调派近150名救援队员前置支援,有力保障了应急抢险救援工作高效开展。此次强降雨持续至6月3日,全市平均面雨量127.5毫米,古竹镇出现最大降雨量375.8毫米,古竹水暴涨4.47米,遭遇了与2019年同样量级的暴雨洪水,但群众的生命得到了更安全的守护,全市共提前转移群众3587人,实现了人员零伤亡。

(二)湖北省荆门市:重视联动同研判,精准避险久督查

2021年以来,湖北省荆门市气候复杂,极端天气较多,降雨时空分布不均,局部降雨强度大,致灾明显。特别是2021年8月份以来疫情汛情叠加,且受丹江口水库泄洪及丹皇区间汇水影响,汉江荆门段发生继2017年以来最严重汛情,先后出现5次超设防水位洪峰过程,其中3次超警戒水位。荆门市从2021年8月20日启动防汛Ⅳ级应急响应到2021年10月6日终止响应,历时46天。全市上下认真贯彻落实习近平总书记关于防汛救灾的重要指示批示精神、应书记"生命至上、防字优先、敬畏自然、避险为要"的要求,始

终把防汛救灾作为天大的事，始终把人民群众的生命安全放在首位，以"万无一失"的工作标准、"一失万无"的底线思维，闻"汛"而动，全力迎战，党员干部冲锋一线，群众合力守护家园，取得了防汛救灾的全面胜利。其中的代表性文件有《汉江防汛预案》[1]等。具体经验如下所述。

1. 领导重视，靠前指挥

荆门市主要领导高度重视强降雨防范应对和汉江防汛工作，多次对防汛工作作出批示提出要求，召开会议进行安排部署和视频调度，赶赴汉江防汛一线现场督导检查。全市各级领导干部既当指挥员，又当战斗员，分级负责、进岗到位，带领群众严密布防、分段死守，实现了"不溃一堤、不垮一坝、不损一闸、不死一人"的防汛目标。

2. 部门联动，形成合力

各地各相关部门在荆门市防汛抗旱指挥部的统一指挥和调度下，通力协作，团结抗灾，为防汛工作提供了坚强的组织保障。市应急管理局积极履行市防办职责，牵头抓总、协调指挥，与市水利和湖泊局密切配合、合力共为，应急体制改革衔接顺畅、卓有成效。水利部门加强工程运行管理，指导各地巡查排险。应急部门积极完善预案、开展演练、储备物资、集结队伍、组织抢险、核灾报灾，妥善安置受灾群众，指导抗灾自救和灾后重建。气象、水文部门加强联系沟通，及时监测预警预报。自然资源部门做好地质灾害监测预警。交通部门对汉江航道和船舶、码头、趸船加强管控，及时修复受损路段。供电部门架设临时线路、安装灯具为堤防值守提供照明，出动应急电源车为排涝泵站保供电，及时开展应急抢修为灾区恢复供电。公安、城管、文旅、卫健、通信、农业农村、财政、军分区、武警、消防、宣传等部门对口落实工作任务，同向而行，合力抗灾，为荆门市打赢防汛救灾硬仗提供了坚强保障。

3. 上下对接，会商研判

2021年5月份，荆门市应急管理局完成荆门市防汛抗旱指挥中心信息平台的建设，接入水利、气象、水文等部门的数据，在2021年防汛工作中发挥

---

[1] 勉县人民政府：《关于印发2013年汉江勉县平川段 防洪度汛预案的通知》，载http://www.mianxian.gov.cn/mxzf/xxgk/yjgl/201304/f7421c115c9d48d9b3c500286317f083.shtml，最后访问日期：2023年10月8日。

了重要作用。防汛响应期间，水利、气象、水文等部门安排专业技术人员驻守市防办，密切关注汉江上下游天气变化、丹江口水库和鸭河口水库实时调度、汉江荆门段水位等情况，积极与各自上级及相关部门沟通汇报，加强信息监测、收集和交换，实时跟踪雨情、水情、汛情、工情变化，滚动预测预报预警，为科学决策提供基础支撑。在防汛关键时刻，荆门市防汛抗旱指挥部（办公室）组织相关部门实时会商研判，分析防汛形势，因时因势调整部署安排。

4. 落实预案，精准防汛

汛前，督促各地、各相关部门对各类防汛预案进行了修编完善，按照管理权限进行了审批，联系省地图院完成了荆门市防洪形势图更新。汛中，严格落实预案相关规定，不断优化完善细节，在实践中检验并提高预案的科学性、针对性和实效性。尤其是汉江防汛期间，严格按照《汉江防汛预案》要求，聚焦"15+2"重点险工险段的抢险预案落实，督查各地责任领导、技术指导、防守单位和物资机械准备等情况，根据实际情况适时优化调整。按照应急响应和预案要求，上齐上足防汛劳力，第一次Ⅲ级响应期间，全市共上防守人员9782人，其中，县级干部29人、技术专家153人、防守劳力9600人；第二次Ⅲ级响应期间，全市共上防守人员9482人，其中县级干部29人、技术专家165人、防守劳力9288人。

5. 生命至上，避险为要

全面贯彻省防指"八种情形应转尽转"和书记"生命至上、避险为要"要求，落实县包镇、镇包村、村包组、组包户和重点部位包保五级包保责任制。2021年8月12日强降雨期间，京山市三阳镇组织山洪险情最为严峻的3个村319户1272人和5个地质灾害易发点5户26人避险转移。8月22日晚，荆门市发布暴雨红色预警，对风险区的群众应转尽转，全市共转移6608人。根据洪水预报，结合汉江水位和汛情发展，及时提前组织圩垸群众转移避险，第一次Ⅲ级响应期间，钟祥市转移412户907人，沙洋县转移31户60人；第二次Ⅲ级响应期间，钟祥市转移40户81人，沙洋县转移31户60人。由于避险及时，整个汛期，没有发生一起意外伤亡事故。

6. 持续督查，加强指导

面对汛情灾情，各地立即启动应急响应，实行24小时领导带班值班制度。各级防汛相关部门严格遵守纪律、服从指挥、政令畅通，做到令行禁止、上下一致。荆门市防汛抗旱指挥部、市纪委监委先后派驻工作督导组、技术指导组、纪律巡查组，前往汉江防汛一线进行督查，指导基层党员干部守好防汛阵地，层层传导压力，工作做实做细，落实各项措施，做到了提高认识早发现、及时抢险早排障、注意安全早转移，确保全市安全度汛。

第三节　事故灾难类各地的先进经验和试验做法
——以上海城市数字应急为例

一、背景简介

在贯彻落实《"十四五"规划》的基础上，[1]各地政府对标中央，立足新发展阶段、贯彻新发展理念、构建新发展格局，明确了数字化是应急管理的发展趋势和前进方向。

全面推进城市数字化转型，是上海"十四五"规划确定的重大战略，也是面向未来塑造城市核心竞争力。未来几年，上海将整体性转变，推动"经济、生活、治理"全面数字化转型。上海市应急管理局加快推动应急管理领域的数字化转型，如推广使用"灾害事故 e 键通"，基于支付宝、微信小程序为访问入口，构建了灾害事故现场信息的便捷采集渠道，为应急信息员和社会公众灾情上报提供支撑，同时加强灾害信息员装备配备，以装备标准化推进灾情管理工作数字化，提高灾情信息报送的时效性、准确性。

2021 年 2 月，应急管理部印发了《危险化学品企业重大危险源安全包保责任制办法（试行）》。[2]为响应应急管理部的号召，上海市应急部门对此进行了探索，下面将以上海市金山应急部门负责组织危险化学品事故的数字应急模式为例进行详细说明。

治理数字化转型，事关新环境、新能力，上海市金山应急管理局的思路，

---

[1] 参见《中共中央关于制定国民经济和社会发展第十四个五年规划和二〇三五年远景目标的建议》，载 http://www.gov.cn/zhengce/2020-11/03/content_5556991.htm，最后访问日期：2023 年 4 月 20 日。

[2] 参见《危险化学品企业重大危险源安全包保责任制办法（施行）解读》，载 http://www.jh.gov.cn/jhyjglj100/1202111/2fncd8bb44d4a4bbc0187baf303ce72.shtml，最后访问日期：2023 年 10 月 8 日。

重点是以"一网通办""一网统管"组成的"两张网"建设为牵引,着力构建科学化、精细化、智能化的超大城市"数治"新范式。

金山区地处杭州湾北岸化工产业带,危险化学品的管控是城市运行安全和生产安全工作的重中之重。开发建设危险化学品全链条管控应用场景,既是安全生产监管模式由传统向信息化、智能化转型的需要,也是危化行业不断提升本质安全度,成为金山"十四五"发展的催化剂、助推剂。

二、经验介绍

(一)"一张图"展现

如若突发一汽油油罐车侧翻事故,金山应急管理局是如何处置的?

在"一张图"上,可见公安110平台有一条预警信息。信息显示:在金山区某条路附近发生一辆装载汽油的危化品运输车辆侧翻。系统依据事件信息,智能匹配推荐"金山区处置危险化学品和民用爆炸品道路运输突发事件

应急预案"。

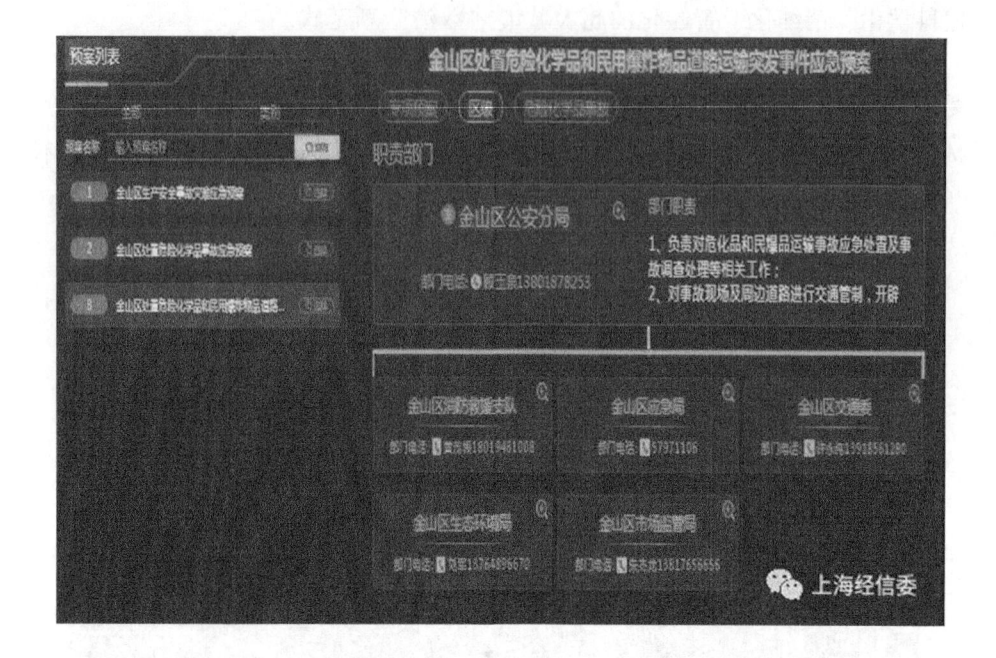

指挥长确定并启动预案后，系统将依据结构化的预案信息，自动关联危险化学品陆上泄漏事故处置的主要责任部门、分别列出各部门处置任务行动清单，相关部门自行认领，公安部门负责对危险化学品事故现场区域及周边道路进行交通管制；消防部门负责事故现场灭火、控制易燃易爆有毒物质泄漏；应急部门负责组织危险化学品事故专业技术组，制定应急处置技术方案协助交通部门开展处置工作，以及展示各响应级别下的应急处置流程等。

同时，依据危险化学品事故应急预案，系统还将自动关联展现事发周边的危险化学品抢险救援队伍及专家、救援物资与装备等在地图上的布点信息。

据金山区应急管理局工作人员介绍，"一张图"还包含危险化学品的理化特性、应急处置措施、周边应急救援队伍等关键信息。

第四章 地方应急管理法治的先进经验和试验做法

(二)"可视化"指挥

当指挥长选择推送预案后,系统依据响应级别和责任部门,通过覆盖市区所有政府部门的政务微信平台,建立应急处置工作群组,并推送事件信息、事

件定位、应急预案、资源分布、危险化学品处置措施等信息，为现场处置提供数据支撑。现场处置人员可通过事发位置信息，选择最佳路径导航赶赴事发现场。政务微信工作群组设置，可实现现场处置的各部门协同与前后方联动。

系统推送预案后，在协同处置模块将自动列出该起事故的所有责任部门。当各部门处置人员陆续到达现场后，可将到场信息通过政务微信反馈至系统平台。在处置过程中，系统可将事发现场周边的固定监控视频接入指挥大屏，全面展示处置现场实景。系统后续还将接入消防图传视频、参与救援的车载、无人机或单兵视频等，实时推送现场救援实况，现场处置人员也可以通过政务微信，随拍随传视频图像，方便指挥人员掌握现场灾情与救援进度。

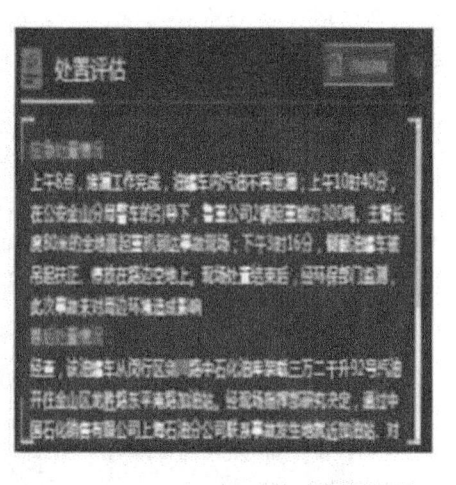

突发事件的全过程处置环节，将以时间轴的形式在处置反馈模块，按顺序依次记录展现，还原事件的处置过程。同时，整合事件所有信息生成相应案例，自动生成处置评估报告，完成闭环处置，为后期预案优化、案例情景再现、案例关联分析等，提供同类型参考。

《上海市突发事件预警信息发布管理办法》[1]和《上海市数据条例》中均对数字应急相关方面做出了规定,以上上海金山应急管理局的数字应急模式即为对此的具体落实,为数字应急的发展提供了成功的试验和范例。

第四节　各地应急管理法治经验总结

一、科学预报

应急管理法治是国家治理体系和治理能力现代化建设的重要内容,其中科学预报是其中的关键环节之一。科学预报是指利用现代科学手段对未来可能发生的自然灾害、事故灾难等事件进行预测和预报,以便提前做好应对准备,减少损失和伤亡。随着科技的进步和社会的发展,人类对自然和社会环境的认识和理解也在不断深化。在自然灾害和事故灾难发生之前,科学预报可以帮助人们提前做好应对准备,避免不必要的损失和伤亡。同时,科学预报也可以为其他领域的工作提供借鉴和参考。例如,在气象、海洋、环境等领域,通过对气象、水文等数据的分析和预测,可以提前了解灾害发生的时间、地点、强度等信息,为应对工作提供参考。在应急管理实践中,科学预报发挥着重要作用,已经成为应急管理法治建设中不可忽视的重要环节。

应急管理法治建设需要充分利用现代科技手段,对各种数据进行分析和处理。在应急管理中,数据采集是非常重要的一环。通过收集各种天气、水文、地质等自然环境因素的数据,可以为科学预测提供重要支撑。数据采集可以通过卫星遥感、雷达探测、数值预报等技术手段进行。数据采集后需要进行处理和分析,以便得到更加准确、及时的气象信息。接着通过对各种自然因素和人为因素进行分析和预测,可以为科学预测提供重要支撑。分析预测可以根据不同时期的天气情况、水文情况等方面进行预测。帮助人们提前了解灾害发生时间、地点、强度等信息,为应对工作提供参考。

---

[1] 参见《上海市人民政府办公厅关于印发〈上海市突发事件预警信息发布管理办法〉的通知》,载 https://www.shanghai.gov.cn/nw44638/20200824/0001-44638_61288.html,最后访问日期:2023年10月8日。

二、系统预防

应急管理法治经验之系统预防是一项非常重要的工作。通过制定预案、加强培训和演练、建立预警信息平台以及加强培训和演练等方面的工作，可以有效地降低灾害风险和减少损失。制定预案是系统预防中的重要环节之一。预案是指在发生突发事件时，政府或企业等相关主体所制定的应对措施。预案包括应对突发事件的组织机构、应对措施、预警信息、救援资源等内容。通过制定预案，可以对应急管理工作进行统筹安排，提高处置效率和效果，同时也能够避免因缺乏预案而造成的混乱和无序情况。

培训和演练是提高应急管理人员素质和技能水平的重要手段。政府或企业等相关主体可以通过组织培训和演练，提高应对突发事件的能力，同时也可以增强公众对突发事件的认识和理解，提高公众的应急意识和应对能力。在预案制定中，要加强公众参与，让公众了解突发事件相关情况，提高公众对突发事件的认识和理解，增强应对能力和信心。同时也可以增强政府与公众之间的沟通和信任，提高政府处置突发事件的效率和效果。只有这样才能更好地保障人民群众生命财产安全，为国家治理体系与治理能力现代化建设提供有力支持。

三、避险管控

避险管控是应急管理中的重要一环，它是指在突发事件发生时，为了保障公民生命财产安全，采取一定措施对公众进行合理管控，避免社会秩序混乱或造成损失。避险管控的目的是保障公民的生命财产安全和公共安全，同时也要避免因不当行为造成的负面影响。避险管控的意义在于防范和化解潜在风险，减少突发事件对社会秩序的影响，维护社会稳定和公共安全。在突发事件发生时，公民往往会面临危险或威胁，如果不能有效地进行管控和应对，可能会造成重大的生命财产损失和社会影响。因此，避险管控在应急管理中具有重要作用。

制定应急预案是避险管控的第一步。应急预案应包括突发事件发生的时间、地点、程度、影响范围等信息，以及应对措施、人员疏散路线等内容。在制定应急预案时，应充分考虑到各类突发事件可能带来的风险和危害，制定科学合理、切实可行的方案。

加强监测预警是避险管控的第二步。在突发事件发生时，政府或相关部门应及时掌握信息并采取相应措施进行防范。加强监测预警可以及时发现危险和隐患，尽早采取措施进行处置。同时，还可以通过多种途径进行信息发布和宣传教育，提高公众对突发事件的认识和理解，增强应对能力和信心。

制定紧急疏散路线是避险管控的第三步。在突发事件发生时，为了保障公民生命财产安全和公共安全，需要制定合理可行的疏散路线。通过制定紧急疏散路线可以有效减少人员伤亡和财产损失。在制定紧急疏散路线时，应根据突发事件的风险程度和影响范围等因素进行科学评估和规划。

加强社会管理是避险管控的第四步。在突发事件发生时，需要加强社会管理，加强对公共秩序、交通运输、食品安全、药品安全等方面的管理和监督。通过加强社会管理可以有效防止突发事件对社会造成的影响和破坏，保障社会稳定和公共安全。

开展心理干预是避险管控的第五步。在突发事件发生时，需要及时开展心理干预工作，帮助公众消除紧张、焦虑、恐惧等情绪，增强应对能力和信心。通过开展心理干预可以有效降低突发事件对社会造成的破坏和负面影响。

避险管控是应急管理中非常重要的一环。通过制定应急预案、加强监测预警、制定紧急疏散路线、加强社会管理、开展心理干预等多种措施来有效防范和化解潜在风险和危害，减少突发事件对社会造成的影响和破坏。只有通过科学合理、行之有效的避险管控措施，才能真正保障公民生命财产安全和公共安全，为国家治理体系与治理能力现代化建设提供有力支持。

四、精准减灾

随着经济和社会的快速发展，城市中的人群越来越密集，大规模的活动和会展、轨道交通、旅游景点等都聚集了大量的人群，在这种情况下，虽然表面上看起来稳定有序，但实际上却是无时无刻不在发生着各种各样的意外，部分意外在一瞬间就会给人们带来很大的伤害。在大量人流聚集已逐渐形成一种常态的情况下，如何有效地对人流进行有效的管控和防范、实现精准减灾，已成为一个亟待解决的问题。

在此基础上，通过运用信息化手段对区域内的视频监测，结合 AI 等方法，实现对区域内的群体分布、群体的异常行为、群体的动态监测和群体的演变规律等方面的研究，从而达到对群体有效管理的目的。在以城市人流为主要控制区域，通过融合城市制高点视频、区域内部视频和周边道路视频，构建区域人流控制策略，通过视频数据对人群密度、进出次数、危险行为等信息进行智能分析和统计，达到应急响应的目的。如此一来，可以有效地控制住在该地区的人口密度，使其在同一时期内出现突发事件的比率显著降低。伴随着社会经济的飞速发展，各种事故隐患与安全风险相互交错、相互叠加，这对防灾减灾、抢险救援、应急处置等方面的需求也越来越高，因此，建立"全灾种、大应急、大救援"的应急救援指挥系统，就成了各地政府在应急管理方面的一个重要突破口。但省市区、街道三级联动机制滞后，应急预案匹配性差，依然是目前突发事件应急指挥与处置中亟待解决的重大难题。在发生突发事件和灾害事件的时候，各种类型的终端会把实时的现场视频和图像等信息集中到紧急指挥中心，然后利用紧急大脑对这些信息进行分析和研究，并对这些信息进行智能的匹配，从而帮助相关的领导做出正确的处理和决策。与此同时，后方专家、指挥应急管理数字化转型的典型案例的负责人和一线指挥人员，利用融合通信技术，进行视频会商，以应急大脑的决策建议为依据，来决定应急处置方案。在前线，抢险队员接到指令后，进行有条不紊的抢险救灾，并利用各个监控系统将抢险救灾信息及时地传递给抢险队员，为抢险救灾提供支持。

第五章
全国重特大生产安全事故汇总

安全生产不仅与人民群众生命财产安全紧密相关，还影响着国家经济和社会稳定。近年来党和国家领导人高度重视安全生产工作，2021年6月10日，第十三届全国人民代表大会常务委员会第二十九次会议通过了《关于修改〈中华人民共和国安全生产法〉的决定》。修正后的《安全生产法》已于2021年9月1日开始施行。新法在压实安全生产责任体系、明确安全生产工作的基本路径及主线、加大对安全生产违法行为的处罚力度等几个方面进行了修改。2021年12月30日，《"十四五"国家应急体系规划》（国发〔2021〕36号）正式发布，将应急管理体制机制更加完善、灾害事故风险防控更加高效、大灾巨灾应对准备更加充分、应急要素资源配置更加优化和共建共治共享体系更加健全作为主要目标，对防范化解重大事故风险与国家应急事业发展发挥重要推动作用。

虽然中央针对安全生产不断出台法律与政策，我国的安全生产形势保持了较好的态势，但安全生产应急管理在经济高速发展的今天依然困难重重，安全生产监管工作面临着诸多难点：事故总量依然较大；历史遗留问题整改成本持续攀高，新兴产业不断带来监管的专业空白；监管盲区依然存在，动态隐患层出不穷；员工安全意识技能成长滞后于招工就业速度，设备密度、产能扩张远远超出企业所具有的安全生产条件；突发事件发生后的应急处置仍然存在较大问题；在建筑工地、交通道路、危化品、人员密集场所等重点领域的安全生产形势依然很严峻。如何适应经济社会发展变化、安全生产及其监管的新情况，同时借鉴其他经验，对现行安全生产应急管理工作进行调整、发展和创新，是目前迫切需要深入研究的重大课题。

本章对2021年、2022年全国发生的重特大生产安全事故进行汇总，主要对重特大生产安全事故的概况、经过、应急处置情况、事故原因、主要教训等相关情况进行介绍。通过对事故的梳理和分析，总结出我国重特大安全生产事故暴露出的问题，并对今后的工作提出相关对策及建议。

第一节　全国重特大生产安全事故概况

一、2021年全国重特大生产安全事故概况

根据《中华人民共和国2021年国民经济和社会发展统计公报》，2021年我国全年各类生产安全事故共死亡26 307人。工矿商贸企业就业人员10万人生产安全事故死亡人数1.374人，比上年上升5.6%；煤矿百万吨死亡人数0.045人，下降23.7%。道路交通事故万车死亡人数1.57人，下降5.4%。[1]

2021年，严峻复杂的国际形势和国内新冠疫情多轮反弹、大宗商品价格过快上涨、暴雨洪涝等极端天气频发、煤炭增产保供等一系列因素给安全生产带来了冲击和挑战，在各地、各有关部门和单位共同努力下，全国安全生产形势持续稳定向好，总体呈现"两个下降、一个基本持平、一个零发生"的特点，即：事故总量持续下降、较大事故同比下降；重大事故基本持平；未发生特别重大事故。全年共发生各类生产安全事故3.46万起、死亡2.63万人，与2020年相比，分别下降9%、4%。[2]

根据国务院安全生产委员会发布的特别重大、重大生产安全事故查处挂牌督办通知书，以及各省市人民政府或其授权机构颁布的事故通报与调查报告，2021年我国未发生特别重大生产安全事故，发生重大生产安全事故共15起，造成244人死亡，起数和死亡人数同比下降17.6%和13.5%。从重点行业领域事故统计情况看，事故主要呈现以下特点：一是道路运输重大事故有所反弹，货车、农用车违规载人事故反复发生，客车重大事故和重大涉险事故多发；二是建筑业安全风险居高不下，房屋非法改扩建安全风险加剧，隧

---

[1] 参见《中华人民共和国2021年国民经济和社会发展统计公报》，载国家统计局官网，http://www.stats.gov.cn/xxgk/sjfb/zxfb2020/202202/t20220228_1827971.html，最后访问日期：2023年10月8日。

[2] 参见《2021年全国安全生产形势持续稳定向好 事故总量下降9%》，载中华人民共和国应急管理部官网，https://www.mem.gov.cn/xw/xwfbh/2022n1y20rxwfbh/mtbd_4262/202201/t20220120_407020.shtml，最后访问日期：2023年10月8日。

道等重大工程施工安全问题突出,农村自建房事故屡屡发生,燃气事故多、影响大;三是水上运输和渔业船舶重大事故得到初步遏制,重大事故降幅明显,但较大事故有所反弹,违规运输、冒险航行问题突出;四是化工和危险品领域总体稳定,但违法违规储存化学品问题突出,非法"小化工"屡禁不止,检维修及动火作业事故多发;五是矿山安全生产压力大,非生产矿事故多发,违法盗采死灰复燃;六是工贸和人员密集场所火灾多发,储能电站等新风险增多。

表 5-1 2021 年全国重特大生产安全事故

序号	事故名称	所属行业	死亡人数
1	山东五彩龙投资有限公司栖霞市笏山金矿"1.10"重大爆炸事故	金属非金属矿山	10
2	沈海高速江苏盐城段"4.4"重大交通事故	道路交通	11
3	新疆昌吉州呼图壁县白杨沟丰源煤矿"4.10"重大透水事故	煤矿	21
4	山西忻州代县大红才铁矿"6.10"重大透水事故	铁矿	13
5	湖北十堰艳湖社区集贸市场"6.13"重大燃气爆炸事故	商贸零售	26
6	河南省柘城县"6.25"重大火灾事故	教育	18
7	江苏苏州四季开源酒店"7.12"重大坍塌事故	建筑	17
8	广东省珠海市兴业快线(南段)一标段工程石景山隧道"7.15"重大透水事故	建筑	14
9	吉林省长春市李氏婚纱梦想城"7.24"重大火灾事故	商贸零售	15
10	青兰高速甘肃平凉段"7.26"重大道路交通事故	道路交通	13
11	青海海北州西海煤炭开发有限责任公司柴达尔煤矿"8.14"顶板抽冒导致溃砂溃泥重大事故	煤矿	20
12	安徽省安庆市太湖县"9.5"重大道路交通事故	道路交通	12
13	贵州省六盘水市六枝特区"9.18"水上交通事故	水运	13
14	黑龙江七台河 G229 国道"9.4"重大道路交通安全责任事故	道路交通	15

续表

序号	事故名称	所属行业	死亡人数
15	河北石家庄市平山县"10.11"车辆落水重大事故	道路交通	14

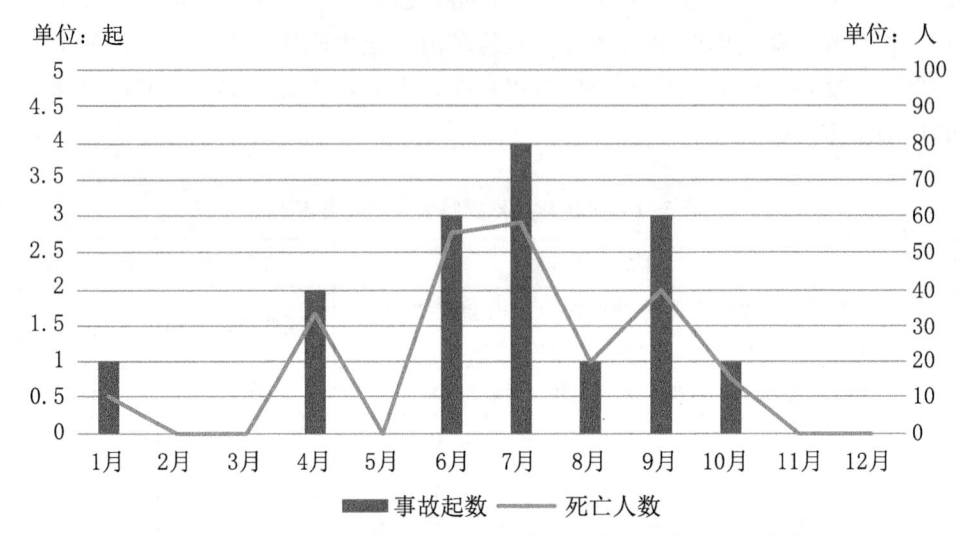

图 5-1　2021 年各月全国重特大生产安全事故起数及死亡人数

二、2022 年全国重特大生产安全事故概况

根据《中华人民共和国 2022 年国民经济和社会发展统计公报》，全年各类生产安全事故共死亡 20 963 人。工矿商贸企业就业人员 10 万人生产安全事故死亡人数 1.097 人，比上年下降 20.2%；煤矿百万吨死亡人数 0.054 人，上升 22.7%。道路交通事故万车死亡人数 1.46 人，下降 7.0%。[1]

2022 年是党和国家历史上极为重要的一年，也是应急管理系统经受严峻考验的一年。在以习近平同志为核心的党中央坚强领导下，应急管理系统严格落实疫情要防住、经济要稳住、发展要安全的要求，顶住了疫情不确定性叠加经济下行压力对安全生产造成的冲击，顶住了全球气候变暖背景下我国

---

[1] 参见《中华人民共和国 2022 年国民经济和社会发展统计公报》，载国家统计局官网，http://www.stats.gov.cn/xxgk/sjfb/zxfb2020/202202/t20220228_1827971.html，最后访问日期：2023 年 10 月 8 日。

极端天气事件多发、频发、重发的冲击，取得新的历史性成绩。2022年，全国生产安全事故、较大事故、重特大事故起数和死亡人数实现"三个双下降"，事故总量和死亡人数同比分别下降27.0%、23.6%。全国自然灾害受灾人次、因灾死亡失踪人数、倒塌房屋数量和直接经济损失与近5年均值相比分别下降15.0%、30.8%、63.3%、25.3%，因灾死亡失踪人数创新中国成立以来年度最低。〔1〕

2022年我国应急管理体系和能力建设迈出新步伐，安全风险防范取得新成效。安全生产专项整治三年行动圆满收官，部署开展全国安全生产大检查，聚焦煤矿等重点行业领域安全治理，对危化品安全风险和化工产业转移等风险进行集中整治。深入开展重点县、重点企业、危化品安全生产和有限空间作业专家指导服务，大力推进烟花爆竹转型升级集中区建设。发挥国务院安全生产委员会职能作用，推动深入开展全国城镇燃气安全排查整治等专项行动，督促加强民航、经营性自建房等领域安全隐患排查整治，有力扭转了重特大事故反弹局面。

根据国务院安全生产委员会特别重大、重大生产安全事故查处挂牌督办通知书，以及各省市人民政府或其授权机构颁布的事故通报与调查报告，2022年我国发生特别重大生产安全事故3起，发生重大生产安全事故8起，共造成365人死亡。从重点行业领域事故统计情况看，事故主要呈现以下特点：一是住建领域非法违法建设问题突出，发生了贵州毕节市第一人民医院金海湖新区项目工地"1.3"重大滑坡事故和湖南长沙市望城区"4.29"特别重大居民自建房倒塌事故。二是矿山领域事故下降，但非法违法开采问题突出，尤其是发生了造成14人死亡的贵州黔西南州三河顺勋煤矿"2.25"重大顶板事故，影响极为恶劣。三是化工和危险化学品事故上升，产业转移项目和老旧装置屡屡发生事故，一些化工企业违法违规生产经营，动火作业和检维修等环节安全风险突出。四是交通运输业事故多发，民航铁路、水上交通和渔业船舶安全风险突出，道路运输发生多起10人以上的重大涉险事故。五是工贸领域中，冶金、机械等行业生产作业事故多发，钢铁、电力等企业环保设施新风险突出，一些工贸企业火灾事故多发，经营性小场所"小火亡人"

---

〔1〕 参见《2022年应急管理成绩单新鲜出炉》，载中华人民共和国应急管理部官网，https://www.mem.gov.cn/zl/202301/t20230105_440115.shtml，最后访问日期：2023年10月8日。

风险较大。

表 5-2 2022 年全国重特大生产安全事故

序号	事故名称	所属行业	死亡人数
1	"3.21"东航 MU5737 航空器飞行事故	民航	132
2	湖南长沙"4.29"特别重大居民自建房倒塌事故	建筑	54
3	河南安阳市凯信达商贸有限公司"11.21"特别重大火灾事故	纺织服饰	42
4	贵州毕节市金海湖新区"1.3"在建工地山体滑坡重大事故	建筑	14
5	重庆武隆"1.7"食堂坍塌事故	餐饮	16
6	贵州省黔西南州贞丰县三河顺勋煤矿"2.25"重大顶板事故	煤矿	14
7	广东阳江"7.2"施工船沉没失联事件	风电	25
8	甘肃省白银市景泰县泓胜煤业有限责任公司（露天煤矿）"7.23"重大边坡坍塌事故	煤矿	10
9	河北迁西铁矿"9.2"透水事故	金属非金属矿山	14
10	贵州黔南州"9.18"三荔高速客车侧翻事故	道路交通	27
11	吉林省长春市"9.28"重大火灾事故	餐饮	17

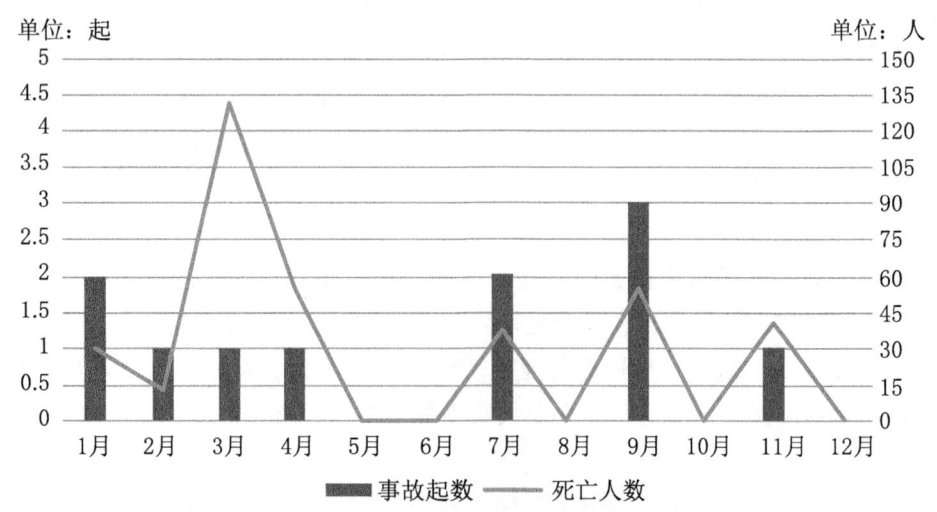

图 5-2 2022 年各月全国重特大生产安全事故起数及死亡人数

第二节　全国重特大生产安全事故汇总

一、2021年全国重特大生产安全事故汇总

2021年度未发生特别重大生产安全事故，发生重大生产安全事故15起：

1. 山东五彩龙投资有限公司栖霞市笏山金矿"1.10"重大爆炸事故[1]

（1）事故概况：2021年1月10日13时13分许，山东五彩龙投资有限公司栖霞市笏山金矿在基建施工过程中，回风井发生爆炸事故，造成22人被困。经全力救援，11人获救，10人死亡，1人失踪，直接经济损失6847.33万元。

（2）事故原因：直接原因为井下违规混存炸药、雷管，井口实施罐笼气割作业产生的高温熔渣块掉入回风井，碰撞井筒设施，弹到一中段马头门内乱堆乱放的炸药包装纸箱上，引起纸箱等可燃物燃烧，导致混存乱放在硐室内的导爆管雷管、导爆索和炸药爆炸。

（3）事故应急处置情况：接到报告后，省委、省政府迅速成立省市县一体化救援指挥部，紧急调集省内外救援队伍20支，救援人员690余名，救援装备420余套，以生命维护监测、生命救援、排水保障3条通道为主，探测通道为辅，同步推进；井筒清障突破后，迅速搜寻被困人员。

（4）主要教训：第一，井下违规混存炸药、雷管。山东五彩龙投资有限公司长期违规购买民用爆炸物品，违规在井下设置爆炸物品储存场所，且炸药、雷管和易燃物品混合存放。第二，违规进行气焊切割作业。进行气焊切割作业时未确认作业环境及周边安全条件，井筒提升与井口气焊违规同时作业。第三，安全管理混乱。笏山金矿对施工单位的施工情况尤其是民用爆炸物品储存、领用、搬运及爆破作业情况管理缺失，对外包施工队以包代管，只包不管，未按照规定报告生产安全事故；施工单位未按规定配备专职安全管理人员和技术人员，作业人员使用伪造的特种作业操作证；事故发生当日

---

[1] 参见《山东五彩龙投资有限公司栖霞市笏山金矿"1.10"重大爆炸事故调查报告》，载山东省人民政府官网，http://www.shandong.gov.cn/art/2021/2/23/art_305296_10334792.html?xxgkhide=1，最后访问日期：2023年10月8日。

井下作业现场没有工程监理。第四，地方党委政府履行安全生产领导责任不力。未认真督促相关部门依法履行民用爆炸物品、非煤矿山安全生产监督管理相关职责，栖霞市党委政府对事故迟报瞒报，地方有关部门监管责任未有效落实。

2. 沈海高速江苏盐城段"4.4"重大交通事故〔1〕

（1）事故概况：2021年4月4日0时48分许，沈海高速公路江苏盐城段发生一起多车碰撞的重大道路交通事故，造成11人死亡、19人受伤，直接经济损失1500余万元。

（2）事故原因：李宝义在明知车辆中轴右外侧车轮缺失一根轮毂螺栓的情况下上路行驶，导致该车轮在行驶途中脱落于路面，且在知晓该情况后未报警；董恩瑞驾驶车辆右前轮制动失效，驾车行驶时对路面情况疏于观察，在周边无其他车辆且避险空间充足的情况下采取措施不当，导致车辆失控，碰撞、冲破中央隔离护栏后侵入对向半幅道路；李德生驾驶客车违反禁止性规定在对向第一车道内行驶，导致其遇险情时反应时间、避险空间不够。

（3）主要教训：第一，企业安全生产主体责任和安全制度落实流于形式。未建立健全安全生产责任制，未明确主要负责人、安全管理人员及车辆技术管理人员岗位职责；未按规定投入安全生产经费；未按规定落实安全生产隐患排查治理制度；未按规定及时消除生产安全事故隐患。第二，车辆安全隐患未及时消除。事故车冀J7J828/冀J201B挂重型半挂汽车列车存在非法改装的违法行为，冀J201B挂所用轮胎与该挂车产品公告信息轮胎不符，中轴右侧轮的一根螺栓端部早期缺损，企业未及时修理、排除隐患。车主及驾驶人明知轮胎掉落在高速公路上会引发道路交通事故却未采取报警措施。第三，车辆动态监控落实不到位。南皮县文航运输有限公司未按规定建立交通违法动态信息处理和统计分析制度，配备专职动态监控人员不足，未按规定记录和保存车辆动态监控数据。第四，驾驶员安全教育培训不到位。企业未按规定对驾驶员进行应急教育和培训，公司驾驶员安全教育培训记录中存在代签字现象，且未按规定开展2021年3月份驾驶员安全教育培训并伪造该月驾驶

---

〔1〕参见《沈海高速盐城段"4.4"重大道路交通事故调查报告》，载盐城市应急管理局官网，http://ajj.yancheng.gov.cn/art/2022/3/23/art_2527_3826375.html，最后访问日期：2023年10月8日。

员安全教育培训台账；存在未如实记录从业人员安全生产教育和培训现象。

3. 新疆昌吉州呼图壁县白杨沟丰源煤矿"4.10"重大透水事故[1]

（1）事故概况：2021年4月10日18时11分，新疆昌吉州呼图壁县白杨沟丰源煤矿发生重大透水事故，造成21人死亡，直接经济损失7067.2万元。

（2）事故原因：煤矿违章指挥、冒险组织掘进作业，在老空积水压力和掘进扰动作用下，白杨树煤矿老空水突破有限煤柱（事故后现场勘查B4W01回风顺槽掘进工作面距离白杨沟煤矿积水巷道只有1.8米），通过废弃轨道上山溃入丰源煤矿B4W01回风顺槽，造成重大透水淹井事故。

（3）主要教训：第一，丰源煤矿法律意识淡漠，拒不执行停产指令。自治区督查组责令该矿停产整改防治水隐患，该矿在隐患未整改完毕、县煤矿安全监管部门明确不予复工的情况下，擅自恢复B4W01回风顺槽和运输顺槽的掘进作业。出现明显透水征兆后，该矿仍未及时撤出受透水威胁区域人员，继续冒险掘进作业。技术工作滞后，防治水基础薄弱。第二，信发集团及农六师煤电公司作为丰源煤矿上级公司，不重视煤矿安全工作，所设世安公司未配齐安全管理职能部门及人员，未建立安全生产责任制；驻矿人员重作业进度和巷道质量，在该矿隐患未整改完成的情况下，即督促该矿恢复掘进施工。第三，州、县煤矿安全监管部门对丰源煤矿安全检查、隐患排查不认真、不细致、不扎实、不到位；未发现煤矿安全管理人员、防治水人员配备不足等问题；对督查发现的丰源煤矿水害隐患，未跟进监督整改；对丰源煤矿违规恢复生产作业问题失察。

4. 山西忻州代县大红才铁矿"6.10"重大透水事故[2]

（1）事故概况：2021年6月10日7时20分许，代县大红才矿业有限公司发生重大透水事故，造成13人遇难，直接经济损失3935.95万元。

（2）事故应急处置情况：事故发生后，省重大生产安全事故应急指挥部立即启动省级二级响应，成立现场指挥部。应急管理部、国家矿山安监局和

---

[1] 参见《新疆昌吉州呼图壁县白杨沟丰源煤矿"4.10"重大透水事故案例》，载国家矿山安全监察局，https://www.chinamine-safety.gov.cn/xw/zt/2019zt/mkfzszt/sgal/202205/t20220512_413477.shtml，最后访问日期：2023年10月8日。

[2] 参见《山西省忻州市代县大红才矿业有限公司"6.10"重大透水事故调查报告》，载陕西省应急管理厅官网，http://yjt.shanxi.gov.cn/jz/sgdc/202208/t20220831_7039016.shtml，最后访问日期：2023年10月8日。

省、市、县紧急调集国家矿山应急救援大同队、汾西队、大地特勘队和太钢队等地方专业救援队，以及武警山西总队和山西消防救援总队共26支队伍、总计1084人，携带水泵69台（套）、高压排水管1.8万米以及生命探测仪、皮划艇、潜水装具等17套装备开展抢险救援。国家卫生健康委派出3名医疗专家赶赴现场，省、市、县三级卫生健康部门共派驻14辆救护车和69名医护人员24小时全天候保障，及时开展现场医疗处置、救治和疫情防控工作。经过7天6夜全力救援，至16日22时许，13名遇难者遗体全部找到，救援工作结束。

（3）事故原因：违规开采主行洪沟下方保安矿柱，造成主行洪沟塌陷，降雨汇水径流沿塌陷坑进入采空区，与未彻底治理的采空区积水相汇，积水量迅速增加，水压增大，突破违规在1310米水平采矿作业形成的与1320米采空区之间的薄弱岩层，导致透水事故发生。

（4）主要教训：第一，有关企业安全生产管理组织机构不健全。矿区"五大员"形同虚设；未落实安全生产责任制、领导带班下井制度和探放水等制度；Ⅰ采区在采空区治理期间就开始基建和违法采矿，不按设计要求施工，擅自打开废弃封堵硐口，任意开掘采矿工作面以采代建。第二，有关监管部门对全县非煤矿山企业的日常安全监督、督促、指导不到位。常年存在执法人员配备不足，执法力量薄弱的现象，全县非煤矿山企业的日常执法检查工作均安排在安全生产工作站进行，且大部分工作站人员无执法证件，导致执法主体、人员不符合法定要求；以文件落实文件，未严格按照文件要求开展相应的整治检查工作。

5. 湖北十堰艳湖社区集贸市场"6.13"重大燃气爆炸事故[1]

（1）事故概况：2021年6月13日6时42分许，位于湖北省十堰市张湾区艳湖社区的集贸市场发生重大燃气爆炸事故，造成26人死亡，138人受伤，其中重伤37人，直接经济损失约5395.41万元。

（2）事故原因：天然气中压钢管严重腐蚀导致破裂，泄漏的天然气在集贸市场涉事故建筑物下方河道内密闭空间聚集，遇餐饮商户排油烟管道排出

---

[1] 参见《湖北省十堰市张湾区艳湖社区集贸市场"6.13"重大燃气爆炸事故调查报告》，载湖北省应急管理厅官网，http://yjt.hubei.gov.cn/yjgl/aqsc/sgdc/202109/t20210930_3792103.shtml，最后访问日期：2023年10月8日。

的火星发生爆炸。

（3）主要教训：第一，安全隐患排查整治不深入、不彻底。涉事燃气管道改造时违规将管道穿越集贸市场涉事故建筑物下方，形成重大事故隐患；十堰东风中燃公司持续5年未对集贸市场下方河道下面相对危险的区域开展巡线；十堰市燃气主管部门先后开展多次专项整治，均未发现并排除重大隐患。第二，应对突发事件能力不足。从群众报警到爆炸发生长达1小时，十堰东风中燃公司及其现场巡查处突人员未能及时疏散群众；未按预案设立警戒、禁绝火源、疏散人群；未立即控制管道上下游两端的燃气阀门、保持管道内正压；在未消除燃爆危险的情况下向相关救援人员提出结束处置、撤离现场的错误建议。第三，涉事企业主体责任严重缺失。十堰东风中燃公司对130次燃气泄漏报警、管道压力传感器长时间处于故障状态等系统性隐患熟视无睹；任命未取得执业资格考核合格证的人员分管安全生产工作；任命从未参加过业务培训，不了解巡线职责，不会使用燃气检漏仪的人员担任巡线班组负责人。第四，安全执法检查流于形式。燃气管理部门对燃气企业执法检查121次，但未对违法行为实施过行政处罚。

6. 河南省柘城县"6.25"重大火灾事故[1]

（1）事故概况：2021年6月25日，位于河南省柘城县远襄镇北街村的震兴武馆发生重大火灾事故，造成18人死亡、11人受伤，直接经济损失2153.7万元。

（2）事故应急处置情况：火灾发生后，市、县两级党委政府主要负责同志带领相关部门负责人赶赴现场，组织应急、消防、卫健、公安、民政等有关部门人员全力开展灭火救援和医疗救治工作。120急救中心先后调派16辆救护车、155名急救人员前往救援。110指挥中心先后调派45辆警车、警力200余名，对现场及周边道路进行封闭管控，协助消防、卫健部门开展灭火和伤员救治工作。处置期间，共出动各类车辆73辆，参与人员400余人。

（3）事故原因：起火建筑未形成有效的防火分隔，起火房间使用可燃夹芯彩钢板作为隔墙，起火房间火灾荷载较大，火情发现晚，初期处置不力。造成人员伤亡的主要原因是震兴武馆违规集中留宿学员，起火建筑逃生通道

---

[1] 参见《河南省柘城县"6.25"重大火灾事故调查报告》，载河南省应急管理厅官网，https://yjglt.henan.gov.cn/2021/12-20/2368623.html，最后访问日期：2023年10月8日。

不符合要求、违规在外窗上设置铁栅栏，着火物产生大量高温有毒烟气等。

(4) 主要教训：第一，震兴武馆作为校外培训机构，违法组织在校中小学生开展武术培训，未依法办理办学许可证。经营管理人员消防安全意识淡薄，未落实消防安全主体责任，培训场所不符合消防安全要求，火灾发生后，没有及时报警，组织学员疏散和扑救火灾不力。第二，柘城县教育体育局未认真履行职责，对全县校外培训机构监管不力，辖区非法校外培训活动长期存在。对远襄镇中心学校未限制震兴武馆面向中小学生开展培训业务、未如实上报震兴武馆无办学许可证的情况失察，导致未能对其采取取缔等措施。第三，公安机关未认真履行消防监督检查职责，未及时发现并督促震兴武馆整改存在的使用夹芯彩钢板、违规设置学员集体宿舍、学员集体宿舍外窗上安装防盗网等严重安全隐患。第四，市场监督管理部门未认真履行监督管理职责，对震兴武馆长期无照经营行为未进行查处；为其办理个体工商户注册登记程序不规范，未依法要求其提供有利害关系业主同意的证明，导致震兴武馆违规注册登记；对其不再具备注册登记条件的情况监督检查不到位。

7. 江苏苏州四季开源酒店"7.12"重大坍塌事故[1]

(1) 事故概况：2021年7月12日15时31分许，位于苏州市吴江区松陵街道油车路188号的苏州市四季开源餐饮管理服务有限公司（以下简称四季开源酒店）辅房（以下称事故建筑）发生坍塌事故，造成17人死亡、5人受伤，直接经济损失约2615万元。

(2) 事故原因：在无任何加固及安全措施的情况下，盲目拆除了底层六开间的全部承重横墙和绝大部分内纵墙，致使上部结构传力路径中断，二层楼面圈梁不足以承受上部二、三层墙体及二层楼面传来的荷载，导致该辅房自下而上连续坍塌。

(3) 主要教训：第一，房屋产权人未履行房屋使用安全责任人的义务。建设单位将事故建筑一楼装饰装修工程设计和施工业务发包给无相应资质的建筑公司；施工图设计文件未送审查；在未办理施工许可证的情况下擅自组织开工，改变经营场所建筑的主体和承重结构。第二，施工单位在未依法取

---

[1] 参见《苏州市吴江区"7.12"四季开源酒店 辅房坍塌事故调查报告公布》，载环球网，https://cpu.baidu.com/pc/1022/275122716/detail/62122437168434055/news?chk=1，最后访问日期：2023年10月8日。

得相应资质的情况下承揽事故建筑装修改造项目，并将拆除业务分包给不具有相应资格的个人；未编制墙体拆除工程的安全专项施工方案，无相应的审核手续；未对施工作业人员进行书面安全交底并进行签字确认。第三，设计人员未取得设计师执业资格，在未真实了解辅房结构形式的情况下，提供错误的拆墙图纸，并错误地指导承重墙的拆除作业。第四，监管部门对既有建筑改建装修工程未批先建、违法发包等行为监督管理存在漏洞。

8. 广东省珠海市兴业快线（南段）一标段工程石景山隧道"7.15"重大透水事故[1]

（1）事故概况：2021年7月15日3时30分，位于珠海市香洲区的兴业快线（南段）一标段工程石景山隧道右线在施工过程中，掌子面拱顶坍塌，诱发透水事故，造成14人死亡，直接经济损失3678.677万元。

（2）事故原因：隧道下穿吉大水库时遭遇富水花岗岩风化深槽，在未探明事发区域地质情况、未超前地质钻探、未超前注浆加固的情况下，不当采用矿山法台阶方式掘进开挖（包括爆破、出渣、支护等）、小导管超前支护措施加固和过大的开挖进尺，导致右线隧道掌子面拱顶坍塌透水。泥水通过车行横通道涌入左线隧道，导致左线隧道作业人员溺亡。

（3）主要教训：第一，复杂地质条件下的隧道施工风险意识较差，施工单位在隧道暗挖施工过程中未开展涌水量动态监测；未按超前地质预报提示及时调整施工工法，开挖方式、超前支护措施和开挖进尺均不符合相关规范及设计要求；未按规范要求配备联动报警系统，导致透水后无法及时通知相关人员撤离。第二，监理单位未按施工控制点及工序要求严格旁站监理，不按规定在岗履职；对施工单位未按设计要求调整施工方法、扩大开挖进尺等安全隐患未及时督促整改。第三，建设单位未向施工单位提供事发区域准确、完整的地质情况，施工期间未根据规定增加超前地质钻探项目；未就水库放水事宜与水行政主管部门进行协调，未取得水行政许可擅自在水利工程管理范围和保护范围内施工。第四，监管部门对重点项目、危大工程、重点环节安全监管不够细致，对下穿水库隧道施工的特殊性认识不足，缺乏有针对性

---

[1] 参见《珠海市兴业快线（南段）一标段工程石景山隧道"7.15"重大透水事故调查报告》，载广东省应急管理厅官网，http://yjgl.gd.gov.cn/zt/wd/content/post_3585743.html，最后访问日期：2023年10月8日。

的监管措施。

9. 吉林省长春市李氏婚纱梦想城"7.24"重大火灾事故[1]

（1）事故概况：2021年7月24日15时40分许，吉林省长春市净月高新技术产业开发区银丰路472号，吉林省李氏婚纱影楼有限公司（以下简称李氏婚纱公司）拍摄基地李氏婚纱梦想城发生火灾，造成15人死亡、25人受伤，建筑物过火面积6200平方米，直接经济损失3700余万元。

（2）事故应急处置情况：事故发生后，省、市应急管理部门和消防救援机构第一时间启动预案，迅速调集21个消防站、1个工程机械大队，共80辆消防车、402名指战员赶赴现场进行处置。总、支队两级全勤指挥部遂行出动，作战现场成立前方指挥部。此次灭火救援，共从起火建筑内疏散营救群众100余人，疏散转移下风方向居民楼内人员350余人，最大限度减少了人员伤亡和财产损失，确保了救援人员安全。本次事故应急救援反应迅速，应对有力，处置措施得当，现场秩序稳定，未发生次生衍生灾害。

（3）事故原因：2021年7月24日15时40分许，李氏婚纱梦想城二楼"婚礼现场"摄影棚上部照明线路漏电击穿其穿线蛇皮金属管，引燃周围可燃仿真植物装饰材料所致。

（4）主要教训：第一，违法违规建设。李氏婚纱梦想城擅自将工业厂房改为商业用途和改扩建，违规搭建室外彩钢板房、封闭消防车通道；违规使用可燃保温材料，未依法设置安全出口、疏散通道、防火分区、室内消火栓和排烟设施；未按照国家技术标准敷设电气线路、设置配电系统。第二，违法违规设计施工。有关单位无资质设计、施工，未按规范设计疏散通道、防火分区、建筑构件耐火极限和装修材料燃烧性能等，违反消防安全强制性标准；施工方在明知李氏婚纱梦想城未依法办理消防手续、不具备消防安全条件情况下进场施工，无电气设计图纸，电气施工不符合规范规定；保温工程违规采用聚氨酯泡沫作为保温材料，未做防火处理，致火灾发生后蔓延迅速。第三，安全管理严重缺失。李氏婚纱梦想城未建立安全生产责任制，未制定安全生产管理制度、操作规程和事故应急救援预案，未设置安全生产管理机

---

[1] 参见《吉林省长春市李氏婚纱梦想城"7.24"重大火灾事故调查报告》，载吉林省人民政府官网，http://xxgk.jl.gov.cn/zsjg/aqjg/xxgkmlqy/202211/t20221128_8639621.html，最后访问日期：2023年10月8日。

构、配备专职安全管理人员，未开展消防检查和隐患排查。

10. 青兰高速甘肃平凉段"7.26"重大道路交通事故[1]

（1）事故概况：2021年7月26日14时5分，G22青兰高速公路甘肃平凉泾川段发生一起大客车失控冲出路面侧翻的道路交通事故，造成13人死亡、44人受伤，直接经济损失2119.99万元。

（2）事故应急处置情况：事故发生后，平凉市及泾川县公安、交通运输、应急管理及泾川县消防救援大队、泾川县120急救中心等单位人员赶到现场开展事故处置和救援。14时40分，公安交警及交通运输部门实施交通分流，并及时发布交通管制信息。19时17分，现场救援工作结束，道路全面恢复通行。整个事故救援过程共5小时10分，事故现场共投入51辆抢险救援车辆，370余名抢险救援人员。

（3）事故原因：驾驶员李红杰驾驶大型普通客车在高速行驶中，雨天未保持安全行驶速度，且肇事车辆制动系统不符合国家技术标准要求，车辆超载、货物装载方式不当，应急操作处置不当，导致车辆失控侧翻。

（4）主要教训：第一，车辆检测检验源头造假问题突出。2016年至2021年期间，有关车辆检测检验企业对事故车辆进行了多次客车类型复核，均存在数据造假问题，出具的《营运客车类型划分及等级复核表（审查表）》严重失实。第二，运输企业安全生产主体责任严重不落实。事故车辆所属企业安全生产管理机构形同虚设，主要负责人长期不在企业，对承包经营车辆只收费、不管理，对驾驶员和从业人员的安全教育培训流于形式；编造虚假包车备案信息违规获取旅游包车标志牌开展包车客运。第三，地方政府有关部门安全监管不力。交通运输部门对客车类型复核工作把关不严格，导致客车类型不达标的车辆进入旅游客运市场；交通运输、公安交警部门督促重点运输企业开展安全隐患排查治理工作不到位，对企业及所属车辆的监管执法存在薄弱环节；市场监督管理部门对车辆检测检验企业多次数据造假的行为失察失管。

---

[1] 参见《青兰高速甘肃平凉段"7.26"重大道路交通事故调查报告》，载甘肃省应急管理厅官网，http://yjgl.gansu.gov.cn/yjgl/c112887/202208/2109338.shtml，最后访问日期：2023年10月8日。

11. 青海海北州西海煤炭开发有限责任公司柴达尔煤矿"8.14"顶板抽冒导致溃砂溃泥重大事故[1]

(1) 事故概况：2021年8月14日12时10分，青海省海北州西海煤炭开发有限责任公司柴达尔煤矿发生顶板抽冒导致溃砂溃泥事故，造成20人死亡，直接经济损失5391.02万元。

(2) 事故原因：柴达尔煤矿+3690综放工作面顶部疏放水不彻底，工作面出现异常淋水，综采支架前多次发生局部片帮冒顶，甚至液压支架被"压死"、工作面被封堵，但未采取有效措施进行治理，违章冒险清淤，强行挑顶提架作业，导致顶煤抽冒，大量顶煤、渣石及水混合物呈泥石流状迅速溃入工作面及运输顺槽，导致事故发生。

(3) 主要教训：第一，安全隐患排查治理不到位。矿井隐蔽致灾因素普查和隐患排查不到位，对地面露天采坑存在的事故隐患治理不彻底。第二，违规组织生产作业。柴达尔煤矿拒不执行停产整顿监察指令，在有关证照被暂扣的情况下仍违法违规组织采掘作业。第三，安全管理混乱。柴达尔煤矿部分工人未签订劳动合同、未缴纳工伤保险、未参加安全培训即入井作业，个别工人入井不携带人员位置监测标识卡。第四，上级公司未认真履行安全管理职责。西海煤炭开发有限公司未果断停止柴达尔煤矿+3690综放工作面维修作业；青海运输集团对下属西海煤炭开发有限公司股份制混改后在安全管理方面存在的漏洞盲区失管失察。第五，地方政府及有关部门落实安全监管责任不力。海北州及刚察县地方政府未认真研究解决应急管理部门领导班子弱化、煤矿监管力量不足问题。

12. 安徽省安庆市太湖县"9.5"重大道路交通事故[2]

(1) 事故概况：2021年9月5日14时40分许，安庆市太湖县百岭黄茶有限公司法定代表人张某祥驾驶一辆轻型栏板货车沿太湖县牛镇镇龙湾村百谷岭路下坡行驶至急弯处，坠入山沟后翻车，事故造成12人死亡，2人受伤，直接经济损失1197.92万元。

---

[1] 参见《青海海北州西海煤炭开发有限责任公司柴达尔煤矿"8.14"顶板抽冒导致溃砂溃泥重大事故》，载蓬莱区人民政府官网，http://www.penglai.gov.cn/art/2022/1/17/art_30464_2929005.html，最后访问日期：2023年10月8日。

[2] 参见《安庆市太湖县"2021.9.5"货车翻坠重大事故调查报告》，载安徽省应急管理厅官网，http://yjt.ah.gov.cn/public/9377745/147030211.html，最后访问日期：2023年10月8日。

（2）事故应急处置情况：事故发生后，太湖县委县政府成立了以县委书记、县长为指挥长的现场应急救援指挥部。指挥部下设7个专项工作组（现场救援、医疗救护、综合协调、善后处置、舆情引导、社会稳控、事故调查）开展应急救援与处置工作。

（3）事故原因：直接原因是张某祥驾驶轻型栏板货车行驶至百谷岭路急弯陡坡路段时，因车辆制动系统失效，导致车辆失控冲出路面坠入山崖侧翻。关于车辆制动系统失效的原因，经专业机构鉴定，专家共同论证，认为事故车辆制动系统失效与车辆左前轮制动器内侧摩擦片脱落、左后轮制动效能降低有关。

（4）主要教训：第一，有关企业单位安全意识极其淡薄，对事故车辆进行非法改装，在事故车辆车厢栏板上加装护栏；驾驶员长期驾驶轻型栏板货车非法载人；在明知车辆制动系统存在异常的情况下，仍冒险驾驶车辆在急弯陡坡道路行驶，导致发生重大事故。第二，有关部门未严格落实交通运输领域相关法律、法规、规章规定，对辖区内道路工程质量监督管理不到位，执法巡查、检查存在盲区，有选择地开展农村地区公路巡查工作，没有做到巡查全覆盖，未认真贯彻执行国家、省、市交通运输工作方针政策和法律法规。第三，地方党委政府和基层组织对农村交通安全存在的短板，没有采取有效的整治措施。对安全生产工作责任不落实，落实上级关于安全生产的部署要求不力，对事故路段长时间存在的临水、临崖山路风险隐患未采取有效措施；对货车非法载人问题视而不见，未有效劝导、阻止货车非法载人等违法行为。

13. 贵州省六盘水市六枝特区"9.18"水上交通事故[1]

（1）事故概况：2021年9月18日16时50分左右，六枝特区西陵航运有限公司所属的"六盘水客8015"船航行至光照库区六枝特区牂牁镇王城码头西侧偏北约300米水域处时侧翻，造成13人死亡、2人失踪。

（2）事故原因：经调查认定，"六盘水客8015"船侧翻事件是一起主要由突发罕见的强对流天气（下击暴流）带来的强风雨袭击导致的重大灾难性事件。

（3）主要教训：第一，六枝特区西陵航运有限公司安全管理缺位。公司

---

[1] 参见《六枝特区牂牁镇水上交通事件调查报告》，载贵州省应急管理厅官网，http://yjgl.guizhou.gov.cn/gk/zfxxgk/fdzdgk/sgxx_5888758/index.html，最后访问日期：2023年10月8日。

存在未按规定设置安全生产管理机构,安全管理制度缺失,对客船船员在恶劣天气情况下应对操作培训缺失,船舶违规挂靠经营,所属"六盘水客8015"船在航行途中停靠违规载客等违法违规行为。第二,交通运输部门及地方海事管理机构安全监管不到位。对六枝特区西陵航运有限公司未落实安全主体责任监管不力;对水上客运企业违规挂靠经营、违规载客等违法违规行为失察;落实上级对水上交通安全重要部署不力;水路交通运输监管执法效能低下;对水路运输企业准入管理、事中事后监管、特殊时段水上交通安全监管不到位。第三,地方党委政府属地责任落实不到位。对渡口安全管理不到位;对水上交通安全"打非治违"不到位;对水上交通安全专项整治三年行动组织领导不到位;对气象预警信息处置不到位。

14. 黑龙江七台河 G229 国道"9.4"重大道路交通安全责任事故[1]

(1) 事故概况:2021 年 9 月 4 日 3 时 59 分许,黑龙江省七台河市勃利县 G229 国道大四站镇双兴岭路段发生一起重型半挂牵引车追尾撞击轮式拖拉机运输机组的重大道路交通事故,造成 15 人死亡、1 人受伤,直接经济损失 890 余万元。

(2) 事故原因:驾驶人乔忠梁驾驶事故货车沿下坡方向行驶,事发时为凌晨,光线灰暗,未能及时发现前方同向刘力祥驾驶的拖拉机,且因超速和严重超载以及制动不合格导致发生追尾碰撞。刘力祥无拖拉机驾驶证,其驾驶的拖拉机拖带的挂车无尾灯、无反光标识,致使后方车辆对其辨识能力减弱,再加上挂车违法载人加重了事故伤亡后果。事故货车驾驶人乔忠梁负此事故的主要责任,拖拉机驾驶人刘力祥负此事故的次要责任。

(3) 主要教训:第一,公安部门落实上级部署开展的公路交通安全隐患大整治和全省农村公路违法超员、违法载人专项治理工作不到位,对辖区事发路段事故货车多次超载、拖拉机多次载人的违法行为失管失察,开展农村道路交通安全宣传教育工作不到位。第二,交通运输部门未对故意绕行逃避检测或者短途超限超载运输严重的地区,加大联合流动检测频次;未对超限超载车辆通行易发、多发路段开展专项重点整治;对辖区汽修行业日常监管

---

[1] 参见《黑龙江七台河 G229 国道"9.4"重大道路交通安全责任事故调查报告》,载黑龙江省应急管理厅官网,http://yjgl.hlj.gov.cn/yjgl/c104120/202304/c00_31564690.shtml,最后访问日期:2023 年 10 月 8 日。

不到位。第三,有关村委会和地方人民政府落实属地农机安全管理责任不到位。未按上级要求组织全面摸排农业机械未注册登记、未参加安全技术检验、未申领驾驶证或驾驶证过期人员;未按要求组织各村开展农机安全隐患排查治理;宣传教育开展效果不明显,未指导督促各村开展农机安全宣传教育。

15. 河北石家庄市平山县"10.11"车辆落水重大事故[1]

(1) 事故概况:2021年10月11日6时43分,石家庄燕赵旅游汽车运输集团有限公司一辆大客车通过平山县钢城路滹沱河段临时绕行便道漫水路段时发生落水事故,造成14人溺水死亡,直接经济损失约3500万元。

(2) 事故原因:事故车辆行经漫水路段时,驾驶人未停车察明水情,冒险驶入,在水流、路面颠簸等影响下,未能及时修正车辆行驶方向,致使车辆驶出路外翻车落水。

(3) 主要教训:第一,涉事公司缺乏安全意识,迅捷公司未取得道路运输经营许可,且使用无营运资质的车辆,长期违法从事敬业公司通勤业务;燕赵公司未依法足额配备专职监控人员;对事故车辆驾驶员安全培训缺失,运营期间未按规定签订包车合同、办理包车客运标志牌,对公司车辆疏于管理。第二,交通运输部门工作部署不到位,执勤点布设不够科学合理,且未在事故路段交通管控北卡点安排执勤人员;道路交通管控责任落实不力,断交管控期间,执勤人员不正确履行职责,未严格管控,仍有大量社会车辆通行,还存在缺勤脱岗问题,对有关人员组织铲车驶入禁行路段清理漫水路面沥青的行为未予制止;事发当日,个别人员对现场违法行为不但未予以制止,且主动挪开路锥放行事故车辆驶入禁行路段。第三,公安部门管控措施不到位,执勤点布设不够科学合理;道路交通管控责任落实不力,断交管控期间,执勤人员不正确履行职责,未严格管控,仍有大量社会车辆通行,还存在脱岗问题,对有关人员组织铲车驶入禁行路段清理漫水路面沥青的行为未予制止;事发当日,未能依法制止相关人员挪移隔离路锥以及事故车辆驶入禁行路段的违法行为。

---

[1] 参见《石家庄市平山县"10.11"车辆落水重大事故调查报告》,载河北省应急管理厅官网,https://yjgl.hebei.gov.cn/portal/index/getPortalNewsDetails?id=0346ac44-9889-4064-a808-3e0f86cb3132&categoryid=3a9d0375-6937-4730-bf52-febb997d8b48,最后访问日期:2023年10月8日。

二、2022 年全国重特大生产安全事故汇总

2022 年全国发生特别重大生产安全事故 3 起,重大生产安全事故 8 起。

（一）2022 年特别重大生产安全事故

2022 年度发生特别重大生产安全事故 3 起：

1. "3.21" 东航 MU5737 航空器飞行事故[1]

（1）事故概况：2022 年 3 月 21 日，东方航空云南有限公司波音 737-800 型客机（注册号 B-1791），执行 MU5735 昆明长水机场至广州白云机场国内定期客运航班。13 时 16 分飞机从昆明长水机场起飞，64 分钟后偏离巡航高度 8900 米快速下降，坠毁于广西壮族自治区梧州市藤县埌南镇莫埌村附近。机上 123 名旅客、9 名机组成员全部遇难。

（2）调查情况：飞机残骸碎片主要发现于撞击点 0°至 150°方位范围内的地面及地下。距主撞击点约 12 公里处发现右翼尖小翼后缘。事故现场山林植被有过火痕迹。现场发现水平安定面、垂直尾翼、方向舵、左右发动机、左右大翼、机身部件、起落架及驾驶舱内部件等主要残骸。所有残骸从现场搜寻收集后，统一转运到专用仓库进行清理、识别，按照飞机实际尺寸位置对应摆放，便于后续检查分析。

中国民用航空局会同有关部门对事故开展了深入、细致、严谨的技术调查工作。技术调查组开展了现场勘查、资料检查、人员访谈、实验分析等大量工作，但由于本起事故非常复杂、极为罕见，调查还在持续深入进行中。

2. 湖南长沙 "4.29" 特别重大居民自建房倒塌事故[2]

（1）事故概况：2022 年 4 月 29 日 12 时 24 分，长沙市望城区金山桥街道金坪社区盘树湾一居民自建房发生倒塌事故，造成 54 人遇难，9 人受伤。

---

[1] 参见《关于"3.21"东航 MU5735 航空器飞行事故调查进展情况的通报》，载中国民用航空局官网，http://www.caac.gov.cn/XXGK/XXGK/TZTG/202303/t20230320_217632.html，最后访问日期：2023 年 10 月 8 日。参见《关于"3·21"东航 MU5735 航空器飞行事故调查初步报告的情况通报》，载 https://www.gov.cn/xinwen/2022-04/20/content_5686311.HTM，最后访问日期：2023 年 10 月 8 日。

[2] 参见《长沙举行新闻发布会 通报望城区"4.29"居民自建房倒塌事故相关情况》，载长沙市望城区人民政府官网，http://www.wangcheng.gov.cn/xxgk_343/qzfxxgkml/qtzfxxgk_131516/gkmlgzdt/gkmuwcyw/202205/t20220501_10553135.html，最后访问日期：2023 年 10 月 8 日。

（2）事故原因：经初步调查，坍塌楼房共有8层，其中一楼为门面，二楼为饭店，三楼为咖啡馆，四至六楼为家庭旅馆，七、八楼为自住房。一至六层为楼房主体，建设于2012年，七层和八层为2018年加盖建设，用于自住。倒塌的原因主要是对房屋结构进行了不同程度的改动。

（3）主要教训：第一，缺乏有针对性的法律规范及相关标准和管理办法，导致行政审批、规划设计、施工建设、建中监督及建后验收等环节无法可依。第二，房主安全意识和法律意识淡薄，且有赶工期、节成本、攀建高等心理，整个建设环节未按要求，造成房屋质量差、结构不合理、安全隐患多等问题。第三，房主随意改建、加建，增加了安全隐患。第四，监管部门职责履行不到位、监管力度不足，致使违规建筑得不到遏制，安全得不到保障。

3. 河南安阳市凯信达商贸有限公司"11.21"特别重大火灾事故[1]

（1）事故概况：2022年11月21日16时许，河南省安阳市凯信达商贸有限公司厂房发生一起特别重大火灾事故，造成42人死亡、2人受伤。

（2）事故原因：涉事企业主要从事针织服装生产，车间一楼为仓库，二楼为生产车间。事故原因系一楼仓库内电焊作业时，高温焊渣引燃包装纸箱，纸箱内的瓶装聚氨酯泡沫填缝剂受热爆炸起火，引燃了车间内堆放的大量布料，浓烟导致二楼部分工人窒息，来不及逃生后遇难。

（3）主要教训：第一，电焊作业存在潜在威胁。由于电焊是通过电弧将金属熔化后进行焊接，而在焊接过程中温度高达6000度以上，容易使焊件另一端接触的可燃物着火；在焊接作业中，炽热的火星到处飞溅。这些小火星温度较高，当飞溅到可燃物上，可能造成火灾；当接触到易爆气体时很可能引起爆炸；并且一般焊割作业点与起火部位不在一个立体层面，火灾发生初期不易被发现，存在较大安全隐患。第二，营业场所不应进行焊接作业。正在营业、使用的人员密集场所，应禁止进行电焊、气焊、气割、砂轮切割、油漆等具有火灾危险的施工、维修作业。第三，焊接作业前未清理现场可燃物。作业前，应把周围的可燃物移至安全地点，如无法移动可用不燃材料盖封。第四，多家合用建筑应当加强统一管理，进行联合消防演练，提升火灾

---

[1] 参见《省委省政府召开全省安全生产电视电话会议 深刻汲取安阳"11.21"火灾事故教训 守住守牢全省安全生产底线》，载河南省人民政府官网，https://www.henan.gov.cn/2022/11-22/2643752.html，最后访问时间：2023年10月8日。

逃生能力。

(二) 2022年重大生产安全事故

2022年度发生重大生产安全事故8起：

1. 贵州毕节市金海湖新区"1.3"在建工地山体滑坡重大事故[1]

（1）事故概况：2022年1月3日18时55分许，贵州省毕节市金海湖新区归化街道办事处香田村在建的毕节市第一人民医院分院培训综合楼边坡支护工程在施工过程中，突然发生山体滑坡，造成14名施工作业人员死亡、3人受伤。直接经济损失2856.06万元。

（2）事故原因：边坡开挖改变了斜坡的地表形态和应力分布，降低了山体抗滑力，导致坡体失稳，形成滑坡。

（3）事故应急处置情况：事故发生后，金海湖新区管委会立即启动应急响应，调集救援力量，全力搜救。省级现场应急救援指挥部下设综合协调和信息工作组、现场搜救及专家组、医疗救治组、善后工作组、舆论引导和新闻发布组、秩序安保组和人员排查组、事故调查组等七个工作组，各工作组在省级现场指挥部的统一领导下对事故现场快速开展现场救援工作。共调集应急、消防、住建、自然资源、卫健、公安等各方救援力量1390余人，调集挖掘机16台、破拆器10台、大型吊车2台、运输车辆20辆等装备开展抢险救援。

（4）主要教训：第一，项目建设有关单位目无法规胆大妄为。该项目施工图未审定就招标，边坡治理地勘资料及手续不完善就进行设计；未办理施工许可、设计图未审定就施工；劳务人员未培训就上岗，2021年10月2日滑坡后未采取针对性的防范措施就继续开展边坡支护，本应起到监督作用的监理机构形同虚设，导致事故发生。第二，企业安全生产主体责任缺位，层层失守。贵州建工集团公司对所属子公司主要履行投资人职责，安全管理弱化。劳务单位安全管理形同虚设，违法将所承揽的劳务再分包给个人，与劳务人员不签订劳动合同，劳务人员未经安全培训就上岗。第三，企业混改后的安全管理弱化。贵州建工集团原属省属国有企业，2015年混合体制改革后，绿地大基建集团持51%股份、贵州黔晟国有资产经营公司持30%股份，主要管

---

[1] 参见《毕节市金海湖新区"1.3"在建工地山体滑坡重大事故调查报告》，载贵州省应急管理厅官网，http://yjgl.guizhou.gov.cn/gk/zfxxgk/fdzdgk/dcbg_5888759/202210/t20221028_76950169.html，最后访问时间：2023年10月8日。

理权限不再归属贵州。但作为持股方的绿地大基建集团除了形式上任命了管理人员外，实际上只派了一名财务总监到贵州建工集团。造成了贵州无权管、上海无人管的状况，管理出现脱节。第四，部分政府投资项目安全管理较为混乱。未严格落实工程建设项目各环节审批审查程序，客观上造成了安全管理无法严格执行，带来安全风险。第五，安全监管执法宽松软。对于未取得施工许可证就施工的违法行为，未实施行政处罚、采取行政强制措施。

2. 重庆武隆"1.7"食堂坍塌事故[1]

（1）事故概况：2022年1月7日12点10分，重庆市武隆区凤山街道办事处食堂发生垮塌，26人被困，事故原因疑似食堂燃气泄漏燃爆，截至7日23时05分搜救出26人，其中16人死亡、10人受伤。

（2）事故原因：据现场应急指挥部调查，初步判断事故原因为疑似燃气泄漏燃爆，使得食堂厨房充满天然气，遇明火后爆炸。

（3）事故应急处置情况：事故发生后，当地消防救援队伍立即调派2个重型救援队、1个轻型救援队，共260人、50车赶赴现场救援。接报后，应急管理部党委书记、部长黄明立即到部指挥中心，视频调度指导救援处置工作，要求迅速查清现场情况、核清被困人数，查明事故原因，并严防次生事故发生，确保救援安全。同时，深入组织排查安全风险隐患，严防类似事故发生。

（4）主要教训：第一，燃气管道穿越密闭空间。燃气公司铺设管道线路需经主管部门审批同意，严禁私自进行改造和违规建设，严禁穿越密闭空间从而形成安全隐患。此次爆炸事故是否为燃气管道穿越密闭空间还有待核实，但不排除这个可能。第二，存在隐患排查不落实。燃气之所以泄漏，肯定是燃气的管道、设施出现了泄漏或损坏，能达到燃气充满整个密闭空间绝非一日之问题。第三，存在未告知燃气管道布置的情况。凤山街道办食堂原为其他单位的办公楼，若上家公司有燃气管道的布置未完全转告的情况，极有可能导致凤山街道办食堂不能及时对所有燃气管道进行巡查和维护，为事故发生埋下隐患。

---

[1] 参见《重庆武隆食堂坍塌事故16死10伤 国务院安委会对事故查处进行挂牌督办》，载人民网，http://society.people.com.cn/n1/2022/0108/c1008-32326903.html，最后访问日期：2023年10月8日。

3. 贵州省黔西南州贞丰县三河顺勋煤矿"2.25"重大顶板事故[1]

(1) 事故概况：2022年2月25日7时37分，贵州省黔西南州贞丰县三河顺勋煤矿（以下简称三河顺勋煤矿）发生一起重大顶板事故，造成14人死亡，直接经济损失2288.47万元。

(2) 事故原因：超出矿界范围布置的隐蔽采面支护强度不足，导致复合顶板离层、断裂，支柱稳定性不够造成顶板推垮，酿成事故。

(3) 主要教训：第一，煤矿要提高法治意识，依法依规办矿管矿。要依法依规实施矿井承包，严禁非法承包、违规转包分包，如实报告生产作业情况，主动接受安全监管。第二，煤矿要强化安全管理，切实履行主体责任。要建立健全安全管理体系，要持续强化以矿长为首的安全管理团队建设和以总工程师为首的工程技术管理团队建设，真正赋予安全管理人员决策权、指挥权和管理权，确保安全管理体系正常运行；严格落实安全培训主体责任，针对性加强从业人员安全教育培训，增强安全意识，提高操作技能，提升自保能力。第三，煤矿上级公司要切实履行主体责任。要杜绝"拼凑型""挂靠型"集团公司，健全安全管理机构，配齐安全管理人员，提升履职能力；强化对煤矿安全投入、安全管理能力等的监督检查。第四，安全监管部门要全力提升执法效能。优化监管执法方式，提升执法质量，规范执法行为，确保煤矿安全监管执法专职专业和有效高效；强化驻矿安全盯守，加快推动单一驻矿模式转向"小组巡查、驻矿监督"相结合的模式，落实驻矿盯守各项措施，强化履职考核管理；量化安全监管关键环节，加快建立并严格落实"三报表两图纸一运输"填报分析研判制度，精准和严厉打击"五假五超三瞒三不"以及其他非法违法生产建设行为。

4. 广东阳江"7.2"施工船沉没失联事件[2]

(1) 事故概况：2022年7月2日3时50分，"福景001"轮在广东阳江

---

[1] 参见《贵州省黔西南州贞丰县三河顺勋煤矿"2·25"重大顶板事故调查报告》，载国家矿山安全监察局贵州局，https://gz.chinamine-safety.gov.cn/detail.html?type=headlines&id=1562973836784398237，最后访问日期：2023年10月8日。

[2] 参见《"福景001"遇险事故搜寻到25具落水船员遗体》，载国际船舶网，http://www.eworldship.com/html/2022/OperatingShip_0729/184342.html，最后访问日期：2023年10月8日。《一海上施工船在广东阳江海域沉没，27人落水失联》，载 https://cn.chinadaily.com.cn/a/202207/03/ws62c0f0b3a3101c3ee7add901.html，最后访问日期：2023年10月18日。

附近海域防台锚地避3号台风"暹芭"时锚链断裂、走锚遇险;7月2日12时许,"福景001"轮上3人被香港特区政府飞行队救助直升机救起,其余27人落水失联。截至2022年7月3日7时,"福景001"轮已沉没。

(2)事故应急处置情况:事故发生后,迅速启动海上搜救应急响应,成立广东省海上搜救中心"福景001"轮应急处置指挥部,组织开展救援行动。同时将情况通报香港海上救援协调中心,协调派出香港特区政府飞行队3架救助直升机和1架固定翼飞机前往救援;协调南海预报中心对漂移船舶作漂流预测,并播发航行警告。指导遇险船上人员穿好救生衣,做好自救措施。

(3)事故原因:避风锚地离台风较近,天气恶劣,风力强,锚链受到拉力太大,浪高一度达到10米左右,导致锚链断裂,随即船失去控制。

(4)主要教训:第一,要落实防台风"船回港、人上岸",坚决防止类似事件再次发生;及时组织开展调查,查明问题,依法依规严肃追责,对于违法违规情况进行如实查处。第二,要以极端负责的精神做好防汛防台风工作,坚持人民至上、生命至上,认真研判本区域本领域存在的风险隐患,层层压实以地方行政首长负责制为核心的各项防汛责任制,落实防汛分片包保责任,准确把握灾害态势,及时启动或调整应急响应,做好预案准备、调度部署、巡查防守,有针对性地安排部署防范应对工作,全力保障人民群众生命财产安全。第三,要严格落实落细各项措施,严防西江流域干支流洪水,加强中小水库、超警河段堤防、"高位"塘坝巡查防守,上足巡查防守力量,加密巡查频次;时刻做好海域、水域和陆域抢险救援应急准备,确保发生险情快速高效处置;妥善做好灾后救助工作,保障受灾群众基本生活。

5.甘肃省白银市景泰县泓胜煤业有限责任公司(露天煤矿)"7.23"重大边坡坍塌事故[1]

(1)事故概况:2022年7月23日,甘肃省白银市景泰县泓胜煤业有限责任公司发生边坡坍塌事故,造成10人死亡、6人受伤。

(2)事故原因:该矿对煤页岩互层边坡未按设计留设安全平盘,形成超高、超陡边坡,加之前期雨水浸润作用使岩体稳定性进一步弱化,致使边坡

---

[1] 参见《国家矿山安全监察局关于甘肃省白银市景泰县泓胜煤业有限责任公司"7.23"重大边坡坍塌等四起矿山事故的通报》,载国家矿山安全监察局,https://www.chinamine-safety.gov.cn/zfxxgk/fdzdgknr/sgcc/sgtb/202208/t20220819_420661.shtml,最后访问日期:2023年10月8日。

失稳坍塌。

（3）主要教训：第一，未按设计组织施工。事故坍塌区域实际未留设安全平盘，将3个台阶并段，形成边坡高度24米~28米、边坡角63度的超高、超陡边坡；在采坑最深处形成一处高度43米、边坡角56度的超高、超陡边坡；通向采坑最深处的道路坡度达到14%，超过8%的设计要求。第二，边坡管理和隐患排查治理措施不落实。该矿未按规定绘制边坡监测系统平面图，未定期开展边坡监测，在事故坍塌区域对面和采场内部分边坡已发生片帮的情况下，仍未引起警觉，未及时在采坑周边及特殊路段设置防护栏和警示标志，未按规定整改事故区域边坡角、台阶高度、平盘宽度不符合要求等问题，未及时消除边坡隐患。第三，安全管理混乱。该矿名义上为整合煤矿，实际上其两个采区互不干涉、独立运行。煤矿"五职矿长"由二采区股东方、合作投资方、土方剥离单位等人员拼凑组成，未依法履行相应职责，形同虚设；违规将土方剥离工程承包给不具备相应资质的单位施工；矿领导带班记录资料造假；兰州中诚信监测科技有限公司未按监理规范要求进行监理。第四，爆破管理严重违规。山西省民爆集团景泰爆破服务分公司、陕西长久现代物流有限责任公司长期违规将爆破作业人员与民用爆炸物品混运，现场作业管理人员发现违章行为未及时制止。第五，以建设名义违规组织生产。该矿为提前产煤，擅自改变建设方案，调整土方剥离作业地点，二采区一号坑超出设计规定的浅部露天开采最低标高。第六，属地安全监管走过场。事故发生前两天，地方煤矿安全监管部门到该矿检查，未发现边坡角过大和采掘台阶高度、平盘宽度明显不符合安全规定、现场管理混乱等问题。

6. 河北迁西铁矿"9.2"透水事故[1]

（1）事故概况：2022年9月2日，唐山市政府官网发布消息，称河北唐山市迁西县太平寨镇桃树峪铁矿发生一起透水事故。迁西县政府向上级报告，称是井下有2名作业人员被困。而搜救结果是14人遇难，1人失联，存在明显瞒报或谎报。

（2）事故原因：透水事故是最常见的矿山事故之一，是指矿井在建设和生产过程中，由于防治水措施不到位而导致地表水和地下水通过裂隙、断层、

---

[1] 参见《河北唐山迁西县一铁矿发生透水事故 致14人死亡1人失联》，载环球网，https://baijiahao.baidu.com/s? id=1744227931714792634&wfr=spider&for=pc，最后访问日期：2023年10月8日。

塌陷区等各种通道无控制地涌入矿井工作面，造成作业人员伤亡或矿井财产损失的水灾事故，通常也称为透水。〔1〕

（3）主要教训：第一，施工方要建立完善的安全风险评估体系，对安全风险实现分级、分层、分类管理，逐一落实施工现场各岗位管理者以及各专业分包单位的安全管控责任；要将安全风险的预防、预控放在第一位，遵循安全第一、预防为主、综合治理的总方针，及早发现施工征兆、苗头、迹象，及时采取措施规避，坚持安全风险管控关口前移，将风险管理工作前置，从源头开始降低工程建设风险。第二，生产经营单位发生生产安全事故后，事故现场有关人员应当立即报告本单位负责人。单位负责人接到报告后，应当迅速采取有效措施，组织抢救，防止事故扩大，减少人员伤亡和财产损失，并按照国家有关规定立即如实报告当地负有安全生产监督管理职责的部门，不得隐瞒不报、谎报或迟报。

7. 贵州黔南州"9.18"三荔高速客车侧翻事故〔2〕

（1）事故概况：2022年9月18日2时40分许，贵州省黔南州三都至荔波高速公路三都段发生一起客车侧翻事故，造成27人不幸遇难，20名伤者被就近送往医院救治。

（2）事故原因：违反《道路旅客运输企业安全管理规范》中长途客车不得在2时至5时运营的规定，夜间转运，长途疲劳驾驶。

（3）主要教训：第一，行政机关作出行政行为需要遵守相关法律规定与比例原则，尊重公民合法权益，坚持生命至上、安全至上。第二，加强客车运输管理，严禁疲劳驾驶、长途夜间行驶，长途客运车辆凌晨2时至5时停止运行或实行接驳运输，客运车辆夜间行驶速度不得超过日间限速的80%。

8. 吉林省长春市"9.28"重大火灾事故〔3〕

（1）事故概况：2022年9月28日中午，吉林省长春市宏禹小油饼百姓餐

---

〔1〕 参见《为什么会发生透水事故》，载https://www.mempe.org.cn/lilunyanjiu/show-62194.html，最后访问日期：2023年10月8日。

〔2〕 参见《贵州三荔高速客车侧翻事故基本情况公布》，载贵州省人民政府官网，https://www.guizhou.gov.cn/zmhd/hygq/202209/t20220919_76486244.html，最后访问日期：2023年10月8日。

〔3〕 参见《国务院安委会办公室关于吉林省长春市9.28重大火灾事故情况的通报》，载宜秀区人民政府官网，https://www.yixiu.gov.cn/public/2000008701/2021015611.html，最后访问日期：2023年10月8日。

厅发生重大火灾事故,造成17人死亡、3人受伤。该餐厅位于长春市高新区宜居路76号大禹褐石公园一期第4幢107号房,共2层,建筑面积约261平方米,建筑高度6.5米。

(2)事故原因:餐馆违规进行"气改油"改造,未按规定在停业状态下施工,且施工作业选择在营业高峰、人流密集时段,电焊人员无焊割作业资格证,违章冒险动火作业,部分窗户被广告牌匾和防盗窗遮挡,最终酿成惨剧。

(3)主要教训:第一,切实增强做好安全防范工作的政治责任感。各地区、各有关部门和单位要增强风险意识,坚持底线思维,组织对本地区、本行业领域安全风险进行会商研判,精准施策强化管控措施、压实治理责任,督办整改重大安全问题,切实消除盲区、堵塞漏洞。第二,严格醇基燃料和燃气安全规范管理。要严格落实国务院安全生产委员会《全国城镇燃气安全排查整治工作方案》要求,深入排查整治餐饮等公共场所燃气安全风险和重大隐患,建立清单底账,逐一整改销号。要组织地方执法力量进行集中检查整治,发现燃气企业和餐饮场所违规供应、储存、使用燃气和醇基燃料的,坚决依法严惩,严防引发事故。第三,加强电气焊作业安全管理和案例警示。各地区、各有关部门和单位要引起高度重视,强化多部门联合治理,严格日常监督检查,发动群众举报违规行为,一旦发现违规电气焊作业,既要依法处罚违规作业人员,也要依法处罚相关单位,形成高压震慑态势。第四,举一反三加强重点场所火灾风险防控。各地区、各有关部门和单位要紧盯重点场所领域,全面开展检查治理,有效防范化解重大安全风险隐患,重点纠治违规动火、危险作业等行为,全力降低火灾风险。

第三节 全国重特大生产安全事故反映出来的问题和对策

重特大安全生产事故的发生给经济社会发展和人民生命财产安全带来惨痛损失,暴露出安全生产领域存在的诸多问题。笔者通过梳理以上26起重特大安全生产事故,结合我国安全生产管理现状,进行原因分析,并提出改进建议。

一、存在的问题

对以上重特大生产安全事故进行分析后发现,我国生产安全事故反映出了以下问题:

(一)安全生产领域法律法规体系有待健全

自20世纪90年代以来,社会的快速发展为安全生产立法提出了新要求,全国人大及其常委会陆续制定了《中华人民共和国铁路法》(2015修正)(以下简称《铁路法》)、《中华人民共和国民用航空法》(2021修正)(以下简称《民用航空法》)等法律文件,初步构建了覆盖面较广的安全生产法律框架。进入21世纪后,相关的立法工作开始与国际接轨,顺应统一安全生产立法的总体趋势。2002年6月,全国人大常委会颁布了《安全生产法》,随后,涉及道路交通、矿山安全等多个生产领域的法律法规逐步出台,立法体系已初步形成。近两年,党和国家对生产安全的重视程度再上新台阶,这对强化安全生产监管,预防、避免生产安全事故而言具有重要意义。但从当前的安全生产形势来看,现有法律体系中的一些弊端在基层实践中逐渐凸显。

1. 法律体系不完善,配套协调不足

法律体系作为一个有序、系统的整体,强调发挥统一功能、遵循一致价值取向。但纵观我国安全生产法律法规规章发展历程,大量法规规章都是为了应对各领域安全生产事故多发的局面而迅速颁布。随着时间的推移,最终导致安全生产法律法规规章体系内各组织及部门之间衔接不足,从而造成法律制度之间配套不协调,甚至存在冲突,在实践中无法很好地指导安全生产相关工作。

从结构上看,一是法律之间的体系性较差,难以协调衔接。我国安全生产立法工作总体上是对各行业分别进行立法,导致各法律之间缺乏协调性。尽管《安全生产法》试图对不同行业、领域的安全生产责任问题进行整合,但受制于已有立法的分散现状,《安全生产法》也只能作出抽象性、原则性的规定。二是法律位阶较为混乱,实践中常常出现行政法规、规章及地方立法的适用优先级高于法律的情况,混淆了法律位阶的高低。三是法律衔接不畅,部分内容存在交叉冲突,缺乏整体性,尤其体现在下位法与上位法之间。

从内容上看,一是部分法规缺失。随着我国经济社会发展变化、经济结构转型升级、产业结构不断调整,安全生产工作面临前所未有的新挑战,因此出现了许多领域的立法空白,如应急救援、综合监管、安全生产中介服务、市场安全准入等方面。二是法律法规修订滞后。部分法律文件制定年代久远,跟不上时代发展,难以应对实践中的新问题。例如,《中华人民共和国矿山安全法》(2009修正)(以下简称《矿山安全法》)于1992年制定,《民用航空法》于1995年制定,《铁路法》于1990年制定,这些法律文件中关于安全生产责任的规定对于目前的实践而言只具有形式意义,在法律责任上存在"真空",无法解决实践中的安全生产责任难题。三是部分规定不够明确,缺乏可操作性。法律规定中如生产经营活动、生产经营单位、主要负责人、安全生产、危险源、隐患、风险、安全生产标准化等基础概念不够明确,适用时存在争议,某些行政处罚自由裁量幅度过大。此外,实践中还存在监管部门依据当地红头文件开展安全生产执法工作的现象,破坏了法律适用的规范性与权威性。[1]

2. 适用范围上存在漏洞

《安全生产法》第2条对该法的适用范围进行了具体表述,即"在中华人民共和国领域内从事生产经营活动的单位(以下统称生产经营单位)的安全生产,适用本法;有关法律、行政法规对消防安全和道路交通安全、铁路交通安全、水上交通安全、民用航空安全以及核与辐射安全、特种设备安全另有规定的,适用其规定"。从立法技术层面看,我国《安全生产法》适用范围条款的设置是相对比较完善的,但面对复杂的现实情况,仍然存在一些适用上的困境。

首先,空间适用范围上相对狭窄。《安全生产法》有关其空间适用范围的表述为"在中华人民共和国领域内",这种设置上的缺陷主要体现在境外中资企业的适用方面。长期以来,我国对境外中资企业的安全生产问题的监管多是采用各有关部门联合大检查模式,例如商合函〔2013〕11号《商务部、安全监管总局、外交部、发展改革委、住房城乡建设部、国资委关于开展境外中资企业安全生产质量大检查专项行动的通知》以及商合函〔2014〕226号《商务部、安全监管总局、外交部、发展改革委、国资委关于进一步加强境外中资企业安全生产监督管理工作的通知》,在这一过程中考虑到境外中资企业

---

[1] 参见曾明荣:《"十四五"安全生产法规标准体系建设的思考》,载《劳动保护》2020年第12期。

的涉外性，对境外中资企业的安全监管工作的开展由商务部牵头有其实践上的合理性。但商务部作为我国内外贸易和国际经济合作的主管部门，其职能决定了工作的重心在经济发展，而生产安全监管作为一项专业性、技术性极强的工作，交由商务部处理效果欠佳；且商务部作为对外经济合作的主管部门，当境外生产经营单位存在安全生产违法行为或发生生产安全事故时，其作为利害关系人是否能秉持客观中立的态度进行监管尚且存疑。目前调整这一领域的法律规范较少，仅有的《对外承包工程管理条例》（2017修订）（国务院令第676号）、《境外中资企业机构和人员安全管理规定》（商合发〔2010〕313号）等，均为行政法规或部门规章，调整的也仅是对外生产经营活动中的部分事项，对生产经营单位的安全生产保障义务以及从业人员安全生产权利义务规定零碎杂乱，尚未上升到安全生产综合性立法的层次。[1]

其次，对象效力范围的设置不够严谨。《安全生产法》独创了"生产经营单位"一词，其概念字面上较宽广，但是在实务中却表现出局限性。按照《〈中华人民共和国安全生产法〉释义》的解释，生产经营单位指一切合法或非法从事生产经营活动的企业、事业单位和个体经济组织以及其他组织，并未包括自然人。[2]但随着市场经济的发展以及我国所有制形式的多样化，生活中常见的流动性摊点、小家庭作坊、个体手工业者、个体施工队和家庭农场等也从事着一定范围内的生产经营活动，此类主体是否需要履行《安全生产法》所设定的生产经营单位应当履行的安全生产保障义务，若发生人身损害或人身伤亡事故能否直接适用《安全生产法》进行调整等问题在实践中屡见不鲜。

最后，对行为性质的认定模糊。由于生产经营单位概念不清晰，与之密切相关的"生产经营活动"亦不明确。原国家安全监管总局《关于生产安全事故调查处理中有关问题规定的通知》（安监总政法〔2013〕115号）规定，只要在工作时间和工作场所进行的活动均可视为生产经营活动，包括与工作有关的预备性或者收尾性活动。有观点认为，生产经营活动具有狭义和直接性的特点，不宜随意扩大范围，尤其是将有关预备性或者收尾性活动纳入生产经营活动范畴。还有观点认为，生产经营活动是一个广义的概念，不与单

---

[1] 参见刘园园：《论〈安全生产法〉的适用范围》，中国矿业大学2017年硕士学位论文。
[2] 参见尚勇、张勇：《〈中华人民共和国安全生产法〉释义》，中国法制出版社2021年版，第6页。

位的性质挂钩,既包括生产活动又包括经营活动,企业单位、事业单位、商业的、服务性的单位都包括在内。〔1〕总体而言,因为法律概念不清晰,对适用范围理解的争议也为实践中的操作带来了困难,令执法人员无所适从。

3. 法律责任制度难以有效落实

《安全生产法》第六章专章规定了"法律责任",共计27个条文,涵盖了绝大多数常见违法行为,规定的责任形式包括罚款、责令停业整顿、限期整改、吊销营业资格、依法追究刑事责任等。《中华人民共和国刑法》(2020修正)(以下简称《刑法》)也设置了安全生产责任的相关罪名,例如第134条重大责任事故罪、第135条重大劳动安全事故罪、第136条危险物品肇事罪等。《中华人民共和国民法典》(以下简称《民法典》)及相关司法解释也有可以适用于安全生产侵权责任追究的条款,以修复被侵权人受损的权益。可见生产安全的法律责任体系较为完备,但我国安全生产事故发生的风险仍然较高,虽然发生缘由不尽相同,最终的调查却表明无一例外都是责任事故,对每起事故的责任人都追究了不同程度的法律责任,这也说明现行安全生产责任法律制度存在不足之处。

其一,由于安全生产的法律责任涵盖了民法、行政法、刑法多个领域,不同的法律责任间在构成要件、归责原则等方面也存在不一致。在已有法律责任制度体系下,安全生产责任制度无法完全独立于其他法律责任,因此立法者无法在短期内构建完整的安全生产责任体系,只能依据实践情况的变化不断对已有责任体系进行修正,这势必会导致责任体系缺乏稳定性。〔2〕同时,矿山、建筑、交通、民航、铁路等不同行业关于安全生产责任的技术标准、事故调查程序与认定标准均存在差别,《安全生产法》关于责任体系的规定无法很好地适应这些差别,导致法律责任制度难以有效落实。

其二,行政责任在安全生产责任体系中占据了绝对地位,对民事赔偿与刑事追责的适用相对较少,导致了责任实现形式的片面化。从域外的情况来看,安全生产立法普遍秉承事前预防、事后处罚的原则,重视民事赔偿、行

---

〔1〕 参见陈年山等:《试论生产安全事故的认定——以主体和行为模式为视角》,载《中国安全生产》2019第12期。

〔2〕 参见寻壮志:《论我国安全生产法律责任存在的问题及完善》,湖南师范大学2020年硕士学位论文。

政追责、刑事处罚三种责任形式之间的合理协调，对安全问题进行综合追责，重视劳动者权益保护。我国安全生产责任实现形式片面化的现状使得行政追责制度较为完善，民事、刑事追责制度成为短板。但在市场主体多元化、政企分离的大趋势下，过度依赖行政追责的做法，将难以应对一些新兴的安全生产难题。

其三，从刑事司法与行政执法的衔接上来看，以罚代刑、有罪不究、降格处理现象时有发生，安全生产的行政执法与刑事司法衔接存在严重不畅。仅有个别省份初步构建了安全生产行刑衔接机制，且相关机制构建也存在着起步较晚、具体规定不够规范等问题，在实际操作上也阻力重重，具体表现在以下几个方面：第一，案件移送不力。安全生产事故犯罪案件主要在行政执法过程中由安全监管部门发现，并由其判断某一违法行为是否涉嫌构成犯罪。在此过程中，可能存在着判定标准不明而不能移送、内部动力不足而不愿移送或是专业素质不够而不知移送等问题。第二，移送程序受阻。安全监管部门开展移送依据的规范性文件相对较为原则化，内容不够明晰，标准不够明确，证据的转化也存在一定困难，移送流程往往存在阻碍。第三，案件监督乏力。检察机关和监察机关是行刑衔接工作中的监督机关，但由于信息的闭合性，监督机关缺乏有效的监督途径导致很难发现问题。而且检察机关介入生产安全事故的调查也存在着一定的阻力。[1]

其四，从民事追责方面来看，在因生产经营单位过错造成的事故中，监管部门能及时地对单位及责任人员进行行政处罚甚至刑事追责，但事故中被害人的赔偿问题却常常滞后。而且我国生产安全损害中民事侵权与违法违规监管公务侵权界定不清，从理论上讲，当生产安全事故造成损害，既有可能引发民事侵权赔偿，也可能引发公务侵权行为的国家赔偿。[2]但实践中二者界限不明，例如在毕节市金海湖新区"1.3"在建工地山体滑坡重大事故调查报告中，认定毕节市各级应急管理部门综合监管职责不到位，国资委、卫生健康、住建、国土等部门都存在不同程度的违规与失责行为，对于监管不到

---

[1] 参见王久平：《完善立法　优化行刑衔接程序——与中国政法大学刑法学研究所所长罗翔对话》，载《中国应急管理》2020年第8期。

[2] 参见杨帆：《论生产安全事故的国家赔偿救助责任——从〈中华人民共和国安全生产法〉法律责任切入》，载《社会福利（理论版）》2022年第2期。

位的程度、违规违法操作的具体情况没有明确说明,这导致生产安全损害中民事侵权与违法违规监管公务侵权边界模糊,有碍于赔偿的认定。

4. 安全生产标准亟需改良

《中华人民共和国标准化法》(以下简称《标准化法》)规定,强制性标准必须执行,强制性标准属于技术法规,国家制定的许多安全生产立法也将标准作为生产经营单位必须执行的技术规范而载入法律,因此,可将标准视为我国安全生产法律体系的重要组成部分。当前,我国安全生产标准体系建设初步形成了以国家标准和行业标准为主,以地方标准、团体标准和企业标准为补充的安全生产标准体系,对预防和控制安全风险、减少生产安全事故发挥了重要的技术支撑作用,但也在体系建设、质量水平、执行效果等方面存在问题。

首先,我国安全生产标准化体系有待健全。一是各行业之间标准体系不兼容、不通用,部分标准内容相互交叉矛盾,使企业难以执行,同时给安全生产监管执法带来困惑,出现行政处罚不一致或多个行政部门多头执法现象。二是我国安全生产的基础通用标准、部分行业关键环节标准、新技术新产品的标准也严重缺失,体制及标准制定职责界限不清晰导致责任不清和管理无序,距离分类科学、层次清晰、结构合理、内容完整、重点突出的目标还存在较大距离。

其次,我国安全生产标准质量亟需提升。一是技术水平低,标准内容指导性意见较多,可量化操作内容偏少,部分标准偏教条和形式,存在低水平重复现象,不能够满足现阶段生产安全的需求。二是标准的制定周期过长,更新速度严重滞后,标准的研制步伐跟不上新兴领域对安全生产的需求,尤其是与物联网、大数据、云计算等新兴技术相结合的安全生产标准,基本上都存在标龄长、标准水平与目前生产力发展不相适应的问题。三是标准制定缺乏创新意识和协调意识,与通过制定国际标准在技术产业上抢占话语权和制高点的国家相比,处于被动状态。

最后,标准实施效果有待加强。一是宣传培训工作不到位,普遍存在"重制定、轻执行"的现象,行业主管部门宣传培训不到位,致使安全生产标准的效力大打折扣;二是在标准执行过程中,政府对标准贯彻执行情况缺乏有效的监督检查,企业也缺乏对内部的有效监督考核,未有效贯彻执行标准要求，导致标准落地困难，难以充分发挥作用。[1]

(二) 地方安全生产监管薄弱

目前，地方安监部门力量较为薄弱，在安全生产监管中还存在监管不力、以罚代管等现象，导致安全生产事故不断发生，严重影响了安全生产形势的稳定。目前，我国地方安全生产监管中存在以下问题：

1. 安全生产监管"运动式治理"盛行

"专项行动""综合整治"等"运动式治理"形式被广泛应用于基层政府的安全生产监管中，其短期效果有目共睹，然而其中长期效果却不尽如人意。这体现出基层政府安全生产监管缺乏持续性、常态化和制度化管理，除了日常企业检查外，没有形成固定的、系统完善的监管机制。当发生突发事件时，由于基层应急职能部门力量薄弱，为了缓解人力资源紧缺的压力，基层政府动员政府各部门全体员工力量以及其他部门力量形成合力，开展各种短期"专项行动"，以应对突发的情况。例如，山东五彩龙投资有限公司栖霞市笏山金矿"1.10"重大爆炸事故发生后，当地政府针对高危企业开展安全生产专项整治活动，虽然在一定程度上能够对生产经营主体起到警示震慑作用，解决一些重点安全隐患问题。但是，这种集中专项整治活动过后，各生产经营领域又会出现反弹的现象，然后再次组织开展类似专项行动，这样就导致形成恶性循环。当这种无限反复的专项行动成为常态化工作方式时，不仅不能从根本上有效解决安全生产问题，还会助长企业的侥幸心理、损害基层政府执法的权威性与基层政府治理的公信力，长久以往更不利于生产安全监管活动的开展。[2]

2. 以罚代管，罚而不管现象严重

近年来中央对安全生产事故的重视程度不断提高，追责力度不断加大。新修订的《安全生产法》也大幅度提高了对违法行为的处罚力度，其目的在于对生产经营单位的违法行为起到强大的震慑作用。在这种情况下，地方政府出于政绩的考虑，会通过行政执法的形式加强安全生产监管工作。以罚代管成为执法的主要手段，通过罚款的形式既督促企业加大安全生产监管的力

---

[1] 参见王龙康等：《新时代背景下浅析我国安全生产标准化体系建设》，载《中国标准化》2022年第13期。

[2] 参见吴灏文：《基层安全生产治理模式研究》，载《中国应急管理》2020年第1期。

度，又完成了安全监管的任务。但只靠罚款并不能从根本上消除隐患、解决问题，无法真正推动企业进行安全生产监管，反而会给安全生产带来更大隐患。执法部门收取违法者的罚款后，放任其继续实施违法行为而不予纠正，长期终会酿成恶果。

3. 安全生产监管主体分散，责任划分不清晰

根据《安全生产法》第 10 条规定，我国安全生产监管体制实行的是安全生产的综合监管与各级政府有关职能部门的专项监管相结合的监管模式。但在实践中，这种综合监管和专项监管相结合的监管模式又容易引起多头管理、职能交叉、监管不力等问题。安全生产监管工作的开展需要高度的统一性和权威性，而部门之间的职权交叉虽然在一定程度上有利于联合执法，但是也极易导致执法过程中的政出多门，无形中设置了安全生产执法的障碍，加重了企业的负担。

在基层安全生产监管中，不同层级的地方政府与部门都负有一定的监管责任，形成多头共治的监管格局，在此情况下明晰合理的安全监管责任是确保安全生产监管实效的前提和保障，能够有效避免政府上下级之间的"推诿扯皮"现象。但现实中常常出现县与乡镇或街道两级属地监管职责模糊的情况，一方面，县级相关业务部门对安全生产具有专项监管责任，乡镇对安全生产具有属地监管责任。县应急管理局将部分监管事项委托给乡镇应急办，其他县级部门也将相应的专项监管事项委托给乡镇业务相对应部门，造成属地监管责任与专项监管责任划分不清，最终导致安全生产监管责任都下落到乡镇政府层面，仅存在属地监管责任。[1]另一方面，在基层政府安全生产监管工作中，也存在交叉重叠检查的现象，不同安全生产监管部门对同一企业的检查标准不统一，所提出的整改要求不同，这导致企业整改成本增大，企业权衡利益之下就会选择应付式地进行安全管理，而不是从本质上提升安全管理水平。

4. 安全生产监管队伍建设水平不高、配套资源不足

安全生产监管的各个具体领域对专业要求较高，例如烟花爆竹、金属非金属矿山、建筑工程、化工等，都要求执法人员具备相关安全生产知识以及行政执法方面的法律法规知识，才能根据企业所属行业特点进行专业的、合

---

[1] 参见王艳敏：《乡镇政府安全生产监督管理职能优化研究——以 Q 县 S 镇为例》，曲阜师范大学 2022 年硕士学位论文。

法的安全检查，识别企业生产过程中存在的安全隐患以及风险点，并提出有针对性的整改措施。但我国应急管理人才缺口近40万人，现有安全生产监管人员普遍不具备相关的学历背景，缺乏专业技能，很多只能发现灭火器欠压、电线线路老化、设备欠修等表面安全隐患，不能给予企业专业指导，存在重大安全隐患漏洞。这就使得复杂繁重的安全生产监管任务与专业化水平不足的安全生产监管队伍之间存在的矛盾更加突出。

而安全生产监管工作的专业性与深入性也对监管人员配备的装备提出了要求，尤其是基层的安全生产监管工作必须经常下企业进行日常检查、走访、调查事故，这就要求安全监管工作必须配备足够的经费。大部分地方安监部门的安全经费都依赖政府财政预算，但是我国有些地方的安监经费并不列入财政预算，或是列入了财政预算但只能是用时申请，无法满足监管队伍日常运转所需，导致安监部门配备的车辆和监管设备严重不足。一方面，安全生产监管人员使用传统落后的手段开展安全检查工作，导致安全隐患检查存在漏洞并加大了隐患整改复查难度；另一方面，很大程度上降低了安全生产执法效率，导致安全监管工作不够深入扎实。

（三）生产安全事故报告与调查处理制度不足

事故报告与调查处理是安全生产工作中的重要环节，是安全生产事故及时处理、发现问题的重要手段，其根本目的在于预防事故的再次发生。2007年我国出台《生产安全事故报告和调查处理条例》（以下简称《生产安全条例》），确立了事故报告、事故调查、事故处理和责任追究四项制度，规范应对事故的机制与程序。近年来，随着社会经济发展的不断变化，新时代的安全发展战略对事故报告与调查处理工作提出了新要求，事故报告与调查处理工作在实践中不断暴露出新的问题，主要包括以下几点：

1. 事故调查处理存在重问责、轻问由的倾向

立法目的决定了法律制度设计及运行的方向。我国现行法律将"落实生产安全事故责任追究制度"作为立法目的，意味着"问责"成为整个事故调查处理制度构建的逻辑起点和重要方向之一。

但从事故致因角度分析，进入后工业社会，随着系统性风险的增多，新老矛盾交织、耦合叠加的特征凸显，事故致因更加复杂多变，不可预测性增强，因此，不能简单地将复杂的事故归咎于个别人或某个方面的原因。重大

事故灾难后，如果把事故原因一律归咎于责任，即使责任分配非常均衡，也没有真正深入问题，起到反思与预防作用。在问责目的指引下，事故报告及相应的调查过程直接受其制约，使得事故调查的天平容易从单纯的技术故障向人为因素导向分析倾斜，导致事故调查处理偏离事故预防的航向。

2. 事故报告制度存在短板

事故报告对于及时、有效组织事故救援，防止事故损失扩大，顺利开展事故调查具有十分重要的意义。进入后工业时代，突发事件越来越具有叠加性与耦合性，尤其是危险化学品、矿山等领域环境复杂，事故发生、演变过程往往高度复杂和不确定，事故报告制度所要求的及时、准确、完整三项原则有时难以同时兼顾。例如2021年1月10日山东栖霞市笏山金矿发生爆炸事故，22名工人被困于井下600多米处。事发7天后，救援指挥部才初步确定了12人的位置，但当时仍有10人情况不明。除此之外，目前的事故报告制度要求事故单位负责人应于在事故发生一小时内同时向安全监管部门和其他负有安全监管职责的部门报告，一方面，其他负有监管职责的部门范围不明确，加之随着机构改革深化，部门职责变动较大，无异于增加了报告的难度；另一方面，事故报告贵在及时，过多的报告主体不仅增加了报告人的义务，也不利于事故救援的迅速展开，整个制度混乱冗杂。

3. 事故调查组织机制不顺畅

首先，事故调查组组成及职责分工不够明确。按照《生产安全条例》第22条第2款规定，事故调查组由有关人民政府、安全生产监管部门负有安全监管职责的有关部门、监察机关、公安机关以及工会派人组成。但对于人民政府及负有安全监管职责的部门的范围、其在事故调查组中的角色及具体任务，并未明确规定，导致在事故调查组内部出现认识分歧、不能形成一致意见时，缺乏一个明确的决策机制。此外，事故调查组的成员主要来自政府及其有关部门的行政官员，专家不是法定参加人员，这与《生产安全条例》第23条要求的"事故调查组成员应当具有事故调查所需要的知识和专长"存在一定矛盾，实践中也存在个别事故调查组因组成不合理被司法机关认定违法的案例。[1]

---

[1] 参见王利群等：《完善事故调查处理法规制度——〈生产安全事故报告和调查处理条例〉修改建议》，载《中国应急管理》2022年第3期。

其次，调查组缺乏独立性，调查人员中立性难以有效保障。现行事故调查处理制度原则性规定了调查组成员应当与所调查的事故没有直接利害关系，同时又规定由具有事故调查主导权的政府指定的调查组组长负责开展调查工作，明确要求负有安全监管职责的有关部门参加事故调查组。在强调严格责任追究的背景下，由事故发生地政府主导事故调查，有地方保护主义之嫌；而负有安全生产监督管理职责的有关部门，可能对事故发生担有监管失职的责任，由他们参与事故调查，存在为逃避责任追究而进行选择性调查的可能性，不仅制度设计前后缺乏衔接，还容易引发公众对程序公正及其结论公信力的质疑。[1]

最后，技术调查与司法调查未加以区分。在现行事故调查处理法律框架下，事故调查组被赋予多重角色：既要负责查明事故原因，又要负责分配责任，对相关责任人员作出处理意见，还要负责提出防范和整改措施。事故的调查和处理虽然是一个有机体，但如将技术调查与司法调查混杂在一起，会驱使调查组将工作重心放在责任分配上，还可能存在因部分调查组成员与事故存在利害关系而出现的不公现象，必然导致以查明事故原因为目的正常事故调查机制扭曲。[2]

4. 事故调查报告相关制度有待健全

第一，完善事故调查报告的内容，不允许出现缺项。现行事故调查报告必备的六项内容，涵盖从事故发生到整改落实全过程，内容看似周全，但从实操角度出发则存在一定缺陷。一方面，没有区分事故报告主体部分和附件部分以及分别应载明的事项，且存在部分内容缺项，比如未规定调查组的组成及职责、应急救援评估情况等内容；另一方面，有关事故调查内容的规定总体过于原则，给出具报告单位留下相当大的裁量空间，部分事故调查报告中的责任单位和责任人员定性环节大量出现诸如"不认真""不扎实""不到位"等空泛表述，在事故防范和整改措施部分，千篇一律使用"严格落实企业主体责任""加大政府监管力度"等宣示性要求，不仅不具有可操作性，也使得事故警示教育作用大打折扣。

---

[1] 参见方世荣、谢建义：《正当程序视域下我国生产安全事故调查程序的完善》，载《江汉论坛》2021年第3期。

[2] 参见张玲、陈国华：《国外安全生产事故独立调查机制的启示》，载《中国安全生产科学技术》2009年第1期。

第二，完善事故调查报告信息公开制度。事故调查处理情况需要社会公众广泛知晓或参与，属于政府应当主动公开的信息范畴。除依法需要保密的以外，事故调查处理应当公开的信息包括：事故单位及发生原因信息、事故调查组信息、事故调查报告信息以及事故处理的信息，但目前的事故信息公开制度，仅规定事故处理的情况要向社会公布，事故调查报告信息公不公布、何时公布、公布渠道以及公布内容均不明确，不仅不利于社会公众及时了解、监督事故调查处理情况，亦与公共安全社会共治的理念和要求不符。

第三，在事故调查报告批复环节为当事人提供救济途径。事故调查处理报告虽然不直接对相关人员的权利义务进行处分，不直接设定相关人员的权利和义务，但报告中对相关人员的责任处理、违法的事实证据以及违法行为与事故的因果关系作出了明确的认定结论，并且事实上对后续处理产生拘束，显然已间接影响行政相对人的权益，但现行事故调查处理制度未给其提供救济途径，导致相对人权利有可能受到损害而无力回转。[1]

(四) 安全责任主体安全生产意识淡薄

为加强安全生产监管，中央制定了一系列法律法规和政策，致力于从源头上加强安全生产管理，解决事后难发现、难处理的不利局面。但地方政府落实情况欠佳，企业也重发展轻安全，种种因素综合导致了当下安全责任主体安全生产意识淡薄。

1. 基层政府安全生产意识有待提高

近年来，党政机关领导在一定程度上提高了对安全生产工作的认识，但部分地方安全生产投入有限，制定的工作规范流于形式，并没有应用到实际工作中，依然存在以文件落实文件、以会议落实会议的现象。政绩考核发挥风向标作用，经济指标是晋升提拔的决定性因素，这导致有的基层政府领导在招商引资、民营经济发展等方面投入的精力比较多，对投入周期长、政绩不明显的安全生产工作则存在侥幸心理，忽视专业技能人员缺乏、监管队伍素质低、装备设施有限等问题，导致安全生产监管职责落实不到位。

2. 企业安全生产意识欠缺

分析近年来发生的生产安全事故原因，企业安全意识欠缺占主要方面。

---

[1] 参见代海军：《我国生产安全事故调查处理制度的不足及其改进——论〈生产安全事故报告和调查处理条例〉的修改》，载《安全》2022年第5期。

作为生产经营活动的主体，企业是保障安全生产的根本。大多数企业认为将大量的人、财、物等投入自身安全生产工作不能直接为企业带来经济收益，所以只谋求眼前的经济利益，安全投入、人员配备、培训教育、双重预防机制及标准化工作等落实不到位，信息化建设缺失，忽视生产现场监控和动态风险管理。

千里之堤毁于蚁穴，事故的背后都是企业对安全生产的重视程度不够。部分企业因为安全员少、专业性不强等原因，安全生产管理责任履行不到位、缺乏主动性、习惯于依赖政府、被动接受监管部门安排、隐患治理不及时，导致政府与企业在安全生产隐患的排查和治理上存在角色错位。例如甘肃省白银市景泰县泓胜煤业有限责任公司（露天煤矿）"7.23"重大边坡坍塌事故就是因为边坡管理和隐患排查治理措施不落实导致的，该矿未按规定绘制边坡监测系统平面图，未定期开展边坡监测，在事故坍塌区域对面和采场内部分边坡已发生片帮的情况下，仍未引起警觉，最终酿成惨祸。

二、对策建议

基于安全生产工作的长期性、复杂性、反复性，必须站在法治中国建设大背景下，全面加强安全生产法治建设，完善责任体系、生产标准与制度设计，加强基层执法力量，严格规范执法，强化安全生产教育，为我国安全生产状况早日实现根本好转目标夯实基础。

（一）健全安全生产领域法律法规体系

1. 完善我国安全生产领域立法

首先，要以人权保障理念为指导，更新立法。鉴于《铁路法》《矿山安全法》等多部法律文件制定年代太过久远，立法机关有必要依据实际情况进行修订，在保障从业者安全的前提下，构建具有灵活性、执行力的安全生产责任制度，而非建立框架式、教条式的制度。其次，要强化不同法律之间的协调性。对此可以参考一些西方发达国家针对某些生产领域作的细致化规定。例如英国针对工厂生产制定了细致化的规定，对于可能发生危险的地板、安全通道等设计是否合理作了规定，防止出现危险。美国对劳动合同双方的责任承担进行了明确的划分。[1]为了实现法律体系内部的协调性，立法者应当

---

[1] 参见朱喜洋：《中外安全生产法律责任设定比较》，载《劳动保护》2012年第10期。

修正各行业安全生产立法的冲突之处，将共性问题与个性问题进行梳理，并写入《安全生产法》中，力求实现法律文件之间的衔接。最后，对于实践中一些法律适用的乱象，应坚决贯彻上位法优于下位法的原则，优先适用法律法规，禁止随意适用红头文件。对于地方立法中经实践检验行之有效的规则，可以考虑将其纳入法律、行政法规中，提升其位阶，以解决其法律位阶低下的问题。

2. 健全生产安全事故问责机制

对于安全生产责任体系经常由于实践情况变化而频繁变动的问题，应当通过完善各行业的安全标准，强化责任体系的稳定性。对此可以效仿美国、日本的做法，即由安全监督管理部门组织专业人员制定适用于各行各业的安全标准，并根据生产技术的更新换代而及时修正。即便生产技术频繁更新，安全生产法律制度也不用作出调整，只需继续援引行业安全标准即可。[1]针对行政问责与刑事问责之间衔接不畅的问题，可以通过完善案件移送机制和信息共享机制帮助解决。一方面完善立法，促进行政立法和刑事立法的协调统一，明确详细的移送程序与证据收集转化规定，强化证据衔接，完善联席会议制度；另一方面要强化行政机关内部自身建设，明确监察机关的法律监督权，综合运用立案监督、检察建议、纠正违法等手段，督促行政机关及时移送、监督公安机关依法立案。[2]除此之外，还要注重对受害者赔偿制度的完善，在政府监管部门违法违规操作造成生产安全事故时，为了能够更快地弥补受损者的损失，可以建立事故受损者先行申请国家赔偿救助、行政部门后续追偿制度，保障受害者的正当权益。

3. 提升安全生产标准的质量

一方面，优化安全生产标准化工作运行机制，要强化对安全生产技术标准制修订机构的管理，进一步吸收相关企业、研究院所、检测评价机构的代表，以形成生产企业、设计单位、科研机构、检测机构和政府监督管理部门多元参与的格局，打造协同配合、科学分工的安全生产标准管理组织体系，

---

[1] 参见王朝阳：《〈安全生产法〉法律责任规定方面存在的若干问题》，载《法制博览》2022年第12期。

[2] 参见王久平：《完善立法　优化行刑衔接程序——与中国政法大学刑法学研究所所长罗翔对话》，载《中国应急管理》2020年第8期。

有效开展相关行业领域安全生产标准立、改、废、转和技术审查工作的协调活动。另一方面，加快完善安全生产标准化体系，优化综合标准、专项标准、团体标准的结构，加快完善与大数据、物联网等新兴技术相结合的有关安全生产标准，建立安全生产标准动态更新机制，对于标龄时间长、技术落后的标准，及时进行修改和完善，促进标准的创新性与国际化提升。[1]

（二）加强安全生产监督管理力量

基层安全监管机构体系的优化，安全生产监管队伍能力的提升，第三方机构安全服务质量的提高，是新时代、新经济形势下必要的课题，也是影响安全生产监管工作效果的关键因素。

1. 厘清安全生产监管机构的职能划分

安全生产涉及各行各业，安全生产监管更涉及多个部门。因此应该出台相关政策法规对有关职能部门的行业监管责任进行明确规定，促使各有关职能部门积极主动承担自身监管责任。基层政府应当细化各部门所承担的安全生产职责，对辖区范围内所有企业进行分类管理，明确各类企业的安全生产行业监管部门，既要避免交叉重复监管，又要防止监管缺位形成监管漏洞。[2] 除了职能部门间监管界限，还应按照分级、分类原则明确各级政府部门的安全监管职责，防止上级部门把监督管理职责转至下级部门，督促基层政府更好地履行属地监管责任，确保权责对等。

2. 加强安全生产监管队伍建设

一方面，建立健全人才引进机制，人社部门在招聘人员的过程中，可以专门设置安全生产监管岗位，提高基层安全生产监管人员的录用标准，使其专业知识水平、工作能力更加符合实际监管工作的要求。另一方面，根据工作实际中各安全生产监管岗位的人员需求情况，从优化课程设置、培训方式、培训结果应用等方面健全培训体系，切实提高安全生产监管人员素质。同时，推进基层安全生产监管装备规范化建设，制定资金保障制度和措施，配齐监督检测设备、现场执法与调查取证设备等专业化办公设备，使基层安全监管执法活动更加专业化。

---

[1] 参见陈锡稳：《实施标准化战略存在的难点及对策》，载《中国市场监管研究》2021年第10期。

[2] 参见吴灏文：《基层安全生产治理模式研究》，载《中国应急管理》2020年第1期。

3. 健全社会第三方监管机制

随着市场经济不断发展，企业工艺多样化，对生产安全的要求越来越高，需要专业的知识越来越多，只依靠政府各部门安全监管已不能满足现有的安全监管体系，许多专业性的问题需要适当地引入第三方专业技术服务机构、安全专家参与，为各企业安全隐患进行排查治理。同时，还应通过良好的制度强化第三方机构工作责任意识和法制意识，提高服务质量，更好地服务于安全生产监管工作。此外，积极倡导公众参与安全监管，充分发挥基层网格化作用，监督和制约社会第三方监管机制，针对不认真履责、违规等情况，公众都可以及时联系上级主管部门，进行举报。

（三）完善事故调查处理制度

事故调查处理制度的设计有很大的特殊性，既要与中国特色社会主义法治思想相贯通，又要体现公共安全治理的理念和时代精神。事故调查处理制度的完善，应当在准确把握其功能定位基础上实现事故预防的整体考量。

1. 调适事故调查处理价值理念

事故调查处理制度应更加关注造成人员伤亡背后的制度缺陷与管理漏洞等问题，并通过强化系统治理、源头治理，提升事故预防的整体水平。尤其要处理好查明事故原因与追究责任之间的辩证关系，避免目的与手段本末倒置，并在此基调上对立法进行修改，以查明生产安全事故原因、落实事故防范和整改措施为导向，从源头上防范事故风险。

2. 完善事故报告制度

在互联网高度发达的今天，如果政府不能第一时间发布权威信息，网络谣言的广泛传播可能会混淆视听，甚至可能引发公众恐慌。因此，对于信息报告而言，及时性是第一位的，尤其在突发事件早期的情形下，要平衡好及时性与准确性的关系，不能为了强调准确性而贻误最佳的处置时机。有关地方政府要加强安全监管信息系统建设，实现部门间信息共享，提升事故信息报告的效率。

3. 矫正事故调查工作机制

为保证事故调查的公正性，建立独立的事故调查机制是未来的发展趋势，应在此基础上明确事故调查组的牵头部门、厘清各自职责、加强协作配合。结合不同行业领域事故的特性，进一步明确事故调查组的组成部门及相关职责，并考虑打造事故调查技术支撑体系，建立有关专业的技术鉴定机构，或与有关行业权威鉴定机构建立伙伴关系，实行技术调查与司法调查的分离。

4. 改良事故调查报告制度

在技术调查与司法调查分离的背景下，事故调查报告的内容也应随之调整。我国事故调查报告质量参差不齐，应进一步明确事故调查报告编制规范和细则要求，对事故调查报告的总体设计、主要内容、分析方法和手段、事故原因、阶段性结论公开等方面，作出更加明确细致的要求，提高事故调查报告的规范化、标准化水平。一方面，定位于技术调查的事故调查报告中，应将与技术调查无关的责任追究有关内容与报告主体相分离，并增设技术和管理问题专篇、现行法律法规和监管执法有效性等内容。另一方面，建立事故调查报告全文公开制度，在事故调查全部结束后，及时、准确、完整公布事故调查报告全文，保障公民知情权。[1]

(四) 强化安全责任主体安全生产意识

政府部门对安全生产负有监管责任，通过监管督促企业落实主体责任。企业是实现安全生产的关键，只有企业负责人在日常管理中严格落实了安全生产责任制，才能真正做到安全生产。因而在安全生产工作中，政府和企业两者都是安全生产责任主体，主体责任意识提升了，才能积极采取更加有力的行动去落实安全生产相关工作，更好发挥安全生产监管效能。

1. 提升基层政府安全生产意识

基层政府是抓好安全生产的基础，确保安全生产，必须牢固树立基层安全发展理念。需要坚持安全生产监管工作就是经济效益的原则，投入足够的人力、物力和财力支持安全生产工作，夯实基础、建好队伍，将事故消灭在萌芽状态。要抓好重点行业和重点领域的安全生产工作，强化应急处置的能力，最大可能地减少事故灾害造成的人员伤亡和财产损失。

2. 推动企业安全生产文化建设

《安全生产法》中明确规定了生产经营单位对安全负有主体责任，要想让责任落实到位，企业需要开展安全生产制度建设。首先，企业必须提高安全生产管理的效率和水平，设立安全生产专项基金，在安全生产上持续增加资

---

[1] 参见王利群等：《完善事故调查处理法规制度——〈生产安全事故报告和调查处理条例〉修改建议》，载《中国应急管理》2022年第3期。

金投入，不断改进生产工艺上存在的隐患和缺陷，并采购优质的防护用品，保障员工们在工作中做好自身防护。其次，要基于企业的实际情况开展一系列关于安全生产的培训工作，包括相关的法律法规、基本的操作准则、安全生产的专业知识以及基本的业务流程等，坚持先培训后上岗，切实提高员工安全生产操作技能，督促员工掌握生产岗位安全操作技能和风险点，能够及时发现上报隐患、处置事故危机。最后，应加强企业安全宣传教育，包括开展安全知识主题讲座、开展安全技能培训工作等，增强职工安全生产的自觉性，在企业内形成强调安全生产的良好文化氛围。

第六章
应急管理执法典型案例汇总与梳理

第一节 绪言

一、应急管理执法概貌

由于行政机关与权力机关之间存在着从属关系,因而从广义的层面讲,行政机关作出的各类行政活动均可被视为行政执法。不过,此处我们更多是在狭义的层面上讨论行政执法,即行政执法系行政主体依法就具体事件,而针对行政相对人职责义务履行情况的监督检查行为,或者由其所实施的具体、直接影响相对人权利义务的行政行为,包括为作出前述行为而开展的调查取证等程序性行为。中共中央办公厅、国务院办公厅2020年印发的《关于深化应急管理综合行政执法改革的意见》,以及应急管理部官网公开的《应急管理部(安全生产)行政执法事前公示信息清单》和国家矿山安全监察局公开的《国家矿山安全监察局行政执法事前公示信息清单》中所涉及的也更多是狭义层面上的行政执法,具体包括行政检查、行政处罚以及行政强制等。

在《关于深化应急管理综合行政执法改革的意见》中,应急管理部门的行政执法职责被数次提及,并被划分为安全生产、防灾减灾救灾以及应急救援三个方面。其中,安全生产方面的行政执法职责,主要指向冶金、有色、建材、机械、轻工、纺织、烟草、商贸等工矿商贸行业安全生产基础工作和执法工作,以及化工(含石油化工)、医药、危险化学品生产经营、烟花爆竹生产经营、石油开采安全生产监督管理工作;防灾减灾救灾方面的行政执法职责,主要指向针对自然灾害的防治工作。由于针对自然灾害开展的救援工作已经被防灾减灾救灾方面囊括,因此这里的应急救援主要是指对安全生产可能发生事故开展的应急救援。[1]从当前的执法实践来看，安全生产领域执法已有相对完善的法律体系和操作办法，而在救灾减灾、防汛抗旱以及应急管理等领域，则缺乏能够明确提供依据、界定职责的法律规范，依然存在具体如何执法、如何处罚等一系列疑问。[2]

二、安全生产领域行政执法概述

《安全生产法》是安全生产领域的基本法，其总则第4条、第5条以及第二章，就安全生产保障问题，向生产经营单位及有关负责人员提出了要求，并课予后者以法律职责；其第五章部分条款，就生产安全事故的应急救援与调查处理，向生产经营单位及有关负责人员提出了要求，并课予后者以法律职责；其第四章、第五章部分条款赋予了有关部门开展监督检查、调查处理的职权；其第六章部分条款则赋予了有关部门通过行政处罚等手段追究相关责任人法律责任的职权。行政机关开展监督检查、调查处理，主要是为了了解生产经营单位及有关负责人职责履行情况；追究相应主体责任的法律依据也是根据责任主体之违法事实所违反的具体职责而确定。因此，以责任主体所肩负的各种职责为抓手对纷繁的应急管理执法进行梳理，或许更能凸显执法系行政机关对法律规范进行适用的本质，并有助于更加有条理地探析因法律适用产生的问题。

通过对《安全生产法》各条款进行分析，生产经营单位及相关责任人违反法定安全生产职责的行为主要可以划分为：（1）安全生产组织类违法，（2）安全生产事故预防与损害防免类违法（含安全防护措施类违法、安全生产教育和培训类违法、安全风险分级管控和事故隐患排查治理类违法），（3）应急预案类违法，（4）行政许可类违法（含生产经营许可类违法、特种作业人员资格证违法），（5）安全生产规章制度和安全操作规程类违法，（6）安全事故报告类违法，（7）工伤保险、责任保险类违法，（8）安全生产管理协议、发包或出租类违法，（9）检测检验类违法。这些类型的违法行为与《安

---

[1] 参见《对〈关于深化应急管理综合行政执法改革的意见〉（中办发〔2020〕35号）的解读》，载 https://www.funan.gov.cn/xxgk/detail/content/5fc59c957f8b9ac3138b456d.html，最后访问日期：2023年6月28日。

[2] 参见王久平：《基层应急管理执法现状调查分析与建议》，载《中国应急管理》2022年第10期。

全生产法》具体条文之间的对应关系，可见下表：

序号	法条	违法行为类型	法条被援引次数（次）	类型合计次数（次）
1	【安20】	《安全生产法》第20条	1	1
2	【安24】	安全生产组织类违法	6	11
3	【安21（一）】		4	
4	【安27（3）】		1	
5	【安31】	安全防护措施类违法	4	71
6	【安33（2）】		1	
7	【安34（1）】		2	
8	【安35】		10	
9	【安36（1）】		25	
10	【安36（2）】		20	
11	【安38（3）】		5	
12	【安39（2）】		2	
13	【安45】		1	
14	【安21（四）】		1	
15	【安21（三）】	安全生产教育和培训类违法	4	10
16	【安25（1）（二）】		1	
17	【安28（1）】		2	
18	【安28（4）】		2	
19	【安27（2）】		1	
20	【安21（六）】	应急预案类违法	6	11
21	【安81】		5	

续表

序号	法条	违法行为类型	法条被援引次数（次）	类型合计次数（次）
22	【安21（五）】	安全风险分级管控和事故隐患排查治理类违法	7	35
23	【安41（1）】		2	
24	【安41（2）】		25	
25	【安46（2）】		1	
26	【安30（1）】	特种作业人员资格证违法	14	14
27	【安51（1）】	工伤保险、责任保险类违法	1	3
28	【安51（2）】		2	
29	【安49（1）】	安全生产管理协议、发包或出租类违法	1	2
30	【安49（2）】		1	
31	【安21（二）】	安全生产规章制度和安全操作规程类违法	5	5
合计	——	——	163	163

注：1.《安全生产法》于2021年被第三次修正，本表格中所涉及的条文均为经前述修正后《安全生产法》中的条文。对于发生在经此次修正《安全生产法》施行之前的样本案例所涉及的条款，汇总梳理者均已找到其在修正后的对应条款，并以后者之条文序号记载于本表格之中。2. 以【安A（B）（一）】为例，其是"《安全生产法》第A条第B款第一项"的简称。

为进一步了解应急管理行政执法的现实情况，汇总梳理者兼顾调查统计的随机性与针对性，浏览我国各省级应急管理机关门户网站、部分地市级应急管理机关门户网站的信息公开模块，利用搜索引擎检索各级应急管理机关、其他相关行政机关公布的典型执法案例，阅读众多安全事故的调查报告，并择取其中120则案例为本研究报告的样本进行研究。需要注意的是，该研究并非针对全国安全生产领域行政执法的全样本研究。全样本研究之所以难以展开，主要是因为不同地域不同机关信息公开的完整程度与详细程度存在较大差异，汇总梳理者难以收集汇总全国范围内2021、2022年度的所有安全生产执法案例。

在上一表格中，《安全生产法》各相关条款在样本案例中被直接援用的次数也得到统计，由此可以较粗略地折射出前文各类违法行为在行政执法实践中的大致占比（可参见下表）。

三、其他类型应急管理执法概述

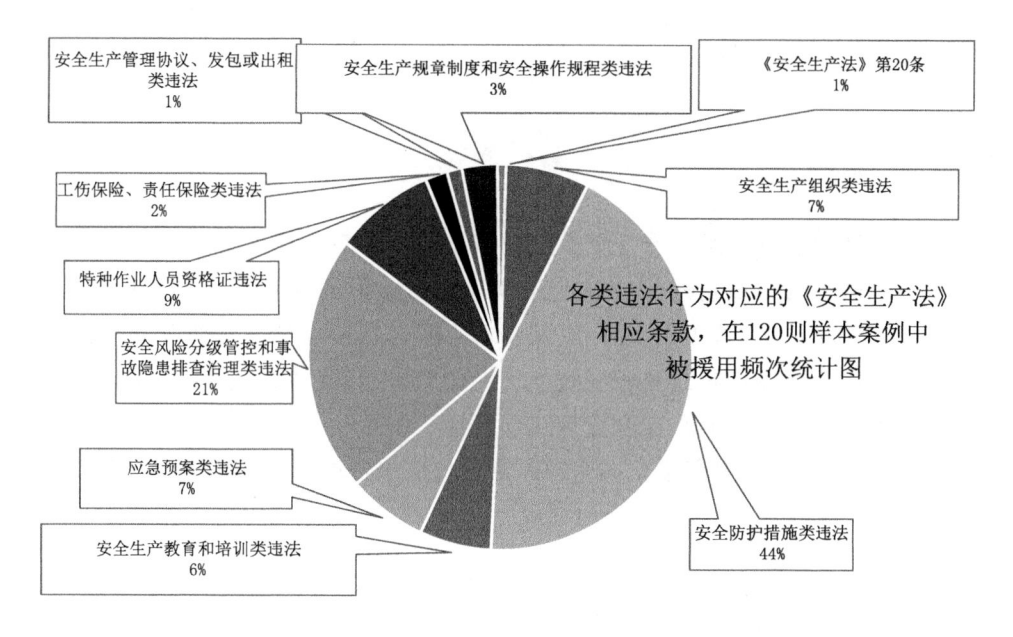

各类违法行为对应的《安全生产法》相应条款，在120则样本案例中被援用频次统计图：

- 安全生产管理协议、发包或出租类违法 1%
- 安全生产规章制度和安全操作规程类违法 3%
- 《安全生产法》第20条 1%
- 工伤保险、责任保险类违法 2%
- 安全生产组织类违法 7%
- 特种作业人员资格证违法 9%
- 安全风险分级管控和事故隐患排查治理类违法 21%
- 应急预案类违法 7%
- 安全生产教育和培训类违法 6%
- 安全防护措施类违法 44%

安全生产领域行政执法是当前应急管理机关执法工作的重要与主要面向，但应急管理执法并不仅限于此，应急管理执法的法律依据亦不仅限于《安全生产法》及其下位法。在防灾减灾救灾领域，《防震减灾法》、《森林防火条例》等法律法规赋予了主管机关实施行政处罚等行政执法权。此外，《突发事件应对法》、《突发公共卫生事件应急条例》、《传染病防治法》、《消防法》以及《突发环境事件应急管理办法》等法律规范同样是相应主管机关开展应急管理执法的重要法律依据。

不过，正如前文所述，不同类型的行政执法在法律依据、执法模式等方面成熟度、稳定性存在较大差异。比如消防领域的应急管理执法的法律依据已较为充足，运行机制也相对健全，并且实践中也有丰富的案例；然而虽然不少地方地震局均公布了其行政执法实施方案，包括行政执法职责、执法依据、执法程序、监督途径等，但汇总梳理者仅在互联网上检索到银川市地震局关于行政处罚的信息公示。不过，该等信息公示并不全面，仅以表格的形式简略地公示了执法时间、执法地点、执法人员、执法事项以及行政处罚结果（从汇总梳理者目前的检索情况来看，所有已公示的该等行政执法之处罚结果均为"不予处罚"）。

第二节 安全生产组织类违法

一、概述

生产经营单位确保生产安全，采取事前预防、事中应对、事后恢复措施需要有合格的组织负责筹划安排与推动落实。这样的组织是人与物的结合，并遵循一定的制度、规则运转。这就要求生产经营单位依法设置安全生产应急管理机构，配备专职或兼职安全生产应急管理人员，投入必要的资金、设备、物资，并且建立生产安全管理工作制度、安全生产责任体系。就安全生产组织问题，《安全生产法》向生产经营单位提出要求、课予职责的法条详见下表：

条文序号	条文原文
【安22】	生产经营单位的全员安全生产责任制应当明确各岗位的责任人员、责任范围和考核标准等内容。 生产经营单位应当建立相应的机制，加强对全员安全生产责任制落实情况的监督考核，保证全员安全生产责任制的落实。
【安23】	生产经营单位应当具备的安全生产条件所必需的资金投入，由生产经营单位的决策机构、主要负责人或者个人经营的投资人予以保证，并对由于安全生产所必需的资金投入不足导致的后果承担责任。 有关生产经营单位应当按照规定提取和使用安全生产费用，专门用于改善安全生产条件。安全生产费用在成本中据实列支。安全生产费用提取、使用和监督管理的具体办法由国务院财政部门会同国务院应急管理部门征求国务院有关部门意见后制定。

续表

条文序号	条文原文
【安24】	矿山、金属冶炼、建筑施工、运输单位和危险物品的生产、经营、储存、装卸单位，应当设置安全生产管理机构或者配备专职安全生产管理人员。 前款规定以外的其他生产经营单位，从业人员超过一百人的，应当设置安全生产管理机构或者配备专职安全生产管理人员；从业人员在一百人以下的，应当配备专职或者兼职的安全生产管理人员。
【安27（3）】	危险物品的生产、储存、装卸单位以及矿山、金属冶炼单位应当有注册安全工程师从事安全生产管理工作。鼓励其他生产经营单位聘用注册安全工程师从事安全生产管理工作。注册安全工程师按专业分类管理，具体办法由国务院人力资源和社会保障部门、国务院应急管理部门会同国务院有关部门制定。
【安21（一）】	生产经营单位的主要负责人对本单位安全生产工作负有下列职责：（一）建立健全并落实本单位全员安全生产责任制，加强安全生产标准化建设。

二、典型案例分析

（一）吉神化学工业股份有限公司行政处罚案

案情：2022年10月19日吉林省应急管理厅向吉神化学工业股份有限公司作出行政处罚决定，该公司的违法事实为：企业现有员工总数321人，共配备了7名专职安全管理人员，其中宋某强为企业分管安全负责人、环氧丙烷装置经理、重大危险源现场操作负责人，不属于专职安全生产管理人员。符合要求的专职安全管理人员为6人，不满足配备不少于职工总数2%的专职安全管理人员的要求。执法机关依据《安全生产法》第97条第1项向吉神化学工业股份有限公司作出处人民币2万元罚款的行政处罚。

分析：在本案中，吉神化学工业股份有限公司的主要违法行为是，其作为危险品的生产、经营、储存、装卸单位，未按照要求依法配备专职安全生产管理人员。《国家安全监管总局、工业和信息化部关于危险化学品企业贯彻落实〈国务院关于进一步加强企业安全生产工作的通知〉的实施意见》中明确要求"专职安全生产管理人员应不少于企业员工总数的2%（不足50人的企业至少配备1人），要具备化工或安全管理相关专业中专以上学历，有从事化工生产相关工作 2 年以上经历，取得安全管理人员资格证书"，而吉神化工股份有限公司仅配备 6 名符合要求的专职安全生产管理人员，占员工总数的 1.87%。

执法机关作出相应行政处罚的依据是《安全生产法》第 97 条第 1 项。《安全生产法》第 97 条规定："生产经营单位有下列行为之一的，责令限期改正，处十万元以下的罚款；逾期未改正的，责令停产停业整顿，并处十万元以上二十万元以下的罚款，对其直接负责的主管人员和其他直接责任人员处二万元以上五万元以下的罚款：（一）未按照规定设置安全生产管理机构或者配备安全生产管理人员、注册安全工程师的……"

这里需要注意的是，生产经营单位未按照规定依法配备安全生产管理人员，与安全生产管理人员未能依法履行职责是不同的——按照规定，依法配备安全生产管理人员是相应管理人员依法履职的前提。同时，生产经营单位未按照规定依法配备安全生产管理人员，与未安排专门人员进行现场安全管理也是不同的。《安全生产法》第 43 条规定："生产经营单位进行爆破、吊装、动火、临时用电以及国务院应急管理部门会同国务院有关部门规定的其他危险作业，应当安排专门人员进行现场安全管理，确保操作规程的遵守和安全措施的落实。"

（二）浙江富泽法兰管件有限公司主要负责人周某某未履行安全生产管理职责行政处罚案

案情：2022 年 6 月 28 日，温州市龙湾区应急管理局对浙江富泽法兰管件有限公司进行安全生产执法检查时，发现该公司存在未建立全员安全生产责任制、未制定安全生产规章制度、未开展安全生产教育和培训、未制定生产安全事故应急救援预案等安全生产违法行为。经调查，周某某作为浙江富泽法兰管件有限公司主要负责人，未组织建立本单位全员安全生产责任制、安全生产规章制度、生产安全事故应急救援预案，未制定并实施安全生产教育和培训计划，其行为系未履行安全生产管理职责，违反了《安全生产法》第 21 条 "生产经营单位的主要负责人对本单位安全生产工作负有下列职责：（一）建立健全并落实本单位全员安全生产责任制，加强安全生产标准化建设；（二）组织制定并实施本单位安全生产规章制度和操作规程；（三）组织制定并实施本单位安全生产教育和培训计划；……（六）组织制定并实施本单位的生产安全事故应急救援预案……"之规定。依据《安全生产法》第 94 条第 1 款规定，7 月 28 日，温州市龙湾区应急管理局依法对周某某作出罚款 3.1 万元的行政处罚。

分析：本案中，浙江富泽法兰管件有限公司的违法行为众多，包括未建立全员安全生产责任制、未制定安全生产规章制度、未开展安全生产教育和培训、未制定生产安全事故应急救援预案等安全生产违法行为。与此相对应，该公司主要负责人的违法行为主要是：未组织建立本单位全员安全生产责任制、安全生产规章制度、生产安全事故应急救援预案，未制定并实施安全生产教育和培训计划，其行为系未履行安全生产管理职责，违反了《安全生产法》第 21 条第 1 项、第 2 项、第 3 项及第 6 项之规定。其中属于安全生产组织类违法的是未建立全员安全生产责任制、未组织建立本单位全员安全生产责任制。

执法机关作出行政处罚决定的依据是《安全生产法》第 94 条第 1 款，其规定："生产经营单位的主要负责人未履行本法规定的安全生产管理职责的，责令限期改正，处二万元以上五万元以下的罚款；逾期未改正的，处五万元以上十万元以下的罚款，责令生产经营单位停产停业整顿。"

第三节 安全生产事故预防与损害防免类违法

一、概述

安全生产重在预防，预防措施是生产经营中保障安全的最有效方法，这既包括预防生产经营过程中危险的产生，也包括预防已经产生的危险造成人身、财产等方面的损害。为完成此目标，需要生产经营单位开展建设安全设施、对安全设备进行经常性维护保养、建立安全风险分级管控制度并采取相应的管控措施、建立健全并落实生产安全事故隐患排查治理制度、加强安全教育和培训等工作。就安全生产事故预防与损害防免问题，《安全生产法》向生产经营单位提出要求、课予义务的法条详见下表：

条文序号	条文原文	备注
【安35】	生产经营单位应当在有较大危险因素的生产经营场所和有关设施、设备上，设置明显的安全警示标志。	
【安36】	安全设备的设计、制造、安装、使用、检测、维修、改造和报废，应当符合国家标准或者行业标准。 生产经营单位必须对安全设备进行经常性维护、保养，并定期检测，保证正常运转。维护、保养、检测应当作好记录，并由有关人员签字。 生产经营单位不得关闭、破坏直接关系生产安全的监控、报警、防护、救生设备、设施，或者篡改、隐瞒、销毁其相关数据、信息。 餐饮等行业的生产经营单位使用燃气的，应当安装可燃气体报警装置，并保障其正常使用。	
【安38】	国家对严重危及生产安全的工艺、设备实行淘汰制度，具体目录由国务院应急管理部门会同国务院有关部门制定并公布。法律、行政法规对目录的制定另有规定的，适用其规定。省、自治区、直辖市人民政府可以根据本地区实际情况制定并公布具体目录，对前款规定以外的危及生产安全的工艺、设备予以淘汰。 生产经营单位不得使用应当淘汰的危及生产安全的工艺、设备。	安全防护措施类违法
【安39】	生产、经营、运输、储存、使用危险物品或者处置废弃危险物品的，由有关主管部门依照有关法律、法规的规定和国家标准或者行业标准审批并实施监督管理。 生产经营单位生产、经营、运输、储存、使用危险物品或者处置废弃危险物品，必须执行有关法律、法规和国家标准或者行业标准，建立专门的安全管理制度，采取可靠的安全措施，接受有关主管部门依法实施的监督管理。	
【安42】	生产、经营、储存、使用危险物品的车间、商店、仓库不得与员工宿舍在同一座建筑物内，并应当与员工宿舍保持安全距离。 生产经营场所和员工宿舍应当设有符合紧急疏散要求、标志明显、保持畅通的出口、疏散通道。禁止占用、锁闭、封堵生产经营场所或者员工宿舍的出口、疏散通道。	
【安43】	生产经营单位进行爆破、吊装、动火、临时用电以及国务院应急管理部门会同国务院有关部门规定的其他危险作业，应当安排专门人员进行现场安全管理，确保操作规程的遵守和安全措施的落实。	

续表

条文序号	条文原文	备注
【安44（2）】	生产经营单位应当关注从业人员的身体、心理状况和行为习惯，加强对从业人员的心理疏导、精神慰藉，严格落实岗位安全生产责任，防范从业人员行为异常导致事故发生。	
【安45】	生产经营单位必须为从业人员提供符合国家标准或者行业标准的劳动防护用品，并监督、教育从业人员按照使用规则佩戴、使用。	
【安31】	生产经营单位新建、改建、扩建工程项目（以下统称建设项目）的安全设施，必须与主体工程同时设计、同时施工、同时投入生产和使用。安全设施投资应当纳入建设项目概算。	
【安33】	建设项目安全设施的设计人、设计单位应当对安全设施设计负责。 矿山、金属冶炼建设项目和用于生产、储存、装卸危险物品的建设项目的安全设施设计应当按照国家有关规定报经有关部门审查，审查部门及其负责审查的人员对审查结果负责。	
【安34】	矿山、金属冶炼建设项目和用于生产、储存、装卸危险物品的建设项目的施工单位必须按照批准的安全设施设计施工，并对安全设施的工程质量负责。 矿山、金属冶炼建设项目和用于生产、储存、装卸危险物品的建设项目竣工投入生产或者使用前，应当由建设单位负责组织对安全设施进行验收；验收合格后，方可投入生产和使用。负有安全生产监督管理职责的部门应当加强对建设单位验收活动和验收结果的监督核查。	
【安21（四）】	生产经营单位的主要负责人对本单位安全生产工作负有下列职责：……（四）保证本单位安全生产投入的有效实施。	
【安21（三）】	生产经营单位的主要负责人对本单位安全生产工作负有下列职责：……（三）组织制定并实施本单位安全生产教育和培训计划。	安全生产教育和培训类违法
【安25（1）（二）】	生产经营单位的安全生产管理机构以及安全生产管理人员履行下列职责：……（二）组织或者参与本单位安全生产教育和培训，如实记录安全生产教育和培训情况。	
【安27（2）】	危险物品的生产、经营、储存、装卸单位以及矿山、金属冶炼、建筑施工、运输单位的主要负责人和安全生产管理人员，应当由主管的负有安全生产监督管理职责的部门对其安全生产知识和管理能力考核合格。考核不得收费。	

续表

条文序号	条文原文	备注
【安28】	生产经营单位应当对从业人员进行安全生产教育和培训，保证从业人员具备必要的安全生产知识，熟悉有关的安全生产规章制度和安全操作规程，掌握本岗位的安全操作技能，了解事故应急处理措施，知悉自身在安全生产方面的权利和义务。未经安全生产教育和培训合格的从业人员，不得上岗作业。 生产经营单位使用被派遣劳动者的，应当将被派遣劳动者纳入本单位从业人员统一管理，对被派遣劳动者进行岗位安全操作规程和安全操作技能的教育和培训。劳务派遣单位应当对被派遣劳动者进行必要的安全生产教育和培训。 生产经营单位接收中等职业学校、高等学校学生实习的，应当对实习学生进行相应的安全生产教育和培训，提供必要的劳动防护用品。学校应当协助生产经营单位对实习学生进行安全生产教育和培训。 生产经营单位应当建立安全生产教育和培训档案，如实记录安全生产教育和培训的时间、内容、参加人员以及考核结果等情况。	
【安29】	生产经营单位采用新工艺、新技术、新材料或者使用新设备，必须了解、掌握其安全技术特性，采取有效的安全防护措施，并对从业人员进行专门的安全生产教育和培训。	
【安44（1）】	生产经营单位应当教育和督促从业人员严格执行本单位的安全生产规章制度和安全操作规程；并向从业人员如实告知作业场所和工作岗位存在的危险因素、防范措施以及事故应急措施。	
【安40】	生产经营单位对重大危险源应当登记建档，进行定期检测、评估、监控，并制定应急预案，告知从业人员和相关人员在紧急情况下应当采取的应急措施。 生产经营单位应当按照国家有关规定将本单位重大危险源及有关安全措施、应急措施报有关地方人民政府应急管理部门和有关部门备案。有关地方人民政府应急管理部门和有关部门应当通过相关信息系统实现信息共享。	安全风险分级管控和事故隐患排查治理类违法
【安41(1)(2)】	生产经营单位应当建立安全风险分级管控制度，按照安全风险分级采取相应的管控措施。 生产经营单位应当建立健全并落实生产安全事故隐患排查治理制度，采取技术、管理措施，及时发现并消除事故隐患。事故隐患排查治理情况应当如实记录，并通过职工大会	

续表

条文序号	条文原文	备注
	或者职工代表大会、信息公示栏等方式向从业人员通报。其中，重大事故隐患排查治理情况应当及时向负有安全生产监督管理职责的部门和职工大会或者职工代表大会报告。	
【安46】	生产经营单位的安全生产管理人员应当根据本单位的生产经营特点，对安全生产状况进行经常性检查；对检查中发现的安全问题，应当立即处理；不能处理的，应当及时报告本单位有关负责人，有关负责人应当及时处理。检查及处理情况应当如实记录在案。 生产经营单位的安全生产管理人员在检查中发现重大事故隐患，依照前款规定向本单位有关负责人报告，有关负责人不及时处理的，安全生产管理人员可以向主管的负有安全生产监督管理职责的部门报告，接到报告的部门应当依法及时处理。	

二、典型案例分析

（一）新绛天地和金属制品有限公司未采取措施排除事故隐患、未设置安全生产警示标志案

案情：2021年10月13日，山西省应急管理厅向新绛天地和金属制品有限公司下达行政处罚决定书，记载该公司：（1）镀锌车间天然气管道主管上支管引接处未设置可靠的隔断装置；（2）镀锌车间退火炉采用强制送风的燃烧嘴，天然气支管上未装止回装置或自动隔断阀，在空气管道上未设泄爆膜和放散管，天然气放散管未通向室外，在室内点火放散；（3）镀锌车间天然气管道（阀门）未采取消除静电措施；（4）污水处理站沉淀池、调节池、碱液池有限空间作业场所未设置明显的警示标志和警示说明。前述第1至3项行为违反了《安全生产法》（2014年修正）第38条第1款；第4项行为违反了《工贸企业有限空间作业安全管理与监督暂行规定》第19条第2项的规定。山西省应急管理厅依据《安全生产法》（2014年修正）第99条、《工贸企业有限空间作业安全管理与监督暂行规定》第28条第1项的规定，对该公司作出责令限期改正，合并处人民币5万元罚款的行政处罚。

分析：在该案中，新绛天地和金属制品有限公司的主要违法行为是未采

取必要的措施消除事故隐患,以及未在有限空间作业场所设置明显的安全警示,从而违反了《安全生产法》第 41 条第 2 款"生产经营单位应当建立健全并落实生产安全事故隐患排查治理制度,采取技术、管理措施,及时发现并消除事故隐患……"的规定。同时,其作为工贸企业未在其有限空间作业场所设置明显的安全警示标志和警示说明,违反了《工贸企业有限空间作业安全管理与监督暂行规定》第 19 条第 2 项的规定。

这里需要注意《安全生产法》第 41 条第 1 款与同法其他条文之间的关系。从文义上看,该款要求生产经营单位建立健全并落实生产安全事故隐患排查治理制度,采取技术、管理措施,及时发现并消除事故隐患。不过,现实中引致事故隐患的因素之种类往往纷繁复杂,生产经营单位违反《安全生产法》其他条款提出的职责要求并造成对事故隐患的引发、忽视或放任,或许同样可以被视为对前述第 41 条第 2 款的违反。例如,《安全生产法》第 36 条在安全设备方面对生产经营单位提出了要求,而生产经营单位疏于维护、保养、定期检测安全设备的行为,实际上也存在着同时违反《安全生产法》第 41 条第 1 款规定的可能。

(二)唐山开滦林西矿业有限公司行政处罚案

案情:2021 年 6 月 16 日至 17 日,河北省应急管理厅通过对唐山开滦林西矿业有限公司进行检查,发现该企业存在以下问题:(1)架空乘人装置急停拉线开关失效,未对该安全设备进行经常性维护、保养,涉嫌违反《安全生产法》(2014 年修正)第 33 条第 2 款的要求。(2)2020 年安全培训经费使用比例未达到年度提取教育经费的 40%,实际使用比例为 33.157%,不符合《煤矿安全培训规定》(国家安全生产监督管理总局令第 92 号)第 6 条规定。(3)皮带机头处机电硐室未配备灭火器材。其中,第 1 项行为违反了《安全生产法》(2014 年修正)第 33 条第 2 款的规定,第 2 项违法行为违反了《煤矿安全培训规定》第 6 条的规定,第 3 项违法行为违反了《河北省安全生产条例》第 10 条第 2 款的规定。应急管理厅依据《安全生产法》(2014 年修正)第 96 条第 3 项和《河北省安全生产行政处罚自由裁量标准(试行)》中相对应条款的裁量标准,作出处人民币 2 万元罚款的行政处罚;依据《煤矿安全培训规定》第 48 条第 1 款第 3 项作出处人民币 2 万元罚款的行政处罚;依据《河北省安全生产条例》第 79 条第 1 项以及《河北省安全生产行政处罚自由裁量标准（试行）》中相对应条款的裁量标准作出处人民币 2 万元罚款的行政处罚。

分析：本案中，唐山开滦林西矿业有限公司的违法行为包括安全培训经费使用比例未达到年度提取教育培训经费总额的 40%，违反了《煤矿安全培训规定》第 6 条的规定。《煤矿安全培训规定》第 6 条规定："煤矿企业应当建立完善安全培训管理制度，制定年度安全培训计划，明确负责安全培训工作的机构，配备专职或者兼职安全培训管理人员，按照国家规定的比例提取教育培训经费。其中，用于安全培训的资金不得低于教育培训经费总额的百分之四十。"

执法机关作出相应行政处罚决定的依据是《煤矿安全培训规定》第 48 条第 1 款第 3 项，该条款规定："煤矿安全培训主管部门或者煤矿安全监察机构发现煤矿企业有下列行为之一的，责令其限期改正，可以处一万元以上三万元以下的罚款：……（三）用于安全培训的资金不符合本规定的……"

《安全生产法》课予生产经营单位依法开展安全生产教育和培训的义务，并在第 47 条明确规定，生产经营单位应当安排用于配备劳动用品、进行安全生产培训的经费。同时，《安全生产法》第 97 条规定了生产经营单位未妥善履行安全生产教育和培训义务的法律责任。《安全生产法》第 97 条规定："生产经营单位有下列行为之一的，责令限期改正，处十万元以下的罚款；逾期未改正的，责令停产停业整顿，并处十万元以上二十万元以下的罚款，对其直接负责的主管人员和其他直接责任人员处二万元以上五万元以下的罚款：……（三）未按照规定对从业人员、被派遣劳动者、实习学生进行安全生产教育和培训，或者未按照规定如实告知有关的安全生产事项的；（四）未如实记录安全生产教育和培训情况的。"《煤矿安全培训规定》作为依据《安全生产法》制定的下位法、特别法，其第 6 条、第 48 条是《安全生产法》相关规定在煤矿安全培训领域的细化。

（三）山东省应急管理厅、淄博市应急管理局对中石化齐鲁分公司胜利炼油厂和 11 家外包单位以及该公司主要负责人张某光和分管负责人刘某合行政处罚案

案情：2022 年 4 月 25 日至 5 月 2 日，山东省应急管理厅行政执法人员对中石化齐鲁分公司胜利炼油厂开展专项执法检查，发现该炼油厂存在二硫磺

车间 P107B 泵保护接地设置不规范等 13 项违法行为，分别违反了《安全生产法》第 36 条第 1 款和第 2 款，《危险化学品重大危险源监督管理暂行规定》第 13 条第 4 项、第 19 条和第 23 条第 3 款的规定。该公司主要负责人张某光存在两项违法行为：未组织实施安全生产规章制度，未组织及时消除生产安全事故隐患，分别违反了《安全生产法》第 21 条第 2 项和第 5 项的规定；分管负责人刘某合存在两项违法行为：未协助主要负责人组织实施安全生产规章制度，未协助主要负责人及时消除生产安全事故隐患，违反了《安全生产法》第 25 条第 2 款的规定。行政执法人员同时还发现该公司委托的山东齐商建设有限公司等 11 家外包单位存在特种作业人员未按规定接受培训违规上岗作业的违法行为，违反了《安全生产法》第 30 条第 1 款的规定。

5 月 31 日，山东省应急管理厅依据《安全生产法》第 94 条第 1 款和第 96 条的规定，对该公司主要负责人张某光和分管负责人刘某合分别作出罚款人民币 3 万元和 2 万元的行政处罚决定。6 月 14 日，经山东省应急管理厅指定管辖，淄博市应急管理局依据《安全生产法》第 99 条第 2 项和第 3 项，《危险化学品重大危险源监督管理暂行规定》第 32 条第 3 项，第 34 条第 4 项、第 5 项，《安全生产违法行为行政处罚办法》第 46 条第 2 项和第 53 条的规定，对中石化齐鲁分公司胜利炼油厂的 13 项违法行为分别裁量、合并处罚，作出罚款人民币 21.8 万元的行政处罚决定；依据《安全生产法》第 97 条第 7 项的规定，对山东齐商建设有限公司等 11 家外包单位作出共计罚款人民币 19.5 万元的行政处罚决定。

法律分析：在该案中，胜利炼油厂的主要负责人张某光和分管负责人刘某合履行安全生产管理职责不到位，主要负责人未组织实施安全生产规章制度，未组织及时消除生产安全事故隐患，分别违反了《安全生产法》第 21 条第 2 项和第 5 项的规定；分管负责人未协助主要负责人组织实施安全生产规章制度，未协助主要负责人及时消除生产安全事故隐患，违反了《安全生产法》第 25 条第 2 款的规定。

这里需要注意的是，《安全生产法》第 25 条第 2 款是《安全生产法》2021 年修订时新订入的条款，其中规定的专职安全生产分管负责人负有协助本单位主要负责人履行安全管理职责的职责。不过，《安全生产法》第 21 条直接规定了生产经营单位负责人负有的职责，立法者并未将有关专职安全生产分管负责人的职责规定在《安全生产法》第 21 条,而将其规定在第 25 条第 2 款,似更加强调该等分管负责人属于《安全生产法》第 96 条中的"其他负责人",处于主要负责人之协助者的地位,而承担不同于主要负责人所承担的安全生产职责或法律责任。

(四)冀中能源股份有限公司章村矿行政处罚案

案情:2022 年 6 月 8 日,河北省应急管理厅通过对冀中能源股份有限公司章村矿调度室检查、安全管理资料检查及对矿长任某信、安全矿长王某路的询问,发现该企业存在以下问题:(1)该矿现场提交 2022 年制定的《冀中能源股份有限公司章村矿生产安全事故综合应急救援预案》一份,经检查其中一是没有依据《邢台市生产安全事故应急预案》制定,二是应急响应中信息报告与《邢台市生产安全事故应急预案》中信息报告不符;(2)执法人员要求该矿提供 2022 年辨识出的较大风险的专门管控方案,该矿表示未制定前述专门管控方案,因此不能提供。前述第 1 项行为违反了《安全生产法》第 81 条,第 2 项行为违反了《河北省安全生产风险管控与隐患治理规定》第 12 条第 1 款的规定。执法机关分别依据《安全生产法》第 97 条第 6 项、《河北省安全生产风险管控与隐患治理规定》第 24 条第 3 项的规定,针对第 1 项违法行为作出责令限期改正,罚款 8 万元的决定,针对第 2 项违法行为作出责令限期改正,处罚款 4 万元的决定,并对主要负责人处以 1 万元的罚款。

分析:在该案中,冀中能源股份有限公司章村矿的主要违法行为是未制定与其所在地地方人民政府组织制定的生产安全事故应急救援预案相衔接的本单位安全事故应急救援预案,从而违反了《安全生产法》第 81 条的规定;未针对较大及以上等级的风险,制定专门管控方案,从而违反了《河北省安全生产风险管控与隐患治理规定》第 12 条第 1 款的规定。《安全生产法》第 81 条规定:"生产经营单位应当制定本单位生产安全事故应急救援预案,与所在地县级以上地方人民政府组织制定的生产安全事故应急救援预案相衔接,并定期组织演练。"《河北省安全生产风险管控与隐患治理规定》第 12 条第 1 款规定:"生产经营单位应当按照风险等级,逐一制定风险管控措施,明确管控重点、管控部门和管控人员。其中,对较大及以上等级的风险,还应当制定专门管控方案。"

需要注意的是,2021 年修正的《安全生产法》在有关"生产安全事故隐患排查治理制度"的条文中，引入了有关"安全风险分级管控制度"的内容，共同组成了修正后《安全生产法》的第 41 条。从法条变迁及立法设计来看，安全风险分级管控与隐患排查治理之间应有紧密联系，但绝非等同制度。习近平总书记在 2016 年曾就全面加强安全生产工作提出五点要求，其中即包括必须坚决遏制重特大事故频发势头，对易发重特大事故的行业领域采取风险分级管控、隐患排查治理双重预防性工作机制，推动安全生产关口前移。[1] 随后，国务院安全生产委员会办公室 2016 年 10 月印发的《关于实施遏制重特大事故工作指南构建双重预防机制的意见》，以及中共中央、国务院 2016 年 12 月印发的《关于推进安全生产领域改革发展的意见》也均对双重预防工作机制的构建提出了明确要求。但是，不乏有理论与实务工作者提出"风险分级管控"和"隐患排查治理"概念存在具体含义不清的问题，二者之间的区别亦不明确。这种不明确使相关工作的开展较为吃力，甚至助长了工作中的形式主义、应付作风。

有观点认为，风险分级管控体系和隐患排查治理体系是一个事物的两个方面，其实质相同——均旨在辨识与消除事故危害因素，而仅是侧重点或者在安全工作链条上所处的位序不同。[2] 亦有观点认为，隐患排查治理工作主要是对超出可控范围风险的管控过程，因而风险分级管控是隐患排查治理的基本前提。同时，以风险分级管控结果为依据开展隐患排查治理工作，可以保障工作的针对性。[3]《关于实施遏制重特大事故工作指南构建双重预防机制的意见》的文本明确指出，"风险管控措施失效或弱化极易形成隐患，酿成事故。"由此论述，我们不难看出前述后一种观点更加贴合国家安全生产委员会对于"双重机制"的理解。当然，虽然前述两种机制在逻辑上相对独立，法律规范也要求两种机制相对独立运行，但是它们的运行不免在时空上发生重叠，例如在辨别查找风险点的过程中直接发现需要排除的隐患。

---

〔1〕参见张晓松：《习近平对加强安全生产工作提五点要求：对易发重特大事故的行业领域采取双重预防性工作机制》，载《天津日报》2016 年 1 月 7 日，第 2 版。

〔2〕参见《浅谈风险分级管控和隐患排查治理两个体系建设》，载 http://yjglj.czs.gov.cn/zwgk/zcjd/content_811941.html，最后访问日期：2023 年 6 月 5 日。

〔3〕参见陈立、吴琼宇：《安全生产风险分级管控与隐患排查治理研究》，载《中国设备工程》2023 年第 7 期。

第六章 应急管理执法典型案例汇总与梳理

第四节 应急预案类违法

一、概述

依据《突发事件应急预案管理办法》第 2 条之规定，应急预案系各级人民政府及其部门、基层组织、企事业单位、社会团体等为依法、迅速、科学、有序应对突发事件，最大程度减少突发事件及其造成的损害而预先制定的工作方案，明确事前、事发、事中、事后的各个过程中相关部门和有关人员的职责。《安全生产法》基于安全生产的现实需要，要求生产经营单位依法编制、发布、实施应急预案，并做好相应的培训与演习工作。就应急预案问题，《安全生产法》向生产经营单位提出要求、课予职责的法条详见下表：

条文序号	条文原文
【安 21（六）】	生产经营单位的主要负责人对本单位安全生产工作负有下列职责：……（六）组织制定并实施本单位的生产安全事故应急救援预案。
【安 25（1）（一）】	生产经营单位的安全生产管理机构以及安全生产管理人员履行下列职责：（一）组织或者参与拟订本单位安全生产规章制度、操作规程和生产安全事故应急救援预案。
【安 81】	生产经营单位应当制定本单位生产安全事故应急救援预案，与所在地县级以上地方人民政府组织制定的生产安全事故应急救援预案相衔接，并定期组织演练。

二、典型案例分析

（一）张家界某酒店未对有限空间作业进行辨识、提出防范措施、建立有限空间管理台账及未对有限空间作业制定专项应急预案、也未定期进行演练等案

案情：2022 年 4 月 12 日，张家界市应急执法人员对市内某酒店进行执法检查，发现该公司存在违法行为如下：未编制综合应急预案；生产经营单位未进行应急预案备案；未对有限空间作业进行辨识、提出防范措施、建立有限空间管理台账；未对有限空间作业制定专项应急预案、也未定期进行演练；未在有限空间作业场所设置明显的安全警示标志。前述违法事项分别违反了

《安全生产法》第 21 条第 6 项；《工贸企业有限空间作业安全管理与监督暂行规定》第 7 条；《工贸企业有限空间作业安全管理与监督暂行规定》第 21 条；《安全生产法》第 35 条。

执法机关依据《安全生产法》第 97 条第 6 项，决定给予该酒店作出处人民币 3 万元罚款的行政处罚；依据《工贸企业有限空间作业安全管理与监督暂行规定》第 30 条第 1 项，决定给予该酒店作出处人民币 5000 元罚款的行政处罚；依据《工贸企业有限空间作业安全管理与监督暂行规定》第 29 条第 2 项，决定给予该酒店作出处人民币 2 万元罚款的行政处罚；依据《安全生产法》第 99 条第 1 项，决定给予该酒店作出处人民币 15 000 元罚款的行政处罚。决定合并给予该公司人民币 7 万元罚款的行政处罚。

分析：在本案中，某酒店的违法行为有：（1）未编制综合应急预案并进行备案，违反了《安全生产法》第 81 条"生产经营单位应当制定本单位生产安全事故应急救援预案，与所在地县级以上地方人民政府组织制定的生产安全事故应急救援预案相衔接，并定期组织演练"之规定。(本案中，某酒店未编制综合应急预案，固然可以反映出该酒店主要负责人没有妥善履行"组织制定并实施本单位的生产安全事故应急救援预案"的法定职责，从而违反《安全生产法》第 21 条第 6 项。但某酒店作为独立的法律主体，其本身的违法行为似更应被认定为对《安全生产法》第 81 条的违反。执法机关于此处有援用法律错误的嫌疑。)（2）作为工贸企业，未对本企业的有限空间进行识别、提出防范措施、建立有限空间管理台账，违反了《工贸企业有限空间作业安全管理与监督暂行规定》第 7 条"工贸企业应当对本企业的有限空间进行辨识，确定有限空间的数量、位置以及危险有害因素等基本情况，建立有限空间管理台账，并及时更新"之规定。（3）作为工贸企业，未对有限空间作业制定专项应急预案、也未定期进行演练，违反了《工贸企业有限空间作业安全管理与监督暂行规定》第 21 条"工贸企业应当根据本企业有限空间作业的特点，制定应急预案，并配备相关的呼吸器、防毒面罩、通讯设备、安全绳索等应急装备和器材。有限空间作业的现场负责人、监护人员、作业人员和应急救援人员应当掌握相关应急预案内容，定期进行演练，提高应急处置能力"之规定。（4）未在有限空间作业场所设置明显的安全警示标志，违反了《安全生产法》第 35 条"生产经营单位应当在有较大危险因素的生产经营场所和有关设施、设备上，设置明显的安全警示标志"之规定。

（二）丰城曲江煤炭开发有限责任公司行政处罚案

案情：2022年8月11日，江西省应急管理厅向丰城曲江煤炭开发有限责任公司作出行政处罚决定，处罚事由为该公司未开展突出事故逃生、救援演习，区域防突测试孔布置不清晰，未按要求进行甲烷电闭锁试验，风门联锁失效，溜煤眼缺少人员防坠设施。前述行为违反了《安全生产法》第81条；《生产安全事故应急预案管理办法》第33条第1款、第2款；《煤矿安全规程》第17条第2款，《防治煤与瓦斯突出细则》第45条第1款，《安全生产法》第36条第2款；《煤矿安全规程》第164条第8项，《煤矿安全规程》第155条第1款；《安全生产法》第41条第2款，《煤矿安全规程》第133条的规定。江西省应急管理厅根据前述事实，依据《安全生产法》第97条第6项、第99条、第102条，《安全生产违法行为行政处罚办法》第45条第1项作出处罚决定，给予该公司警告、罚款人民币15万元的行政处罚。

分析：本案中，丰城曲江煤炭开发有限责任公司的违法行为主要是：未制定本单位生产安全事故应急救援预案；未制定本单位的应急预案演练计划，未按照要求根据本单位的事故风险特点，组织综合应急预案演练或者专项应急预案演练、现场处置方案演练；未建立矿井安全避险系统，对井下人员进行安全避险和应急救援培训，且每年至少组织1次应急演练；未对安全设备进行经常性维护、保养，并定期检测，保证正常运转等，违反了《安全生产法》第81条，《生产安全事故应急预案管理办法》第33条第1款、第2款，《煤矿安全规程》第17条第2款及《安全生产法》第36条第2款等规定。

执法机关作出行政处罚决定的依据包括《安全生产法》第97条第6项、第99条、第102条，《安全生产违法行为行政处罚办法》第45条第1项，《安全生产法》第97条规定："生产经营单位有下列行为之一的，责令限期改正，处十万元以下的罚款；逾期未改正的，责令停产停业整顿，并处十万元以上二十万元以下的罚款，对其直接负责的主管人员和其他直接责任人员处二万元以上五万元以下的罚款；……（六）未按照规定制定生产安全事故应急救援预案或者未定期组织演练的……"《安全生产违法行为行政处罚办法》第45条规定："生产经营单位及其主要负责人或者其他人员有下列行为之一的，给予警告，并可以对生产经营单位处1万元以上3万元以下罚款，对其主要负责人、其他有关人员处 1000 元以上 1 万元以下的罚款：（一）违反操作规程或者安全管理规定作业的……"《安全生产法》第 102 条规定："生产经营单位未采取措施消除事故隐患的，责令立即消除或者限期消除，处五万元以下的罚款；生产经营单位拒不执行的，责令停产停业整顿，对其直接负责的主管人员和其他直接责任人员处五万元以上十万元以下的罚款；构成犯罪的，依照刑法有关规定追究刑事责任。"

第五节　行政许可类违法

一、概述

国家对矿山企业、建筑施工企业和危险化学品、烟花爆竹、民用爆破器材生产企业实行安全生产许可制度。《安全生产许可证条例》第 2 条即规定，国家对矿山企业、建筑施工企业和危险化学品、烟花爆竹、民用爆破器材生产企业（以下统称企业）实行安全生产许可制度。企业未取得安全生产许可证的，不得从事生产活动。同时，特种作业人员亦必须按照国家有关规定经专门的安全作业培训，取得相应资格，方可上岗作业。这是因为前述领域的生产经营活动以及特种作业人员所从事的工作潜在危险性很大，相应安全事故一旦发生，不仅极易威胁作业人员自身的生命健康安全，而且也容易给周遭人员甚至广大人民群众的生命健康和财产安全造成严重威胁。就行政许可问题，《安全生产法》向生产经营单位提出要求、课予职责的法条详见下表：

条文序号	条文原文
【安 63】	负有安全生产监督管理职责的部门依照有关法律、法规的规定，对涉及安全生产的事项需要审查批准（包括批准、核准、许可、注册、认证、颁发证照等，下同）或者验收的，必须严格依照有关法律、法规和国家标准或者行业标准规定的安全生产条件和程序进行审查；不符合有关法律、法规和国家标准或者行业标准规定的安全生产条件的，不得批准或者验收通过。对未依法取得批准或者验收合格的单位擅自从事有关活动的，负责行政审批的部门发现或者接到举报后应当立即予以取缔，并依法予以处理。对已经依法取得批准的单位，负责行政审批的部门发现其不再具备安全生产条件的，应当撤销原批准。

续表

条文序号	条文原文
【安64】	负有安全生产监督管理职责的部门对涉及安全生产的事项进行审查、验收，不得收取费用；不得要求接受审查、验收的单位购买其指定品牌或者指定生产、销售单位的安全设备、器材或者其他产品。
【安30】	生产经营单位的特种作业人员必须按照国家有关规定经专门的安全作业培训，取得相应资格，方可上岗作业。 特种作业人员的范围由国务院应急管理部门会同国务院有关部门确定。

二、典型案例分析

（一）义乌市夏航电子商务商行未经依法批准擅自经营危险化学品案

案情：2021 年 9 月 13 日，根据危险化学品全生命周期安全在线预警，义乌市应急管理局对辖区稠城街道宗泽路 531 号夏航电子商务商行进行执法检查时，在当事人车上查获大量天那水和香蕉水等危险化学品，现场共查扣起隆 15kg 装 131 桶、起隆 FP-24 的 79 罐、WD2113 的 14 桶、金枪胶业 JQ2118 塑料胶 72 罐、23 标号 25L 装 2 桶、万能牌香蕉水 7 桶、万能牌天那水 2 桶；查获销售票据 8 张，查明违法所得共计 24 270 元。经核查，该商行在未取得危险化学品经营许可证情况下，其擅自经营危险化学品的行为违反了《危险化学品安全管理条例》第 33 条第 1 款"国家对危险化学品经营（包括仓储经营，下同）实行许可制度。未经许可，任何单位和个人不得经营危险化学品"之规定。义乌市应急管理局依法对该商行作出"没收查扣的危险化学品、没收违法所得 24 270 元，罚款 11.5 万元"的行政处罚。

分析：在本案中，义乌市夏航电子商务商行的主要违法行为是未经许可擅自经营危险化学品，违反了《危险化学品安全管理条例》第 33 条第 1 款的规定。执法机关对前述行为作出行政行为的依据是《危险化学品安全管理条例》第 75 条第 1 款，其规定："生产、经营、使用国家禁止生产、经营、使用的危险化学品的，由安全生产监督管理部门责令停止生产、经营、使用活动，处 20 万元以上 50 万元以下的罚款，有违法所得的，没收违法所得；构成犯罪的，依法追究刑事责任。"在危险化学品生产经营领域，《危险化学品安全管理条例》相对于《安全生产法》而言系特别法，原则上应被执法机关优先适用。

（二）宁波市镇海洪山化工有限公司向不具有相关许可证的单位销售易制爆危险化学品案

案情：2021年6月30日，镇海区应急管理局执法人员根据公安机关移送的线索，对宁波市镇海洪山化工有限公司向不具有相关许可证件的单位销售易制爆危险化学品的情况进行调查，发现该企业分别于2021年4月28日、6月4日和6月8日，向不具有危险化学品经营资质的海曙区西门综合经营部销售硫磺共计13吨，销售金额27 300元，获利4498元。前述行为违反了《危险化学品安全管理条例》第40条第1款之规定。7月29日，镇海区应急管理局依法对该公司作出"没收违法所得4498元，罚款11万元"的行政处罚。

分析：本案中，洪山化工有限公司的违法行为主要是向不具有相关许可证件的单位销售易制爆危险化学品，违反了《危险化学品安全管理条例》第40条第1款，其规定："危险化学品生产企业、经营企业销售剧毒化学品、易制爆危险化学品，应当查验本条例第三十八条第一款、第二款规定的相关许可证件或者证明文件，不得向不具有相关许可证件或者证明文件的单位销售剧毒化学品、易制爆危险化学品。对持剧毒化学品购买许可证购买剧毒化学品的，应当按照许可证载明的品种、数量销售。"

执法机关作出行政处罚决定的依据是《危险化学品安全管理条例》第84条第1款第1项。《危险化学品安全管理条例》第84条第1款规定："危险化学品生产企业、经营企业有下列情形之一的，由安全生产监督管理部门责令改正，没收违法所得，并处10万元以上20万元以下的罚款；拒不改正的，责令停产停业整顿直至吊销其危险化学品安全生产许可证、危险化学品经营许可证，并由工商行政管理部门责令其办理经营范围变更登记或者吊销其营业执照：（一）向不具有本条例第三十八条第一款、第二款规定的相关许可证件或者证明文件的单位销售剧毒化学品、易制爆危险化学品的……"

（三）山西美锦钢铁有限公司行政处罚案

案情：2021年6月4日，山西省应急管理厅向山西美锦钢铁有限公司下达行政处罚决定书，处罚决定书记载的该公司违法事项有：（1）一级动火作业动火人刘某无证作业；（2）抽查到2021年4月15日至4月17日轧钢二棒车间进入加热炉内的有限空间作业，未对现场负责人、监护人员、作业人员、应急救援进行专项安全培训；(3) 1、2 号高炉炉下运铁水轨道未高出地面；(4) 运铁水平交道口没有声光报警和临时防护；(5) 煤粉烘干炉（热风炉）煤气支管引接处没有自动切断阀，没有可靠隔断装置。其中，第 1 项行为违反了《安全生产法》（2014 年修正）第 27 条；第 2 项行为违反了《工贸企业有限空间作业安全管理与监督暂行规定》第 6 条；第 3、4、5 项行为违反了《安全生产法》（2014 年修正）第 33 条第 1 款的规定。执法机关依据《安全生产法》（2014 年修正）第 94 条第 7 项、《工贸企业有限空间作业安全管理与监督暂行规定》第 29 条第 1 项、《安全生产法》（2014 年修正）第 96 条第 2 项的规定，对该公司作出责令限期改正，合并处 5 万元人民币罚款的行政处罚。

分析：本案中，美锦钢铁有限公司的违法行为包括特种作业人员未取得相应资格即上岗作业，违反了《安全生产法》第 30 条的规定。

执法机关对上述行为进行处罚，依据是《安全生产法》第 97 条第 7 项。《安全生产法》第 97 条规定："生产经营单位有下列行为之一的，责令限期改正，处十万元以下的罚款；逾期未改正的，责令停产停业整顿，并处十万元以上二十万元以下的罚款，对其直接负责的主管人员和其他直接责任人员处二万元以上五万元以下的罚款；……（七）特种作业人员未按照规定经专门的安全作业培训并取得相应资格，上岗作业的。"

（四）莲湖区应急管理局对张某冒用他人特种作业操作证行政处罚案

案情：2022 年 6 月 7 日，一名群众通过电话实名向莲湖区应急管理局举报，其反映张某在办理承装类承装（修、试）电力设施许可证过程中，冒用郑某个人持有的由河北省应急管理厅颁发的特种作业操作证。受理举报后，莲湖区应急管理局行政执法人员依法依规对举报事项进行核查，发现张某在申报办理国家能源局颁发的承装类承装（修、试）电力设施许可证时，冒用了郑某持有的特种作业操作证。张某该行为违反了《特种作业人员安全技术培训考核管理规定》第 36 条规定。莲湖区应急管理局依据《特种作业人员安全技术培训考核管理规定》第 41 条，对张某作出警告，并处罚款人民币 5000 元的行政处罚。

分析：本案中，张某的违法行为主要是冒用他人持有的特种作业操作证办理行政许可证，违反了《特种作业人员安全技术培训考核管理规定》第 36

条第 2 款,其规定:"特种作业人员不得伪造、涂改、转借、转让、冒用特种作业操作证或者使用伪造的特种作业操作证。"执法机关作出行政处罚决定的依据是《特种作业人员安全技术培训考核管理规定》第 41 条第 1 款,其规定:"特种作业人员伪造、涂改特种作业操作证或者使用伪造的特种作业操作证的,给予警告,并处 1000 元以上 5000 元以下的罚款。"

第六节　安全生产规章制度和安全操作规程类违法

一、概述

安全生产规章制度指引和约束相关人员在安全生产方面的行为,其旨在明确相关人员所承担的安全生产职责,通过对规范的遵守抑制生产经营行为带来的安全生产风险,从而建立和维护安全生产秩序。生产经营单位应当教育和督促从业人员严格执行本单位的安全生产规章制度和安全操作规程。就安全生产规章制度和安全操作规程类违法问题,《安全生产法》向生产经营单位提出要求、课予职责的法条详见下表:

条文序号	条文原文
【安 44(1)】	生产经营单位应当教育和督促从业人员严格执行本单位的安全生产规章制度和安全操作规程;并向从业人员如实告知作业场所和工作岗位存在的危险因素、防范措施以及事故应急措施。
【安 21(二)】	生产经营单位的主要负责人对本单位安全生产工作负有下列职责:……(二)组织制定并实施本单位安全生产规章制度和操作规程。

禁止生产经营单位及其有关负责人违反操作规程或者安全管理规定从事作业的直接规定存在于部分地方立法中,例如《上海市安全生产条例》第 56 条规定:"生产经营单位及其有关负责人或者其他人员不得从事下列行为:(一)违反操作规程或者安全管理规定从事作业……"

二、典型案例分析

（一）辛集市诚宇化工有限公司生产安全规章制度等类违法案

案情： 2022 年 8 月 9 日，河北省应急管理厅执法人员发现辛集市诚宇化工有限公司存在如下违法行为：（1）抽查企业动火作业票（编号 20220220）中动火时间（8：30）早于现场分析时间（8：40）；动火审批时间（8：15）早于现场分析时间（8：40），不符合《化学品生产单位特殊作业安全规范》（GB 30871-2014）第 5.4.1 的规定。（2）硫化氢吸收装置区制冷风机 5 号泵配电箱穿线管口缺少密封垫片且未采取封堵措施，防爆配电箱失爆，不符合《危险场所电气防爆安全规范》（AQ 3009-2007）第 6.1.1.3.13 的规定。（3）硫化氢吸收装置区洗眼器水压不足，未处于正常适用状态，不符合《化工企业安全卫生设计规范》（HG 20571-2014）第 5.6.5 的规定。（4）BPN 车间外侧盐酸储罐区未设置洗眼器和喷淋器，不符合《化工企业安全卫生设计规范》（HG 20571-2014）第 5.6.5 的规定。（5）BPN 车间外侧盐酸储罐区的盐酸管道未设置危险标识，不符合《工业管道的基本识别色、识别符号和安全标识》（GB 7231-2003）第 6.1 和《化学品分类和危险性公示通则》（GB 13690-2009）第 4.1.16 的规定。（6）OB 车间（属于爆炸危险区域）二层西北角的溶料釜倒料泵电机的电源线进线盒的端盖部位 1 条紧固螺栓已经断裂，防松措施不到位，不符合《危险场所电气防爆安全规范》（AQ 3009-2007）第 6.1.2.1.4 的规定。（7）OB 车间（属于爆炸危险区域）二层东北侧的一个防爆型照明灯具，灯座接线盒外壳损伤、开裂，裸露电源线接头，达不到防爆要求，不符合《危险场所电气防爆安全规范》（AQ 3009-2007）第 6.1.2.1.3 的规定。（8）OB 车间（属于爆炸危险区域）三层的 OB 精品 6#缩合釜旁的玻璃分水器未采取防止静电积聚的预防措施，不符合《生产设备安全卫生设计总则》（GB 5083-1999）第 6.4.1 的规定。（9）硫磺库内存放着准备送至车间进行投料的四个吨包，吨包中装有片状"硫磺"，但是吨包上粘贴的标签却均是"氯化锌"标签，不符合企业《仓库、罐区安全管理制度》第 3.2 的要求。（10）OB 车间（属于爆炸危险区域）二层的物料管道（DMF 二甲基甲酰胺）属于输送易燃易爆物料的管道，其阀门法兰未做好防静电连接，不符合企业《防雷、防静电管理规定》第 3.2 的要求。其中，第（1）（5）（9）（10）项事实违反了《河北省安全生产条例》第10条，第（2）（3）（6）（7）项事实违反了《安全生产法》第36条第2款，第（4）（8）项事实违反了《安全生产法》第36条第1款的规定。

执法机关分别依据《河北省安全生产条例》第79条第1项、《安全生产法》第99条第3项、《安全生产法》第99条第2项的规定，决定给予该公司处人民币23 000元罚款、人民币13 000元罚款，人民币11 000元罚款，合并处人民币47 000元罚款的行政处罚。

分析： 该案中，诚宇化工有限公司存在的违法行为包括未严格遵守国家标准、行业标准以及本单位安全生产规章制度和安全操作规程，违反了《河北省安全生产条例》第10条；未对安全设备进行经常性维护、保养，并定期检测，以保证正常运转，违反了《安全生产法》第36条第2款；以及安全设备的安装、使用等不符合国家标准或行业标准，违反了《安全生产法》第36条第1款。

执法人员对相关违法行为进行处罚，依据为《河北省安全生产条例》《安全生产法》。《河北省安全生产条例》第79条规定："违反本条例规定，生产经营单位有下列行为之一的，责令限期改正，并处一万元以上三万元以下的罚款；对其直接负责的主管人员和其他直接责任人员可以处一万元以下的罚款：（一）违反各项安全生产标准以及本单位规章制度和安全操作规程的……"《安全生产法》第99条规定："生产经营单位有下列行为之一的，责令限期改正，处五万元以下的罚款；逾期未改正的，处五万元以上二十万元以下的罚款，对其直接负责的主管人员和其他直接责任人员处一万元以上二万元以下的罚款；情节严重的，责令停产停业整顿；构成犯罪的，依照刑法有关规定追究刑事责任；……（二）安全设备的安装、使用、检测、改造和报废不符合国家标准或者行业标准的；（三）未对安全设备进行经常性维护、保养和定期检测的……"

在本案中，执法机关认为相对人未在BPN车间外侧盐酸储罐区的盐酸管道未设置危险标识，不符合国家标准的要求，属于违反《河北省安全生产条例》第10条的违法行为。不过，似乎前述未设置危险标识的违法行为，同时构成了对《安全生产法》第35条的违反。实际上，相对人未设置危险标识之行为本身即是违反国家标准的行为，依据《行政处罚法》第29条之规定，应择一重处罚。不过，我们应当反思《河北省安全生产条例》中的立法规定本身是否妥当。该条例第 10 条规定生产经营单位应当严格遵守各项国家标准、行业标准或者地方标准以及本单位安全生产规章制度和安全操作规程，并在第 79 条中规定违反前述标准、制度或规程的法律责任。由于国家标准、行业标准的内容十分广泛，大部分安全生产领域的违法行为均可以被定性为违反国家标准、行业标准的行为。因而如此宽泛地规定行政处罚的构成要件，会使得行政机关对相关违法行为既可依据《河北省安全生产条例》进行处罚，亦可依据《安全生产法》进行处罚，某种程度上加重了执法机关根据具体案情，选择法律依据方面的工作负担；同时这种行政处罚构成要件的宽泛性规定，也有违行政处罚明确性原则的要求，会不适当地扩大行政处罚的适用范围。相较于《河北省安全生产条例》，《上海市安全生产条例》（第 56 条第 1 项、第 88 条）仅在《安全生产法》的既有规定外额外规定了，生产经营单位及其有关负责人或者其他人员不得违反操作规程或者安全管理规定从事作业，以及如若违反相关主体应承担的法律责任，与《安全生产法》规定的较少重合，较为清晰地体现出下位法对于上位法的补充完善作用。

（二）冀中能源股份有限公司东庞矿北井行政处罚案

案情：2022 年 9 月 28 日至 30 日，河北省应急管理厅对冀中能源股份有限公司东庞矿北井进行了执法检查，发现该企业存在以下问题：（1）9216A 采煤工作面下巷有积水，顺巷道流出，未优先施工排水系统，涉嫌违反了《煤矿安全规程》第 316 条；（2）2022 年三季度未对井下 9216A 采煤工作面回风巷防火门进行检查，防火板插不进去未及时解决，涉嫌违反了《煤矿安全规程》第 258 条；（3）该矿采用架空乘人装置运送人员，在下山方向 740 米处乘人吊椅距底板的高度小于 0.2 米，涉嫌违反了《安全生产法》第 36 条第 1 款及《煤矿安全规程》第 383 条第 1 款第 2 项的规定。前述第 1 项违法行为依据《安全生产违法行为行政处罚办法》第 45 条第 1 项，责令限期改正，处罚款 2 万元；第 2 项违法行为依据《河北省安全生产条例》第 79 条第 1 项责令限期改正，处罚款 2 万元；第 3 项违法行为依据《安全生产法》第 99 条第 2 项责令限期改正，处罚款 4 万元，合计罚款人民币 8 万元罚款。

分析：本案中，冀中能源股份有限公司东庞矿北井的违法行为主要包括违反《煤矿安全规程》多项规定，以及安全设备的设计、制造、安装、使用、检测、维修、改造或报废不符合国家标准或者行业标准，违反了《安全生产法》第 36 条第 1 款之规定。执法机关作出行政处罚决定的依据为《安全生产违法行为行政处罚办法》第 45 条第 1 项，其规定"生产经营单位及其主要负责人或者其他人员有下列行为之一的，给予警告，并可以对生产经营单位处 1 万元以上 3 万元以下罚款，对其主要负责人、其他有关人员处 1000 元以上 1 万元以下的罚款：（一）违反操作规程或者安全管理规定作业的"；《河北省安全生产条例》第 79 条第 1 项，其规定"违反本条例规定，生产经营单位有下列行为之一的，责令限期改正，并处一万元以上三万元以下的罚款；对其直接负责的主管人员和其他直接责任人员可以处一万元以下的罚款：（一）违反各项安全生产标准以及本单位规章制度和安全操作规程的"；第 3 项违法行为依据《安全生产法》第 99 条第 2 项，其规定"生产经营单位有下列行为之一的，责令限期改正，处五万元以下的罚款；逾期未改正的，处五万元以上二十万元以下的罚款，对其直接负责的主管人员和其他直接责任人员处一万元以上二万元以下的罚款；情节严重的，责令停产停业整顿；构成犯罪的，依照刑法有关规定追究刑事责任：……（二）安全设备的安装、使用、检测、改造和报废不符合国家标准或者行业标准的。"

第七节　其他类型违法

一、安全生产管理协议、发包或出租类违法

案例：深圳某公司未与承包单位签订专门安全生产管理协议案

案情：2021 年 9 月 1 日，深圳市龙华区应急管理局执法人员到深圳某公司进行安全生产检查时，发现该公司未与承包单位（深圳某装修公司）签订专门的安全生产管理协议。经调查询问，该公司负责人、安全管理员、承包方负责人均承认了该违法事实。执法机关根据《安全生产法》第 103 条第 2 款和《深圳市应急管理行政处罚自由裁量权实施标准（2020 年版）》违法行为编号第 1025 号规定，决定对该公司处人民币 2 万元罚款的行政处罚。

分析：本案中，深圳某公司的主要违法行为是未与承包单位签订专门的安全生产管理协议，违反了《安全生产法》第 49 条第 2 款。《安全生产法》

第 49 条第 2 款规定:"生产经营项目、场所发包或者出租给其他单位的,生产经营单位应当与承包单位、承租单位签订专门的安全生产管理协议,或者在承包合同、租赁合同中约定各自的安全生产管理职责;生产经营单位对承包单位、承租单位的安全生产工作统一协调、管理,定期进行安全检查,发现安全问题的,应当及时督促整改。"

执法机关针对前述违法行为作出行政处罚的依据是《安全生产法》第103 条第 2 款,"生产经营单位未与承包单位、承租单位签订专门的安全生产管理协议或者未在承包合同、租赁合同中明确各自的安全生产管理职责,或者未对承包单位、承租单位的安全生产统一协调、管理的,责令限期改正,处五万元以下的罚款,对其直接负责的主管人员和其他直接责任人员处一万元以下的罚款;逾期未改正的,责令停产停业整顿。"

二、工伤保险、责任保险类违法

案例:新疆中能万源化工有限公司未按照国家规定投保安全生产责任保险案

案情:2022 年 2 月 7 日,昌吉回族自治州应急管理局执法人员对新疆中能万源化工有限公司进行执法检查时,发现该公司存在未按照规定投保安全生产责任保险的违法行为。该行为违反了《安全生产法》第 51 条第 2 款的规定,昌吉回族自治州应急管理局依据《安全生产法》第 109 条的规定,责令新疆中能万源化工有限公司限期改正,并对其处以 10 万元人民币罚款的行政处罚。

分析:《安全生产法》在 2014 年修正时,将"国家鼓励生产经营单位投保安全生产责任保险"纳入法律规定,2021 年修正的《安全生产法》第 51 条第 2 款则进一步要求属于国家规定的高危行业、领域的生产经营单位,应当投保安全生产责任保险。发展安全生产责任保险有利于增强安全生产意识,保护安全事故受害人的权益,预防和化解社会矛盾,减轻生产经营单位、各级政府的赔偿、救助负担。

本案中,新疆中能万源化工有限公司的违法行为主要是未按照国家规定投保安全生产责任保险,违反了《安全生产法》第 51 条第 2 款,其规定:"国家鼓励生产经营单位投保安全生产责任保险;属于国家规定的高危行业、领域的生产经营单位，应当投保安全生产责任保险。具体范围和实施办法由国务院应急管理部门会同国务院财政部门、国务院保险监督管理机构和相关行业主管部门制定。"执法机关作出行政处罚决定的依据是《安全生产法》第109条，其规定："高危行业、领域的生产经营单位未按照国家规定投保安全生产责任保险的，责令限期改正，处五万元以上十万元以下的罚款；逾期未改正的，处十万元以上二十万元以下的罚款。"

三、检测检验类违法

案例：山东某技术服务有限公司出具的安全评价报告存在关键项目漏检、结论不正确等重大疏漏但尚未造成重大损失案

案情：2022年10月3日，山东省应急管理厅暗查暗访组对龙口某石化有限责任公司进行执法检查。检查发现，山东某技术服务有限公司于2021年为龙口某石化有限责任公司进行现状安全评价后出具的安全评价报告存在以下问题：（1）未评价办公楼与西侧某能源有限公司的储罐距离；（2）评价的丙类液体卸车设施和泵房距离、办公室距离与实际不符；（3）评级的一期5个化学品储罐容积5000立方米，与2005年山东某石化工程有限公司出具的油品醇类罐区施工图技术特性表中全容积5888立方米不一致。针对该技术服务有限公司出具的安全评价报告存在关键项目漏检、结论不正确等重大疏漏但尚未造成重大损失的违法行为，龙口市应急管理局依据《安全评价检测检验机构管理办法》第30条第11项的规定，对该企业给予警告、罚款1万元的行政处罚。

分析：本案中，山东某技术服务有限公司的主要违法行为是出具了有重大疏漏的安全评价报告，违反了《安全评价检测检验机构管理办法》第22条第5项之规定。《安全评价检测检验机构管理办法》第22条规定："安全评价检测检验机构及其从业人员不得有下列行为：……（五）出具虚假或者重大疏漏的安全评价、检测检验报告的……"执法机关针对前述违法行为作出行政处罚的依据是《安全评价检测检验机构管理办法》第30条第11项。《安全评价检测检验机构管理办法》第30条规定："安全评价检测检验机构有下列情形之一的，责令改正或者责令限期改正，给予警告，可以并处一万元以下的罚款；逾期未改正的，处一万元以上三万元以下的罚款，对相关责任人处

一千元以上五千元以下的罚款；情节严重的，处一万元以上三万元以下的罚款，对相关责任人处五千元以上一万元以下的罚款；……（十一）安全生产检测检验报告存在法规标准引用错误、关键项目漏检、结论不明确等重大疏漏，但尚未造成重大损失的。"

四、消防类违法

案例：嘉善创亿植绒有限公司消防设施、器材、消防安全标志配置、设置不符合标准，占用防火间距，占用、堵塞、封闭消防车通道案

案情：2022年6月24日，嘉善县消防救援大队对嘉善创亿植绒有限公司进行检查时，发现该单位厂房与配电房之间搭建遮雨彩钢棚，占用防火间距，占用、堵塞、封闭消防车通道，消防设施、器材、消防安全标志配置、设置不符合标准，其行为违反了《消防法》第28条、第16条第1款第2项之规定。2022年7月25日，嘉善县消防救援大队依法对嘉善创亿植绒有限公司作出"责令限期改正，处罚款人民币109 900元"的行政处罚。

分析：本案中，嘉善创亿植绒有限公司的违法行为主要有单位厂房与配电房之间搭建遮雨彩钢棚，占用防火间距，占用、堵塞、封闭消防车通道，消防设施、器材、消防安全标志配置、设置不符合标准。前述行为分别违反了《消防法》第28条与《消防法》第16条第1款第2项。前者规定"任何单位、个人不得损坏、挪用或者擅自拆除、停用消防设施、器材，不得埋压、圈占、遮挡消火栓或者占用防火间距，不得占用、堵塞、封闭疏散通道、安全出口、消防车通道。人员密集场所的门窗不得设置影响逃生和灭火救援的障碍物"；后者规定"机关、团体、企业、事业等单位应当履行下列消防安全职责：……（二）按照国家标准、行业标准配置消防设施、器材，设置消防安全标志，并定期组织检验、维修，确保完好有效"。

执法机关作出行政处罚决定的依据是《消防法》第60条第1款第4项、第3项与第2项。《消防法》第60条规定："单位违反本法规定，有下列行为之一的，责令改正，处五千元以上五万元以下罚款：……（二）损坏、挪用或者擅自拆除、停用消防设施、器材的；（三）占用、堵塞、封闭疏散通道、安全出口或者有其他妨碍安全疏散行为的；（四）埋压、圈占、遮挡消火栓或者占用防火间距的……"

五、民航类违法

案例：中国民用航空广西安全监督管理局查处梧州机场行政处罚案

案情：2021年4月9日，某飞行学校DA-42飞机执行梧州机场带飞训练任务。期间西江机场从安全角度考虑启动"集结待命"应急响应，由于信息传递不畅，一辆主力消防车在未获得管制员许可的情况下穿越滑行道，进入航空器活动区域，造成通航训练飞机拉升通场，违反了《运输机场运行安全管理规定》第70条第3款的规定。事件发生后，梧州机场未在航空安全信息网上及时填报"梧州机场启动集结待命应急响应事件"信息，也未通过其他方式及时报告给局方，违反《民用航空安全信息管理规定》第10条、第14条规定。根据《运输机场运行安全管理规定》第305条、《民用航空安全信息管理规定》第39条规定，广西民航监管局对梧州机场公司处罚款人民币2万元的行政处罚，给予当日值班信息员徐某罚款1000元的行政处罚。

分析：本案中，梧州机场的违法行为主要是消防车在未获得管制员许可的情况下穿越滑行道，进入航空器活动区域，造成通航训练飞机拉升通场，并在事后未按照规定向局方报告。分别违反了《运输机场运行安全管理规定》（2018年修正）第70条第3款与《民用航空安全信息管理规定》（2016年公布）第10条、第14条。《运输机场运行安全管理规定》（2018年修正）第70条第3款规定："未经塔台管制员许可，任何人员、车辆不得进入运行中的跑道、滑行道。"《民用航空安全信息管理规定》（2016年公布）第10条规定"事发相关单位和人员应当按照规定如实报告事件信息，不得隐瞒不报、谎报或者迟报"；第14条规定"在我国境内发生的事件按照以下规定报告：（一）紧急事件发生后，事发相关单位应当立即通过电话向事发地监管局报告事件信息（空管单位向所属地监管局报告）；监管局在收到报告事件信息后，应当立即报告所属地区管理局；地区管理局在收到事件信息后，应当立即报告民航局民用航空安全信息主管部门；（二）紧急事件发生后，事发相关单位应当在事件发生后12小时内，按规范如实填报民用航空安全信息报告表，主报事发地监管局，抄报事发地地区管理局、所属地监管局及地区管理局；（三）非紧急事件发生后，事发相关单位（外国航空公司除外）应当参照事件样例在事发后48小时内，按规范如实填报民用航空安全信息报告表，主报事发地监管局，抄报事发地地区管理局、所属地监管局及地区管理局。"

执法机关作出行政处罚决定的依据是《运输机场运行安全管理规定》（2018 年修正）第 305 条及《民用航空安全信息管理规定》（2016 年公布）第 39 条。前者规定"违反本规定第七十条第三款的规定，未经塔台管制员许可，人员、车辆进入运行中的跑道、滑行道的，由民航局或民航地区管理局给予警告；情节严重的，对责任单位处以 3 万元的罚款"；后者规定"企事业单位有下列行为之一的，由局方给予警告，或处 1 万元的罚款；情节严重的，处 2 万元以上 3 万元以下的罚款：（一）违反本规定第十条，未按规定报告事件信息的；（二）违反本规定第十四条，未按规定报告在我国境内发生的事件的……"

六、航运交通类违法

案例：象山县"浙台渔 28603"船未履行安全生产职责案

案情：2021 年 4 月 5 日，象山县水利和渔业局在对象山县石浦镇鸡笼礁海域发生触礁的"浙台渔 28603"船进行救助时，发现该船存在职务船员配备不齐、部分船员未持有专业技术训练合格证、未开启安全救助终端设备等违法行为。经核查，该船上述行为违反了《浙江省渔业管理条例》第 22 条第 1 款和第 24 条之规定。4 月 14 日，象山县水利和渔业局依法对该船船东金某作出"罚款 5 万元"的行政处罚。

分析：本案中，"浙台渔 28603"船的违法行为主要是职务船员配备不齐、部分船员未持有专业技术训练合格证、未开启安全救助终端设备等，违反了《浙江省渔业管理条例》第 22 条第 1 款和第 24 条之规定。《浙江省渔业管理条例》第 22 条第 1 款规定"渔业船舶所有者或者经营者对渔业船舶的安全生产负全面责任，负责建立健全安全生产责任制，按照规定配备职务船员和经过专业技术训练的其他船员，保证渔业船舶符合适航要求，全面履行安全生产法律、法规规定的职责"；第 24 条规定"大中型渔业船舶应当安装安全救助信息系统终端设备，并保证设备的正常运行。鼓励小型渔业船舶安装安全救助信息系统终端设备"。

执法机关作出行政处罚决定的依据是《浙江省渔业管理条例》第 52 条，其规定"违反本条例第二十二条规定，渔业船舶所有者或者经营者、船长未履行安全生产责任的，责令改正，处五万元以下罚款"。

七、突发环境事件应急管理类违法

案例： 南通市经济技术开发区江苏鑫露化工新材料有限公司未按规定开展环境安全隐患排查治理工作案

案情： 2021年7月22日，南通市生态环境局开发区分局执法人员对江苏鑫露化工新材料有限公司检查时发现，该公司厂区西北侧750立方米的事故应急池有大量积水，约占总容积四分之三，不能确保该公司发生突发事件时产生的所有受污染的雨水、消防水和泄漏物等通过排水系统接入应急池或全部收集，存在较大环境安全隐患。同时该公司也未按照规定开展环境安全隐患排查治理工作，未发现和消除该环境安全隐患。前述行为违反了《突发环境事件应急管理办法》第6条第1款第3项和第10条第1款之规定，依据《突发环境事件应急管理办法》第38条第2项之规定，责令改正违法行为，罚款人民币11 000元。

分析： 本案中，江苏鑫露化工新材料有限公司的主要违法行为是未按照规定开展环境安全隐患排查治理工作，未发现和消除相应的环境安全隐患，违反了《突发环境事件应急管理办法》第6条第1款第3项和第10条第1款之规定。《突发环境事件应急管理办法》第6条第1款规定"企业事业单位应当按照相关法律法规和标准规范的要求，履行下列义务：……（三）排查治理环境安全隐患……"；第10条第1款规定"企业事业单位应当按照有关规定建立健全环境安全隐患排查治理制度，建立隐患排查治理档案，及时发现并消除环境安全隐患"。

执法机关作出行政处罚决定的依据是《突发环境事件应急管理办法》第38条第2项。《突发环境事件应急管理办法》第38条规定："企业事业单位有下列情形之一的，由县级以上环境保护主管部门责令改正，可以处一万元以上三万元以下罚款：……（二）未按规定开展环境安全隐患排查治理工作，建立隐患排查治理档案的……"

八、突发公共卫生事件应急管理类违法

案例：上海市普陀区耕耘茶室违反疫情防控规定行政处罚案

案情：2022年7月15日，上海市人民政府对上海市普陀区耕耘茶室作出行政处罚决定，决定书记载处罚相对人之违法行为系在上海市常态化疫情防控阶段，未遵守防疫规定，擅自从事娱乐场所经营活动，且未落实疫情防控措施，导致疫情传播，造成严重危害后果。

上海市人民政府依据《突发事件应对法》第64条第1款第1项，作出责令停业、吊销营业执照并处以人民币20万元罚款的处罚决定。《突发事件应对法》第64条第1款第1项规定："有关单位有下列情形之一的，由所在地履行统一领导职责的人民政府责令停产停业，暂扣或者吊销许可证或者营业执照，并处五万元以上二十万元以下的罚款；构成违反治安管理行为的，由公安机关依法给予处罚：（一）未按规定采取预防措施，导致发生严重突发事件的。"

分析：新冠疫情的暴发、蔓延、持续是对我国应急管理能力与应急法治水平的一次综合性考验，在此过程中，各级人民政府及其组成部门充分重视履行相关法定职责，行使相关法定职权，运用相应法律工具以实现对于疫情的有效、精准防控。完成突发事件应对工作，尤其是传染病防治工作，需要社会成员高度遵守行政管理秩序，严格落实有关预防、检测、控制、消除突发事件及其影响的部署及要求，履行好相关作为及不作为的法律义务。于是，《突发事件应对法》第64条明确规定了有关单位在突发事件应对过程中，违反行政管理秩序行为所应承担的行政法律责任，以作惩戒并形成威慑。在本案中，处罚相对人在上海市常态化疫情防控阶段，未遵守防疫规定，擅自从事娱乐场所经营活动，且未落实疫情防控措施，导致疫情传播，造成严重危害后果，属于《突发事件应对法》第64条第1款第1项所明定之"未按规定采取预防措施，导致发生严重突发事件的"情形；故由其所在地履行统一领导职责之上海市人民政府对其作出内容为责令停业、吊销营业执照及罚款人民币20万元整的行政处罚，与法相合。

第七章 应急管理司法案例

第一节 行政案件和非诉执行案件

一、概述

2021至2022年度应急管理领域的行政诉讼、非诉执行案例，主要集中在行政补偿、行政赔偿、行政处罚、非诉执行等案件类型，根据最高人民法院司法大数据研究院数据显示，2020年至2022年，应急管理行政一审审结案件共计4912件，其中2020年共计1347件，2021年共计1483件，2022年共计2082件。从2020年1月1日至2021年4月30日，涉及行政非诉执行案件共计1973件，其中2020年共计1576件，2021年1月至4月共计397件。这些案件分别具有如下特点：（1）应急管理领域行政补偿诉讼案件。该类行政补偿诉讼案件多因应急管理领域政策、法律变化引起，根据行政补偿法定原则，对于该类案件，人民法院判决行政机关予以补偿的通常要求必须有直接补偿文件、当地的习惯性做法、关联性判例或单方补偿承诺、双方签订补偿协议等依据。（2）应急管理领域行政赔偿诉讼案件。根据《中华人民共和国国家赔偿法》（以下简称《国家赔偿法》）第3条、第4条的规定，行政机关及其工作人员在行使职权时侵犯人身权、财产权的行为，受害人有取得赔偿的权利，对于应急管理领域的行政赔偿诉讼也不例外，应急管理领域的职权单位及其工作人员在行使职权过程中，如有侵犯人身权、财产权的行为，人民法院经查证属实，应当予以赔偿。根据《最高人民法院关于审理行政赔偿案件若干问题的规定》第11条、第32条之规定，原告应当对行政行为造成的损失承担举证责任。基于此，人民法院在审理应急领域行政赔偿案件时通常需要原告提交以下证据予以证明：赔偿请求所涉的行政行为是违法行为；行政行为相对人存在合法权益的损失；该损害与违法行政行为存在因果关系。

（3）应急管理领域行政处罚诉讼案件以及非诉执行诉讼案件。应急管理领域的行政诉讼案件中数量最多的是行政处罚诉讼案件，非诉执行案件据绝大部分的案例为申请强制执行行政处罚。该类案件人民法院主要审查行政机关作出行政处罚决定所认定的事实是否清楚、法律适用是否准确，程序是否合法、是否存在超越职权或者滥用职权行为等。人民法院通常审查的重点和难点在于行政处罚的种类较难识别，比如对责令改正行为、列入失信黑名单、撤销行政登记等行为是否属于行政处罚争议较大。此外，在违法事实的认定方面，主观过错的认定或推定、追责期限适用也是司法审查的难点所在。

趋势：经对比2021年之前应急管理领域的行政诉讼案件，当前人民法院对行政机关行为的合法性审查更加严格；随着行政诉讼要求行政机关负责人出庭制度的不断完善，2021年至2022年的应急管理领域行政诉讼案件，有越来越多的行政机关负责人出庭应诉，有效地助推行政争议实质性化解，提升行政机关负责人和行政执法人员应诉能力和水平。

二、典型案例分析

（一）行政补偿类

案例：商丘市海飞商贸有限公司诉商丘市梁园区人民政府、商丘市应急管理局行政补偿案【（2021）豫行终299号】

关键字：行政许可、行政补偿、行政赔偿、经济损失

案情：2014年商丘市海飞商贸有限公司（以下简称"海飞公司"）建成涉案烟花爆竹专用仓库，取得烟花爆竹经营许可证，2017年延续取得原商丘市安全生产监督管理局（现为商丘市应急管理局）颁发的烟花爆竹经营（批发）许可证。

2020年1月13日，梁园区政府发布通告：梁园区域内禁止生产、经营、储存、运输、邮寄、燃放烟花爆竹……涉案仓库的租赁户祝丽君称仓库存放的烟花爆竹系全部租赁户所有，海飞公司没有货物，"去库存"补偿款不属于海飞公司。海飞公司无异议，故梁园区政府将"去库存"补偿款转账给租户。

2020年5月15日，海飞公司向梁园区政府递交行政赔偿申请，称因梁园

区政府发布涉案通告,其投巨资建造的烟花爆竹储存专用仓库及其他硬件设施仅正常使用三年,无法收回成本,损害海飞公司的合法经营权,申请经济赔偿,梁园区政府收到申请书后未予答复。同日,海飞公司向商丘市应急管理局递交行政补偿申请书,称因梁园区政府发布涉案通告,商丘市应急管理局应当撤回行政许可,给予经济损失补偿。2020年5月19日,商丘市应急管理局答复称:商丘市应急管理局没有作出损害海飞公司合法权益的行为,其损失与商丘市应急管理局无关,不存在行政补偿的事实基础;海飞公司主动申请撤回烟花爆竹经营(批发)许可证,无论是否撤回,均非商丘市应急管理局强制收回,海飞公司无权要求给予补偿。海飞公司遂提起本案行政诉讼,要求梁园区政府、商丘市应急管理局行政补偿。

争议焦点: 1. 海飞公司的"经济损失"是否属于行政补偿的范围; 2. 商丘市应急管理局是否为本案适格被告。

裁判要旨: 一审法院认为,海飞公司所主张的"经济损失"是指其投资建造涉案仓库作为烟花爆竹专用仓库,因涉案通告明确禁止经营、储存烟花爆竹,导致涉案仓库无烟花爆竹可存放,投资成本不能收回的损失,涉案通告的发布事实上是海飞公司在经营中应当承担的政策性风险。涉案通告的发布并未导致仓库毁损,并未导致涉案仓库存放、保管、储存物品的功能丧失,海飞公司以涉案仓库可储存之物因涉案通告发布而排除烟花爆竹为由要求梁园区政府予以行政补偿没有法律依据。涉案烟花爆竹经营(批发)许可证虽然由商丘市应急管理局颁发,但是海飞公司事实上不能继续烟花爆竹经营(批发)许可业务并不是因为商丘市应急管理局变更、撤回已经生效的行政许可,故商丘市应急管理局不是本案适格被告。故判决驳回海飞公司对商丘市梁园区人民政府的诉讼请求;驳回海飞公司对商丘市应急管理局的起诉。

二审法院认为,涉案烟花爆竹经营(批发)许可证虽然由商丘市应急管理局颁发,但商丘市应急管理局是否变更、撤回行政许可与涉案通告是否给海飞公司造成损失不是同一法律关系,不应合并审理。一审裁定驳回对商丘市应急管理局的起诉结论正确,但理由不当,予以纠正。根据行政补偿法定原则,申请人对合法的行政行为产生的损失提请义务机关进行补偿必须有补偿的法定依据。本案中,海飞公司并无举证其应当获得补偿的文件、当地的习惯性做法、关联性判例或者政府做出过补偿承诺等。海飞公司无法证明其仓库修建成本损失与涉案通告有法律上的必然因果关系，如认为涉案通告违法应另行主张权利。故判决原审判决认定事实清楚，裁判结果正确但理由不当，指出之后予以维持。判决驳回上诉，维持原判。

法律分析：根据行政补偿法定原则，申请人对合法的行政行为产生的损失提请义务机关进行补偿，必须有直接补偿文件、当地的习惯性做法、关联性判例或单方补偿承诺、双方签订补偿协议等依据，否则申请人关于行政补偿申请缺乏相关的事实或法律依据。

法律依据：《行政许可法》第2条、第12条、第47条，《国家赔偿法》第36条，《最高人民法院关于审理行政许可案件若干问题的规定》第14条、第15条。

类似案例：1. 云南得翔矿业有限责任公司诉云南省镇康县人民政府地矿行政补偿案件【（2019）云行终817号】：判决由镇康县人民政府在本判决发生法律效力后10日内，补偿云南得翔矿业有限责任公司损失214.6万元。2. 王洪、李莉琼诉重庆市渝北区人民政府行政补偿案件【（2021）渝行终615号】：一审法院裁定驳回原告的起诉，二审法院予以维持。

（二）行政赔偿类

案例：沅江市沅益烟花爆竹销售有限公司诉益阳市应急管理局、沅江市应急管理局行政许可及行政赔偿案【（2021）湘09行终28号】

关键字：审批、决定、经济损失、赔偿

案情：2015年益阳市安全生产委员会办公室印发关于进一步规范烟花爆竹经营（批发）许可工作的通知，确定"十三五"期间沅江市新增烟花爆竹经营批发企业3家。2017年沅江市政府发布《关于批准公布实施〈沅江市烟花爆竹经营（批发）企业布点实施方案〉的批复》，通过了"规划2015年至2020年全市新增设3家烟花爆竹批发企业"方案。

2019年沅江市沅益烟花爆竹销售有限公司（以下简称"沅益公司"）申请新建经营烟花爆竹批发项目经沅江市应急管理局初审同意，将相关申请表及材料提交至益阳市应急管理局，该局于同日受理了申请。2020年初益阳市应急管理局对沅益公司作出了《关于对新建烟花爆竹项目停止审批决定》，决定对该公司提出的新建项目停止审批。

沅益公司起诉要求撤销《关于对新建烟花爆竹项目停止审批决定》，赔偿

其经济损失。

争议焦点：1. 沅江市应急管理局是否属于适格被告；2. 益阳市应急管理局于2020年1月2日作出的《关于对新建烟花爆竹项目停止审批决定》是否合法，是否应给予赔偿。

裁判要旨：一审法院认为，沅益公司所诉《关于对新建烟花爆竹项目停止审批决定》并非沅江市应急管理局作出的行政决定，其作出的初审行为未对沅益公司权利义务产生实质性影响，故沅江市应急管理局非本案适格主体。湖南省政府办公厅《关于加强整顿治理促进烟花爆竹产业发展的意见》规定与沅江市政府《关于批准公布实施〈沅江市烟花爆竹经营（批发）企业布点实施方案〉的批复》内容冲突，沅江市政府的规范性文件效力低于湖南省政府规范性文件，故益阳市应急管理局适用湖南省政府的规范性文件作出《关于对新建烟花爆竹项目停止审批决定》符合上述规范性文件。益阳市应急管理局作出涉案行政许可决定符合《行政许可法》第42条要求20日内作出行政许可决定的规定，但2020年1月2日作出该行政许可决定后，沅益公司在2020年7月21日才签收，送达迟延系轻微程序违法，但并未侵犯实体权利，沅益公司请求行政赔偿没有法律和事实依据。

判决驳回沅益公司对沅江市应急管理局的起诉；确认益阳市应急管理局作出的《关于对新建烟花爆竹项目停止审批决定》程序违法。

二审法院认为，沅益公司诉请撤销的是《关于对新建烟花爆竹项目停止审批决定》，应以作出行政行为的益阳市应急管理局为被告。根据湖南省政府办公厅《关于加强整顿治理促进烟花爆竹产业安全发展的意见》规定，"十三五"期间，除省级批准的重大技术和装备革新试点、示范及重大兼并重组项目外，新建、搬迁、整体改建烟花爆竹项目一律停止审批。沅益公司申请新建烟花爆竹批发项目，不属于省级批准的重大技术和装备革新试点、示范及重大兼并重组项目，应停止审批，益阳市应急管理局作出停止审批的决定符合规定。沅益公司提供的证据尚不足以证明损失的存在，《关于停止实施烟花爆竹项目事项的通知》告知沅益公司未经审批同意不得实施烟花爆竹项目相关事项，并将该通知进行了送达，沅益公司诉称损失与停止审批行为不存在因果关系。

判决驳回上诉请求，维持一审判决。

法律分析：根据《国家赔偿法》《最高人民法院关于审理行政赔偿案件若

干问题的规定》规定，原告对其行政赔偿请求应向人民法院提交以下证据予以证明：赔偿请求所涉的行政行为是违法行为；行政行为相对人存在合法权益的损失；该损害与违法行政行为存在因果关系。

法律依据：《行政许可法》第70条，《中华人民共和国行政诉讼法》（以下简称《行政诉讼法》）第26条、第46条，《国家赔偿法》第2条、第4条，《烟花爆竹安全管理条例》第17条、第19条，《烟花爆竹经营许可实施办法》第5条、第6条、第8条，《最高人民法院关于审理行政许可案件若干问题的规定》第4条。

类似案例：1. 朱惠新诉上海市静安区人民政府行政赔偿行政诉讼案件【（2021）沪02行赔初5号】：裁定驳回起诉。2. 陈小定诉北京市公安局大兴分局行政赔偿行政诉讼案件【（2022）京02行赔终120号】：裁定驳回起诉。

（三）非诉执行类

案例一：重庆市荣昌区应急管理局与重庆腾展装饰工程有限公司罚款非诉执行审查行政裁定书【（2022）渝0153行审14号】

关键字：安全生产事故、罚款、行政处罚、强制执行

案情：申请执行人重庆市荣昌区应急管理局于2021年12月16日作出（荣）应急罚〔2021〕支-1-6-1号《行政处罚决定书》，以被执行人重庆腾展装饰工程有限公司对发生的生产安全事故负有责任为由，决定对重庆腾展装饰工程有限公司处以罚款30万元。由于重庆腾展装饰工程有限公司既不依法申请复议或向人民法院起诉，也未在规定时间内履行，重庆市荣昌区应急管理局于2022年6月22日作出（荣）应急执行催告〔2022〕支-1号《行政强制执行事先催告书》，并于同日送达重庆腾展装饰工程有限公司，书面催告重庆腾展装饰工程有限公司履行，重庆腾展装饰工程有限公司在十日内仍未履行，申请执行人重庆市荣昌区应急管理局遂向法院申请强制执行。

争议焦点：是否准予强制执行申请执行人重庆市荣昌区应急管理局作出的（荣）应急罚〔2021〕支-1-6-1号《行政处罚决定书》。

裁判要旨：法院认为，申请执行人重庆市荣昌区应急管理局作出的（荣）应急罚〔2021〕支-1-6-1号《行政处罚决定书》，事实清楚，证据确凿，适用法律法规正确，程序合法，无超越职权和滥用职权。

法院裁定，准予强制执行申请执行人重庆市荣昌区应急管理局作出的

（荣）应急罚〔2021〕支-1-6-1号《行政处罚决定书》，对被执行人重庆腾展装饰工程有限公司追缴罚款30万元。

法律分析：根据《中华人民共和国行政强制法》（以下简称《行政强制法》）第57条的规定，人民法院对行政机关强制执行的申请进行书面审查，对符合本法第55条规定，且行政决定具备法定执行效力的，除本法第58条规定的情形外，人民法院应当自受理之日起七日内作出执行裁定。本案中申请执行人重庆市荣昌区应急管理局作出的（荣）应急罚〔2021〕支-1-6-1号《行政处罚决定书》，事实清楚，证据确凿，适用法律法规正确，程序合法，无超越职权和滥用职权。准予强制执行申请执行人重庆市荣昌区应急管理局作出的（荣）应急罚〔2021〕支-1-6-1号《行政处罚决定书》，对被执行人重庆腾展装饰工程有限公司追缴罚款300 000元。

法律依据：《行政强制法》第57条

类似案例：1. 三都水族自治县应急管理局、贵州益华建筑工程有限责任公司非诉执行审查行政裁定书【（2021）黔2732行审2号】：裁定对三都水族自治县应急管理局2019年10月21日作出（三）应急罚〔2019〕1021-01号《行政处罚决定书》准予强制执行，即对被执行人贵州益华建筑工程有限责任公司追缴罚款人民币150 000元。2. 厦门市海沧区应急管理局、陈某义6004非诉执行审查行政裁定书【（2021）闽0205行审8号】：准予强制执行厦门市海沧区应急管理局于2020年5月25日作出的厦海应急罚〔2020〕1号行政处罚决定；被执行人陈某义应于本裁定书送达之日起10日内向厦门市海沧区应急管理局缴纳罚款20 000元及加处的罚款20 000元，合计40 000元；被执行人陈学义在上述期限内不履行义务，本院将依法采取强制措施，由此产生的费用由被执行人陈学义承担。

案例二：汉川市应急管理局非诉执行审查行政裁定书【（2021）鄂09行审复2号】

关键字：生产安全责任事故、高处坠落、罚款、行政处罚、强制执行

案情：被执行人武汉市亿旺达建材销售有限公司因员工违规作业，企业不具备法定安全生产条件，而导致2019年11月18日发生一起高处坠落致2人死亡的生产安全责任事故。此后，汉川市应急管理局以涉嫌犯罪向汉川市公安局移送了该案件。2020年4月15日，汉川市公安局向汉川市应急管理局

发送了立案告知书：武汉市亿旺达建材销售有限公司股东、实际经营管理负责人刘某华涉嫌重大事故一案，符合立案标准，决定立为刑事案件侦办。

执行申请人汉川市应急管理局对武汉市亿旺达建材销售有限公司决定罚款40万元，罚款限于15日内缴纳。被申请人在法定期限内未申请行政复议或提起行政诉讼，经申请人催告后仍未履行处罚决定。申请人汉川市应急管理局于2021年2月18日向汉川市人民法院申请强制执行。

汉川市应急管理局不服一审裁定向法院申请复议，请求依法撤销汉川市人民法院（2021）鄂0984行审11号行政裁定，裁定汉川市人民法院强制执行申请人作出的川应急罚05号行政处罚决定。

争议焦点：是否准予强制执行申请执行人汉川市应急管理局对被执行人武汉市亿旺达建材销售有限公司作出的川应急罚05号行政处罚决定。

裁判要旨：一审法院认为：行政执法机关向公安机关移送涉嫌犯罪之前，未作出有关人身权和财产权的行政处罚的，应等待司法机关作出处理。如违法行为不构成犯罪或不需要追究刑事责任的，行政机关再依法作出行政处罚。

一审裁定：依照《行政执法机关移送涉嫌犯罪案件的规定》第11条、第13条，《行政强制法》第58条的规定，裁定不予强制执行。

二审法院认为：复议申请人汉川市应急管理局于2020年5月25日作出的川应急罚05号行政处罚决定，认定被处罚人武汉市亿旺达建材销售有限公司员工违规作业，企业不具备法定安全生产条件，但是该行政处罚决定书中载明的事实过于简单，企业不具备哪些法定安全生产条件不够明确、详细。汉川市应急管理局作出的行政处罚认定的相关事实是否清楚，是否保障了武汉市亿旺达建材销售有限公司的陈述申辩权和要求听证的权利，其处罚程序是否合法有待进一步审查。

关于汉川市应急管理局提出的被处罚人武汉市亿旺达建材销售有限公司不属于涉嫌犯罪的单位，对其行政处罚不需要司法机关先行处理的意见，可待本案重新审查时考量，法院不作评判。

二审裁定：撤销湖北省汉川市人民法院（2021）鄂0984行审11号行政裁定；发回汉川市人民法院重新审查。

法律分析：根据《行政处罚法》（2017年）第31条、第32条第1款、第39条、第41条的规定，行政机关在作出行政处罚决定之前，应当告知当事人作出行政处罚决定的事实、理由及依据，并告知当事人依法享有的权利。当事人有权进行陈述和申辩。行政机关在作出行政处罚决定之前，不依上述规定向当事人告知给予行政处罚的事实、理由和依据，或者拒绝听取当事人的陈述、申辩，行政处罚决定不能成立。

《安全生产法》（2014年）第17条规定，生产经营单位应当具备安全生产法和国家标准或者行业标准规定的安全生产条件，不具备安全生产条件的，不得从事生产经营活动。[1]

本案中，复议申请人汉川市应急管理局于2020年5月25日作出的川应急罚05号行政处罚决定，认定被处罚人武汉市亿旺达建材销售有限公司员工违规作业，企业不具备法定安全生产条件。但是汉川市应急管理局向法院申请强制执行时，仅提供了强制执行申请、行政处罚决定、缴纳罚款催告书、行政强制执行事先催告书及其送达回证，并没有向法院提交作出行政处罚的相关事实根据和法律依据及程序性材料，且该行政处罚决定书中载明的事实过于简单，企业不具备哪些法定安全生产条件不够明确不够详细，处罚程序是否合法有待进一步审查。

法律依据：《行政处罚法》（2017年）第31条、第32条第1款、第39条、第41条，《安全生产法》（2014年）第17条，《行政强制法》第58条第3款及《最高人民法院关于适用〈中华人民共和国行政诉讼法〉的解释》（以下简称《行政诉讼法解释》）第161条第2款。

类似案例：1. 安顺市西秀区应急管理局非诉执行审查行政裁定书【（2019）黔04行审复2号】：裁定撤销安顺市西秀区人民法院（2019）黔0402行审4号行政裁定；准予执行复议申请人安顺市西秀区应急管理局作出的（西区）安监罚字〔2017〕39号行政处罚决定；准予执行复议申请人安顺市西秀区应急管理局作出的（西区）安监加罚〔2017〕1号加处罚款决定。2. 重庆市璧山区应急管理局申请执行邓露行政处罚非诉执行审查行政裁定书【（2021）渝0120行审98号】：裁定准予强制执行申请执行人重庆市璧山区应急管理局于2020年7月6日作出的（璧山）应急罚〔2020〕8-1号《行政处罚决定书》。

---

〔1〕《安全生产法》2021年6月10日修订，2021年9月1日施行。本案法院审判依据的是旧法第17条，修正后为第20条，条文内容一样。

第七章 应急管理司法案例

案例三：重庆市武隆区应急管理局与重庆市武隆区凤疏物业管理有限公司罚款非诉执行案【（2022）渝 0156 行审 5 号】

关键字：强制执行、加处罚款、催告

案情：重庆市武隆区凤疏物业有限公司（以下简称"凤疏物业公司"）作为"4.13"事故中事故车辆的使用单位，未建立生产安全事故隐患排除治理制度，未对驾驶员田华雨进行安全生产教育和培训，未及时消除事故车辆后轴左侧制动摩擦片断裂、脱落的事故隐患，未教育督促田华雨严格执行本单位的安全生产规章制度，未及时消除事故车辆未悬挂机动车号牌，使用其他机动车号牌上道路行驶，导致一起 1 人死亡、2 人受伤的一般道路交通事故，凤疏物业公司对此次事故的发生负有责任。2021 年 7 月 16 日，重庆市武隆区应急管理局（以下简称"区应急局"）向凤疏物业公司送达了《处罚告知书》、《处罚听证告知书》，告知了陈述、申辩和提出听证的权利。凤疏物业公司未提出听证。2021 年 8 月 6 日，区应急局作出处罚决定书，对凤疏物业公司罚款 35 万元并告知其应在收到处罚决定书之日起 15 日内缴纳罚款、到期不缴纳罚款将每日按罚款数额的 3% 加处罚款、申请行政复议和提起行政诉讼的权利等事项，并于 2021 年 8 月 11 日向凤疏物业公司送达了前述处罚决定书。凤疏物业公司于 2021 年 8 月 16 日向区应急局申请延期缴纳罚款，区应急局同意其延长至 2022 年 2 月 10 日缴纳罚款。后凤疏物业公司在法定期限内未申请复议，未提起诉讼，也未自觉缴纳罚款。区应急局于 2022 年 2 月 21 日向凤疏物业公司送达了罚款缴纳通知书，但凤疏物业公司仍未缴纳罚款。后区应急局于 2022 年 3 月 18 日作出并送达了《强制执行事先催告书》。凤疏物业公司后仍未履行处罚决定书所确定的缴纳罚款和加处罚款的义务。

区应急局于 2022 年 4 月 7 日向法院申请执行其对凤疏物业公司作出的罚款决定及加处罚款决定。

争议焦点：区应急局申请执行对凤疏物业公司作出的罚款决定及加处罚款决定是否应当得到支持。

裁判要旨：申请执行人区应急局作出的处罚决定书中认定的事实清楚，适用法律、法规正确，程序合法，无超越职权和滥用职权的行为。被执行人凤疏物业公司对罚款决定无异议，在法定期限内也未申请复议和提起诉讼。在获得区应急局批准延期缴纳罚款后，凤疏物业公司未在延期后的期限内缴

纳罚款。在申请执行前，区应急局依法向被执行人凤疏物业公司进行了催告。因此，区应急局在法定期限内向本院申请执行其作出的处罚决定，符合法律规定，依法应予支持。

法律分析：区应急局在作出处罚时，已向凤疏物业公司告知了逾期不缴纳罚款将产生加处罚款的法律责任且该加处罚款标准为《行政处罚法》第72条第1款第1项明确规定的标准。向区应急局申请强制执行该加处罚款，也符合法律规定，依法应予支持。

法律依据：《行政处罚法》第72条第1款第1项、《行政强制法》第53条、第54条。

类似案例：1. 百色市应急管理局诉黄浪执行行政处罚决定案【（2021）桂1002行审9号】：申请执行人主张被执行人黄浪是零柒柒陆公司主要负责人事实不清，证据不足，申请执行人据此作出的行政处罚决定缺乏事实依据，强制执行申请不符合法定条件，裁定不准予强制执行申请执行人百色市应急管理局对被执行人黄浪作出的百应急罚〔2020〕5004号行政处罚决定。2. 灵宝市应急管理局诉灵宝市金盛矿业有限公司执行行政处罚决定案【（2021）豫1282行审35号】：申请人灵宝市应急管理局的申请符合法律规定强制执行条件，准予强制执行灵宝市应急管理局作出的（灵）安监罚〔2020〕KS006号行政处罚决定书，即"对灵宝市金盛矿业有限公司作出30 000元罚款，加处罚款30 000元"。

（四）行政许可类

案例：山东高速集团四川乐自公路有限公司诉中华人民共和国应急管理部撤销行政许可诉讼案【（2021）京行终1886号】

关键字：强制执行、加处罚款、催告

案情：2016年6月12日，四川省安全生产监督管理局、四川煤矿安全监察局作出《论证报告批复》。同年7月5日，四川乐自公路公司（以下简称"乐自公司"）向四川省人民政府外来企业投诉中心递交了《关于自贡市荣县燕窝煤业有限公司串通咨询机构企图侵占国有资产的投诉》，其附件3为《论证报告批复》。

2020年7月31日，乐自公司以四川省应急管理厅、四川煤矿安全监察局为共同被申请人、以荣县燕窝煤业有限公司（以下简称"燕窝公司"）为第

三人向应急管理部申请行政复议，请求撤销《论证报告批复》。同年 8 月 19 日，四川省应急管理厅、四川煤矿安全监察局作出行政复议答复书并提交相关证据。同年 9 月 1 日，乐自公司向应急管理部提交听证申请书。同年 9 月 11 日，应急管理部作出行政复议延期审理告知书及行政复议听证通知书并送达乐自公司。同年 9 月 17 日，应急管理部举行听证会，听取乐自公司意见并进行质证。同年 10 月 12 日，应急管理部作出被诉复议决定并邮寄送达乐自公司。乐自公司不服，诉至一审法院。

争议焦点：1. 乐自公司的复议申请是否超过复议申请期限；2. 本案是否应当参照最长起诉期限的有关规定确定行政复议的最长申请期限。

裁判要旨：一审法院认为《中华人民共和国行政复议法》（以下简称《行政复议法》）（2017 年）第 9 条第 1 款规定，公民、法人或者其他组织认为具体行政行为侵犯其合法权益的，可以自知道该具体行政行为之日起六十日内提出行政复议申请。对于最长行政复议期限，《行政复议法》及《行政复议法实施条例》均未作出明确规定，应参照《行政诉讼法》中关于最长起诉期限的有关规定确定行政复议最长期限。适时有效的《最高人民法院关于执行〈中华人民共和国行政诉讼法〉若干问题的解释》（2000 年 3 月 10 日施行）第 41 条规定，行政机关作出具体行政行为时，未告知公民、法人或者其他组织诉权或者起诉期限的，起诉期限从公民、法人或者其他组织知道或者应当知道诉权或者起诉期限之日起计算，但从知道或者应当知道具体行政行为内容之日起最长不得超过 2 年。

一审判决：被诉复议决定认定事实清楚，适用法律正确，程序合法，本院应予支持，判决驳回原告的诉讼请求。

二审法院认为，一审法院参照行政诉讼法中最长起诉期限的有关规定确定行政复议最长期限，并无不当。

二审判决：一审法院认定事实清楚，适用法律正确，驳回上诉，维持一审判决。

法律分析：虽然对于最长行政复议期限，《行政复议法》及《行政复议法实施条例》均未作出明确规定，但这并不意味着行政行为作出后，无论经过多长时间，申请人都有权在知道该行政行为之日起 60 日内提出行政复议申请，否则将对业已长期稳定的社会秩序造成损害，不符合行政复议救济程序设立的立法本义。为维护行政法律关系的稳定性，避免权利人怠于行使行政复议申请权，应参照适时有效的《行政诉讼法》及其司法解释中关于最长起诉期限的有关规定确定行政复议最长期限。

法律依据：《行政复议法》（2017年）第9条第1款、《行政复议法实施条例》第28条第4项、《最高人民法院关于执行〈中华人民共和国行政诉讼法〉若干问题的解释》（2000年）第41条。

类似案例：1. 马某现、张某勤诉汝州市人民政府登记案【（2017）最高法行申3010号】，判决：一审、二审裁定适用法律正确，应予维持，驳回再审申请。2. 沙某炳房屋强制拆迁纠纷再审案【（2019）最高法行申13158号】，判决：沙某炳于2019年3月提起本案诉讼，并未超过法定的起诉期限。一、二审法律适用错误，应予纠正。

（五）行政处罚类

案例一：利辛县程家集镇耀辉加油站诉利辛县应急管理局行政处罚决定、利辛县人民政府行政复议决定案【（2020）皖1623行初59号】

关键字：《危险化学品经营（零售）许可证》、没收、罚款、一事不再罚

案情：2019年4月28日15时许，利辛县应急管理局（以下简称"县应急局"）执法人员对耀辉加油站进行检查时，发现耀辉加油站工作人员在为一辆牌号为皖A×××××的小汽车加汽油。经查，耀辉加油站的营业执照载明其经营范围是柴油、机油、润滑油，未取得危险化学品经营（零售）许可证，原告的四个储油罐，其中两个储存有汽油。县应急局于当日立案后，向耀辉加油站的员工刘某莹、崔某、汪某芳、陈某发进行了调查询问，作出现场处理措施决定和查封扣押决定，责令耀辉加油站立即停止经营危险化学品（汽油），由利辛县商务局配合，协助扣押了原告的汽油29.07吨。经县应急局单位负责人集体讨论，于2020年4月15日作出被诉行政处罚决定，决定对耀辉加油站作出没收汽油29.07吨，罚款人民币18万元的行政处罚。耀辉加油站不服，向利辛县政府申请行政复议，县政府于2020年7月7日作出被诉行政复议决定，维持了县应急管理局的行政处罚决定。耀辉加油站不服，向法院提起行政诉讼，请求撤销处罚决定及复议决定。

另查，2019年5月8日，县应急局作出（利）安监查扣处〔2019〕12号查封扣押处理决定，没收扣押原告的汽油29.07吨，同年12月9日县应急管

理局作出（利）安监罚〔2019〕12号行政处罚决定，对原告罚款18万元。原告不服查封扣押处理决定，向本院提起行政诉讼，本院于2020年3月16日作出（2019）皖1623行初71号行政判决，撤销了县应急管理局作出（利）安监查扣处〔2019〕12号查封扣押处理决定。县应急局经审查后，自行撤销了对原告罚款18万元的（利）安监罚〔2019〕12号行政处罚决定。

争议焦点：县应急局作出被诉行政处罚决定是否违反"一事不再罚"原则。

裁判要旨：因县应急局主动撤销了（利）安监罚〔2019〕12号行政处罚决定，该处罚决定视为自始不存在，在此情况下，县应急局针对耀辉加油站的违法行为重新作出被诉行政处罚决定，并未违反"一事不再罚"原则。

法律分析：《危险化学品安全管理条例》第6条规定："对危险化学品的生产、储存、使用、经营、运输实施安全监督管理的有关部门（以下统称负有危险化学品安全监督管理职责的部门），依照下列规定履行职责：（一）安全生产监督管理部门负责危险化学品安全监督管理综合工作，组织确定、公布、调整危险化学品目录，对新建、改建、扩建生产、储存危险化学品（包括使用长输管道输送危险化学品，下同）的建设项目进行安全条件审查，核发危险化学品安全生产许可证、危险化学品安全使用许可证和危险化学品经营许可证，并负责危险化学品登记工作……"据此，县应急局有对无证经营危险化学品的行为进行查处的法定职责。本案中，县应急局在检查中发现，耀辉加油站未取得危险化学品经营（零售）许可证销售危险化学品（汽油），经过对耀辉加油站的经营场所进行检查，并对耀辉加油站的工作人员进行了询问，耀辉加油站无证销售危险化学品的事实清楚，县应急管理局告知了耀辉加油站的陈述、申辩以及听证权利后，根据耀辉加油站的申请举行了听证，经单位负责人集体讨论决定，作出了本案被诉行政处罚决定，县应急管理局的行政处罚事实清楚，程序合法，适用法律正确。被告县政府受理了原告的复议申请后，依照法律规定的程序，作出了被诉行政复议决定，县政府的复议决定，程序合法，适用法律正确。

法律依据：《安全生产法》（2014年）第9条，《危险化学品安全管理条例》第6条、第33条第1款、第77条第3款，《行政处罚法》第29条。

类似案例：李某平与井研县应急管理局行政许可案【（2020）川11行终

59号】：李某平未提交证据证明其经过了新的有效培训，不符合《烟花爆竹经营许可实施办法》第16条第2项规定之许可条件，县应急局对其申请不予许可正确。

案例二：银川市金盾化工厂诉银川市西夏区应急管理局行政处罚案【（2021）宁01行终30号】

关键字：非法生产、烟花爆竹、程序违法、撤销后重新处罚、上位法优先

基本案情：2018年4月10日，银川市西夏区安全生产监督管理局（以下简称"安监局"）联合执法过程中，查处银川市金盾化工厂（以下简称"金盾化工厂"）非法生产、储存、销售枫叶牌"叭叭响"存储点，当场查封104箱枫叶牌"叭叭响"。经国家烟花爆竹产品质量监督检验中心鉴定，认定"所检样品为烟花爆竹玩具类产品"，指出枫叶牌"叭叭响"所含药物为含银的起爆药，非烟火药，结合产品的外观、标识、燃放试验及药物检测结果，确定该产品为烟花爆竹玩具类产品。

2018年9月17日，银川市西夏区安全生产监督管理局作出（银西）安监管罚字〔2018〕第（执法-01-1）号《行政处罚决定书》（以下简称"2018年处罚决定"），对金盾化工厂非法生产枫叶牌"叭叭响"依法没收，并处以2000元罚款。金盾化工厂不服该处罚诉至法院，法院以金盾化工厂申辩后，安监局加重处罚违反法律规定为由，撤销安监局作出的2018年处罚决定，二审亦予以维持。

2019年12月17日，安监局履行告知、听证程序后作出（银西）安监管罚字〔2019〕第（执法-17）号《行政处罚决定书》（以下简称"2019年处罚决定"），向金盾化工厂作出没收枫叶牌"叭叭响"104箱，并处以2000元罚款的行政处罚。金盾化工厂不服，向法院提起本案行政诉讼。

争议焦点：1.金盾化工厂生产的枫叶牌"叭叭响"是否属于烟花爆竹，是否属于禁止生产、销售的产品范围；2.行政处罚被撤销后，行政机关重新作出处罚决定而当事人再次起诉的，参与原行政处罚审理的审判人员是否应回避。

裁判要旨：《宁夏回族自治区烟花爆竹安全管理条例》（2005年）第3条与《烟花爆竹安全管理条例》第2条对烟花爆竹的定义有所区别。《宁夏回族自治区烟花爆竹安全管理条例》系下位法、旧法，故应当适用《烟花爆竹安

全管理条例》对烟花爆竹的定义。

（2019）宁 8601 行初 14 号行政案件的审查对象系安监局作出的 2018 年处罚决定，而本案审查的行政行为系安监局作出的 2019 年处罚决定。故两案并不属于《行政诉讼法司法解释》第 75 条第 1 款规定的同一个审判程序，本案并不适用该条规定。故一审法院判决驳回金盾化工厂的诉讼请求，二审法院亦予以维持。

法律分析：金盾化工厂生产的枫叶牌"叭叭响"俗称摔炮，经鉴定，属于烟花爆竹制品的范围。《宁夏回族自治区烟花爆竹安全管理条例》（2005年）第 3 条中烟花爆竹是以烟火药为原料制成的，各类鞭炮焰火。但《烟花爆竹安全管理条例》（2016 年）第 2 条第 2 款，对烟花爆竹的定义不仅限于以烟火药为原料，还包括烟花爆竹制品。故《烟花爆竹安全管理条例》属于上位法、新法，应当适用《烟花爆竹安全管理条例》对烟花爆竹的定义。

《行政诉讼法司法解释》第 75 条第 1 款规定，在一个审判程序中参与过本案审判工作的审判人员，不得再参与该案其他程序的审判。前后两案依据的事实虽相同，但针对的具体行政行为并非同一个，故本案不适用该条规定。

法律依据：《烟花爆竹安全管理条例》第 2 条，《宁夏回族自治区烟花爆竹安全管理条例》（2005 年）第 3 条、第 18 条、第 33 条，《行政诉讼法司法解释》第 75 条、第 90 条。

类似案例：1. 周某与临泉县安全生产监督管理局行政处罚案【（2015）临行初字第 00076 号】：周某在未经许可的情况下，购买花炮生产机械设备并私自生产，违反了《烟花爆竹安全管理条例》第 3 条规定，县安监局对其罚款 2 万元，认定事实清楚，程序合法，适用法律正确。2. 李某元与澧县安全生产监督管理局安监行政处罚案【（2016）湘 07 行终 215 号】：李某元超经营许可证载明的范围以外储存烟花爆竹，违反《烟花爆竹经营许可实施办法》第 23 条的规定，澧县安监局对其作出罚款人民币 2 万元并没收超过许可范围储存烟花爆竹产品的处罚适用法律正确。

案例三：中华人民共和国住房和城乡建设部与江苏中建工程设计研究院有限公司行政处罚案【（2021）京行终 1904 号】

关键字：爆炸事故、建筑设计、降低资质等级、安全生产、程序轻微违法

案情：江苏中建工程设计研究有限公司（以下简称"中建公司"）原为

化工石化医药行业（化学工程）专业甲级和建筑行业（建筑工程）甲级资质单位。2017年12月9日，连云港聚鑫生物科技有限公司（以下简称连云港聚鑫公司）间二氯苯装置发生爆炸事故，造成10人死亡、1人轻伤。经事故调查组作出调查报告，认定中建公司作为设计单位在明知四车间已建成但未取得规划许可情况下，违规出具正式施工图，出具的安全设施设计专篇未充分辨识工艺过程中的危险有害因素，是事故发生的重要原因之一。2018年11月28日，连云港住建局据此作出18号处罚决定，给予中建公司罚款30万元的处罚，该处罚决定已经执行完毕。

2019年6月14日，住建部召开听证会。中建公司的法定代表人及其委托代理人参加了听证会。在听证会上，住建部的调查人员说明了认定的违法事实、依据及处罚建议，但并未向中建公司出示57号批复、涉案事故调查报告等证据。2020年4月28日，住建部经履行告知程序、听证程序向中建公司作出被诉处罚决定，将其甲级资质降为乙级，并委托江苏省住建厅于同年5月18日将处罚决定送达给中建公司。中建公司不服，遂提起行政诉讼。

争议焦点：1. 住建部是否具有作出本案被诉处罚决定的行政职权；2. 被诉处罚决定认定的事实是否清楚，适用法律是否正确；3. 关于被诉处罚决定的程序是否合法

裁判要旨：住建部作为核发工程设计化工石化医药行业（化学工程）专业甲级资质的机关，具备作出本案所涉行政处罚的法定职权。本案中的主要事实有57号批复及涉案事故调查报告、事故调查组的谈话笔录等证据进行证明，住建部据此作出被诉行政处罚事实认定清楚，证据充分。

关于被诉处罚决定程序的合法性问题，虽然住建部在听证程序中未向中建公司出示相关证据，但住建部作出的行政告知书中，已经告知江苏中建公司拟作出行政处罚决定的事实、理由及依据；在听证程序中，中建公司也进行了陈述和申辩。诉讼中住建部提供的57号批复、事故调查报告及其他证据材料亦已经中建公司质证。经法院审查，中建公司的异议和陈述申辩意见均不能成立。故被诉处罚决定存在的上述程序违法情形，对案件的事实认定及法律适用并无任何实际影响。

法律分析：本案属于因设计单位违规设计引发安全事故，住建部门依法

对其作出降低资质处罚的案件。根据全国人大法工委《对关于违反规划许可、工程建设强制性标准建设、设计违法行为追诉时效有关问题的意见》（法工办发〔2012〕20号）的规定，违规设计、建设、施工带来的安全隐患始终存在，应当认定其行为有继续状态，追溯时效应自纠正违法行为之日起计算。关于"一事不二罚"，住建部实施的降低资质等级与连云港住建局所实施的罚款并非同一性质，不符合《行政处罚法》（2017年）第24条的规定情形，不构成"一事不二罚"。

被诉处罚决定虽然在听证程序上存在瑕疵，但不具备撤销重作的必要性，故依据《行政诉讼法》第74条的规定，法院在确认被诉处罚决定违法的同时，保留了其法律效力。

法律依据：《行政处罚法》（2017年）第24条、第29条，《行政诉讼法》第74条，《建设工程安全生产管理条例》第56条，《建设工程勘察设计管理条例》（2017年修订）第7条，《建设工程勘察设计资质管理规定》（建设部令第160号）第8条、第42条。

类似案例：1. 山东百士基础工程有限公司与济南市历下区应急管理局行政处罚案【（2020）鲁01行终30号】：山东百士基础工程有限公司承包基坑工程施工过程中发生坍塌事故，区安监局依据《安全生产法》第109条第1项对其处40万元罚款。2. 赵某与连云港市赣榆区应急管理局行政处罚案【（2020）苏07行终155号】：赵某在未取得施工资质情况下，组织修建钢结构厂房施工，发生施工人员坠落死亡事故，区应急局依据《安全生产法》第109条第1项对其处20万元罚款。

案例四：沈阳市沈河区应急管理局、沈阳市沈河区人民政府与沈阳燃气有限公司处罚决定及行政复议决定一案【（2021）辽01行终253号】

关键字：重新鉴定、证据保全、行政处罚、行政复议

案情：2016年3月6日6时55分，沈阳市沈河区万柳塘路43号空军房产裙房手抓饼店发生可燃气体爆炸事故，造成周边建筑、车辆受损，3名人员受伤。沈阳燃气有限公司接到报警后，于8时20分许开始进行勘查，于13时20分许发现距离事故发生地13米处有燃气泄漏。

2016年3月11日，沈阳市沈河区应急管理局（以下简称沈河应急局）组建沈河区万柳塘路43号空军房产裙房可燃气体爆炸事故联合调查组进行调查

处理。

2016年3月18日，沈河应急局委托沈阳市统业液化气有限公司对事故现场发现的6个液化石油气钢瓶进行现状泄漏性检测。

2016年4月27日，专家组提供了《沈河区万柳塘路43号空军房产裙房3.6爆炸事故专家意见》。同年10月19日，事故调查组作出《沈河区万柳塘路43号3.6爆炸事故调查报告》，认定该爆炸事故是由地下燃气管道破裂致燃气泄漏引起。

2016年11月19日，沈河应急局决定对沈阳燃气有限公司立案核查。后经案审委集体讨论，决定对沈阳燃气有限公司拟作出罚款人民币30万元的行政处罚。

2016年11月22日沈河应急局作出《行政处罚告知书》及《听证告知书》，向沈阳燃气有限公司送达。沈阳燃气有限公司于11月24日向沈河应急局提交《听证申请书》。12月7日，沈河应急局举行听证会。12月13日，沈河应急局作出《行政处罚决定书（单位）》决定给予沈阳燃气有限公司罚款30万元人民币的行政处罚。沈阳燃气有限公司于2017年1月23日向沈河区政府申请行政复议，沈河区政府于同年4月21日作出行政复议决定书，维持行政处罚。

争议焦点：1.事故调查组出具的事故调查报告是否合法；2.事故调查组出具的事故调查报告程序是否合法；3.事故调查组出具的事故调查报告结论是否正确。

裁判要旨：一审法院认为：依据《安全生产法》第9条的规定，沈河应急局具有作出本案案涉行政处罚的法定职权。依据《行政复议法》第12条的规定，沈河区政府具有作出本案案涉行政复议决定的法定职权。

关于事故调查报告的合法性问题。事故调查组成员的组成及聘请的专家资质均符合法律规定。

关于事故调查报告程序是否合法问题，本案中爆炸事故发生在2016年3月6日，事故调查组于同年3月11日成立，2016年10月19日事故调查组作出事故调查报告，超过法定期限。

关于液化石油气钢瓶保全及检测问题，事故3月6日发生，事故调查组3月11日成立。对六只液化石油气钢瓶的证据保全存在不当之处，无法证明事故调查组将六只钢瓶送检时的状态即为事发时的状态。

关于事故调查报告结论是否正确的问题。3月6日7时左右事故发生，而根据证据公司接到报警后，工作人员8时20分许就开始进行勘查，没有发现燃气泄漏。扩大勘查范围后13时20分许发现距离事故发生地13米处有燃气泄漏。相关分析报告，可作为本案的参考依据。

一审判决：1. 撤销沈阳市沈河区应急管理局《行政处罚决定书（单位）》；责令沈阳市沈河区应急管理局重新作出行政行为。2. 撤销被告沈阳市沈河区人民政府《行政复议决定书》。

二审法院认为：本案的审查客体为行政处罚决定以及行政复议决定，需要对审查客体进行合法性审查，包括对于被诉行政处罚决定的主要事实证据的审查。本案中，沈河区应急局依据《事故调查报告》所认定的事实，决定对沈阳燃气有限公司进行相应处罚，原审对于《事故调查报告》进行审查并无不当。根据《生产安全条例》第27条及第29条的规定，本案中事故调查组未在《生产安全条例》规定的期限内作出事故调查报告，程序上超过法定期限。关于液化石油气钢瓶保全及检测问题以及关于事故调查报告结论的参考依据问题，原审论述，亦无不当，本院予以支持。

二审法院判决：驳回上诉，维持原判。

法律分析：行政处罚决定以及行政复议决定，需要对审查客体进行合法性审查，包括对于被诉行政处罚决定的主要事实证据的审查。

在本案中，沈河区应急局依据《事故调查报告》所认定的事实，决定对沈阳燃气有限公司进行相应处罚，人民法院对于《事故调查报告》进行合法性审查并无不当。考虑到《事故调查报告》程序上超期，证据保全及证据检测方式方法存在瑕疵，因此认定本案存在事实不清、证据不足的情况与事实无误。

法律依据：《安全生产法》第9条、第12条，《生产安全条例》第27条、第29条，《行政诉讼法》第70条，《中国人民解放军安全条例》第78条、第79条，《行政复议法》第12条。

类似案例：1. 延安宏盛建筑工程有限责任公司不服延安市安全生产监督管理局生产责任事故批复案【（2009）陕行终字第28号】判决：一审判决认为事故批复未能全面查清原因，从而撤销批复中对事故原因的分析，事故性质和事故责任的认定正确,驳回上诉维持原判;2.安庆市冲浪能源科技有限责任公司不服安徽省淮南市人民政府、安徽省凤台县人民政府行政复议【(2020)皖行终782号】判决:凤台县政府对调查报告作出的批复无不当,淮南市政府作出被诉行政复议决定程序合法,驳回上诉维持原判。

案例五:勃利县勃利工程建设监理有限责任公司、七台河市应急管理局行政处罚决定一案【(2021)黑09行终17号】

关键字:坍塌事故、生产经营单位、监理单位、行政处罚

案情:2019年6月17日早5点30分,工程项目施工地点发生坍塌事故,造成两人死亡的后果。事故发生后,七台河市政府成立事故调查组开展调查。经专业单位鉴定认定:1."勃利县润育华庭居住小区3号楼屋面檐沟构件按《民用建筑可靠性鉴定标准》判定,结构系统安全等级为du级,结构是不安全的"。2.檐板倾覆的主要原因为"屋面檐板受力钢筋位置下移,保护层过大,承载能力不满足设计要求,导致成型拆模后倾覆弯折",结论为"勃利县润育华庭一期B-2-1项目工程3号楼D-5-9轴间檐板根部厚度及钢筋规格、间距等均符合设计要求,檐板受力钢筋保护层厚度不满足设计要求;受力钢筋下方未设置马凳、垫块"。

2019年9月16日,七台河市应急管理局对勃利工程建设监理有限责任公司的行政违法行为予以立案查处。2019年12月13日,七台河市应急管理局作出行政处罚决定,给予勃利工程建设监理有限责任公司处罚20万元人民币罚款的行政处罚。

争议焦点:1.上诉人勃利工程建设监理有限责任公司对事故的发生是否应承担责任;2.被上诉人七台河市应急管理局对上诉人作出的行政处罚行为适用法律是否正确的问题。

裁判要旨:一审法院认为:根据《行政处罚法》第15条规定,被告有权作出行政处罚决定,原告对此不持异议。依据《生产安全条例》第19条第2款、第29条规定了县政府可以直接成立或委托相关部门组建调查组本案,事故发生后,七台河市政府即组织调查组对事故进行调查,并对事故调查报告做出了批复,对案涉事故的性质和责任作出认定,并要求被告对原告进行行政处罚。

从被告向法院提交的其作出行政处罚的证据、依据审查,被告在调查过

程中对相关人员进行询问并委托鉴定,调查结果显示原告对导致两人死亡的生产安全事故负有重要责任,被告根据《安全生产法》(2014 年)第 109 条第 1 项规定[1]对原告的处罚适当,处罚程序也符合法律规定。

一审判决:驳回原告七台河市勃利县勃利工程建设监理有限责任公司的诉讼请求。

二审法院认为:本案事故发生后,被上诉人七台河市应急管理局按照七台河市政府安排,成立事故调查组查明:因上诉人未按照法律规定实施监理职责,其对因工程质量存在缺陷而造成两人死亡的生产安全事故负有重要责任。

上诉人主张其与勃利县兴华房地产开发有限公司签订的是建设工程监理合同,合同性质为委托服务监理合同,其并非《安全生产法》调整的生产经营单位。法院认为,《安全生产法》中规定的发生生产安全事故负有责任的生产经营单位,其不仅是指施工单位、建设单位,还包括其他与事故发生有关的生产经营单位。本案上诉人是经工商行政管理机关登记并领取营业执照的合法监理单位,其通过提供监理服务收取报酬的行为系从事经营活动,应当属于生产经营单位,即属于《安全生产法》调整的生产经营单位范围。二审判决:驳回上诉,维持原判。

法律分析:尽管《安全生产法》(2014 年)第 109 第 1 项明确处罚对象为生产经营单位,但其不仅是指施工单位、建设单位,还包括其他与事故发生有关的生产经营单位。建设监理公司通过向客户提供监理服务收取报酬的行为系从事经营活动,应当属于生产经营单位,符合相关处罚主体要求。

法律依据:《建设工程安全生产管理条例》第 36 条、第 52 条,《安全生产法》(2014 年)第 109 条第 1 项,《生产安全条例》第 19 条第 2 款、第 29 条、第 32 条,《行政诉讼法》第 89 条第 1 款第 1 项。

类似案例:1. 某材料公司诉重庆市某区安监局、市安监局行政处罚及行

---

[1]《安全生产法》(2014 年)第 109 条第 1 项规定:"发生生产安全事故,对负有责任的生产经营单位除要求其依法承担相应的赔偿等责任外,由安全生产监督管理部门依照下列规定处以罚款:(一)发生一般事故的,处二十万元以上五十万元以下的罚款",2021 年修正后,该条改为第 114 条第 1 项,罚款的数额提高,即:"发生生产安全事故,对负有责任的生产经营单位除要求其依法承担相应的赔偿等责任外,由应急管理部门依照下列规定处以罚款:(一)发生一般事故的,处三十万元以上一百万元以下的罚款"。

政复议检察监督案【检例第 116 号】：最高人民检察院领导指出安装调试防火卷帘门是材料公司履行合同义务的生产经营活动，材料公司负有安全生产管理责任，该事故属于综合责任事故，相关行政机关在裁量范围内依法对材料公司、建设公司、监理方都作了处罚，事故各方承担了相应的责任，程序上基本公正，法院判决并无不当。材料公司法定代表人冯某对检察机关所作的工作和提出的意见表示认可。2019 年 12 月 5 日，冯某向检察机关提交撤回监督申请书，检察机关依法作出终结审查决定，本案行政争议成功化解。

2. 成都安彼隆建设监理有限公司、南充市应急管理局再审审查与审判监督行政裁定书【（2020）川行申 1012 号】：安彼隆公司作为案涉工程的监理单位，以工程监理的身份参与了整个工程始终，其对工程施工起到重要的监督作用，系该工程的生产经营单位之一，因而对其处罚应适用《安全生产法》的规定。法院裁定驳回成都安彼隆建设监理有限公司的再审申请。

第二节 公益诉讼案件

一、概述

《法治中国建设规划（2020-2025 年）》强调要拓展公益诉讼案件范围，完善公益诉讼法律制度。2021 年修正的《安全生产法》，增加了"因安全生产违法行为造成重大事故隐患或者导致重大事故，致使国家利益或者社会公共利益受到侵害的，人民检察院可以根据民事诉讼法、行政诉讼法的相关规定提起公益诉讼"的条款，从而进一步完善安全生产公益诉讼法律制度，为安全生产公益诉讼提供了坚强的法治保障。可见，通过公益诉讼促进提高全社会安全意识和水平，已然成为应急管理事业高质量发展的必然要求。

制度层面，一方面，应急管理部门综合指导各地和相关部门开展应急管理工作。另一方面，应急管理部门结合工作实际，对各地安全生产公益诉讼进行探索实践。现今全国多个省（区、市）对开展应急管理方面公益诉讼工作进行了各种有益尝试，如浙江省瑞安市出台的《关于加强安全生产领域公益诉讼工作协作的意见（试行）》、山东省出台的《关于办理危害生产安全犯罪案件中加强协作配合的指导意见（试行）》等。

实践方面，检察公益诉讼作为应急管理行政监管的法治保障，是破解公共利益保护困境的有效路径、推动安全生产治理体系和治理能力现代化的重要力量。检察机关作为履行公益诉讼职责的主体，充分运用支持起诉、检察建议、提起诉讼等方式，积极开展公益诉讼工作；对于发现的案件线索，依法调查核实；对于负有监督管理职责的行政机关违法行使职权或者不作为，致使国家利益受到侵害的，积极向行政机关提出检察建议，督促其依法履行职责；对于行政机关不依法履行职责、未按期整改到位的，依法向人民法院提起诉讼。

公益诉讼以保护公益为核心价值。检察公益诉讼既是督促之诉，亦是协同之诉，既通过办理案件对行政机关进行监督，又支持行政机关依法行政，与行政机关保护公益合力。检察机关通过研究出台指导意见、制发指导性案例等方式，稳步推进应急管理公益诉讼工作。除传统公益诉讼案由外，检察公益诉讼利用行政公益诉讼诉前程序实现诉源治理，立足于传统安全生产领域，包括城市建设、交通运输、危化品、生产作业、煤矿和非煤矿山、消防安全、食药环医、旅游娱乐等社会生产生活各个领域，厘清责任主体，以个案推动制度革新，成效明显；放眼于新业态领域安全管理、积极参与事故调查，提前介入案件侦查，提出检察建议，填补行业发展过程中的制度空白。根据最高人民法院司法大数据研究院数据显示，涉及行政公益诉讼共计54件，其中2020年共计9件，2021年共计14件，2022年共计31件。检察公益诉讼不断强化新问题新风险的防范应对，已然成为发挥应急管理实效的有力支撑。

二、典型案例分析

（一）安全生产类

案例一：湖北省天门市人民检察院督促整治非法加油站行政公益诉讼案（最高人民检察院发布十一件安全生产领域检察公益诉讼典型案例之七）

关键字：行政公益诉讼、安全生产、非法加油站、社会治理

案情：天门市拖市镇、卢市镇、净潭乡等乡镇道路沿线多处居民点，存在设置简易加油站为过往车辆提供汽油、柴油等现象，因加油站靠近人群聚集区，且油罐设置管理随意，消防设施配备简陋，安全生产隐患问题突出。

2021年3月,天门市人民检察院(以下简称"市检察院")在调查走访中发现,拖市镇闵某等、卢市镇黄某等和净潭乡蒋某在未取得危化品经营许可证的情况下,擅自设立加油站点,为过往车辆提供汽油、柴油。非法加油站位于居民密集区,未按要求配备消防安全设施设备,未经安全规范评估与验收,存在较大安全隐患。

2021年4月14日,市检察院依法立案调查,并向天门市应急管理局制发检察建议,督促其依法履行监管职责,消除安全隐患。4月23日,天门市应急管理局对卢市镇、拖市镇、净潭乡政府下发督办函,要求各乡镇政府落实"属地管理"责任。此后,卢市镇、净潭乡政府与天门市商务局、应急管理局、市场监管局、公安局组成联合执法小组,对蒋某、黄某、罗某加油站加油设备予以拆除。6月22日,拖市镇政府向闵某、贾某、彭某、张某4家加油站分别下达拆除通知书,责令其立即停止经营,限期自行拆除设施设备,逾期则强制拆除。6月23日,天门市应急管理局回复市检察院,称将迅速督办加油站点所属乡镇落实"属地管理"责任,并会同相关职能部门,开展非法加油站点专项整治,预计2021年7月份完成非法加油站点拆除。2021年7月1日,天门市应急管理局向拖市镇闵某、贾某、彭某、张某4家加油站下达现场处理措施决定书,责令上述加油站从危险区域内撤出作业人员,停止营业,停止使用相关设施、设备。闵某、彭某2家加油站和张某加油站分别于7月2日、3日自行关停,拆除加油机。2021年7月5日,拖市镇政府强制关停贾某加油站并拆除加油机。

2021年8月,市检察院开展"回头看"专项工作,发现天门市应急管理局未全面依法履职,涉案七家加油站点危化品由经营户自行处置,相关设施设备(储油罐等)未予查封扣押,安全隐患尚未彻底消除,相关罚款亦未缴到位。

2021年8月30日,市检察院向天门市人民法院提起行政公益诉讼,请求判令天门市应急管理局依法对非法加油站违法经营危险化学品履行监管职责。案件起诉后,应急管理局表示非法加油站的监管涉及多个行政部门,希望各部门配合、形成工作合力。

市检察院以办理该案为切口,通过深入调研形成专题报告,于2022年3月向天门市人大常委会汇报。同时,市检察院向天门市安全生产委员会办公室发出社会治理检察建议，推动系统治理，形成各部门密切配合、协调联动、专项整治与日常监管相结合的长效机制。2022年3月至7月，天门市应急管理局联合商务局、市场监管局、公安局、生态环境局等相关职能部门开展非法加油站专项整治活动，共组织执法检查8次，出动执法人员132人次，彻底关停全市25家非法加油站点，保障人民群众的生命和财产安全。

争议焦点：行政机关是否是适格的行政主体、是否履行了监督管理职责。

裁判要旨：2021年12月13日，天门市人民法院支持检察机关诉讼请求，判决天门市应急管理局在60天内对非法加油站违法经营危险化学品的行为继续依法履行监督管理职责。判决生效后，天门市应急管理局积极履行职责，于2022年1月没收非法经营危险化学品（汽油）3吨，查扣涉案加油设施设备7套，彻底关停涉案非法加油站，杜绝反弹回潮。

案例意义：检察机关聚焦违法加油站点重大安全隐患，在助力行政机关厘清属地管理与全面监管职能划分的基础上，综合运用检察建议、提起诉讼、专题报告等方式，持续跟进督促行政机关全面依法履职，为彻底消除同类安全生产隐患贡献检察力量。同时，坚持依法能动履职，通过深入调研提出社会治理建议，助力推动开展行业专项整治，促进域内同类问题系统治理、根源治理，为区域安全生产发展和市域综合治理提供有力法治保障。

类似案例：1. 江苏省扬州市人民检察院诉高邮市某水产品加工厂拒不整改重大事故隐患民事公益诉讼案（最高人民检察院发布十一件安全生产领域检察公益诉讼典型案例之十一）：诉讼过程中，涉案企业申请调解，且履行诉讼请求全部民事责任的，检察机关经过综合评估，确认整改完毕的，可以同意调解结案。2. 江西省贵溪市人民检察院督促整治危险化学品安全隐患行政公益诉讼案（最高人民检察院和中华人民共和国应急管理部联合发布九件安全生产领域公益诉讼典型案例之八）。

案例二：江苏省扬州市人民检察院诉高邮市某水产品加工厂拒不整改重大事故隐患民事公益诉讼案（最高人民检察院发布十一件安全生产领域检察公益诉讼典型案例之十一）

关键字：民事公益诉讼、社会公共利益、安全生产、民事调解、危险化学品

案情：2003年，高邮市某水产品加工厂（以下简称该厂）购得原址厂房

后，对原有的氨制冷设备设施进行简单的维修、改造，便投入生产经营。上述设备设施内含危险化学品液氨，与周围居民聚居区安全距离不足，存在氨泄漏引发事故的安全隐患。高邮市应急管理局（以下简称"高邮应急局"）于2019年5月现场检查发现上述问题后，至2021年期间，多次向该厂作出立即排除事故隐患、责令限期整改等行政决定、行政处罚。该厂均在具有整改经济能力的情况下，拒不执行整改，且持续进行生产经营活动。

2021年9月，高邮市人民检察院（以下简称"高邮检察院"）开展初步调查，并同步向扬州市人民检察院（以下简称"扬州检察院"）报告。2021年10月，扬州检察院决定由高邮检察院以民事公益诉讼立案，两级院一体化履职，通过现场勘验等，查明该厂周边防护距离不符合《氨制冷企业安全规范》规定。

2021年10月22日，高邮应急局委托专业机构评估认定：该厂氨制冷设备设施构成四级危险化学品重大危险源，存在可能发生氨泄漏导致中毒、火灾、爆炸等人员伤亡或重大社会影响事故的重大事故隐患。

2021年11月1日，扬州检察院认为，该厂拒不整改重大事故隐患的行为既违反了安全生产法律法规，又放任重大事故隐患持续危害人民群众生命和财产安全，损害社会公共利益；高邮应急局通过数次行政执法难以及时有效防范和消除上述侵害危险；鉴于案情重大，决定由扬州检察院提办。11月23日，扬州检察院向该厂现场送达检察建议，建议其立即系统规范治理隐患；并告知拒不整改的涉诉风险。期间，检察机关先后6次通过圆桌会议等方式，推动该厂负责人转变拒不整改的思想认识。至2021年年底，该厂仍未开展实质性整改。

2022年1月4日，扬州检察院向扬州市中级人民法院（以下简称"扬州中院"）提起民事公益诉讼，诉请判令该厂立即依法治理隐患，彻底消除安全危险；并向社会公众公开赔礼道歉。

该案审理期间，该厂对扬州检察院提交的证据无异议，愿意立即整改，主动申请调解。2022年3月17日，扬州检察院会同扬州中院实地查看，确认该厂已经着手整改的事实，与该厂初步形成调解共识。2022年4月24日，经扬州中院主持调解，扬州检察院与该厂达成由该厂在2022年5月底前整改消除重大事故隐患安全危险并向社会公众赔礼道歉的调解协议。扬州中院将调解协议书面征求扬州市应急管理局意见，并依法公告，未收到任何异议；该院经审查认为，调解协议不违反法律规定，未损害社会公共利益，于 2022 年 6 月 16 日出具民事调解书予以确认。

调解协议达成后，检察机关持续督促高邮应急局、高邮市高邮镇人民政府跟进协议履行情况，至 2022 年 5 月，该厂投入 200 多万元将原液氨制冷系统技改为安全稳定的氟利昂 R507A 制冷系统。5 月 23 日，经委托专业机构再次评估，认定该厂重大生产安全隐患已消除。5 月 30 日，经 3 名安全生产专家书面及现场核查，一致认为之前的液氨重大危险源物质已安全处置，重大生产安全事故隐患已消除。2022 年 6 月 2 日，该厂在某网公告致歉声明，公开赔礼道歉。

争议焦点：检察机关是否可以对涉案企业提起安全生产民事公益诉讼，是否可以采取民事调解的方式结案。

裁判要旨：针对生产经营单位长期存在安全生产重大事故隐患，但拒不执行要求立即整改的行政决定，在行政决定非诉强制执行难以及时有效消除和防范事故隐患的情况下，检察机关可以提起民事公益诉讼。诉讼过程中，涉案企业申请调解，且履行诉讼请求全部民事责任的，检察机关经过综合评估，确认整改完毕的，可以同意调解结案。

法律分析：根据《危险化学品安全管理条例》第 19 条第 1 款第 1 项规定，危险化学品储存数量构成重大危险源的储存设施与居住区的距离应符合法律规定；根据第 7 条第 1 款第 2 项之规定，应急管理部门发现危险化学品事故隐患，责令立即消除或者限期消除。故高邮应急局责令涉案企业立即排除事故隐患、责令限期整改。

涉案企业有改正能力拒不改正，社会公共利益将受到损害。根据《人民检察院公益诉讼办案规则》第 85 条，人民检察院进行公益诉讼立案调查。根据《民法典》第 179 条、第 1167 条，扬州检察院提起公益诉讼，诉请判令消除危险、赔礼道歉。根据《中华人民共和国民事诉讼法》（2021 修正）（以下简称《民事诉讼法》）第 96 条、第 100 条，《人民检察院公益诉讼办案规则》第 99 条之规定，在被告自愿整改，主动申请调解的前提下，人民检察院同意调解。

法律依据：《危险化学品安全管理条例》第 7 条、第 19 条第 1 款第 1 项，《人民检察院公益诉讼办案规则》第 85 条、第 99 条，《民法典》第 179 条、

第1167条,《民事诉讼法》第96条、第100条。

类似案例：1. 湖北省天门市人民检察院督促整治非法加油站行政公益诉讼案（最高人民检察院发布十一件安全生产领域检察公益诉讼典型案例之七）：判决天门市应急管理局在60天内对非法加油站违法经营危险化学品的行为继续依法履行监督管理职责。2. 江西省贵溪市人民检察院督促整治危险化学品安全隐患行政公益诉讼案（最高人民检察院、应急管理部联合发布9件安全生产领域公益诉讼典型案例之八）：贵溪市院分别向贵溪市应急管理局、市场监督管理局、生态环境局、林业局及辖区镇政府上门送达检察建议，督促依法履职。

案例三：陕西省宁强县人民检察院督促履行尾矿库安全监管职责行政公益诉讼案（最高人民检察院发布二十三起检察公益诉讼起诉典型案例之二十二）

关键字：行政公益诉讼、安全生产、尾矿库

案情：陕西省宁强县境内的东皇沟铅锌矿曹家沟尾矿库（以下简称"曹家沟尾矿库"）位于嘉陵江上游，属B级尾矿库（B级为较高危险）重金属矿。该尾矿库从2010年停用至本案立案前长达八年时间，未依照《尾矿库安全监督管理规定》实施闭库，存在尾矿泄漏、溃坝等重大安全和环境隐患。该案系最高人民检察院挂牌督办案件。陕西省宁强县人民检察院（以下简称"宁强县检察院"）于2018年12月6日立案。通过现场勘验、调取相关行政机关执法卷宗、询问相关人员等方式展开调查。经调查查明，该尾矿库于2010年停用，2014年企业法定代表人被判处十年有期徒刑，2016年企业营业执照被吊销。宁强县应急管理局作为当地安全生产主管部门，在该尾矿库长期未依法闭库时，未能按照《尾矿库安全监督管理规定》的规定，履行监督管理职责。2018年12月12日，宁强县检察院向宁强县应急管理局（原宁强县安全生产监督管理局）提出检察建议，督促其依法全面履行职责，实施闭库并消除重大安全和环境隐患。2019年1月25日，宁强县应急管理局回复称，已对曹家沟尾矿库主要隐患进行了先期治理，正在申请项目资金完成闭库，待项目资金到位后由代家坝镇人民政府负责实施隐患治理及闭库工程。收到回复后，宁强县检察院进行跟进调查，发现宁强县应急管理局虽于2019年对曹家沟尾矿库实施了应急治理工程，但没有按照《尾矿库安全监督管理

规定》实施闭库，加之2020年汛期连续降雨，应急治理后的曹家沟尾矿库有尾矿外溢风险，安全和环境隐患仍持续存在。

宁强县检察院于2020年10月30日向宁强县人民法院提起行政公益诉讼，诉请判令宁强县应急管理局对宁强县东皇沟铅锌矿曹家沟尾矿库继续履行监管职责，切实保护国家利益和社会公共利益。

争议焦点：宁强县应急管理局称已履行了相关职责，且其不是实施闭库的主体，无责任实施闭库。检察机关出示相关证据，证明宁强县应急管理局未对曹家沟尾矿库采取切实有效的监管措施，国家利益和社会公共利益持续受到侵害。

裁判要旨：宁强县东皇沟铅锌矿曹家沟尾矿库不再进行排尾作业后未按要求进行闭库，对尾矿库下游嘉陵江流域水体环境构成潜在威胁，存在重大安全隐患，国家利益和社会公共利益仍处于受侵害状态。判决支持了检察机关的全部诉讼请求。判决生效后，宁强县应急管理局积极对曹家沟尾矿库进行闭库治理。目前，曹家沟尾矿库的闭库工程已完工，正待验收。检察机关将持续跟进，确保尾矿库安全和环境隐患彻底消除。

案例意义：尾矿库安全事关安全生产和环境保护，若监管不到位会给人民群众生命财产安全带来重大危害。本案所涉尾矿库危险等级较高，针对行政机关不依法履职情形，检察机关运用提起诉讼的刚性手段，推动行政机关依法有效履职。同时，结合办案全面调查尾矿库治理中存在的困难和问题，积极运用重大事项请示报告制度，向当地党委、政府报告工作，服务地方科学决策，推动行业综合治理。

法律依据：《尾矿库安全监督管理规定》、《民法典》第245条。

类似案例：1. 山东省人民检察院督促监管赤泥堆场闭库工程行政公益诉讼案（最高人民检察院发布十一件安全生产领域检察公益诉讼典型案例之一）。2. 陕西省略阳县人民检察院督促整治尾矿库安全隐患行政公益诉讼案（最高人民检察院和中华人民共和国应急管理部联合发布九件安全生产领域公益诉讼典型案例之一）。3. 福建省清流县人民检察院督促整治尾矿库行政公益诉讼案（最高人民检察院发布十三起"公益诉讼守护美好生活"专项监督活动典型案例之七）。

案例四：江西省贵溪市人民检察院督促整治危险化学品安全隐患行政公益诉讼案（最高人民检察院、应急管理部联合发布九件安全生产领域公益诉讼典型案例之八）

关键字：行政公益诉讼诉前程序、危险化学品、先行处置、行业整治

案情：2020年5月至6月，康某租借他人营业执照，在未办理危险化学品经营许可证、安全生产许可证等证照且未采取任何安全防护措施的情况下，在贵溪市某村庄储存、销售伪劣燃料油600余吨。该燃料油为"轻循环油"，是一种轻质油类，属于易燃易爆的危险化学品。

2020年8月12日，江西省贵溪市人民检察院（以下简称"贵溪市检察院"）刑事检察部门在履行审查逮捕职责时，发现康某非法储存、销售危险化学品的行为可能损害社会公共利益，将相关线索移送公益诉讼检察部门。

2020年8月25日，贵溪市检察院以行政公益诉讼立案，牵头多部门现场查看，聘请专业技术人员指导。经查，涉案化学品厂房位于人口密集的村庄旁，距离沪昆高速公路不足20米。现场有8个装有"轻循环油"40余吨的大型油罐，罐口未密封、不具备防溅漏等基本安全防护功能，极易引发爆炸事故。厂区大门无人值守，未设置安全提示警示标志。产生的污染物被直接排入农田，破坏生态环境。

贵溪市检察院认为，应急管理局作为安全生产监督管理部门，应对辖区内安全生产工作实施综合监督管理。鉴于情况的严重性、紧迫性，贵溪市检察院立即与应急管理等部门达成一致意见，决定采取临时性应急措施。

2020年9月7日，贵溪市检察院分别向贵溪市应急管理局、市场监督管理局、生态环境局、林业局及辖区镇政府送达检察建议。建议应急管理局尽快制定处置方案，将厂区内现存的"轻循环油"依法处置，彻底消除安全隐患，加强与公安、生态环境、林业、镇政府等部门在危险化学品安全管理方面的协助配合。建议其他相关行政机关依照各自职责，对康某的违法行为依法查处，以保护生态环境。

贵溪市检察院应市应急管理局申请，协调公安机关在完善固定相关刑事案件证据后将扣押的"轻循环油"交由应急管理部门依法处置。2020年9月8日，贵溪市应急管理局邀请检察机关、生态环境、消防、中石化贵溪分公司到现场会商具体处置措施，其后根据会商情况，制定《高速路口非法成品油

窝点储油设施隐患治理方案》，并报贵溪市政府同意。

同年 9 月 9 日至 10 月 11 日，贵溪市应急管理局先后组织中石化贵溪分公司对油罐内的"轻循环油"转运、清空、无害化处理；组织消防部门对油罐注水、对罐内残留的危险化学品置换；组织第三方专业公司对罐内污水进行专业处理，对所有油罐、管道管线等储油设施设备进行切割、回收。贵溪市生态环境局对现场遗留的炼油危废物进行了无害化处置。贵溪市市场监督管理局对康某租借的营业执照进行了吊销。贵溪市林业局对违法占用林地搭建厂房的周某依法作出责令补种、罚款等行政处罚措施。镇政府组织人员对违建厂房进行了拆除，以防止"散乱污"企业死灰复燃。

案件要旨：检察机关针对刑事案件扣押的易爆危险化学品未妥善保管处置、可能引发安全事故的情况，依法发出诉前检察建议，督促安全监管部门在公安机关固定留取证据后，先行对危险化学品进行无害化处理，及时消除事故隐患，推动行业综合整治，完善安全生产预防控制的责任链条。

案例意义：办案过程中，贵溪市检察院对近年来办理的涉危险化学品刑事、公益诉讼案件进行分析，形成《关于全市危险化学品行业安全生产情况专项调研报告》并呈报当地党委政府参阅。在党委政府的统一部署下，贵溪市检察院会同市应急管理局等部门开展"危险化学品行业安全生产"专项整治，排查全市 28 家危险化学品企业，发现 161 个安全隐患问题。检察机关先后牵头组织召开 3 次联席会议，提出 23 条磋商意见，监督相关行政机关发出责令整改指令书 50 份，推动相关企业建立健全安全生产制度 20 项。

法律分析：根据《安全生产法》《危险化学品安全管理条例》《生产安全事故应急条例》《江西省安全生产条例》（2017）等规定，应急管理局作为安全生产监督管理部门，应对辖区内安全生产工作实施综合监督管理。

类似案例：1. 江苏省扬州市人民检察院诉高邮市某水产品加工厂拒不整改重大事故隐患民事公益诉讼案（最高人民检察院发布十一件安全生产领域检察公益诉讼典型案例之十一）：诉讼过程中，涉案企业申请调解，且履行诉讼请求全部民事责任的，检察机关经过综合评估，确认整改完毕的，可以同意调解结案。2. 湖北省天门市人民检察院督促整治非法加油站行政公益诉讼案（最高人民检察院发布十一件安全生产领域检察公益诉讼典型案例之七）：判决天门市应急管理局在 60 天内对非法加油站违法经营危险化学品的行为继续依法履行监督管理职责。

（二）生态安全类

案例一：山东省烟台市人民检察院、孙某广生态破坏民事公益诉讼案【（2021）鲁06民初280号】

关键字：森林火灾、生态破坏、损害赔偿、公益诉讼

案情：2018年4月8日早，孙某广在其西山自种地用随身携带的打火机点燃杂草，点燃的草堆顺风而起引发火灾，孙某广见火势蔓延而不可控，遂驾驶三轮车逃离现场。事发时处于森林防火期内，由于风大，火势失控蔓延，引发森林火灾，致使乐畎村、瓮窑头村交界处公益林大面积着火。

原海阳市林业局于2018年4月9—10日对4月8日中午朱吴镇乐畎村西山发生的森林火灾过火面积及火灾损失情况进行鉴定并出具海林火鉴（2018）2号《海阳市森林火灾鉴定书》，过火面积：过火总面积229亩，其中公益林面积168亩（有林地面积127亩、荒山41亩）、经济林（果园）面积37亩、农地24亩。公益林面积涉及乐畎村和瓮窑头村，乐畎村91亩、瓮窑头村36亩；火灾损失情况：1. 公益林损失情况：本次火灾公益林损失价值409 575元。2. 扑火及火场看护费用：此次火灾全市共投入灭火330人，费用33 000元；出动车辆70辆次，费用10 500元；扑火人员伙食费4000元。合计费用47 500元。

2020年3月25日海阳市森林资源监测保护服务中心出具恢复规划：（1）火烧迹地清理按平均每亩约150株计算，按以往并结合外县市火烧迹地清理经验，每株成本为20元，每亩需3000元，清理127亩，共计381 000元。（2）造林投资共计500 600元，包括苗木投资147 800元，整地100 800元、栽植100 800元、浇水100 800元，后期管护50 400元。（3）其他费用包括规划设计费、工程监理费等61 700元。综上所述，本次朱吴镇"4.8"火烧迹地恢复造林共需投资943 354元。

争议焦点：1. 山东省烟台市人民检察院提起本案民事公益诉讼的主体资格是否适格；2. 孙某广实施的破坏生态环境行为与山东省烟台市人民检察院主张的生态环境损害后果之间是否存在因果关系；3. 孙某广应否承担生态环境修复责任及修复费用的具体数额。

裁判要旨：因破坏生态环境的行为所造成的损害，应承担赔偿责任。

法院认为：关于山东省烟台市人民检察院提起本案民事公益诉讼的主体

资格。根据《民事诉讼法》（2017）第 55 条第 2 款及《最高人民法院、最高人民检察院关于检察公益诉讼案件适用法律若干问题的解释》（2021）第 13 条的规定，本案公益诉讼起诉人公告期满后，仍无法律规定的机关及适格公益组织提起公益诉讼，山东省烟台市人民检察院作为公益诉讼起诉人对孙某广过失引发山林火灾所造成的损害提起民事公益诉讼，符合法律规定。

关于孙某广实施的破坏生态环境行为与公益诉讼起诉人主张的生态环境损害后果之间是否存在因果关系的问题。根据孙某广的陈述、公安机关的讯问笔录及已生效的（2018）鲁 0687 刑初 303 号刑事判决认定的事实，孙某广的行为系引发此次火灾的直接原因，火灾的蔓延导致海阳市乐畎村西山（国家级公益林）大面积着火，进而导致当地生态环境被破坏的结果。因此，孙某广的行为与当地生态环境损害后果之间存在直接的因果关系，法院对此予以认定。

关于孙某广应否承担生态环境修复责任及修复费用的具体数额的问题。孙某广的行为严重破坏了生态公益林，损害了当地的生态环境，侵害了环境公共利益，其应当对烧毁的公益林地进行补植复绿，尽快修复被毁坏林地的生态功能。

法院判决：被告孙某广于本判决生效之日起两年内按照《恢复规划简介》将 2018 年 4 月 8 日海阳市朱吴镇乐畎村西山火灾过火区域修复至损害发生前的状态和功能；如被告孙某广不履行上述修复生态环境的义务，应当向法院指定账户支付生态环境修复费用 943 354 元、扑火及火场看护费用 47 500 元。

法律分析：孙某广的行为严重破坏了生态公益林，损害了当地的生态环境，侵害了环境公共利益。根据《最高人民法院关于审理环境民事公益诉讼案件适用法律若干问题的解释》（2015）第 23 条规定，本案海阳市森林资源监测保护服务中心于 2020 年 3 月 25 日作出恢复规划，认定为恢复火烧迹地森林植被需要清理的死亡树木、造林的亩数、棵数，以及投资的总费用，该中心负有全市造林、营地规划设计和审核，组织、协调、指导、管理全市造林绿化的主要职责，对当地森林植被的种类、数量、分布状况等信息均有客观的数据，因此，法院对上述恢复规划简介予以采信。根据《最高人民法院关于审理环境民事公益诉讼案件适用法律若干问题的解释》（2015）第 20 条第 2 款的规定，孙某广应当根据恢复规划的要求进行生态修复，根据海阳市森林资源监测保护服务中心的意见，林木的栽植期为2年，如不能及时修复，则应按照恢复规划支付生态修复费用943 354元、扑火及火场看护费用47 500元。

法律依据：《最高人民法院关于适用〈中华人民共和国民法典〉时间效力的若干规定》第1条第2款，《中华人民共和国侵权责任法》（以下简称《侵权责任法》）第4条第1款，《民事诉讼法》（2017）第55条第2款、第144条，《最高人民法院、最高人民检察院关于检察公益诉讼案件适用法律若干问题的解释》（2018）第13条，《最高人民法院关于审理环境民事公益诉讼案件适用法律若干问题的解释》（2015）第20条第2款、第23条。

类似案例：1. 王某与山东省烟台市人民检察院生态破坏公益诉讼上诉案【（2019）鲁民终1086号】：驳回上诉，维持原判，支持王某承担生态环境修复费用2 042 565元的主张。2. 兰州市人民检察院、李某益生态环境保护民事公益诉讼【（2021）甘95民初32号】：李某益于两年内在榆中县按照1110株/公顷的标准完成继续补种剩余树木，树种为杨树、沙棘、沙柳等，并通过榆中县自然资源局验收；若未按要求完成相关树木的补种，则由李某益按照15557元/公顷标准支付林地恢复费用15557元×5.7531公顷＝89500.98元。

案例二：兰州市人民检察院、李某益生态环境保护民事公益诉讼案【（2021）甘95民初32号】

关键字：森林火灾、生态破坏、和解、公益诉讼

案情：2019年4月4日上午10时许，李某益在榆中县祭祀烧纸的过程中，将马某承包的细岭子社的林地、荒山烧毁。经榆中县林业勘察设计队测算：榆中县中连乡撒拉沟村细岭子社南岔面山失火面积共计8.238公顷，其中林地5.7531公顷，其他荒山2.4849公顷，毁坏林地全部为2016年新一轮退耕还林地，林地为防护林，树种为柠条、山杏等，森林类别为一般公益林地。被告李某益的行为导致8.238公顷林地荒山毁坏。

兰州市人民检察院请求法院依法判令李某益按照1110株/公顷的标准继续补种剩余树木，树种为杨树、沙棘、沙柳等，并通过榆中县自然资源局验收；或由李某益按照15557元/公顷标准支付林地恢复费用。

法院依法适用普通程序，于2021年11月22日依法组织调解，当事人自愿达成如下协议：

一、李某益于两年内在榆中县按照1110株/公顷的标准完成继续补种剩

余树木，树种为杨树、沙棘、沙柳等，并通过榆中县自然资源局验收；

二、若未按要求完成相关树木的补种，则由李某益按照15557元/公顷标准支付林地恢复费用15557元×5.7531公顷＝89500.98元。

争议焦点：1. 兰州市人民检察院、李某益主体资格是否适格；2. 李某益应否承担林地恢复责任。

裁判要旨：法院认为，兰州市人民检察院于2021年7月5日在正义网对该案进行了公告，公告期内未有法律规定的机关和有关组织提起民事公益诉讼，符合主体资格。

兰州市人民检察院提交的证据，符合证据的真实性、合法性及关联性，可以作为认定案件事实的依据，可以认定李某益在祭祀烧纸的过程中，因未尽到相应的防火责任，引起火灾致使榆中县中连川乡撒拉沟村细岭子社南岔面山林地荒山失火，李某益应当承担修复已经受损的林地的民事责任。

法律分析：根据《民事诉讼法》（2017）第55条第2款及《最高人民法院、最高人民检察院关于检察公益诉讼案件适用法律若干问题的解释》（2018）第13条的规定，本案公益诉讼起诉人兰州市人民检察院于2021年6月29日立案，2021年7月5日履行公告程序，提起本案生态环境保护民事公益诉讼主体适格。

根据《中华人民共和国森林法》（以下简称《森林法》）第39条第1款《民法典》第179条、第1229条之规定，李某益在祭祀烧纸的过程中，因未尽到相应的防火责任，引起火灾致使榆中县中连川乡撒拉沟村细岭子社南岔面山林地荒山失火，破坏了生态环境和资源保护，李某益应当承担修复已经受损的林地的民事责任。

法律依据：《民事诉讼法》（2017）第55条第2款，《最高人民法院、最高人民检察院关于检察公益诉讼案件适用法律若干问题的解释》（2018）第13条，《森林法》第39条，《民法典》第179条、1229条。

类似案例：1. 山东省威海市人民检察院诉王某云生态破坏民事公益诉讼案【（2020）鲁10民初231号】：王某云向法院指定账户支付生态环境修复费用49 989元，由法院缴付国库、向山东省威海市人民检察院支付鉴定评估费5000元，由该院转付烟台佳信林业规划设计有限公司。2. 王某与山东省烟台市人民检察院生态破坏公益诉讼上诉案【（2019）鲁民终1086号】：驳回上诉，维持原判，支持王某承担生态环境修复费用 2 042 565 元的主张。

案例三：丽水市人民检察院、梁某平生态环境保护民事公益诉讼案【（2021）浙 11 民初 333 号】

关键字：社会公共利益、森林火灾、侵权、公益诉讼

案情：2021 年 2 月 21 日 13 时许，被告梁某平在丽水市莲都区老竹镇梁村"学山岑足"山场附近自家田地内种植桃树时吸烟，并将未熄灭的烟头随手扔至身后的田地中，致使田地中的干枯茅草被引燃，引发森林火灾。被告梁某平与附近干农活的梁某福试图救火，但因天气干燥，火势迅速蔓延。经丽水富民林业规划设计有限公司鉴定，火灾过火有林地面积 308 亩（其中公益林 103 亩、商品林 205 亩）。经调查，火灾山场已补植林地 56 亩，仍有 252 亩林地需修复，经评估修复费用合计人民币 250 236 元，被告梁某平已主动缴纳了生态修复费用人民币 100 000 元。

丽水市人民检察院向法院起诉请求被告梁某平支付生态修复费用人民币 150 236 元及生态修复评估费用人民币 4000 元。

争议焦点：1. 丽水市人民检察院、梁某平主体资格是否适格；2. 被告梁某平是否应支付生态修复费用与生态修复评估费用，及其应支付的金额。

裁判要旨：法院认为，公益诉讼起诉人丽水市人民检察院具有提起本案公益诉讼的主体资格。被告梁某平过失引发森林火灾，过火有林地面积 308 亩，其对该事实予以认可，现有证据亦足以证实。被告梁某平的行为违反了《森林法》第 39 条第 1 款的规定，破坏了生态环境和林业资源，侵害了社会公共利益，应当承担相应的民事侵权责任。经审核被告梁某平造成的损失和已主动赔偿的费用，法院对丽水市人民检察院提起公益诉讼要求梁某平承担生态修复费用的主张予以支持。

裁判要旨：被告梁某平于本判决生效之日起十日内赔偿生态修复费用人民币 150 236 元及生态修复评估费用人民币 4000 元，共计人民币 154 236 元（款项上交国库）。

法律分析：《森林法》第 39 条第 1 款的规定"禁止毁林开垦、采石、采砂、采土以及其他毁坏林木和林地的行为"，本案中被告梁某平过失引发森林火灾，过火有林地面积 308 亩，其行为违反了《森林法》第 39 条第 1 款的规定，破坏了生态环境和林业资源，侵害了社会公共利益。

根据《民法典》第 179 条、第 1229 条、第 1234 条、第 1235 条之规定，"承担民事责任的方式主要有：……（五）恢复原状；……（八）赔偿损失"等、"因污染环境、破坏生态造成他人损害的，侵权人应当承担侵权责任"、"违反国家规定造成生态环境损害，生态环境能够修复的，国家规定的机关或者法律规定的组织有权请求侵权人在合理期限内承担修复责任。侵权人在期限内未修复的，国家规定的机关或者法律规定的组织可以自行或者委托他人进行修复，所需费用由侵权人负担""违反国家规定造成生态环境损害的，国家规定的机关或者法律规定的组织有权请求侵权人赔偿下列损失和费用"包括"生态环境受到损害至修复完成期间服务功能丧失导致的损失"、"生态环境损害调查、鉴定评估等费用"等。被告梁某平过失引发森林火灾，过火有林地面积 308 亩，其对该事实予以认可，现有证据亦足以证实，被告梁某平应承担相应赔偿损失的民事责任。

法律依据：《森林法》第 39 条第 1 款，《民法典》第 179 条、第 1229 条、第 1234 条、第 1235 条，《最高人民法院关于审理环境民事公益诉讼案件适用法律若干问题的解释》第 18 条、第 20 条，《民事诉讼法》（2017）第 55 条第 2 款。

类似案例：1. 顾某建生态环境保护民事公益诉讼案【（2021）辽 07 民初 824 号】：判决被告顾某建赔偿生态环境损害赔偿金 132 645 元。2. 王某宁失火一案二审刑事附带民事公益诉讼案【（2020）陕 08 刑终 333 号】：判令被告人王某宁自释放之日起三年内应在绥德县林业局的监督下在案发地按原定植点补栽 150cm 高、冠幅大于 35cm 侧柏 3135 株并负责抚育三年，每年抚育两次，抚育措施主要有松土、除草、修剪和病虫防治，且造林三年后林木保存率要达到 85% 以上。三年抚育期满，由公益诉讼起诉人聘请林业专业人员进行验收。如不承担上述生态修复义务，则由被告人王某宁支付因其失火行为造成的修复生态环境费用人民币 112 860 元。

（三）其他类

案例一：天水市麦积区人民检察院与天水市麦积区社棠镇人民政府不履行职责行政公益诉讼案【（2021）甘 0502 行初 2 号】

关键字：拒绝履行（不履行）检察建议、公益诉讼、铁路运营、安全环境

案情：2020 年 6 月 3 日天水市麦积区人民检察院（以下简称"公益诉讼起诉人"）对辖区内铁路沿线的安全状况的执法进行监督检查，发现天水市

麦积区社棠镇人民政府（以下简称"镇政府"）管辖的下曲村境内、天华铁路线和陇海铁路线铁路安全保护区内的彩钢房、彩钢棚等，对铁路安全运营存在隐患。

公益诉讼起诉人向镇政府发出检察建议，要求其依法履责及时进行监督管理，拆除或者加固等，切实保障区域铁路运营安全。镇政府收到检察建议后，与其他相关部门联合向第三人等上述构筑物的所有人发出告知书，督促其在15日内拆除等，部分构筑物所有人进行了整改。

2020年8月3日，就建议办理事项，公益诉讼起诉人现场回访，发现第三人对彩钢棚、围栏整改不符合要求。

2020年9月10日，公益诉讼起诉人向中铁兰州局集团有限公司定西工务段调查，其证明第三人的构筑物建在铁路安全保护区内，搭建未征得铁路部门的同意，加固不符合标准，未彻底消除安全隐患。

2021年1月5日公益诉讼起诉人提起行政公益诉讼，请求确认镇政府怠于履行管理职责的行为违法。

另，2020年7月20日，天水市麦积区人民政府办公室印发《天水市麦积区普速铁路安全隐患综合治理工作方案》，确定镇政府具有对区内影响铁路安全的隐患进行综合治理的职权。

争议焦点：1. 镇政府是否对铁路两侧影响铁路运输安全的因素具有监管职责；2. 镇政府是否依法履行该职责。

裁判要旨：本案的被告主体适格。公益诉讼起诉人发现第三人在铁路安全保护区内建设彩钢棚、彩钢铁皮围栏后，向镇政府发出检察建议，建议其监管消除铁路运营安全隐患、进行加固或者拆除等。虽然，镇政府向第三人发出告知书，要求其在15日内整改拆除，但，镇政府未监督落实整改事项，也未如期完成整改的事项，监管既反映不出落实相关整改措施的实质内容，也没有达到预防和消除隐患的效果，镇政府履行监管职责不力，使得影响铁路运营安全的因素持续存在，镇政府存在不履行查处铁路运营安全环境违法行为职责的行为。

虽然镇政府在后续及诉讼中已督促第三人对彩钢房等进行加固、拆除，但不代表镇政府之前未及时监管、未如期完成整改事项、未消除安全隐患的行为合法。公益诉讼起诉人认可镇政府职责现已履行完毕，坚持的诉讼请求有合法依据，应予支持。

一审确认被告天水市麦积区社棠镇人民政府不履行查处铁路运营安全环境违法行为职责违法。

法律分析：《铁路安全管理条例》第 4 条"铁路沿线地方各级人民政府和县级以上地方人民政府有关部门应当按照各自职责，加强保障铁路安全的教育，落实护路联防责任制，防范和制止危害铁路安全的行为，协调和处理保障铁路安全的有关事项，做好保障铁路安全的有关工作"；《甘肃省铁路安全管理规定》第 14 条"铁路沿线各级人民政府以及有关部门应当加强对铁路线路两侧五百米范围内的废品收购站、露天垃圾消纳点、堆放彩钢板等轻型材料的场所，采用轻型材料搭建的建筑物、构筑物和广告牌（匾）、灯箱以及农用薄膜、塑料大棚等的管理，防止大风天气下危及铁路运输安全"；《天水市麦积区普速铁路安全隐患综合治理工作方案》，亦对铁路沿线乡镇人民政府的执法主体、监管责任进一步细化并作了明确规定。

据此，镇政府对辖区内铁路两侧一定范围内堆放的物料、建筑物、构筑物等存在影响铁路运输安全的因素，及时处理，保障铁路营运安全具有监管职责。本案的被告主体适格，职责履行监管事项明确。

法律依据：《铁路安全管理条例》第 4 条、第 7 条第 1 款、第 31 条，《甘肃省铁路安全管理规定》第 9 条、第 14 条，《行政法司法解释》第 81 条第 4 款。

类似案例：1. 河南省人民检察院郑州铁路运输分院督促整治违建塘坝危害高铁运营安全行政公益诉讼案（检例第 113 号）。2. 江苏省南京市小区树木侵入架空电力线路安全保护区危害铁路运行安全行政公益诉讼案（最高人民检察院、中国国家铁路集团有限公司联合发布十起铁路安全生产领域公益诉讼典型案例之四）。3. 湖北省孝感市违规建设工程规划许可危害高铁运行安全行政公益诉讼案（最高人民检察院、中国国家铁路集团有限公司联合发布 10 起铁路安全生产领域公益诉讼典型案例之二）。

案例二：湖北省人民检察院督促整治互联网小微型客车租赁行业安全隐患行政公益诉讼案（最高人民检察院发布十一件安全生产领域检察公益诉讼典型案例之二）

关键字：行政公益诉讼诉前程序、公共安全、互联网小微型客车租赁、溯源治理

案情：湖北省通山县人民检察院（以下简称"通山县院"）在办理余

某、石某抢夺案中发现，未成年犯罪嫌疑人余某在未取得机动车驾驶证的情况下，利用联动云 App 安全漏洞，以向他人借用联动云 App 账号登录、通过人脸识别验证的方式，在咸宁市区向深圳前海联动云汽车租赁有限公司（以下简称"联动云公司"）咸宁分公司租赁机动车，并驾车从咸宁市区至通山县实施抢夺。联动云 App 存在运营管理漏洞，未能严格履行身份查验义务，且该公司部分分支机构还存在未备案、车辆登记不规范等问题，给公共安全带来极大隐患。

争议焦点：网络小微型客车租赁作为社会经济发展新业态，因身份查验不严、协同监管不够等问题给社会经济发展带来严重安全隐患，问题如何解决。

裁判要旨：2021 年 8 月 19 日，湖北省人民检察院（以下简称"湖北省院"）依法对涉案线索进行行政公益诉讼立案，并在全省范围内展开调查，发现联动云公司在湖北省成立分公司 17 家，投放运营机动车 5000 余辆，设立取车点、还车点 1000 余个。同时对近年来涉联动云刑事案件进行全面梳理，发现联动云 App 存在以下监管漏洞：一是人脸识别时间长，且此过程中可在不同城市、使用不同手机登录同一账号完成识别；二是可以使用提前拍摄好的人脸照片通过人脸识别；三是信息更新不及时，机动车驾驶证被暂扣甚至吊销后仍可通过 App 验证。

结合调查情况，湖北省院与湖北省交通运输厅（以下简称"湖北省交通厅"）进行磋商，通报了案件办理情况，督促依法履行监督管理职责，并就案件重点难点问题充分交换意见，形成共识。其后，湖北省交通厅下发《关于开展小微型客车租赁经营备案清理规范工作的通知》，组织全省交通主管部门开展网络小微型客车租赁行业整治专项行动，并派员分赴重点地区进行督办，责成相关交通运输局对联动云公司及分公司进行约谈，督促相关企业严格落实"实名制"租车要求，规范租赁经营行为。

2021 年 12 月 1 日，湖北省院与湖北省交通厅进一步座谈，达成以下意见：一是湖北省交通厅继续组织协调各地交通运输部门依法对网络小微型客车租赁行业强化监管，引导企业合规经营；二是湖北省交通厅尽快与相关部门建立协同监管机制，明确职责分工和协作要求；三是湖北省院争取与广东省检察机关协同办案，共同推动联动云公司解决软件安全漏洞问题。湖北省院组织全省三级检察机关同步对本地类似问题开展监督，办理公益诉讼案件34件，形成了一体化监督合力。2021年12月下旬，湖北省交通厅联合省网信办、公安厅、通信管理局、市场监督管理局、税务局、人民银行武汉分行等部门会签《关于进一步加强小微型客车租赁经营服务协同监管工作的通知》，完善监管衔接，堵塞监管漏洞。

鉴于联动云公司是一家在全国具有影响力的汽车互联网创新型企业，已在全国350余个城市开展机动车租赁业务，湖北省院在最高人民检察院指导下，与广东省人民检察院、深圳市人民检察院建立协作，于2021年12月17日邀请湖北省交通厅共赴深圳，向联动云公司送达社会治理检察建议，同时听取企业意见建议，帮助解决现实困难，促进企业合规经营。

联动云公司于2021年12月24日、2022年3月9日、6月9日三次向湖北省院提交整改方案及进展情况，该公司已经通过技术升级解决了人脸识别中的安全漏洞。新版App已于2022年3月上线，通过蓝牙控制车辆技术（有效距离仅20米）彻底解决手机远程遥控租赁、解锁车辆的问题，同时，在有条件地区探索对租赁车辆进行线上线下相结合的集中审核模式，并设立租赁备案专员，依法办理汽车租赁备案手续。

典型意义：网络小微型客车租赁作为社会经济发展新业态，因身份查验不严、协同监管不够等问题给社会经济发展带来严重安全隐患。为维护社会公共利益，促进新形势下网络小微型客车租赁的健康发展，湖北省院秉持双赢多赢共赢理念，坚持把诉前实现维护公益目的作为最佳司法状态，创新省院牵头，各市州分院同步监督"1+N"办案模式，督促行政机关依法履职，为全省范围内新业态的健康有序发展提供检察力量。在初步解决湖北省类似问题的基础上，通过跨区域协作，向行业龙头企业提出社会治理检察建议，推动源头治理、系统治理。

类似案例：无类似案例，本案例具有典型性。

案例三：深圳深汕特别合作区人民检察院督促整治道路路灯夜间照明不足行政公益诉讼案（广东省人民检察院、广东省应急管理厅联合发布十件安全生产领域刑事犯罪和公益诉讼典型案例之八）

关键字：行政公益诉讼、道路交通安全、道路照明、溯源治理

案情：2021年6月，深圳深汕特别合作区人民检察院（以下简称"深汕

检察院"）在办理一起交通肇事案中发现道路路灯夜间照度不足可能是引发该起交通事故的原因之一，随即向深圳市公安局深汕特别合作区分局交警大队（以下简称"深汕交警大队"）调取了深汕特别合作区（以下简称"深汕"）一般交通事故以上警情情况，发现2019年2月20日至2021年6月9日期间深汕共发生多起一般交通事故，其中有部分警情发生在18：30-6：30时间段，部分警情发生路段夜间无路灯照明，道路交通存在较大安全隐患。

争议焦点：深汕检察院经调查认为，在车流量较大的路段存在无路灯、路灯未点亮、夜间道路灯光照度不符合国家认定标准等问题，直接导致道路夜间照度低，极易造成交通事故发生、人员伤亡，影响群众安全通行。

案件要旨：深汕检察院于2021年8月31日向深圳市深汕特别合作区城管综合执法局（以下简称"深汕城管局"）制发检察建议，建议其对深汕大道路段及辖区内其他路段不符合标准的路灯进行整治，推动道路夜间照明整体提升，保障道路交通安全。

2021年10月30日，深汕城管局函复深汕检察院，已采取系列整治措施：一是通过缩短灯杆间距、清洗及更换灯具、增设路灯设备、加强日常巡查管养力度等方式提高管养范围内的路灯照度。二是对尚未移交该局管养的路灯设施，已督促路灯项目建设单位进行整改，并对在建和意建道路配套建设符合国家标准的路灯设施。三是参与道路建设项目的设计图专家会审，在设计环节严把城市道路照明设计标准。四是组织专业检测机构对辖区重要路段路灯照明情况进行全面检测，并全面摸排辖区重点路段"有路无灯"现象，统筹行政主管部门逐步完善。五是根据深汕实际情况，逐步制定道路照明设施整体提升方案和建立照明管理体系，加强深汕照明设施管养工作，保障道路交通安全。

经深汕检察院核实，目前深汕大道（惠汕交界至鹅埠加油站路段）路灯整体照明度已提高，"有灯不亮"现象已基本整改，同时深汕大道重要路段及道路交会口新增设200余盏路灯，辖区重要道路路灯照明度得以整体提高。

案例意义：1.行政公益诉讼是指人民检察院在履行职责中发现生态环境和资源保护、食品药品安全等领域负有监督管理职责的行政机关违法行使职权或者不作为，致使国家利益或者社会公共利益受到侵害的，应当向行政机关提出检察建议，督促其依法履行职责。经检察建议督促仍然没有依法履行职责，国家利益或者社会公共利益处于受侵害状态的，人民检察院应当依法提起行政公益诉讼。实践中，检察机关树立"诉前实现保护公益目的是最佳司法状态"理念，发出检察建议后协调促进落实，绝大多数案件都在诉前环节得以解决，以最小司法投入获得最佳社会效果。行政公益诉讼，特别是其诉前程序的设计，作为检察公益诉讼中最具中国特色的部分，集中体现了公益诉讼促进溯源治理的制度效能，彰显了中国特色社会主义司法制度的优越性。根据《安全生产法》第 74 条的规定，人民检察院对安全生产违法行为可依法提起公益诉讼。2. 本案中，检察机关对夜间道路交通事故进行分析调查，剖析研判无路灯、路灯未点亮、灯光照度低与夜间道路交通事故发生的关联性，有针对性地提出了检察建议。有关部门开展一系列整治措施，促进形成安全生产溯源治理和协同共治格局，切实维护人民群众生命财产安全和社会公共利益。

法律依据：《安全生产法》第 74 条

类似案例：胡某某交通肇事、卢某某、古某某重大责任事故案（广东省人民检察院、广东省应急管理厅联合发布十件安全生产领域刑事犯罪和公益诉讼典型案例之三）

案例四：海南省人民检察院督促整治液化天然气安全隐患行政公益诉讼案（最高人民检察院发布十一件安全生产领域检察公益诉讼典型案例之三）

关键字：行政公益诉讼诉前程序、安全生产、液化天然气点供、一体化办案

案情：2017 年 11 月，海南省某市政府（以下简称"市政府"）引进海南某清洁能源有限公司等 8 家 LNG（液化天然气）点供企业对某加工产业企业实施"煤改气"，使用 LNG 作为锅炉燃料，并建成 48 个 LNG 气化站。市政府及相关职能部门未对 LNG 点供企业及气化站的进驻程序和生产经营进行规范、有序管理，存在履职不充分、监管不到位等问题。在事前审核环节，LNG 气化站没有办理城镇燃气或危险化学品经营许可证、没有履行消防设计审核及验收等手续。在安全风险防控环节，市政府没有组织对 LNG 气化站安全生产设施进行审查和开展安全风险评估论证，没有组织相关职能部门和生产经营单位实施重大风险联防联控、编制安全生产权力和责任清单等。在事后处置环节，市政府及相关职能部门未严格落实安全隐患排除治理制度、重

大事故隐患治理督办制度等，发现重大安全隐患未能依法排除、及时处理。2020年8月至2021年7月期间，市政府及相关职能部门对LNG点供企业及气化站开展过三次安全生产检查，但发现的安全隐患甚至高风险隐患并未整改完毕。

争议焦点：LNG点供行业安全生产监管部门及职责、执法依据和标准不明确的问题。

案件要旨：LNG气化站存在诸多重大安全隐患，比如气化站没有实体围堰、围墙，围堰设置不符合规范要求，储罐、放散管之间及与站外建构筑物（厂房）之间防火间距不足，站点选址紧邻乡镇道路，罐区离高压线太近等，相关职能部门就LNG气化站"主管部门是谁""适用危险化学品还是城镇燃气管理"等问题产生分歧。2021年11月19日，海南省检察院和万宁市检察院根据《安全生产法》《城镇燃气管理条例》《危险化学品安全管理条例》相关规定，分别向市政府及相关职能部门制发检察建议。建议其依法全面履行安全生产监管职责，及时消除安全隐患。明确LNG气化站的监管主管部门和监管责任，创新监管方式，强化监管实效，引导企业依法合规生产经营，规范行业安全生产。

收到检察建议后，市政府及相关职能部门高度重视，成立领导小组，制定整治方案，并召开专题会议。期间，省编制部门向全省各市县下发通知，明确相关职能部门对LNG点供的监管职责。市政府根据该文件进一步细化和明确辖区LNG点供监管主管部门和监管责任，组织相关职能部门对之前未落实整改的LNG企业及其安全隐患问题进行复查，并依法移送相关执法部门查处。市政府出具了整改承诺函，承诺根据LNG气化站具体情况，采取利用管道燃气代替、协调改用其他能源、原站点整改等措施推进整改工作。截至2022年10月31日，48个LNG气化站中已完成整改33个，占68.8%；正在推进整改15个，占31.2%。

典型意义：检察机关通过一体化办案方式，解决了LNG点供行业安全生产监管部门及职责、执法依据和标准不明确的问题。根据安全生产法确定的安全生产领域"管行业必须管安全"的原则，紧扣相关职能部门"三定"方案，从一般关系到特殊关系进行辨析，就相关职能部门在LNG点供中的综合监管及直接监管责任作出判断，指出各职能部门应当承担的监管职责，阐明

LNG 点供是适用危险化学品还是城镇燃气管理的问题,以司法办案推动 LNG 点供行业专项整治顺利开展,推动安全发展理念落地落实。

法律依据:《安全生产法》《城镇燃气管理条例》《危险化学品安全管理条例》

案例五:浙江省宁波市鄞州区人民检察院督促整治天童禅寺消防安全行政公益诉讼案(最高人民检察院发布十一件安全生产领域检察公益诉讼典型案例之十)

关键字:行政公益诉讼诉前程序、消防安全、全国重点文物保护

案情:2021 年 3 月,宁波市鄞州区人民检察院(以下简称"鄞州区检察院")接到浙江省政协委员天童禅寺住持方丈反映,天童禅寺存在消防安全隐患问题长期未能解决。鄞州区检察院对此高度重视,以行政公益诉讼立案后进行调查。通过走访相关行政机关,实地勘查天童禅寺及周边环境等方式,查明作为全国重点文物保护单位的天童禅寺主要以木结构建筑为主,各建筑依山而建,彼此间紧密相连,形成庞大的建筑群,一旦发生火灾影响整个寺庙建筑安全。但天童禅寺所在区域呈盆地状,东西出口与外界公路是通过两车道的隧道相连,周边消防队最快车程至少需要 30 分钟才能到达,且要经过隧道,一旦发生火情,后果不堪设想。

争议焦点:鄞州区检察院审查认为,根据《消防法》第 39 条规定,距离国家综合性消防救援队较远、被列为全国重点文物保护单位的古建筑群的管理单位应当建立单位专职消防队,宁波市鄞州区消防救援大队以及属地东吴镇人民政府作为主管职能部门,应及时督促落实消防法有关要求,消除天童禅寺消防安全隐患。2021 年 5 月,鄞州区检察院向鄞州区消防救援大队、东吴镇人民政府制发检察建议,督促其对天童禅寺存在的重大消防安全隐患进行整改。

案件要旨:被列为全国重点文物保护单位的古建筑群存在重大安全隐患,而行政机关未依法履职的,检察机关可以开展行政公益诉讼。涉及行政机关和属地乡镇共同履职的,检察机关可以分别制发检察建议,推动各方厘清责任,形成监管合力,确保全国重点文物保护单位消防安全。

案例意义:消防安全,重在预防。全国重点文物保护单位的消防安全更需引起高度重视,一旦发生火灾事故,不仅对人员财产造成重大损失,更对

文物和文化遗产造成不可估量的损害。针对困扰天童禅寺多年的消防安全隐患问题，检察机关充分发挥公益诉讼职能，通过召开圆桌会议，厘清主管部门和属地乡镇职责，凝聚各方监督合力，协调解决推进过程中遇到的资金、场地和人员等实际困难，实现对全国重点文物保护单位专业化、规范化、长远化保护。

法律依据：《消防法》第39条

类似案例：四川省旺苍县人民检察院督促保护木门军事会议纪念馆行政公益诉讼案（最高人民检察院和中华人民共和国退役军人事务部联合发布十四件红色资源保护公益诉讼典型案例之四）

第三节 刑事案例

一、概述

近年来，随着人民群众对生存环境的安全要求越来越高，党和国家对社会应急管理问题也越来越重视，为了督促政府官员及社会各方积极稳妥应对突发事件，应急管理刑事司法领域逐步完成了对该领域犯罪行为的全流程、全方位覆盖式打击，不仅对已经造成社会危害的行为处以刑罚，对尚未造成危害结果但可能危及社会安全的行为以及监管不力的行为，也处以刑罚。

根据《突发事件应对法》第3条规定，我国应急管理的突发事件分为自然灾害、事故灾难、公共卫生事件和社会安全事件。本节主要从这四个领域入手，在总结2021年至2022年应急管理领域涉刑事判决基础上，发现涉刑的应急管理领域案件呈现出三大明显特征：

第一，重大责任事故类案件占比最高。重大责任事故罪是指在生产、作业中违反有关安全管理的规定，因而发生重大伤亡事故或者造成其他严重后果的情形。此类案件多发生于工厂、矿山、林场、建筑企业等，因企业负责人未积极执行企业安全管理的各种规定造成人员伤亡或者重大财产损失。随着营商环境的不断优化，越来越多的企业进入市场，但很多企业的法治观念却没有增强，加之企业负责人抱有侥幸心理，未严格要求企业人员执行安全生产制度，也未定期对安全生产设施、设备进行检查，最终导致悲剧的发生。

根据最高人民法院司法大数据研究院数据显示，2020年至2022年，安全生产类犯罪案件共计7703件，其中2020年共计2265件，2021年共计2349件，2022年共计3089件。[1]

第二，妨害传染病防治类案件数量增多。新冠疫情暴发以来，各地纷纷开展疫情防控工作，但仍有一部分人无视疫情传播的风险，隐瞒行程、拒绝隔离，甚至参加聚集活动，造成众多人员交叉感染，这类行为已经构成突发事件中的"公共卫生事件"，也触犯了妨害传染病防治罪，使得这一犯罪案件数量在这两年间较之以往有了较多的增长。2020年至2022年，妨害传染病防治罪案件共计268件，其中2020年共计74件，2021年共计36件，2022年共计158件。

第三，职务犯罪类案件逐渐引起重视。这类案件常见于：接受贿赂向不符合资质人员颁发许可证；未尽安全监督管理职责放任违法行为，造成巨大安全隐患或重大人员伤亡和财产损失。此类行为虽未直接导致突发事件的发生，但起到了推波助澜的作用，对事件的发生负有不可推卸的责任。最高人民检察院曾通过发布此类典型案例提示风险，引发重视。

随着法律制度的进一步完善，各级应急管理部门的行政执法水平将进一步提高，未来应急管理领域行政执法与刑事司法的衔接将愈发紧密，对各类违法犯罪行为的打击力度将会更强。同时，各类应急管理领域刑事典型案例的发布，将为司法机关办理此类案件提供指导，从而规范司法人员行为，统一法律适用标准，使案件办理更具可操作性。

二、典型案例分析

（一）责任事故类

案例一： 苏某某等13人重大责任事故案（广东省人民检察院、广东省应急管理厅联合发布安全生产领域刑事犯罪典型案例之四）

关键词： 重大责任事故罪、建设工程、非法转包、监理

案情： 2019年12月，汕尾市某建设工程招标，广东某建筑有限公司为了

---

[1] 判决结果段落中含有"危险作业罪、重大责任事故罪、强令、组织他人违章冒险作业罪、重大劳动安全事故罪、大型群众性活动重大安全事故罪、危险物品肇事罪、过失损坏易燃易爆设备罪、不报事故罪、谎报事故罪、工程重大安全事故罪、消防责任事故罪"之一的案件。

能中标，以黄某某持有的一级建造师（房某）资格证参与投标，并虚设项目部、任命黄某某为项目部项目经理，但黄某某未实际到岗履职。余某某作为该建筑公司分管安全生产工作的副总经理，负责督查该工程的建设及安全生产情况。中标后，该建筑公司的法定代表人兼总经理李某某将工程的施工项目非法转包给苏某某、叶某阳，随后苏某某又将该施工项目转包给无建筑资质的杨某某，并约定由杨某某支付挂靠费用。在施工过程中，杨某某聘请朱某某为技术负责人兼施工员、丘某某为项目施工安全员、叶某钦为测量员兼施工员。丘某某、叶某钦均无相应资质。此外，杨某某还将木工分包给无相应资质的郑某某。承揽该工程施工项目监理业务的为广东某建设管理有限公司，林某某为该公司法定代表人兼总经理，而该工程的监理工作实际由该公司陆河分公司负责开展，彭某某为陆河分公司负责人。监理合同签订后，田某被任命为该工程的总监理工程师。

在施工过程中，杨某某、朱某某等人违反安全管理规定，在搭设高度为16.3米的业务楼四层屋面构架及悬挑挂板施工过程中，没有编制"高支模"专项施工方案并组织专家论证，没有对施工人员进行安全生产教育与安全技术交底，搭建模板时违规直接利用外脚手架作为模板支撑体系，且在没有验收的情况即进行混凝土浇筑施工。田某等人的监理工作流于形式，未尽监理责任，在监理过程中没有对支架搭设过程严格把关，没有对业务楼四层屋面架构及悬挑挂板的模板及支撑体系进行验收，没有及时发现施工过程中存在的重大安全隐患，且在事发当天离岗脱岗，未对业务楼四层屋面架构及悬挑挂板的混凝土浇筑施工进行旁站监督。余某某在工程巡查过程中未尽安全生产管理职责，未及时发现工程施工中存在的安全隐患并及时排除。2020年10月，业务楼四层屋面架构及悬挑挂板进行混凝土浇筑施工，施工方管理人员和监理人员均未到场旁站监督，在浇筑混凝土过程中，屋面架构及悬挑挂板模板发生坍塌，造成8人死亡、1人受伤。事故发生后，彭某某指示田某等人补制一份关于业务楼天面层构架梁板柱模板安装检查不合格的《监理通知单》以备查，企图逃避法律责任。

争议焦点：1. 重大责任事故罪的犯罪主体范围如何认定；2. 工程监理单位和监理工程师是否应当承担重大责任事故罪。

裁判要旨：苏某某等13人在生产、作业中违反有关安全管理的规定，存在虚设项目部，不实际到岗履职，非法转包，聘请无相应资质的技术负责人、测量员、施工员，且施工过程中出现没有对施工人员进行安全生产教育与安全技术交底，未尽监理责任等问题，且在事发当天离岗脱岗，未对业务楼四层屋面架构及悬挑挂板的混凝土浇筑施工进行旁站监督等问题，最终导致屋面架构及悬挑挂板模板发生坍塌，造成8人死亡、1人受伤。苏某某等13人行为构成重大责任事故罪，判处有期徒刑四年六个月至有期徒刑一年六个月，缓刑二年不等。

法律分析：近年来，随着基建工程点多、面广、线长，安全管理问题突出。企业、人员资质挂靠、建设领域层层转包分包等各种"挂而不管"的违法违规行为时有发生，易导致生产安全事故。根据《最高人民法院、最高人民检察院关于办理危害生产安全刑事案件适用法律若干问题的解释》关于重大责任事故罪的犯罪主体的规定，本案中，提供一级建造师（房某）资格证参与投标并挂名项目部项目经理的黄某某，非法转包分包的李某某、苏某某、叶某阳、杨某某等均构成重大责任事故罪，要依法追究其刑事责任。根据《建设工程安全生产管理条例》的规定，工程监理单位和监理工程师应当按照法律、法规和工程建设强制性标准实施监理，并对建设工程安全生产承担监理责任。本案中，林某某、彭某某、田某监理责任履行不到位，导致重大安全事故发生，已构成重大责任事故罪，也要依法追究其刑事责任。

法律依据：《刑法》第134条，《最高人民法院、最高人民检察院关于办理危害生产安全刑事案件适用法律若干问题的解释》第1条，《建设工程安全生产管理条例》第14条。

类似案例：1. 温某某等重大责任事故案【（2021）京0113刑初887号】，判决：温某某等犯重大责任事故罪，判处有期徒刑三年六个月至有期徒刑一年十个月，缓刑二年不等。2. 董某某等重大责任事故罪【（2022）鄂0804刑初6号】，判决：董某某等犯重大责任事故罪，判处有期徒刑一年，缓刑二年至有期徒刑六个月，缓刑一年不等。

案例二：温某某等重大责任事故案【（2021）京0113刑初887号】

关键词：明知，放任，直接责任人员，证据确实、充分

案情：2020年11月26日，被告人王某某组织工人将3号商务办公楼卸

料平台从9层升至10层。卸料平台安装完成后，被告人马某某、王某某1先后对卸料平台进行验收，但马某某认为平台安装有问题，未在验收表上签字，该未完成验收卸料平台未按照要求设置禁用标志。2020年11月27日劳务分包单位开会通知次日塔吊顶升作业，卸料平台暂停使用，被告人向某某参加会议。次日12时许，向某某在明知卸料平台不能使用的情况下，未向工人告知该情况，指挥工人在3号商务办公楼10层进行脚手管拆卸作业，木工将拆下的脚手管码放在卸料平台上。13时许，卸料平台与墙体连接的吊环螺杆突然断裂，平台侧翻，在该平台上码放脚手管的工人杨某1、杨某2、孙某从高处坠落，当场死亡。

经事故调查组认定，事故的直接原因为：卸料平台严重超载是导致吊环螺杆过载脆性断裂的主要因素；卸料平台钢丝绳主绳与水平钢梁夹角过小，吊环未紧贴建筑结构边梁、悬挑长度略大等设计、安装不符合有关规定的情况导致卸料平台实际承载能力降低，是吊环螺杆断裂的次要因素；吊环材质、焊缝长度不满足设计要求，吊环存在焊趾凹坑、制作吊环时材质性能受损，吊环材料在低温下脆性增加等因素均进一步增加吊环螺杆脆性断裂的可能，在严重超载情况下吊环螺杆发生过载脆性断裂、引发卸料平台侧翻，作业人员未系挂安全带，从高处坠落，导致事故发生。事故的间接原因为：危险性较大的分部分项工程安全管理混乱；安全管理（监理）人员配备不足、相关人员未到岗履职，安全生产教育培训不落实；行业监管不到位。

争议焦点：如何划分各被告人在本次事故中的责任并在此基础上均衡量刑

裁判要旨：被告人向某某、吕某某等5人在生产、作业中违反有关安全管理的规定，因而发生重大伤亡事故，致3人死亡，情节特别恶劣，被告人孙某某等4人在生产、作业中违反有关安全管理的规定，因而发生重大伤亡事故，致3人死亡，以上被告人的行为均构成重大责任事故罪，依法应予惩处。北京市顺义区人民检察院对被告人向某某、吕某某等9人犯重大责任事故罪的指控，事实清楚、证据确实、充分，指控罪名成立。鉴于被告9人到案后均能如实供述犯罪事实，且自愿认罪认罚，施工单位已赔偿被害人家属经济损失，被害人家属对被告人表示谅解，故本院依法对上述被告人从宽处罚，并对被告人王某某宣告缓刑。最终判决如下：

被告人向某某、吕某某等 9 人犯重大责任事故罪，判处有期徒刑一年十个月，缓刑两年至三年六个月不等。

法律分析：《刑法》第 134 条第 1 款规定，在生产、作业中违反有关安全管理的规定，因而发生重大伤亡事故或者造成其他严重后果的，处三年以下有期徒刑或者拘役；情节特别恶劣的，处三年以上七年以下有期徒刑。

被告人向某某作为本次事故中直接从事生产、作业的人员，在生产、作业中存在重大过失，缺乏基本安全意识，漠视安全管理规定，直接导致事故发生，应当负事故主要责任。

项目经理、生产经理、安全负责人，系对生产、作业负有组织、指挥、管理职责的负责人、管理人员，违反安全生产管理规定，对事故的发生起决定性、关键性作用，应当负事故主要责任。以上人员明知卸料平台存在超载问题，没有引起足够重视，解决方式停留在"会议强调""口头整改"层面，未组织制定有效整改措施，致使事故隐患始终存在，大大增加了发生重大安全事故的可能性，因此事发工地安全管理混乱，作业人员缺乏安全意识是事故发生的根本原因。

安全员和工程安全监理作为负有安全生产管理、监督职责的工作人员，对事故发生负有责任，但不承担主要责任。其系工地安全管理措施的执行人员而非决策人员，而事发工地安全管理混乱，作业人员缺乏安全意识等导致事故发生的根本原因并非 3 人能够直接控制、解决，但是作为负有安全生产管理、监督职责的人员，在履职过程中存在对卸料平台超载使用问题督促整改不彻底，不严格按照规定对卸料平台进行验收，对卸料平台作业人员未系安全绳、未验收平台不设置禁用标志等问题未进行有效监督，以上违反安全管理规定的行为与其他因素结合导致事故发生，故应当承担重大责任事故罪的刑事责任。

法律依据：《刑法》第 45 条、第 47 条、第 61 条、第 67 条、第 72 条、第 73 条、第 134 条。

类似案例：1. 张某某等九人重大责任事故罪二审刑事案【（2020）陕 08 刑终 198 号】裁判要旨：上述九被告人违反有关安全管理的相关规定，导致发生重大伤亡事故，其行为均触犯了《刑法》第 134 条第 1 款的规定，构成重大责任事故罪。判处被告张某某等九人有期徒刑四年至一年又二个月，缓刑一年又六个月不等。2. 崔某某、吕某某等重大责任事故罪刑事案【（2021）鲁 08 刑终 476 号】裁判要旨：被告人吕某某等被告人在生产、作业中违反有关安全管理的规定，冒险违章作业，发生重大伤亡事故，其行为均构成重大责任事故罪，判处被告吕某某等人有期徒刑一年六个月至有期徒刑一年二个月，缓刑二年不等。

案例三： 康某某等人重大责任事故案（最高人民检察院发布第二批六起企业合规典型案例之四）

关键词： 重大责任事故、专项合规整改、第三方监督评估、安全生产

案情： 湖北省随州市 Z 有限公司（以下简称"Z 公司"）系当地重点引进的外资在华食品加工企业，康某某、周某某、朱某某分别系该公司行政总监、安环部责任人、行政部负责人。

2020 年 4 月 15 日，Z 公司与随州市高新区某保洁经营部法定代表人曹某某签订污水沟清理协议，将食品厂洗衣房至污水站下水道、污水沟内垃圾、污泥的清理工作交由曹某某承包。2020 年 4 月 23 日，曹某某与其同事刘某某违规进入未将盖板挖开的污水沟内作业时，有硫化氢等有毒气体溢出，导致二人与前来救助的吴某某先后中毒身亡。随州市政府事故调查组经调查后认定该事故为一起生产安全责任事故。曹某某作为清污工程的承包方，不具备在有限空间作业的安全生产条件，在未为作业人员配备应急救援装备及物资，未对作业人员进行安全培训的情况下，违规从事污水沟清淤作业，导致事故发生，对事故负有直接责任。康某某、周某某、朱某某作为 Z 公司分管和负责安全生产的责任人，在与曹某某签订合同以及曹某某实施清污工程期间把关不严，未认真履行相关工作职责，未及时发现事故隐患，导致发生较大生产安全事故。案发后，康某某、周某某、朱某某先后被公安机关采取取保候审措施，Z 公司分别对曹某某等三人的家属进行赔偿，取得了谅解。2021 年 1 月 22 日，随州市公安局曾都区分局以康某某、周某某、朱某某涉嫌重大责任事故罪移送随州市曾都区检察院审查起诉。

争议焦点： 康某某等人在与曹某某签订合同以及曹某某实施清污工程期间把关不严，未认真履行相关工作职责，导致发生较大生产安全事故是否构成重大责任事故罪。

裁判要旨： 曾都区检察院经审查认为，康某某等人涉嫌重大责任事故罪，

属于企业人员在生产经营履职过程中的过失犯罪，同时反映出涉案企业存在安全生产管理制度不健全、操作规程执行不到位等问题。事故报告认定被害人曹某某对事故负有直接责任，结合三名犯罪嫌疑人的相应管理职责，应当属于次要责任。三人认罪认罚，有自首情节，依法可以从宽、减轻处罚。Z公司系外资在华企业，是当地引进的重点企业，每年依法纳税，并解决2500余人的就业问题，对当地经济助力很大。且Z公司所属集团正在积极准备上市，如果公司管理人员被判刑，对公司发展将造成较大影响。2021年5月，检察机关征询Z公司意见后，Z公司提交了开展企业合规的申请书、书面合规承诺以及企业经营状况、纳税就业、社会贡献度等证明材料，检察机关经审查对Z公司作出合规考察决定。

其后，检察机关委托当地应急管理局、市场监督管理局、工商联等第三方监督评估机制管理委员会成员单位以及安全生产协会，共同组成第三方监督评估组织。制定、完善合规计划，建立合规组织架构，健全企业经营管理需接受合规审查和评估的审查监督、风险预警机制，同时完善安全生产管理制度和定期检查排查机制。Z公司在合规监管过程中积极整改并向第三方组织书面汇报合规计划实施情况。2021年8月，第三方组织对Z公司合规整改及合规建设情况进行评估，并报第三方机制管委会审核，Z公司通过企业合规考察。检察机关在收到评估报告和审核意见后组织召开公开听证会，邀请省人大代表、省政协委员、人民监督员、公安机关和行政监管部门代表、工商联代表以及第三方组织代表参加听证，参会人员一致同意检察机关对康某某等三人作不起诉处理。2021年8月24日，检察机关按照《中华人民共和国刑事诉讼法》（2018修正）（以下简称《刑事诉讼法》）第177条，对康某某、周某某、朱某某作出不起诉决定。

法律分析： 按照《关于建立涉案企业合规第三方监督评估机制的指导意见（试行）》（以下简称《意见》）第1条、第3条，人民检察院在办理涉企犯罪案件时，对符合企业合规改革试点适用条件的，有权交由第三方监督评估机制管理委员会选任组成的第三方监督评估组织，对涉案企业的合规承诺进行调查、评估、监督和考察。考察结果作为人民检察院依法处理案件的重要参考。本案中，检察机关紧密结合涉企危害生产安全犯罪特点，与第三方机制管理委员会沟通协调，由安全生产领域相关行政执法机关、行业协会人员组成第三方组织，应急管理部门相关人员担任牵头人，严格考察涉案企业。同时按照该《意见》第 15 条的规定，对于拟作不批准逮捕、不起诉、变更强制措施等决定的涉企犯罪案件，人民检察院可以召开听证会。本案中，检察机关为慎重起见，在涉案企业通过合规考察后组织召开公开听证会，充分听取各方面意见，最终对涉案企业依法作出不起诉决定。

法律依据：《刑法》第 134 条第 1 款，《刑事诉讼法》第 177 条，《意见》第 1 条、第 3 条、第 15 条。

类似案例：1. 张家港市 L 公司、张某甲等人污染环境案（最高人民检察院发布四个企业合规改革试点典型案例之一）。2. 安徽省青阳县钟某平重大责任事故案（最高人民检察院发布五件检察机关落实"八号检察建议"典型案例之四）：以重大责任事故罪判处被告人钟某平有期徒刑三年，缓刑四年。

案例四：张某某消防责任事故案【（2020）沪 0118 刑初 1313 号】

关键词：消防责任事故罪、火灾、消防安全要求、责令整改

案情：2018 年 8 月 27 日，上海市青浦区公安消防支队对青浦区华新镇华丹路 635 号上海某某生鲜供应链管理有限公司因擅自将丁戊类厂房改做冷库使用，未按规定设置室内消防栓系统，改变建筑物用途不符合消防安全要求被责令整改并开具行政处罚决定书，但被告人张某某作为该企业消防工作负责人，未按要求进行整改。2019 年 5 月 22 日，上海某某生鲜供应链管理有限公司火灾发生时，因上述原因未及时整改造成火灾发生后无法控制火势，火势蔓延迅速，造成直接经济损失人民币 37 701 319 元。被告人张某某案发后经民警电话传唤，到案后如实供述上述事实。

争议焦点：1. 被告人张某某的行为是构成消防责任事故罪还是失火罪；2. 被告人张某某是否可以从轻处罚，适用缓刑。

裁判要旨：被告人张某某违反消防管理法规，经消防监督机构通知采取改正措施而拒绝执行，后果特别严重，其作为直接责任人员，其行为已构成消防责任事故罪，鉴于其在安全事故发生后积极组织事故抢救，并同时具有自首、认罪认罚情节，依法对其判处有期徒刑三年，缓刑三年。

法律分析：消防责任事故罪是指违反消防管理法规，经消防监督机构通知采取改正措施而拒绝执行，造成严重后果的行为，其中严重后果是指

"（一）造成死亡一人以上，或者重伤三人以上；（二）造成直接经济损失五十万元以上的；（三）造成森林火灾，过火有林地面积二公顷以上，或者过火疏林地、灌木林地、未成林地、苗圃地面积四公顷以上的；（四）其他造成严重后果的情形"。失火罪是指行为人的过失行为是引起火灾的直接原因，该行为已危害了公共安全，造成了严重后果，其中严重后果是指"（一）造成死亡一人以上，或者重伤三人以上的；（二）造成公共财产或者他人财产直接经济损失五十万元以上的；（三）造成十户以上家庭的房屋以及其他基本生活资料烧毁的；（四）造成森林火灾，过火有林地面积二公顷以上，或者过火疏林地、灌木林地、未成林地、苗圃地面积四公顷以上的；（五）其他造成严重后果的情形"。两罪的主要区别在于两点：（1）火灾发生原因与行为人行为之间是否存在直接关系；（2）导致火灾蔓延的原因中，行为人的行为是否触犯了消防管理法规以及是否经消防监督管理机构通知采取了改正措施。本案中上海某某生鲜供应链管理有限公司发生火灾的直接原因与该公司无关，但该公司"擅自将丁戊类厂房改做冷库使用，未按规定设置室内消防栓系统，改变建筑物用途不符合消防安全要求"的行为与火灾在该公司蔓延无法及时扑救，导致损失扩大的危害后果具有直接关系；且上述违法行为已被消防监督机构责令改正并给予行政处罚，但仍未进行改正，由此，张某某作为该公司消防工作负责人，构成了消防责任事故罪。

本案中，张某某在安全事故发生后积极组织事故抢救，同时具有自首、认罪认罚情节，法院依法可以对其从轻处罚；同时根据《刑法》第72条缓刑的适用条件，张某某被处三年有期徒刑、犯罪情节较轻、有悔罪表现且无再犯罪的危险、宣告缓刑对所居住社区无重大不良影响的，可以对张某某适用缓刑。

法律依据：《刑法》第139条、第67条第1款、第72条第1款，《刑事诉讼法》第15条。

类似案例：1. 郑某某犯消防责任事故案【（2021）鲁0281刑初72号】：被告人郑某某犯消防责任事故罪，判处有期徒刑三年，缓刑五年。2. 智某犯消防责任事故案【（2020）沪0106刑初1375号】：被告人智某犯消防责任事故罪，判处有期徒刑一年，缓刑一年。

(二) 食品药品类

案例一：王某军、王某冲等人生产、销售假药、生产、销售有毒、有害食品案（山西省人民检察院发布五件依法惩治危害食品药品安全犯罪典型案例之一）

关键词：生产、销售假药，全链条惩处，公益诉讼，老年群体，资源合理

案情：2019年10月，被告人王某军从网上订购大量散装风湿类、哮喘类胶囊、药丸，又从山东省临沂市订购制作了外塑料药瓶、包装盒、说明书、药品标签，伙同被告人王某冲租住临沂市某村两处宅院，将购买的胶囊、药丸及外包装加工成标有"风湿康胶囊""风湿宁胶囊"等字样4类药品及标有"蚂蚁蛇蝎胶囊"等字样3类保健食品。随后，王某军通过网络通信软件针对老年群体进行宣传、推广，根据订购数量分装成大小不等的包裹，以快递邮寄的方式对外销售。王某军负责宣传推广、接收订单、进购散装药，王某冲负责组装、贴标、打包、运输邮寄。被告人王某荣在明知是假药的情况下，多次从王某军处进购"高效风湿康胶囊"向老年群体进行销售。被告人雷某某明知是假药的情况下，从王某荣处购买"高效风湿康胶囊"通过网络向不特定老年人进行销售。

2021年6月9日，平遥县市场监管局接到群众举报，开展专项执法检查，在雷某某家中查扣"高效风湿康胶囊"10盒。2021年11月5日，平遥县公安局根据线索摸排，在王某军租赁的两处宅院查扣风湿康等假药1万余盒，查扣蚂蚁蛇蝎丸等有毒、有害食品1500余盒。经查，王某军生产、销售假药金额35万余元，生产、销售有毒、有害食品金额41万余元。王某冲生产、销售假药金额21万余元，生产、销售有毒、有害食品金额21万余元。王某荣销售假药金额16万余元，雷某某销售假药金额9000余元。

经山西省食品药品检验所检验，晋中市市场监管局认定涉案的风湿康、风湿宁、咳喘灵、止喘通等4种产品为假药，"蚂蚁蛇蝎丸""杏仁芥子胶囊""蚂蚁蛇蝎胶囊"等3种产品属于含有有毒、有害非食品原料的食品。

争议焦点：1. 王某军等人将购买的胶囊、药丸及外包装加工成其他药品及保健食品的行为是否构成以生产、销售假药罪，生产、销售有毒、有害食品罪；2. 在量刑情节上是否考虑受害群体为老年人予以从重把握。

裁判要旨：人民法院认为查扣的"国药准字"等标号的药品中检出醋酸泼尼松、枸橼酸喷托维林等化学成分，属药品所含成分与包装标注中成药成分明显不符，按照《中华人民共和国药品管理法》（2019 修订）（以下简称《药品管理法》）第 98 条第 1 款第 2 项的规定，属于"以他种药品冒充此种药品"的情形，依法认定为假药。查扣的"豫卫食证字"等标号的保健食品中检出醋酸泼尼松、吲哚美辛等化学成分，按照《中华人民共和国食品安全法》（2021 修正）（以下简称《食品安全法》）第 34 条第 1 项的规定，将其列为禁止添加在食物中的非食品原料，在保健食品中掺入该类化学成分，属于在食品中掺入有毒、有害非食品原料，依法认定为有毒、有害食品。被告人王某军等人通过网络渠道将假药、有毒、有害保健食品销往全国各地，受害群体主要为老年人，犯罪情节恶劣。2022 年 7 月 8 日，平遥县人民法院作出一审判决，按照《刑法》第 141 条第 1 款、第 144 条的规定，以生产、销售假药罪，生产、销售有毒、有害食品罪判处被告人王某军有期徒刑九年，并处罚金 152 万余元；判处被告人王某冲有期徒刑三年六个月，并处罚金 10 000 元。按照《刑法》第 141 条第 1 款，以销售假药罪判处被告人王某荣有期徒刑二年，缓刑二年，并处罚金 20 000 元；判处被告人雷某某有期徒刑八个月，缓刑一年，并处罚金 4000 元。判决宣告后，被告人均未上诉，现判决已生效。

法律分析：按照《刑事诉讼法》第 8 条、第 113 条的规定，在刑事诉讼活动中，人民检察院有权对公安机关的立案侦查进行监督，人民检察院认为公安机关应当立案侦查的案件而不立案侦查的，应当要求公安机关说明不立案的理由。本案中，平遥县人民检察院通过两法衔接平台发现雷某某销售假药线索，及时向公安机关制发《要求说明不立案理由通知书》，督促公安机关立案侦查，并制发《继续侦查提纲》，要求侦查机关核查王某军、王某冲销假渠道，开展全国核查，全力追回已销售假药和有毒、有害保健食品。

按照《人民检察院检察建议工作规定》第 3 条第 1 款的规定，人民检察院可以直接向涉案单位提出检察建议。为落实行刑衔接，平遥县人民检察院针对本案中发现的寄递企业未严格执行实名制收件验视制度等问题，向当地邮政管理局制发寄递安全《检察建议》，督促寄递企业严格落实实名制收寄制度；针对本案中被害人为老年人群体、药品辨别真伪能力不高等问题，依法向当地市场监管局制发规范药品市场秩序《检察建议》，建议强化药品监督检查力度，向群众普及鉴别药品真伪方法。

按照《民事诉讼法》第 58 条的规定，检察机关在履行职责中发现破坏生态环境和资源保护、被告人在食品药品安全领域侵害众多消费者合法权益，在相关机关不起诉的情况下，有权提起刑事附带民事公益诉讼。本案中，检察机关考虑受害群体为老年人，在建议对被告人判处高额罚金后，提起刑事附带民事公益诉讼，建议判处 6000 元至 57 万余元不等的惩罚性赔偿金，公开在市级媒体上赔礼道歉，法院全部予以支持。

法律依据：《刑法》第 141 条第 1 款、第 144 条，《药品管理法》第 98 条第 1 款第 2 项，《食品安全法》第 34 条第 1 项，《刑事诉讼法》第 8 条、第 113 条，《民事诉讼法》第 58 条，《人民检察院检察建议工作规定》第 3 条第 1 款。

类似案例：1. 牛某某等生产、销售假药案——用针管灌装生理盐水假冒九价人乳头瘤病毒疫苗销售案（最高人民法院发布十个药品安全典型案例之一）：被告人牛某某犯生产、销售假药罪，判处有期徒刑十五年，并处罚金人民币 150 万元；被告人张某某犯生产、销售假药罪，判处有期徒刑十三年，并处罚金人民币 100 万元。2. 熊某某、张某某销售假药案（贵州省人民检察院发布五起打击治理侵犯消费者权益违法犯罪典型案例之四）：以销售假药罪判处被告人熊某某有期徒刑一年六个月，并处罚金 20 万元；以销售假药罪判处被告人张某某有期徒刑一年二个月，并处罚金 16 万元。

案例二：邱某军、温某喜等 8 人生产、销售不符合安全标准的食品案

关键词：生产、销售不符合安全标准的食品罪，食品安全，精准认定，社会治理

案情：2022 年 5 月开始，邱某军购买了一辆货车，与温某喜合伙从事生猪贩卖生意。2022 年 7 月 27 日晚，胡某尧获悉修水县黄某平养猪场有一批发病生猪急需出售，遂联系邱某军、温某喜，以 4 万元价格从黄某平处收购了 27 头发病生猪。随后，邱某军联系刘某云贩卖，并安排司机梁某林开车将生猪运至高速服务区，刘某云按约定开货车来到高速服务区，交易时只愿收购其中 24 头发病猪，之后便将 24 头病猪装车返回。涂某民在温某喜安排下，将剩下的 3 头发病猪及 1 头淘汰猪运送至高速路口附近进行交易，以 6000 元价格贩卖给罗某华和黄某文，后两人又将该 4 头猪贩卖给肖某财。

至 2022 年 8 月 2 日，该批发病生猪陆续全部死亡。经检测，该批生猪系含有猪圆环病毒和猪附红细胞体病等传染病的生猪。九江市动物疫病预防控制中心认定，对已发生猪圆环病毒和猪附红细胞体病等传染病的生猪，不允许调运和屠宰加工，食用该生猪肉品会对人体健康造成危害。

裁判要旨：2022 年 12 月 2 日，九江修水县检察院以邱某军、温某喜、胡某尧、刘某云、涂某民犯生产、销售不符合安全标准的食品罪提起公诉；同月 14 日，以同一罪名对肖某财、梁某林提起公诉。2022 年 12 月 13 日、29 日，法院作出一审判决，被告人邱某军、温某喜、胡某尧、刘某云、涂某民、肖某财、梁某林犯生产、销售不符合安全标准的食品罪，分别被判处有期徒刑一年一个月至六个月不等刑罚，并处一万五千元至五千元不等罚金。

法律分析：《刑法》第 143 条规定，生产、销售不符合食品安全标准的食品，足以造成严重食物中毒事故或者其他严重食源性疾病的，处三年以下有期徒刑或者拘役，并处罚金；对人体健康造成严重危害或者有其他严重情节的，处三年以上七年以下有期徒刑，并处罚金；后果特别严重的，处七年以上有期徒刑或者无期徒刑，并处罚金或者没收财产。

因案发前已销售的发病生猪活体已消灭，无法对其是否符合食品安全标准进行鉴定，已无继续取证可能性，亦未发现因食用已销售发病生猪而产生不良后果。为准确指控犯罪事实，经检察院审查发现，肖某财参与销售发病生猪环节，检察机关通过讯问同案人员、查看其与罗某华和黄某文的聊天记录，认定其行为已构成生产、销售不符合安全标准的食品罪。该案涉罪人员较多，人员构成较复杂，根据各涉罪人员参与犯罪的职责分工，综合判断责任轻重。对涉案主导者邱某军、温某喜等人向法院提出从重打击、从严惩处的量刑建议，在案件事实清楚、认罪认罚的基础上，通过引导退赃退赔，对肖某财、梁某林提出适用有期徒刑缓刑的量刑建议。社会治理方面，检察机关联合侦查机关、市场监管部门严查猪肉市场，重点检查在售猪肉是否经相关部门检疫合格，经营者是否取得营业执照，并现场以案释法，告知经营者自觉履行食品安全主体责任，确保猪肉产品质量安全，起到了震慑和预防违法犯罪的作用。

法律依据：《刑法》第 143 条、《刑事诉讼法》第 15 条。

类似案例：1. 梁某生产、销售不符合安全标准的食品罪刑事案【（2022）

桂 09 刑终 128 号】裁判要旨：原审被告人梁某违反食品安全标准，生产、销售足以造成严重食物中毒事故或者其他严重食源性疾病的食品，其行为已触犯刑律，构成生产、销售不符合安全标准的食品罪。经核查，梁某收购死因不明的死猪，经过屠宰、清理，变成可食用猪肉，其行为属于《食品安全法》规定的违法的生产行为，后将猪肉运到菜市场销售，具有销售行为，后因意志之外的原因未得逞，因此，梁某的行为依法应认定为构成生产、销售不符合安全标准的食品罪。维持一审法院量刑有期徒刑十个月，并处罚金人民币五千元。2. 张某强、黄某山等生产、销售不符合安全标准的食品罪刑事案【（2022）湘 0182 刑初 32 号】裁判要旨：经宁乡市农业农村局证实，被告人张某强等人所屠宰加工、销售的生猪产品可能对人体构成严重危害，人食用后可能导致严重中毒事故或者其他严重食源性疾病。被告三人生产、销售经检验不合格的肉类，足以造成严重食物中毒事故或者其他严重食源性疾病，均已构成生产、销售不符合安全标准的食品罪，判处被告张某强等人有期徒刑七个月至一年六个月不等。

案例三：郑某某食品监管渎职案【（2020）苏 0826 刑初 306 号】

关键词：国家机关工作人员、食品监管渎职罪、自首、认罪认罚

案情：郑某某，原任涟水县畜牧兽医站副站长兼任涟水县畜牧兽医综合执法大队大队长。任职期间，郑某某作为负有食品安全监督管理职责的国家机关工作人员，于 2016 年 9 月在行政执法过程中发现淮安市永顺德肉联厂存在给待宰生猪打药、灌水嫌疑，未按规定依法处理，致使相关人员继续在该厂给待宰生猪打药、灌水，被打药、灌水生猪共计 11.4 万余头，制成的生猪产品被销往江苏、上海等多地供人食用，销售金额人民币 1.7 亿余元，给人民群众生命健康造成潜在危害。

争议焦点：1. 被打药、灌水生猪 11.4 万余头中是否含有部分急宰和正常宰杀的生猪；2. 本案量刑是否过重，是否应当适用缓刑。

裁判要旨：郑某某身为负有食品安全监管职责的国家机关工作人员，不按规定依法履职，造成其他严重后果，其行为已构成食品监管渎职罪；郑某某犯罪后自动投案，如实供述自己罪行，系自首，依法可以从轻处罚；郑某某自愿认罪认罚，依法可从宽处理；被打药、灌水生猪数量准确，有证人朱某、李某、吴某等人证言，县监委根据公安机关调取并亦经相关人员辨认及

转账回单而形成的打药、灌水生猪头数统计表等证据予以证实；根据郑某某的犯罪性质、情节、社会危害性等，不应对其判处缓刑。郑某某犯食品监管渎职罪，判处有期徒刑一年六个月。

法律分析：食品监管渎职罪是指负有食品安全监督管理职责的国家机关工作人员，滥用职权或者玩忽职守，导致发生重大食品安全事故或者造成其他严重后果的。本案中，郑某某作为负有食品安全监督管理职责的国家机关工作人员，未按规定依法处理致使相关人员给待宰生猪打药、灌水并销往江苏、上海等多地供人食用，销售金额人民币 1.7 亿余元，给人民群众生命健康造成潜在危害，构成食品监管渎职罪。同时，因郑某某犯罪后自动投案，如实供述自己罪行，系自首且自愿认罪认罚，故可依法可从轻从宽处理。

法律依据：《刑法》第 67 条、第 408 条，《刑事诉讼法》第 15 条。

类似案例：1. 汪某某行贿罪、食品监管渎职罪【（2021）苏 08 刑终 250 号】：汪某某犯行贿罪，判处拘役六个月，并处罚金人民币十万元，犯食品监管渎职罪，判处有期徒刑二年六个月，决定执行有期徒刑二年六个月，并处罚金人民币十万元。2. 李某某、姚某某、洪某某食品监管渎职罪【（2021）辽 01 刑终 865 号】：判处李某某拘役六个月，缓刑一年；判处洪某某拘役五个月，缓刑六个月；判处姚某某拘役五个月，缓刑六个月。

（三）其他类

案例一：王某钦受贿案（最高人民检察院发布五件检察机关落实八号检察建议典型案例之三）

关键词：违规发放资格证书、受贿、严重安全隐患

案情：2014 年至 2020 年，被告人王某钦在湖州市建设培训中心、湖州市建设工程质量安全和造价管理服务中心等单位工作期间，利用其负责、经办全市建筑施工特种作业人员、建筑工人培训考试、复检换证等职务便利，通过为未参加体检、未参加安全技术理论考试、考试成绩不合格等人员违规发放建筑施工特种作业人员操作资格证书，多次收受他人财物，共计人民币 102.92 万元。

争议焦点：被告人王某钦是否构成受贿罪。

裁判要旨：被告人王某钦作为国家工作人员，利用其职务便利，通过修改理论考试成绩、未经申请延期复检即直接登录系统打印新证等方式违规发

放建筑施工特种作业人员操作资格证书4000余本。检察机关提交的办证申请材料、财务收款明细、系统录入和证书打印数据、聊天记录等客观性证据，足以认定被告人王某钦非法收受他人财物，为他人谋取不正当利益，综合考量本案的犯罪事实、性质、情节和对于社会的危害程度，最终判决被告人王某钦犯受贿罪，判处有期徒刑四年，并处罚金人民币25万元。

法律分析：《刑法》第385条第1款规定："国家工作人员利用职务上的便利，索取他人财物的，或者非法收受他人财物，为他人谋取利益的，是受贿罪。"第61条规定："对于犯罪分子决定刑罚的时候，应当根据犯罪的事实、犯罪的性质、情节和对于社会的危害程度，依照本法的有关规定判处。"在依法办理涉安全生产领域职务犯罪案件时，要深入剖析案件成因和失职渎职行为造成的衍生影响。被告人王某钦作为湖州市建设培训中心、湖州市建设工程质量安全和造价管理服务中心的工作人员，非法收受他人财物，在长达7年的时间里违规发放资格证书4000余本，为他人谋取利益，证书涉及建筑架子工、建筑起重机械司机等岗位，导致不具备相应资质的人员进入建筑行业关键生产作业环节，造成巨大安全隐患，后果严重，其行为已构成受贿罪，应依法追究其刑事责任。

法律依据：《刑法》第61条、第382条、第385条、第386条。

类似案例：1.秦某某编造、故意传播虚假信息案【（2021）桂0329刑初33号】：被告人秦某某编造、故意传播虚假疫情信息，严重扰乱社会秩序，犯编造、故意传播虚假信息罪，判处有期徒刑七个月。2.王某某编造虚假恐怖信息案【（2021）京01刑终156号】：被告人王某某恶意编造虚假恐怖信息并通过报警方式予以传播，致使公安机关采取紧急应对措施，严重扰乱社会秩序，犯编造虚假恐怖信息罪，判处有期徒刑八个月。

案例二：廖某妨害传染病防治案【（2020）皖1524刑初71号】

关键词：疫情防控、人员聚集、交叉感染、妨害传染病防治

案情：2020年1月19日，被告人廖某的儿子从新冠疫情重点疫区武汉市返回金寨，1月22日廖某儿子出现咽痛、胸闷症状。此时，当地汤家汇镇政府正全面部署疫情防控工作，组织工作人员对从武汉返乡人员进行摸排登记并要求居家隔离。然而，被告人廖某没有予以高度重视，没有执行有效的疫情防控措施，还隐瞒了其儿子已从武汉回来的消息，于1月25日，在自家经

营的"慧姐土菜馆"中,接待来家拜年的客人和生日宴席就餐客人36人,且允许其儿子参与饭店服务活动。1月28日,又接待廖某慧搬家宴请客人14人,并自1月24日起至2月4日,先后多次与他人聚集打牌、赌博、聚餐或乘坐他人车辆,与其密切接触者有十余人。廖某及其子、父亲、妻子不仅感染新冠肺炎,还导致邻居陈某某等7人先后被直接或间接交叉感染新冠肺炎,直接或者间接接触者共计253人被隔离观察。

争议焦点:1. 被告人廖某的行为是否构成妨害传染病防治罪;2. 被告人廖某是否可以从轻处罚。

裁判要旨:被告人廖某违反传染病防治法的规定,不执行卫生防疫机构依照传染病防治法提出的预防、控制措施,隐瞒儿子的行程,多次参加人员聚集活动,引起新型冠状病毒传播及传播严重危险,其行为构成妨害传染病防治罪。被告人廖某到案后如实供述自己的罪行,系坦白,自愿认罪认罚,依法可以从轻处罚,从宽处理。综合考量本案的犯罪事实、性质、情节和对于社会的危害程度,最终判决被告人廖某犯妨害传染病防治罪,判处有期徒刑一年。

法律分析:《刑法》第330条第1款第5项规定:"违反传染病防治法的规定,有下列情形之一,引起甲类传染病以及依法确定采取甲类传染病预防、控制措施的传染病传播或者有传播严重危险的,处三年以下有期徒刑或者拘役;后果特别严重的,处三年以上七年以下有期徒刑:……(五)拒绝执行县级以上人民政府、疾病预防控制机构依照传染病防治法提出的预防、控制措施的。"国家卫生健康委员会于2020年1月20日发布公告,将新型冠状病毒感染的肺炎纳入《传染病防治法》规定的乙类传染病,并采取甲类传染病的预防、控制措施。本案中,被告人廖某明知工作人员在对从武汉返乡人员进行摸排登记并要求居家隔离,拒不执行卫生防疫机构提出的预防、控制措施,导致多人感染,共计253人被集中隔离医学观察,其行为已构成妨害传染病防治罪,应依法追究其刑事责任。

法律依据:《刑法》第61条、第67条、第330条,《刑事诉讼法》第15条、第201条。

类似案例:1. 刘某某妨害传染病防治案【(2022)京0101刑初439号】:被告人刘某某犯妨害传染病防治罪,判处拘役三个月,缓刑三个月。2. 王某某、张某某妨害传染病防治案【（2021）陕1022刑初4号】：被告人王某某、张某某犯妨害传染病防治罪，判处有期徒刑六个月。

案例三：饶某某危险作业案【（2021）粤1971刑初1378号】

关键词：危险作业、危险化学品经营、道路危险货物运输许可证

案情：被告人饶某某于2020年1月14日开始经营东莞市××能源有限公司，经营范围是销售重油、燃料油、罐装机油、罐装润滑油、轻质循环油、建筑材料、水泥、土石、其他化工产品（不含危险化学品），未办理危险化学品经营许可证，未取得道路危险货物运输许可证。饶某某向海南东文石油化工有限公司购买该公司以轻质循环油和航空煤油勾兑的调和油，指派油罐车到该公司位于东莞市望牛墩东伟油库提货，转卖运输至汕头市海门裕沅加油站等地。2020年8月6日，被告人饶某某指派押运员饶某1、司机韦某某驾驶赣D×××××油罐车到东伟油库内装载33.34吨勾兑油品，指派司机吴某某驾驶赣F65××油罐车到东伟油库内装载33.39吨勾兑油品，分别运输至汕头市海门裕沅加油站。赣D×××××油罐车途经东莞市××出口附近被公安机关查获，赣F65××油罐车准备离开东伟油库时被公安机关查获。经检测，上述车辆油罐内的油品均不符合《车用柴油》（GB 19147-2016）中车用柴油（Ⅵ）0号柴油的指标要求，均属于危险化学品。

争议焦点：1. 本案是定危险驾驶罪还是定危险作业罪；2. 饶某某是否能够被处以缓刑。

裁判要旨：被告人饶某某无视国法，在作业中违反有关安全管理的规定，涉及安全生产的事项未经依法许可，擅自从事危险物品经营，具有发生严重后果的现实危险，其行为已构成危险作业罪；被告人饶某某曾因犯行贿罪被判处有期徒刑，刑罚执行完毕后，在五年以内再犯应当判处有期徒刑以上刑罚之罪，是累犯，依法应当从重处罚。被告人饶某某归案后如实供述犯罪事实，依法可以从轻处罚，综合考虑其犯罪情节和悔罪表现，判处其有期徒刑九个月；暂扣于东莞市公安局高埗分局的油品共66.73吨，依法予以没收，由暂扣机关直接上缴国库。

法律分析：被告人饶某某在未办理危险化学品经营许可证，未取得道路危险货物运输许可证的情况下，擅自经营经鉴定系危险化学品的油品，分别触犯了《刑法》第134条之一第3项"在生产、作业中违反有关安全管理的

规定，……未经依法批准或者许可，擅自从事……危险物品生产、经营、储存等高度危险的生产作业活动"的规定，和《刑法》第 133 条之一第 1 款第 4 项和第 2 款的规定——"在道路上驾驶机动车，……违反危险化学品安全管理规定运输危险化学品，危及公共安全的""机动车所有人、管理人……负有直接责任的""处拘役，并处罚金"；但由于危险驾驶罪仅能对"违反危险化学品安全管理规定运输危险化学品，危及公共安全"的行为处以刑罚，并不能完全评价饶某某的全部犯罪行为，同时因为危险驾驶罪的最高刑期是六个月拘役，而危险作业罪的最高刑期是一年有期徒刑，根据第 133 条之一第 3 款"有前两款行为，同时构成其他犯罪的，依照处罚较重的规定定罪处罚"的规定，本案应定危险作业罪。

本案公诉提出被告人饶某某具有认罪认罚的法定从宽情节，被告人饶某某的辩护人提出饶某某本次犯罪主观恶性不大、情节较轻、社会危害性小，具有主动坦白、认罪悔罪等从轻情节，并提出了被告人家庭情况困难的实际情况，但法院的裁判、检察院的量刑建议均为有期徒刑九个月。在司法实践中，由于危险作业罪系危险犯且为轻罪，对被告人适用缓刑或拘役的概率较大，饶某某被判处九个月有期徒刑，主要是由于其累犯情节，根据《刑法》第 65 条、第 74 条的规定，累犯不仅是法定的从重处罚情节，还是不得适用缓刑的法定情节。

法律依据：《刑法》第 134 条之一、第 67 条第 3 款、第 47 条、第 64 条、第 65 条、第 74 条，《刑事诉讼法》第 15 条。

类似案例：1. 叶某某危险作业案（广东省人民检察院、广东省应急管理厅联合发布十件安全生产领域刑事犯罪和公益诉讼典型案例之六）：被告人叶某某犯危险作业罪，判处拘役三个月，缓刑三个月。2. 徐某某危险作业案【（2023）辽 0681 刑初 23 号】：被告人徐某某犯危险作业罪，判处拘役二个月。

第四节　民事案例

一、概述

2021 年 1 月 1 日，《民法典》正式实施，据统计，与应急管理相关的法条达到了二十余条。由于民事诉讼涉及的领域广泛，应急管理相关的民事诉讼不仅案例数量众多，而且涵盖的领域也非常广泛。如《民法典》第 117 条、第 245 条、第 327 条涉及征用及相应的赔偿和补偿；第 494 条涉及与应急相关的国家订货任务要约及承诺的规定；第 658 条、第 660 条对于救灾相关的赠与合同作出了规定；第 1005 条规定了具有法定救助义务的组织或者个人对自然人的施救义务。

《民法典》侵权责任编中则更是大量涉及与应急管理相关的内容，包括损害赔偿、责任主体的特殊规定、产品责任、机动车交通事故责任、环境污染和生态破坏责任、高度危险责任、建筑物和物件损害责任等章节。如第 1191 条规定了用人单位工作人员因执行工作任务造成他人损害的，由用人单位承担侵权责任；第 1198 条规定宾馆、商场、车站、体育场馆等经营场所、公共场所的经营管理者或者群众性活动组织者，应尽到安全保障义务；第 1236 条规定从事高度危险作业造成他人损害的，应当承担侵权责任；第 1240 条规定从事高空、高压、地下挖掘活动或者使用高速轨道运输工具造成他人损害的，经营者应当承担侵权责任；第 1243 条规定未经许可进入高度危险活动区域或者高度危险物存放区域受到损害，管理人能够证明已经采取足够安全措施并尽到充分警示义务的，可以减轻或者不承担责任。根据最高人民法院司法大数据研究院数据，2020 年至 2022 年，涉应急管理类民事案件共计 39 408 件，其中 2020 年共计 11 327 件，2021 年共计 13 331 件，2022 年共计 14 750 件。2020 年至 2022 年，涉应急管理类民事案件中，有关《民法典》第 1198 条[1]规定的案件共计 34 333 件，其中 2020 年共计 10 104 件，2021 年共计 11 271 件，2022 年共计 12 958 件。

应急管理领域的民事诉讼具体案例也基本覆盖了民法典中相应的法律条款。如（2022）黑 27 民终 54 号财产损害赔偿纠纷案，抢险救灾政府部门征用他人设备造成损害，应承担民事赔偿责任。与通常的行政诉讼不同的是，此类案件中，负有法定抢险救灾义务的政府部门虽然同样作为被告，但诉讼主体之间的关系却是平等民事主体关系，诉讼类型也变为民事诉讼。（2022）

---

[1]《民法典》第 1198 条："宾馆、商场、银行、车站、机场、体育场馆、娱乐场所等经营场所、公共场所的经营者、管理者或者群众性活动的组织者，未尽到安全保障义务，造成他人损害的，应当承担侵权责任。因第三人的行为造成他人损害的，由第三人承担侵权责任；经营者、管理者或者组织者未尽到安全保障义务的，承担相应的补充责任。经营者、管理者或者组织者承担补充责任后，可以向第三人追偿。"

鲁 0683 民初 5239 号触电人身损害纠纷案中，王某在高压线下粘"知了"触电身亡，根据民法典相关规定，电力公司从事高压活动，虽然无过错，但也要承担无过错责任，因被侵权人对损害的发生有重大过失，可以减轻经营者的责任。机动车交通事故责任纠纷则是与应急管理相关的另一数量众多的诉讼案由。与疫情应急管控措施相关的纠纷也不在少数，如业主是否应该减免租金等问题，也值得关注。此外，应急管理与保险也会有交叉领域，如应急管理局投保灾害民生综合保险，保险公司应承担赔偿责任，生产单位投保案例生产责任险，保险公司应承担安全事故赔偿责任。

二、典型案例分析

（一）征用类

案例：大兴安岭开元物流运输有限公司诉加漠公路养护中心财产损害赔偿纠纷案【（2022）黑 27 民终 54 号】

关键字：征用、误工损失、承揽合同、经济补偿

案情：2021 年 6 月 15 日，大兴安岭新林区连续降雨，发生洪水灾害，造成新林区大部分公路、桥梁路基毁损。加漠公路养护中心（以下简称"养护中心"）为抢救毁损道路、桥梁，成立抗洪救灾指挥部。并征用大兴安岭开元物流运输有限公司（以下简称"运输公司"）钩机一辆、自卸汽车四辆、拖车一辆等设备。2021 年 6 月 18 日 23 时许，养护中心现场指挥人员派其他参加抢险救灾的钩机司机将运输公司钩机开上征用的其他单位拖车运输运输公司单位钩机去抢修地点。拖车行至 2203 公里处桥头时，因路面和桥梁连接处坍塌，造成拖车侧翻、运输公司单位钩机掉入洪水中，造成人员受伤，车辆受损。经协商，养护中心同意运输公司进行修理。运输公司将车辆运到大庆市修理，运输公司在大庆市某建筑工程机械配件商行购买配件并在大庆市某工程机械修理厂进行修理，购买配件费用为 356 000 元，共修理 55 天。

运输公司向法院起诉请求被告养护中心给付修车费 356 000 元及台班费 82 500 元。

争议焦点：1. 运输公司与养护中心是征用关系还是承揽关系；2. 养护中心是否应当赔偿运输公司损失及承担赔偿的比例。

裁判要旨：一审法院认为，养护中心因路面发生险情，紧急调用在其他路

段进行抢修任务的运输公司钩机前去抢修,且是半夜十一点多,下着大雨,视野模糊,养护中心没有对公路危险路段设置标志和现场安排工作人员进行引导,导致运输车辆掉入塌陷路面,造成人员受伤,车辆受损,存有重大过失,应负本次抢险事故的直接责任。

养护中心虽然举证双方签有承揽合同书一份,但经查为事故后双方为给付费用作账而签订,不是双方真实意思表示。因此对钩机损毁修理购买配件费 356 000 元、修车期间误工费(每天按照 1500 元计算)损失为 82 500 元应予支持。

一审判决:养护中心给付运输公司修车购买配件费 356 000 元、修车期间误工损失 82 500 元。合计为 438 500 元。

养护中心上诉,请求撤销法院一审判决并依法改判按比例分担损失赔偿责任。

二审法院认为,养护中心作为公路养护单位,其职责包括负责对其辖区内全线的路基、路面、构造物等定期进行普查、检测、试验和数据分析及公路紧急抢险等工作。养护中心在抢险救灾结束后与运输公司补签的承揽合同及确认单是对其征用钩机和工作人员的经济补偿,不应据此推断双方系承揽关系,故一审认定双方系征用关系正确。

关于养护中心是否应当赔偿运输公司损失及承担赔偿的比例:运输公司在抢险救灾过程中听从养护中心的调度安排,养护中心安排板车及司机运输钩机过程中造成钩机受损。故一审认定运输公司损坏的钩机维修费及修理期间的停工损失由养护中心全额补偿并无不当。

二审中,养护中心提交某资产评估事务所出具的报告书,证实案涉钩机修理配件费为 235 578.30 元,误工费为 82 500 元,合计 318 078.30 元。运输公司对该评估报告无异议。

二审判决:变更一审法院(2021)黑 2703 民初 112 号民事判决为养护中心给付运输公司修车购买配件费 235 578.30 元、修车期间误工损失 82 500 元,合计为 318 078.30 元。

法律分析:征用是指行政主体出于公共利益的需要,依据法律、法规的规定,按照程序要求,取得行政相对人财产使用权或劳务并给予合理经济补偿的一种具体行政行为。在抢险救灾过程中,养护中心负责路面抢修工作,因抢险救灾的紧急需要，其调用运输公司的钩机进行抢修工作是出于公共利益的需要，符合征用的特征。

依据《民法典》第245条规定，"因抢险救灾、疫情防控等紧急需要，依照法律规定的权限和程序可以征用组织、个人的不动产或者动产。被征用的不动产或者动产使用后，应当返还被征用人。组织、个人的不动产或者动产被征用或者征用后毁损、灭失的，应当给予补偿"。

而征用运输公司人员车辆是为抗洪抢险救灾，没有固定的工作任务，工作范围和工作量，而是受养护中心指挥、安排、调度，随时完成交给的抢险任务，其从形式和内容上不符合承揽合同的构成条件。运送钩机的拖车和开钩机司机均是由养护中心临时安排指定，故因此产生的法律后果应由养护中心承担。

法律依据：《民法典》第117条、第245条，《防洪法》第45条，《民事诉讼法》（2021年）第177条。

类似案例：1. 塔河县力维机械设备租赁部诉大兴安岭地区加漠公路养护事业中心财产损害赔偿纠纷案【（2022）黑2703民初48号】：判决养护中心支付因抢险征用造成车辆损失维修费用13.8万元。2. 陈某森诉济宁北湖省级旅游度假区石桥镇吴家湾村民委员会等合同纠纷案【（2021）鲁08民终3611号】：判决北湖省级旅游度假区石桥镇吴家湾村民委员会向原告陈某森支付补偿款93 989元；北湖省级旅游度假区石桥镇吴家湾村民委员会向原告陈某森支付鉴定费14 000元。

（二）安全生产类

案例一：曲某等诉国网山东省电力公司某供电公司触电人身损害责任纠纷案【（2022）鲁0683民初5239号】

关键字：高压、放任、警示义务、死亡赔偿金、警示标志、高度危险、受害人故意

案情：2022年8月1日，山东省莱州市某村派出所接到报警，在莱州市某村有一男子倒地身亡。某机关工作人员进行了现场视频录像、拍照。经查，死者叫王某，系莱州市某村村民。王某的妻子曲某、两个子女及父母提起诉讼，认为王某系触电身亡，要求被告国网山东省电力公司某供电公司（以下简称"供电公司"）应承担赔偿责任。具体金额为：医药费：3000元、死亡赔偿金：941 320元（47 066元×20年）、被抚养人生活费205 198元［29 314

元（29 314元×2年÷2人）+73 285元（王某父亲29 314元×5年÷2人）+102 599元（母亲李某29 314元×7年÷2人）]、丧葬费49 047元（98 094元÷12个月×6个月），总计1 198 565元。

争议焦点：1. 被告是否应承担赔偿责任；2. 被告是否存在减免事由，或者受害人是否存在重大过失。

裁判要旨：通过现场的视频录像及照片发现，王某持可伸缩鱼竿，地面有一浅绿色胶黏物知了。王某有头皮裂伤、肚皮有脱皮伤、地上有血迹、左脚部地面有炭黑、鱼竿有撕裂、双手被电击伤的痕迹。根据上述表象，王某死亡造成的原因，符合电击致伤，造成受害人死亡的特征，法院予以采信。供电公司没有过错，但依据《民法典》第1236条、第1240条，供电公司应承担无过错责任。王某在粘"知了"时没有注意高压电线的存在或轻信能够避免，王某的行为具有重大过失，可以减轻供电公司的责任。对于供电公司承担责任的比例，法院酌定应承担25%的责任。就原告方的各项经济损失，原、被告双方均无异议。从现场视频看确有医护人员现场抢救，并将受害人拉走，对原告主张的各项损失数额，法院予以确认。基于以上，供电公司应承担各项经济损失299 641.25元（1 198 565元×25%）。判决如下：裁判结果被告供电公司赔偿原告各项经济损失299 641.25元。

法律分析：1. 供电公司是否应承担赔偿责任。依照《民法典》第1240条，从事高空、高压、地下挖掘活动或者使用高速轨道运输工具造成他人损害的，经营者应当承担侵权责任；但是，能够证明损害是因受害人故意或者不可抗力造成的，不承担责任。被侵权人对损害的发生有重大过失的，可以减轻经营者的责任。本案从法庭调查看，受害人的故意及事发时是否发生了不可抗力状况，现有证据不能证实有此类事由发生，也就是被告的免责事由不存在，被告应承担无过错的赔偿责任。2. 被告是否存在减免事由？受害人是否存在重大过失？该问题从以下几方面分析：（1）经现场勘验，涉案的高压线最低一根距地面6.12米，根据《66KV及以下架空电力线路设计规范》（GB 50061-97），导线与地面的最小距离，在最大计算弧垂情况下，线路电压35-66KV人口密集地区7米，人口稀少地区6米。（2）经现场勘验，受害人倒地处的西北方向仅有一住户，其周围非居民区，视频录像及照片也不难看出是非人口密集区。（3）被告在两根电线杆上均进行了警告提示。从以上看，供电公司的电力设施设计符合规范，反观受害人持可伸缩鱼竿实施行为时，没有注意高压电线的存在或轻信能够避免，受害人重大过失明显，造成了损害结果的发生。

法律依据：《民法典》第 1236 条、第 1240 条，《民事诉讼法》（2021 年）第 67 条。

类似案例：1. 周某海、张某荣等诉国网黑龙江省电力有限公司哈尔滨供电公司触电人身损害责任纠纷【（2021）黑 01 民终 2544 号】：判决黑龙江省电力有限公司哈尔滨供电公司承担 30%责任，给付周某海、张某荣等医疗费、住院伙食补助费、营养费、护理费、死亡赔偿金、丧葬费、精神损害抚慰金 305 336.92 元；给付周某勋扶养费 26 598 元；2. 陈某诉孙某琴、云南电网有限责任公司昭通镇雄供电局、艾某与重庆市崇航运输有限责任公司、中国太平洋财产保险股份有限公司重庆分公司中顺汽车服务有限公司触电人身损害责任纠纷案【（2022）云 06 民终 1369 号】：判决云南电网有限责任公司昭通镇雄供电局承担 30%的责任，赔偿陈某 300 432.60 元；由孙某琴承担 10%的民事责任，赔付陈某 100 144.20 元；由艾某承担 20%的民事责任，赔偿陈某 200 288.40 元。

案例二：伊宁市农商投资（集团）有限责任公司与王某红、中国电信股份有限公司伊犁哈萨克自治州分公司等生命权、身体权、健康权案【（2021）新 40 民终 1231 号】

关键字：井盖、公共场所、安全保障

案情：2019 年 7 月 6 日上午，王某红与同乡杨某及杨某的丈夫周某一同前往农商公司的市场购物。三人进入市场后边走路边聊天过程中，王某红不慎掉入无井盖的管线井中受伤。王某红受伤后被送往新疆兵团第四师医院住院治疗 23 天，花费医疗费合计 70 748.71 元。诉讼中，一审法院依王某红的申请，委托新疆美愿双语司法鉴定所对其伤残等级、误工期、护理期和营养期进行鉴定。鉴定意见为王某红的损伤构成伤残等级十级。2010 年电信公司、移动公司和联通公司作为发包方分别与鸿雁公司签订施工合同，由鸿雁公司作为施工方对涉案管线井内的管道工程进行施工。事故发生时，工程已完成施工且已过质保期。在该管线井内，共有五蜂管道，其中电信公司一蜂管线、电移动公司两蜂管线、联通公司一蜂管线。事故发生后，涉案管线井已放置

新的井盖，该井盖上标有"联建"字样，还标有电信公司、移动公司和联通公司的标识。

争议焦点：王某红因受伤所发生的各项损失应由谁来承担，各自承担的比例是多少。

裁判要旨：作为管线井的管理者和使用人，其所管理和维护的管线井的井盖发生缺失，致使受害人掉入井中受伤，未提供相应证据证实其已尽到使用管理职责，其对损害后果的发生具有过错，应当承担民事赔偿责任。

一审法院认为：电信公司、移动公司和联通公司、农商公司作为管理者未提供相应证据证实其已尽到使用管理职责，其对王某红损害后果的发生具有过错，应当承担民事赔偿责任。王某红作为完全民事行为能力人，在步行过程中与他人聊天，导致未能注意到缺失的井盖，亦未能尽到必要的安全注意义务，理应对自己的损伤承担相应民事责任。

一审判决：综合各方当事人的过错程度，认定电信公司承担20%赔偿责任，移动公司承担20%的赔偿责任，联通公司承担20%的赔偿责任，农商公司承担30%的赔偿责任，王某红应自行承担10%的责任，驳回王某红的其他诉讼请求。

农商公司不服一审判决，提出上诉请求：撤销原审判决第四项，改判其承担10%的赔偿责任。

二审法院认为：农商公司作为城东综合市场的管理者，负有保障在该市场内经营、消费人员的人身安全、财产安全的注意义务。王某红坠入案涉窨井前，农商公司没有在井盖破损的窨井周围设置提醒、警示标识，更未及时进行更换，采取避免损害发生的有效措施，农商公司应当承担侵权责任。同时，王某红作为成年人行走时未尽到自身的注意义务，理应承担过错责任。结合本案实际情况，以及各方当事人的过错程度，一审法院判决农商公司承担30%的过错责任、王某红承担10%的过错责任并无不当。判决：二审驳回上诉，维持原判。

法律分析：安全保障义务是指公共场所的管理人或者群众性活动的组织者负有的保障他人之人身安全、财产安全的注意义务。根据安全保障义务的一般要求，农商公司应当依照法律法规、规章、国家标准、行业标准和地方标准等对其管理的公共场所城东综合市场尽到安全防护、警示等管理维护义务，以避免损害的发生。根据《侵权责任法》第 37 条第 1 款"宾馆、商场、银行、车站、娱乐场所等公共场所的管理人或者群众性活动的组织者，未尽到安全保障义务，造成他人损害的，应当承担侵权责任"规定，农商公司负有安全保障义务。王某红坠入案涉窨井前，农商公司没有在井盖破损的窨井周围设置提醒、警示标识，更未及时进行更换，采取避免损害发生的有效措施，因此农商公司应当承担侵权责任。

法律依据：《侵权责任法》第 37 第 1 款，《最高人民法院关于适用〈中华人民共和国民法典〉时间效力的若干规定》第 1 条第 2 款，《民事诉讼法》（2017 年）第 170 条第 1 款第 1 项，《最高人民法院关于适用〈中华人民共和国民事诉讼法〉的解释》（2020）第 334 条。

类似案例：1. 本溪燕东商贸有限公司与徐某华等生命权、健康权、身体权纠纷案【（2023）辽 05 民终 258 号】：判决燕东商贸公司赔偿徐某华医疗费、误工费、护理费等合计 141 817.87 元的 20%，计 28 363.57 元。2. 张某秋诉大连市花园市政工程有限公司与大连德泰控股有限公司生命权、健康权、身体权纠纷案【（2023）辽 02 民终 1454 号】：判决大连市花园市政工程有限公司赔偿张某秋各项损失 139 512 元；二审维持原判。

（三）交通事故类

案例一：北京市首都公路发展集团有限公司诉滁州市金晨物流运输有限公司等机动车交通事故责任纠纷案【（2022）京 02 民终 11836 号】

关键字：高速公路、遗撒物、交通事故

案情：2021 年 1 月 21 日 22 时 30 分，在北京市房山区京港澳高速出京 35.5 公里处，白某驾驶车牌号为晋××的小型轿车由北向南在最内侧车道行驶，遇前方路面物体躲闪车辆失控撞右侧护栏，造成车辆接触部位损坏。经交管部门认定，白某负全部责任。通过路面监控视频确认，道路上遗撒物品系金晨物流运输有限公司（以下简称"金晨物流公司"）所有的车牌号为皖 M881××的大型货车在行驶过程中从其车上掉落所致。涉案的车辆在人寿滁州公司投保了交强险以及商业三者险。原告白某请求判令金晨物流公司、人寿滁州公司、首都公路发展集团有限公司（以下简称"首发公司"）连带赔偿白某道路施救费用 800 元，车辆维修损失 16 130 元。

争议焦点：1. 因交通事故产生的财产损失应由谁来承担，各自承担的比

例是多少；2. 首发公司是否应承担白某的损失承担赔偿责任。

裁判要旨：道路交通事故责任与侵权责任的主体并不当然重合，需根据事故发生原因以及过错程度综合进行判断。因道路管理维护缺陷导致机动车发生交通事故造成损害，当事人请求道路管理者承担相应赔偿责任的，人民法院应予支持。但道路管理者能够证明尽到安全防护、警示等管理维护义务的除外。道路养护单位能够提供路况巡视记录等证据来证明其已经依照法律、法规、规章的规定和要求尽到安全防护、警示等管理维护义务，则不应承担损害赔偿责任。一审法院认为：首先事发的起因是金晨物流公司的货车在高速路上遗撒物品，导致白某驾驶车辆为躲避遗撒物而撞到高速护栏，造成白某车辆损坏，故金晨物流公司应承担事故的主要责任。其次，首发公司作为管理人应当对道路进行巡查，并及时排除险情，保障高速行驶在道路上的车辆安全，首发公司虽称已履行定时巡护的义务，但未及时发现并清理遗撒物，应承担事故部分责任。最后，白某未能保障安全驾驶，导致其车辆受损，应承担事故部分责任。据此，法院酌定，金晨物流公司承担 70% 的赔偿责任，首发公司承担 20% 的赔偿责任，白某承担 10% 的损失责任。本次交通事故发生在保险期间内，由人寿滁州公司在交强险和商业第三者责任险的限额内予以赔偿。

一审判决：1. 人寿滁州公司于判决生效后十日内赔偿白某车辆施救费、维修费损失合计 11 851 元；2. 首发公司于判决生效后十日内赔偿白某车辆维修费损失 3386 元；3. 驳回白某其他诉讼请求。

首发公司不服一审判决提起上诉。

二审法院认为：首发公司应当根据高速公路的实际情况，对路产特别是对无监控区域加大巡查、巡视密度，以做到及时、有效排除险情，保障高速行驶在道路上的车辆安全。首发公司提供的《公路养护技术规范》（JTGH10-2009）、《北京市公路养护巡查管理办法》以及路况巡视记录等证据，能够证明其已经依照法律、法规、规章的规定的要求尽到安全防护、警示等管理维护义务，故首发公司不应承担损害赔偿责任。另外，二审法院根据本案事实，酌情确定金晨物流公司承担 90% 的赔偿责任，白某承担 10% 的损失责任。由于金晨物流公司车辆投保了交强险和商业三者险，因此人寿滁州公司在交强险范围内赔偿财产损失 2000 元，在商业三者险责任限额内赔偿 13 237 元。

二审判决：撤销北京市房山区人民法院（2021）京0111民初21160号民事判决第二项、第三项；变更北京市房山区人民法院（2021）京0111民初21160号民事判决第一项为人寿滁州公司于本判决生效后十日内赔偿白某车辆施救费、维修费损失合计15 237元；驳回白某的其他诉讼请求。

法律分析：依据《最高人民法院关于审理道路交通事故损害赔偿案件适用法律若干问题的解释》第7条第1款规定，因道路管理维护缺陷导致机动车发生交通事故造成损害，道路管理者能够证明已经依照法律、法规、规章的规定，或者按照国家标准、行业标准、地方标准的要求尽到安全防护、警示等管理维护义务的不承担赔偿责任。首发公司作为道路养护单位已经提供了路况巡视记录等证据来证明其已经依照法律、法规、规章的规定和要求尽到安全防护、警示等管理维护义务，故首发公司不应承担损害赔偿责任。

法律依据：《民法典》第1165条、第1208条、第1213条、第1256条，《中华人民共和国道路交通安全法》（2021修正）（以下简称《道路交通安全法》）第76条，《最高人民法院关于审理道路交通事故损害赔偿案件适用法律若干问题的解释》第7条第1款，《民事诉讼法》（2021）第177条第1款第2项。

类似案例：1. 谢某生诉河北保津高速公路有限公司等公共道路妨碍通行损害责任纠纷案【（2022）冀1081民初816号】：判决中国人民财产保险股份有限公司保定市北市支公司在投保的2000万元公众责任险约定范围内赔偿原告谢某生车辆维修费22 141元（31 630元×70%）元；被告河北保津高速公路有限公司不再承担赔偿责任。2. 王某凯诉青岛市黄岛区交通运输局、青岛市黄岛区六汪镇人民政府生命权、身体权、健康权纠纷案【（2022）鲁0211民初6632号】：判决被告青岛市黄岛区交通运输局于本判决生效之日起十日内赔偿原告王某凯各项损失合计100 812.78元；驳回原告王某凯的其他诉讼请求。

案例二：株洲市市政工程维护中心诉湖南省俊超运输有限公司、中华联合财产保险股份有限公司长沙中心支公司机动车交通事故责任纠纷案【（2022）湘02民终216号】

关键字：加固、保险责任范围、检测报告、交通事故、用人单位

案情：2021年1月15日23时左右，湖南省俊超运输有限公司（以下简

称"运输公司")司机邓某华驾驶重型半挂牵引车牵引超重型低平板半挂车装载重型挖掘机行至株洲市荷塘区某人行天桥下时,装载的重型挖掘机由于超高碰撞人行天桥,造成天桥受损的道路交通事故。该天桥由株洲市市政工程维护中心(以下简称"维护中心")负责养护。

次日,株洲市政府召开了专题会议,成立由市城管局牵头负责,市应急管理局、市住建局、交警支队、区政府等相关部门参与的应急抢险工作组。维护中心支付专家评审费36 000元,维修费用工程鉴定造价为1 474 458.43元。

经交警支队作出《道路交通事故认定书》认定,邓某华驾驶机动车搭载货物超高且注意观察不够是本次事故发生的全部原因,邓某华负事故的全部责任,维护中心在本次事故中不承担责任。

重型半挂牵引车在中华联合财产保险股份有限公司长沙中心支公司(以下简称"保险公司")购买了交强险、100万元机动车第三者责任保险、不计免赔险,保险期间为2020年9月15日至2021年9月15日。

维护中心将邓某华、运输公司及保险公司起诉至法院,诉讼请求为:1. 判决被告邓某华赔偿原告因交通事故导致的损失2 213 813元;2. 判决运输公司对原告的诉讼请求第1项承担连带赔偿责任;3. 判决保险公司在其保险责任范围内对原告的经济损失承担赔偿责任。

争议焦点:1. 司机邓某华是否应该向维护中心承担赔偿责任;2. 运输公司应如何承担赔偿责任;3. 保险公司应承担赔偿责任的具体数额。

裁判要旨:一审法院认为,维护中心的损失为:1 474 458.43元+36 000元=1 510 458.43元。邓某华系运输公司驾驶员,其在履行职务中发生交通事故,属于职务行为,应由其所在的单位承担赔偿责任。

根据运输公司与保险公司之间保险条款的规定,违反安全装载规定的,实行10%的绝对免赔率,因运输公司的职员违反安全装载规定,造成此次交通事故,故保险公司的赔偿额为90万元。则运输公司还应承担的赔偿为:1 510 458.43元-900 000元=610 458.43元。

一审法院判决:1. 运输公司赔偿维护中心因交通事故造成的各项经济损失人民币610 458.43元;2. 保险公司在保险责任范围内赔偿维护中心因交通事故造成的各项经济损失人民币900 000元。

运输公司认为原审判决对检测服务费、监理服务费、设计服务费、建安工程费等事实认定不清。对保险公司判赔的数额不当，没有认定本次交通事故有重大过失的邓某华承担次要责任不当，上诉请求撤销一审判决并依法改判。

二审法院认为一审判决认定事实清楚，适用法律正确，应予维持，最终驳回上诉，维持原判。

法律分析：本案系机动车交通事故责任纠纷。根据我国法律法规规定，侵害他人财产的，财产损失按照损失发生时的市场价格或者其他方式计算，用人单位的工作人员因执行工作任务造成他人损害的，由用人单位承担侵权责任。本案中，运输公司因交通事故造成天桥受损，应当承担有关的赔偿责任。运输公司对交通事故发生的检测服务费、监理服务费、设计服务费、鉴定工程费等有关费用过高的异议，考虑到案涉工程为应急工程，并经相应的专家评审，且产生的相关费用均有相关的收费依据与标准，故法院对此处理并无不当。

邓某华系运输公司驾驶员，其在履行职务中发生交通事故，属于职务行为，应由其所在的单位承担赔偿责任。并根据运输公司与保险公司间保险条款规定，违反安全装载规定的，实行10%的绝对免赔率，故法院确定保险公司的赔偿额为90万元的处理是正确的。

法律依据：《民法典》第1165条、第1184条、第1191条、第1208条，《道路交通安全法》第76条，《中华人民共和国保险法》（2015修正）（以下简称《保险法》）第65条，《民事诉讼法》（2017）第64条，《最高人民法院关于民事诉讼证据的若干规定》第2条。

类似案例：1. 枣庄市市中区光明路街道办事处诉烟台金海化工有限公司、商丘振飞运输有限公司占有、使用高度危险物损害责任纠纷案【（2022）鲁04民终1223号】：判决由烟台金海化工有限公司、商丘振飞运输有限公司连带给付枣庄市市中区光明路街道办事处危险品处置费用1 750 800元。2. 山东省五莲县人民政府诉万某强、东营西郊公铁联运有限公司、中国人民财产保险股份有限公司东营市分公司环境污染责任纠纷案【（2021）鲁民终593号】：判决由中国人民财产保险股份有限公司东营市分公司赔偿五莲县人民政府因原油泄漏造成的环境损害及应急处置过程中产生的费用308 250元及律师费2万元。

（四）保险类

案例一：杨某福诉中国人民财产保险股份有限公司烟台市分公司责任保险合同纠纷案【（2022）鲁06民终7108号】

关键字：赡养义务、救助、保障、合同相对性、公众责任保险

案情：2021年6月23日，烟台市应急管理局作为投保人，为烟台行政区域范围内的自然人在中国人民财产保险股份有限公司烟台市分公司（以下简称"保险公司"）处投保《山东省灾害民生综合保险》，保险期间自2021年6月30日0时起至2022年6月30日24时止。《山东省灾害民生综合保险条款》保障项目中，自然人人身伤亡救助每次事故每人责任限额15万元。

保险合同第14条约定："在保险期间内，由于下列原因导致身处保险合同列明的行政区域范围内的自然人（包括常住人口以及临时前来出差、旅游、务工等的流动人员）人身伤亡时，被保险人依据国家或地方有关法律规定给付的伤亡救助金，保险人按照本保险合同的约定负责赔偿：（二）发生溺水、居家煤气中毒、爆炸、火灾、触电等特定意外事故，无法找到责任人或责任人无力赔偿的。"

保险合同特别约定清单第6款第5项约定：对于没有第一顺序继承人和实际赡养、抚养、扶养人的死亡人员，保险人仅赔付实际花费的丧葬费用，最高不超过5万元。

杨某于2022年2月11日在家中被发现一氧化碳中毒，当日在招远市某应急管理服务中心报案，并被送往招远市人民医院住院治疗1天，诊断为急性一氧化碳中毒，于2022年2月15日死亡。

杨某父母、哥哥均已故，杨某无配偶、子女。杨某侄子杨某福认为自己是杨某赡养人，向保险公司提出理赔15万元被拒，起诉至法院，请求保险公司向自己理赔15万元。

争议焦点：保险公司应否给付杨某福理赔款以及具体数额。

裁判要旨：一审法院认为，杨某因一氧化碳中毒死亡，有招远市人民医院住院病历、《居民死亡医学证明（推断）书》证明，被告无反驳证据予以推翻，故杨某的死亡属于合同约定的保险事故。烟台市应急管理局与保险公司签订的灾害民生综合保险合法有效，该保险的保障对象为行政区域范围内的自然人。本案死者杨某系招远市居民，在灾害民生综合保险的保障对象范

围内，其事故发生的区域及时间亦均在该保险承保区域及期限内。

杨某福虽然不是第一顺序继承人，但提交了其作为实际赡养人的村委证明，保险公司虽不认可，但未提交相反证据证实自己的主张，应依法认定原告是涉案保险死亡救助金的受益主体。根据合同约定原告可以向保险人提出赔偿请求，故保险公司主张原告不具有起诉本案主体资格，理由不当，法院不予支持。

一审法院判决：保险公司支付原告杨某福死亡救助金15万元。

保险公司上诉，认为杨某福主体不适格，且非赡养人，请求改判不承担保险理赔责任或将本案发回重审。

二审法院认为，杨某的继承人具备诉讼主体资格，且村委会出具的证明可以证实杨某福为杨某实际赡养人之事实。

二审法院判决：驳回上诉，维持原判。

法律分析：《山东省灾害民生综合保险投保单》载明该保险投保人为烟台市应急管理局，根据该保险合同保障民生之目的，《特别约定清单》"灾害公众责任保险"部分中的"保障对象"（烟台籍民众）即为保险受益人，根据《保险法》第18条规定，保险受益人享有对保险人的保险金请求权，故杨某福作为因保险条款约定的事故去世的杨某的继承人具备诉讼主体资格。

村民委员会作为基层群众性自治组织，对本组织成员的家庭组成及基本状况具备相当了解，其出具的证明当然具备较高权威性。本案中，杨某福虽非杨某第一顺序继承人，但该村委出具的证明可以证实杨某福为杨某实际赡养人之事实，法院判令保险公司向杨某福支付死亡救助金依据充分。

法律依据：《保险法》第5条、第11条、第14条、第65条，《民事诉讼法》第40条第2款、第136条。

类似案例：1. 康某、任某花诉中国人民财产保险股份有限公司青岛市分公司意外伤害保险合同纠纷案【（2022）鲁02民终630号】判决：中国人民财产保险股份有限公司青岛市分公司支付康某、任某花保险金15万元。2. 张某中、张某国诉中国人民财产保险股份有限公司青岛市分公司人身保险合同纠纷案【（2022）鲁0285民初6636号】判决：中国人民财产保险股份有限公司青岛市分公司支付张某中、张某国保险金15万元。

案例二：中国人民财产保险股份有限公司旬阳支公司、旬阳县居金塬矿业有限公司人身保险合同纠纷案【（2022）陕09民终413号】

关键字：安全生产责任保险、生产安全事故、合同约定、证明

基本案情：2021年4月14日14时10分，居金塬公司××××矿×号井发生冒顶片帮事故，造成出渣工胡某死亡。×号井属于技改矿井，因新冠疫情影响基建工程滞后延期至2021年9月底。事发当日，×号井值班负责人、安全检查工胡×1按照公司值班安排，带领胡×2、胡某入井进行安全巡查和排水作业。事故发生后，经居金塬公司与死者家属协议：居金塬公司一次性赔偿140万元。

2021年5月16日，旬阳应急管理局出具事故证明，证明该起事故导致人员死亡属于安全生产事故。

2021年6月21日，旬阳应急管理局作出《旬阳县居金塬矿业有限公司××××矿"4.14"冒顶片帮事故调查报告》，认定事故性质，是一起因特殊地质原因引起的难以预测和控制的非责任事故。2021年11月19日。旬阳应急管理局出具旬应急函（2021）××号函，认定居金塬公司××××矿"4.14"冒顶片帮事故是一起因特殊地质原因引起的，难以预测和控制的生产安全非责任事故。

居金塬公司向法院起诉请求人保旬阳支公司赔付居金塬公司保险金80万元，诉讼费由人保旬阳支公司承担。

争议焦点：1. 胡某的死亡是否属于安全生产事故，安全生产非责任事故，人保旬阳支公司应否承担保险责任；2. 胡某的死亡原因是否属于保险条款第18条第5项约定的免责事项"崩塌"造成，人保旬阳支公司能否因此免责；3. 居金塬公司×号矿井属于技改矿井，基建工程滞后，是否构成保险条款第29条约定的保险标的危险程度显著增加，居金塬公司未及时通知人保旬阳支公司，居金塬公司是否应当自行承担责任。

裁判要旨：一审法院认为，居金塬公司在人保旬阳支公司为死者胡某等从业人员投保安全生产责任保险，居金塬公司作为投保人与人保旬阳支公司之间成立的保险合同合法有效。居金塬公司从业人员在保险期间发生生产安全事故，人保旬阳支公司应当按照保险合同的约定负责赔偿。

人保旬阳支公司主张案涉事故不属于生产安全事故，安全生产非责任事

故，一审法院认为，本保险中的生产安全事故应符合《生产安全条例》的规定，案涉事故发生场所在×号井内，死者执行安全巡查和排水作业，属于生产安全事故。案涉事故被应急管理行政部门认定为难以预测和控制的生产安全非责任事故，不是对生产安全事故的否定，更不是安全生产责任保险条款中免除保险责任的确定。

人保旬阳支公司主张案涉事故属于免责条款中的"崩塌"，不应承担责任。一审法院认为案涉事故并非免责的地质现象。一审法院对人保旬阳支公司以技改矿井因新冠疫情基建工程滞后为由主张危险程度显著增加居金塬公司未履行通知义务，事实依据不足，不能认定保险标的构成危险程度显著增加，居金塬公司也没有通知义务，人保旬阳支公司不能免责。

一审法院判决：人保旬阳支公司应当赔偿居金塬公司损失80万元。

人保旬阳支公司上诉请求撤销一审判决，依法改判驳回居金塬公司的诉讼请求。

二审法院认为：胡某在保险期间内因事故死亡，居金塬公司已向胡某家属进行赔偿，人保旬阳支公司应依约定向居金塬公司赔偿保险金。人保旬阳支公司上诉认为居金塬公司投保的是安全生产责任保险，本案胡某死亡并非由于居金塬公司未履行安全生产管理责任造成。首先，案涉保险条款中并无公司是否履行安全生产责任的约定；其次，旬阳应急管理局对事故定性是对居金塬公司在事故中是否存在责任的认定，但并未因此否认该起事故属于安全生产事故；最后，本案事故不属于保险免责条款中的"崩塌"，人保旬阳支公司不能免责。虽因疫情导致基建工作滞后，但居金塬公司已因此申请延长保险期，人保旬阳支公司亦准许了延期申请。因此，人保旬阳支公司现认为危险程度显著增加的理由不能成立。

二审判决：驳回上诉，维持原判。

法律分析：居金塬公司在人保旬阳支公司投保安全生产责任保险，双方形成保险合同关系，双方均应按照合同履行各自义务。胡某系保险合同中载明从业人员，其在保险期间因事故死亡，且案涉事故不属于《安全生产责任保险条款》中规定免责事由，保险应承担赔偿责任，最后，案涉矿井技改工作在投保时已开始，人保旬阳支公司对其危险性应知悉，因疫情导致基建工作滞后，居金塬公司无通知义务，综上，人保旬阳支公司应按保险合同约定承担保险责任。

法律依据：《生产安全条例》，《民法典》第498条、第509条，《保险法》第10条、第14条、第30条。

类似案例：1. 中国大地财产保险股份有限公司安康中心支公司、温州建峰矿山工程有限公司人身保险合同纠纷案【（2022）陕09民终235号】，法院判决：大地财报安康支公司向温州建峰公司支付保险金250 000元。2. 中国人民财产保险股份有限公司沈阳分公司与阜新弘霖矿业（集团）矿山建筑安装工程有限公司人身保险合同纠纷案【（2023）辽09民终183号】，法院判决：人保沈阳分公司向弘霖公司支付保险理赔款580 298元。

（五）应急管控类

案例一：昆明美味教育信息咨询有限公司、北京恒兆伟业投资有限公司房屋租赁合同纠纷案【（2022）云民再52号】

关键字：疫情防控、应急响应、房屋租赁合同、减免租金、公平原则

案情：2017年8月31日，昆明美味教育信息咨询有限公司（以下简称"美味公司"）与北京恒兆伟业投资有限公司（以下简称"恒兆伟业公司"）签订《房屋租赁合同》，租赁期限为8年，自2017年9月10日起至2025年9月9日止，租赁房屋的用途为商用、烹饪教育培训及其相关活动（或办公），美味公司确定的经营范围为烹饪教育培训学校及西点冷饮咖啡相关书籍设备销售。

2020年1月24日，云南省启动重大突发公共卫生事件一级响应。2020年2月23日，云南省应对疫情工作领导小组指挥部发布《关于调整新型冠状病毒肺炎疫情防控省级应急响应级别的通告》："自2020年2月24日零时起，云南省新型冠状病毒肺炎疫情防控应急响应级别由一级应急响应调整为省级三级应急响应。"美味公司承租的商铺主要经营范围为烹饪教育培训学校及西点冷饮咖啡相关书籍设备销售，故在2020年1月24日至2020年2月24日期间根据政府疫情防控的要求，餐饮娱乐、休闲消费等商业场所该期间无法产生收益。自2020年2月24日至2020年3月24日期间，虽政府已经逐步要求复工复产，但是受防控政策的影响美味公司也并不能完全正常经营。

美味公司向法院起诉请求恒兆伟业公司减免美味公司疫情期间三个月（2020年2-4月）房租共计249 398.73元。

争议焦点：恒兆伟业公司是否应减免美味公司疫情期间三个月的房屋租金。

裁判要旨：一审法院认为，美味公司承租的商铺主要经营范围为烹饪教育培训学校及西点冷饮咖啡相关书籍设备销售，但是受防控政策的影响美味公司不能完全正常经营，造成的损失是双方订立租赁合同时无法预见的，超出了"市场风险"的范围，根据公平原则和不可抗力免责原则，酌情在本案中共计减免美味公司应向恒兆伟业公司支付的租金 124 699.37 元，考虑到上述款项美味公司已经支付给恒兆伟业公司，故依法确认恒兆伟业公司应向美味公司退还已付租金 124 699.37 元。

一审判决：1. 恒兆伟业公司在本判决生效后十日内退还美味公司已付租金 124 699.37 元；2. 驳回美味公司的其他诉讼请求。

恒兆伟业公司上诉，请求撤销一审判决，改判驳回美味公司一审诉讼请求；本案一、二审案件受理费由美味公司承担。

二审法院认为：根据《昆明市国资委、昆明市发改委、昆明市财政局、昆明市商务局关于贯彻落实支持实体经济发展鼓励减免房租政策实施细则》，认为恒兆伟业公司并非国有企业、机关事业单位，其出租给美味公司的房屋并不适用该减免房租的政策。

二审判决：1. 撤销云南省昆明市五华区人民法院（2020）云 0102 民初 14175 号民事判决；2. 驳回美味公司的诉讼请求。

美味公司不服云南省昆明市中级人民法院（2021）云 01 民终 4313 号民事判决，申请再审。

再审法院认为：关于疫情期间的租金问题，因美味公司承租恒兆伟业公司商铺主要是用来烹饪教育培训及西点冷饮咖啡相关书籍设备销售，故受疫情原因影响较大，无法正常经营，也无法正常产生收益；根据美味公司与恒兆伟业公司合同的约定，从第三个租约年起，每两年租金均在上两个租约年租金标准基础上递增 5%，如继续按照双方合同约定的租金履行合同，将使美味公司因不可抗的疫情原因利益受损，而恒兆伟业公司却收取不断递增的租金，有违公平原则，二审判决对美味公司的诉讼请求全部不予支持不当，一审判决减免美味公司一个半月的租金符合相关司法指导性文件规定，较为公平、合理，应予维持。

再审判决：1. 撤销云南省昆明市中级人民法院（2021）云 01 民终 4313

号民事判决；2. 维持云南省昆明市五华区人民法院（2020）云 0102 民初 14175 号民事判决；二审案件受理费各承担 5041 元。

法律分析：关于疫情期间的租金问题，《最高人民法院关于依法妥善审理涉新冠肺炎疫情民事案件若干问题的指导意见（二）》第 6 条第 2 款指出，承租非国有房屋用于经营，疫情或者疫情防控措施导致承租人没有营业收入或者营业收入明显减少，继续按照原租赁合同支付租金对其明显不公平，承租人请求减免租金、延长租期或者延期支付租金的，人民法院可以引导当事人参照有关租金减免的政策进行调解；调解不成的，应当结合案件的实际情况，根据公平原则变更合同。另一方面，根据美味公司与恒兆伟业公司合同的约定，从第三个租约年起，每两年租金均在上两个租约年租金标准基础上递增 5%。因此，如继续按照双方合同约定的租金履行合同，将使美味公司因不可抗的疫情原因利益受损，而恒兆伟业公司却收取不断递增的租金，有违公平原则。为充分发挥司法调节社会关系的作用，平衡各方利益，可以对美味公司提出的三个月的承租费用予以适当减免。

法律依据：《民法典》第 6 条、第 533 条、第 703 条，《民事诉讼法》第 177 条、第 214 条，《最高人民法院关于依法妥善审理涉新冠肺炎疫情民事案件若干问题的指导意见（二）》第 6 条。

类似案例：1. 北京美富润德酒店管理有限公司、北京西单西西培训有限责任公司、北京敬远房地产开发有限公司房屋租赁合同纠纷案【（2022）京民终 433 号】：根据租赁合同的约定以及公平原则、诚实信用原则，酌定美富润德公司、西单西西公司应向敬远公司支付 2020 年 1 月 1 日至 2021 年 4 月 8 日欠付租金 2 000 000 元。2. 中晶环境科技股份有限公司与北京中伽顺景置业有限公司房屋租赁合同纠纷案【（2023）京 02 民终 5329 号】：考虑中伽顺景公司的实际损失、双方过错程度及疫情对中晶环境公司经营造成的不利影响，根据公平原则酌情确定滞纳金的计算标准和起算时间，法院因疫情因素等影响对滞纳金予以酌减。

案例二：天津荣泰置业有限公司、吴某超商品房销售合同纠纷案【（2022）津 01 民终 4618 号】

关键字：商品房买卖合同、逾期交房、应急响应措施、疫情响应

基本案情：吴某超与天津荣泰置业有限公司（以下简称"荣泰置业"）

于 2018 年 7 月 12 日签订《天津市商品房买卖合同》，约定吴某超购买荣泰置业开发的坐落于蓟州区房屋，价款为 1 673 663 元，荣泰置业应于 2020 年 5 月 30 日前，将商品房交付吴某超，吴某超依约向荣泰置业支付购房款。上述合同签订后，天津市政府及其相关部门在本市出现天气重污染情况下曾多次发布持续时间不同的限制施工的行政措施；2019 年 7 月 12 日，蓟州区违建别墅清查整治工作领导小组办公室向被告发布停工通知书；2020 年 1 月 24 日，天津市启动一级疫情响应，天津市住房和城乡建设委员会要求所有建筑工地推迟复工时间。2020 年 5 月 30 日荣泰置业未能按照合同约定向吴某超交付所购买的商品房。

吴某超要追究荣泰置业逾期交房的违约责任。

争议焦点：1. 交房时间如何确定；2. 天津荣泰置业有限公司主张的因执行政府发布的停工文件、别墅清查停工通知、疫情停工等原因造成的停工天数是否应予扣除以及如何扣除；3. 天津荣泰置业有限公司逾期交房的免责天数是否合理。

裁判要旨：一审法院认为，关于交房时间如何确定，吴某超主张其于 2021 年 3 月 31 日实际收房，并提交了交纳物业费的票据，用以证明在实际收房当天交纳了物业费，荣泰置业未提交相关证据，由此一审法院认定涉案房屋的实际交房时间为 2021 年 3 月 31 日。

停工天数是否应予扣除以及如何扣除，因执行政府发布的停工文件造成的逾期天数应予扣除，天津市蓟州区委答复的内容足以证明涉案小区的建设工程于 2020 年 10 月 9 日已经初步竣工。综上，自合同签订之日起即 2018 年 7 月 12 日到 2020 年 10 月 9 日止，各级政府有关部门为进一步落实加强空气质量保障工作所作出的一系列相关文件均明确要求停止施工，荣泰置业因配合执行政府部门上述文件的要求而停工，该部分逾期天数应予扣除。自 2020 年 10 月 9 日后，涉案工程已基本竣工，荣泰置业主张扣除该日之后政府发布的停工文件的停工天数，无事实依据。综合提交的施工日志和相应停工文件，因执行政府发布的停工文件造成的停工天数一审法院酌定为 51 天。

关于荣泰置业主张疫情停工等原因造成的停工天数是否应予扣除以及如何扣除，因新冠疫情导致的停工属于不可抗力，结合吴某超提交的证据足以证明涉案小区的建设工程实际复工时间为 2020 年 3 月 13 日，法院酌定因疫情停工造成的停工天数一审法院酌定为 48 天。

一审判决：天津荣泰置业有限公司于本判决生效之日起五日内向原告吴某超给付已付款利息 30 428.12 元、违约金 14 226.14 元，共计 44 654.26 元，款项直接汇入原告吴某超在中国建设银行开户的 6217××××5657 账户。驳回原告吴某超其他诉讼请求。如果未按本判决指定的期间履行给付金钱义务，应当依照《民事诉讼法》第 253 条之规定，加倍支付迟延履行期间的利息。案件受理费 1065 元（已减半，原告已预交），由原告吴某超负担 555 元，由被告天津荣泰置业有限公司负担 510 元。

天津荣泰置业有限公司提起上诉，请求撤销一审判决，改判驳回被上诉人一审诉讼请求。

二审法院认为：吴某超与荣泰置业签订的《天津市商品房买卖合同》系双方真实意思表示，且不违反法律、行政法规强制性规定，合法有效，双方当事人均应依照合同约定履行各自的义务。现上诉人未按照合同约定的时间交付涉案房屋，被上诉人按照合同约定主张上诉人逾期交房的违约责任符合法律规定。

二审判决：驳回上诉，维持原判。二审案件受理费 916.36 元，由上诉人天津荣泰置业有限公司负担。

法律分析：《天津市商品房买卖合同》中该合同补充协议第 10 条约定下述情形构成对逾期交房违约责任的免责事由：（1）由于不可抗力（包括但不限于战争、恐怖活动、自然灾害、出卖人无法避免并无法预见的其他因素）或政策法规修订、政府重大会议、环境治理、重大市政工程等导致商品房建设停工的；（2）法定××或其他重大流行性××导致工程延期或逾期交房的；……出卖人可据实予以延期交房，并不承担违约责任，相应交房时间以出卖人书面通知为准。

本案中市政府及其相关部门在本市出现天气重污染情况下曾多次发布持续时间不同的限制施工的行政措施，例如：天津市环境应急及事故调查中心于 2018 年 11 月 13 日发布《我市发布重大污染天气黄色预警启动Ⅲ级应急响应措施》，要求施工工地自 2018 年 11 月 13 日 12 时起至 2018 年 11 月 15 日 14 时止全面停止土石方等作业等文件，符合免责事由约定。

天津市蓟州区违建别墅清查整治工作领导小组办公室向被告发布停工通

知书符合免责事由中的政府行为。

因新冠疫情导致的停工属于不可抗力，符合免责事由。

法律依据：《民法典》第 180 条、第 590 条，《民事诉讼法》第 176 条、177 条。

类似案例：1. 李某与北京博睿宏业房地产开发有限公司房屋买卖合同纠纷案【（2023）京 02 民终 2471 号】：博睿宏业公司因疫情及其防控措施的影响，未能按照合同约定时间交付房屋，该疫情的发生构成不可抗力，并对合同履行造成实质性阻碍，博睿宏业公司不应承担上述期间的逾期交房违约责任。2. 北京侨禧投资有限公司与蒋茂卓商品房预售合同纠纷案【（2023）京 02 民终 6089 号】：新冠疫情对侨禧公司履行房屋交付义务造成了实质性阻碍，该期间不应计算违约金。综合考虑侨禧公司的合同履行情况、受疫情影响的程度等因素，法院酌定自违约金计算天数中扣减 130 日。

（六）知情权类

案例：贵州鸿居城物业管理有限公司、许某业主知情权纠纷案【（2021）黔 01 民终 8335 号】

关键字：物权纠纷 业主知情权纠纷

案情：原告许某系贵阳南明区某小区业主，2013 年 1 月 31 日，贵阳市住房和城乡建设局认定南明区某家园业主委员会成立，2015 年 1 月 6 日，鸿居物业公司与南明区某家园业委会签订《某家园小区物业服务合同》，约定鸿居物业公司有协助做好本物业管理区域内安全防范工作以及消防安全预防工作、及时向全体业主通告本区域内有关物业管理服务的重大事项等义务，同时约定，本合同之附件（贵州省地方标准—物业服务规范）均为本合同不可分割的组成部分，与本合同具有同等的法律效力。在《物业服务规范》公共秩序维护中载明，有安全事故、突发事件和火警、水警、警情、灾情等的防范应急预案；各岗位应有完善的交接班制度，并有工作情况及交接班记录。合同期限届满后，未再续签合同，但鸿居物业公司仍在南明区某家园小区提供物业管理服务。

许某向一审法院起诉请求：判决鸿居物业公司立即将某家园小区自 2015 年 1 月至 2020 年 12 月期间的安全监控中心的应急预案以及值班记录予以公示，供小区业主查阅、复制。一审法院判决鸿居物业公司于本判决书生效后十日内将某家园小区自 2015 年 1 月至 2020 年 12 月期间小区安全监控中心的应急预案以及值班记录进行公示，供小区业主查阅复制；驳回许某其他诉求。

鸿居物业公司不服一审判决，向贵阳市中院提起上诉，贵阳市中院经审理后驳回其上诉。

争议焦点：小区业主对物业公司公示的材料是否具有相应复制权利。

裁判要旨：业主行使知情权还应当包括复制相应的资料，因小区物业管理事务纷繁复杂、资料数量庞大，如仅允许业主查阅，对不具备专业知识的业主来说，无法顺利全面地行使知情权，更不可能进一步行使监督权。应当指出的是，业主行使知情权当以不影响他人权益及尽量减少对义务主体的负担为原则，不应多次重复查阅、复制，亦应当承担复制资料的费用。

法律分析：鸿居物业公司与南阳区某家园业委会签订《某家园小区物业服务合同》，合同期限届满后，虽未续签，但鸿居物业公司一直为该小区提供物业服务，鸿居物业公司与南阳区某家园业委会事实上仍存在物业管理关系。许某作为南阳区某家园小区合法业主，其业主知情权应受到合法保护，业主行使知情权应当包括复制相应的资料，因小区物业管理事务纷繁复杂、资料数量庞大，如仅允许业主查阅，对不具备专业知识的业主来说，无法顺利全面地行使知情权，更不可能进一步行使监督权。故许某要求鸿居物业公司对提供物业服务期间安全监控中心的应急预案以及值班记录进行公示，接受小区业主的查阅复制，应予以支持。

法律依据：《民法典》第 271 条，《最高人民法院关于审理建筑物区分所有权纠纷案件适用法律若干问题的解释》第 13 条，《贵州省物业管理条例》第 16 条、第 17 条。

类似案例：1. 北京恒远创新科技有限公司诉上地国际科技创业园业主委员会业主知情权纠纷案【（2016）京 01 民终 790 号】：上地国际科技创业园业主委员会向北京恒远创新科技有限公司展示管理规约、业主大会议事规则、业主大会、业主委员会全部决定及会议记录，并供北京恒远创新科技有限公司复制，复制费用由北京恒远创新科技有限公司承担。2. 长城物业集团股份有限公司北京物业管理分公司与张磊业主知情权纠纷案【（2021）京 01 民终 2587 号】：长城物业集团股份有限公司北京物业管理分公司向张某公布 2005

年12月30日至2020年9月28日期间北京市海淀区永丰嘉园小区建筑物及附属设施维修资金筹集及使用情况明细、停车位处分情况明细、公共部位广告位收支情况明细、电梯及消防设施安装检验资料,供张某查阅,张某复制上述材料的,复制费用由张某自行承担,驳回其他诉讼请求。

第八章 我国应急管理法治建设成效、问题与展望

2021-2022年,各级管理部门不断深入推进应急法治化建设,从力度、覆盖面和效果上看,都取得显著成果。然而,也存在许多不足之处,应急法治化的社会感受度不明显,主要为应急法律规范体系有待完善、应急法治实施体系需要健全、应急法治监督体系亟待完备、应急法治保障体系需要提升。因此,在接下来的改革中,一方面,运用法治思维和法治方式将党和国家机构改革和转变政府职能统筹推进、一体谋划;另一方面,应坚持问题导向、目标导向,将风险规制和突发事件应对分类推进,从数量的全转向质量的好,完善应急法治体系。

2021-2022年的应急法治建设在特殊背景下进行。2020年11月16日至17日,中央召开全面依法治国工作会议,将习近平法治思想明确为全面依法治国的指导思想。为贯彻落实习近平法治思想,我国先后发布"一规划、两纲要"。法治建设"一规划、两纲要"是我国"十四五"时期全面依法治国的总蓝图、路线图、施工图。为落实《中华人民共和国国民经济和社会发展第十四个五年规划和二〇三五年远景目标纲要》,国务院及突发事件应对管理部门对应急的任务和职责印发"十四五"规划。

作为应急法治建设的具体"路线图和施工图",《法治中国建设规划(2020-2025年)》《法治政府建设实施纲要(2021-2025年)》《法治社会建设实施纲要(2020-2025年)》与"十四五"时期全面推进应急建设规划结合,既是全面贯彻习近平法治思想的重大的举措,也是深入总结应急法治建设成就经验的重要成果,对在新发展阶段不断推进应急管理法治化具有重大意义。从这个意义上说,应急管理法治报告是应急管理学会学习领会习近平法治思想,贯彻落实党的二十大精神、法治中国建设、法治政府和法治社会建设实施纲要的重要措施。

2021-2022年，我国应急法治体系和法治能力明显提升。在雷厉风行的应急法治构建时坚持法治原则，在统筹发展和安全的新安全格局构建的大框架下运用法治思维和法治方式进行应急管理，将应急工作纳入法治轨道。

第一节 2021-2022年我国应急管理法治建设成效和特点

在依法有效应对各种突发事件方面，我国在推进应急法治建设方面取得了显著成效。应急法律制度体系基本得以建立，应急权力规范化程度有所提高，应急监督和保障体系相应建立，一些长期积累的应急法治建设的问题得到解决。就应急法治取得成效而言，主要表现在以下几个方面。

一、应急管理法律规范体系日益健全

在加强应急相关的立法和配套制度建设方面，全国人大常委会审议通过了大量事关国家总体安全的法律。为了维护国家安全及主权安全和海洋权益，保护公民法人和其他组织合法权益，2021年1月，通过了《中华人民共和国海警法》。为了防止食品浪费，保障国家粮食安全，2021年4月通过了《中华人民共和国反食品浪费法》。为了推动扫黑除恶工作机制化、常态化开展，提升扫黑除恶工作法治化、规范化、专业化水平，为遏制有组织犯罪滋生蔓延、推进国家治理体系和治理能力的现代化提供法治保障，在系统总结扫黑除恶专项斗争实践经验的基础上，制定了《中华人民共和国反有组织犯罪法》，将党中央决策部署转化为法律写入总则、突出防治要求和责任、规范情报线索处置案件办理机制、固化"打财断血""打伞破网"经验。随着信息化与经济社会持续深度融合，网络成为生产生活的新空间、经济发展的新引擎、交流合作的新纽带。针对数据安全成为事关国家安全与经济社会发展的重大问题，2021年6月通过了《中华人民共和国数据安全法》，主要内容包括适用范围、支持促进数据安全与发展的措施、数据安全制度、数据安全保护义务、政务数据安全与开放、数据安全工作职责等规范。在立足我国个人信息保护领域存在的突出问题和人民群众重大关切上，制定《中华人民共和国个人信息保护法》，把握个人权益保护的立法定位与《民法典》等有关法律规定相衔接，与《中华人民共和国网络安全法》与《中华人民共和国数据安

全法》等相衔接，细化、充实个人信息保护的制度规则。

与此同时，针对法律之间不一致、不协调、不适应等问题，对配套法律开展修改和废释工作。在修订法律方面，2021年1月修订了《行政处罚法》，增加行政机关对违反突发事件应对措施的"依法快速、从重处罚"的规定。在梳理如《中华人民共和国野生动物保护法》《传染病防治法》《中华人民共和国国境卫生检疫法》《突发事件应对法》《中华人民共和国种子法》《中华人民共和国粮食安全保障法（草案）》等已有相关的法律的基础上，统筹推进立法修法工作。修订了《动物防疫法》，在立法宗旨上突出"防控人畜共患传染病，保障公共卫生安全和人体健康"目标，明确由卫生健康主管部门依照《传染病防治法》的规定及时公布人畜共患传染疫情，并在法律责任中增加规定了违反规定的法律责任，造成人畜共患传染病传播、流行的，依法从重处分、处罚，增加规定国务院农业农村主管部门和海关总署等部门应当建立防止境外动物疫病输入的协作机制，增加规定了对动物疫病发生、流行等情况进行监测，对接种狂犬疫苗、办理登记等重点环节提出要求并明确由省、自治区、直辖市制定具体管理办法。2021年6月修正《安全生产法》，进一步完善了安全生产工作的原则要求、进一步强化和落实生产经营单位的主体责任，如增加规定"平台经济等新兴行业、领域的生产经营单位应当根据本行业、领域的特点，建立健全并落实全员安全生产责任制，加强从业人员安全生产教育和培训"；进一步明确地方政府和有关部门安全生产监督管理职责；针对安全生产法，在监督管理上与刑法相关规定衔接；增加规定"负有安全生产监督管理职责的部门应当建立举报制度，公开举报电话、信箱或者电子邮地址等网络举报平台"；进一步加大对生产经营单位及其负责人安全生产违法行为的处罚力度。为从源头上防控重大公共卫生风险、革除滥食野生动物陋习、健全执法管理体制及职责、取缔和严厉打击非法野生动物市场和贸易，2022年12月修订《中华人民共和国野生动物保护法》。

作为地方人大、地方政府组织和工作依据的地方组织法《地方各级人民代表大会和地方各级人民政府组织法》是地方各级国家权力机关、行政机关行使应急职权、履行应急职责的重要制度保障。为健全地方政权机关在应急管理方面的组织和工作，维护党中央权威和集中统一领导，构建从中央到地方权责清晰、运行顺畅、充满活力的工作体系；为发展全过程人民民主，保障人民当家作主；为推动地方人大加强和改进新时代人大工作，推动地方政府全面建设职能科学、权责法定、执法严明、公开公正、智能高效、廉洁诚信、人民满意的法治政府，全面提高依法履职能力，2022年3月，全国人大对《地方各级人民代表大会和地方各级人民政府组织法》修正。

有关应急法治的行为法和组织法制修，让应急管理制度体系日益完善、协调。

二、应急管理法治实施体系大力推进

（一）应急管理机关职能优化协调

为了提升应急事件应对管理部门的效能，党和国家机构改革对应急管理部和国家卫生健康委员会进行职能优化和完善。

应急管理部的职责定位更加明确，即作为防范化解重大安全风险的主管部门，健全公共安全体系的牵头部门，整合优化应急力量和资源的组织部门，推动形成中国特色应急管理体制的支撑部门，承担提高国家应急管理水平、提高防灾减灾救灾能力，确保人民群众生命财产安全和社会稳定的重大任务。为了强化应急工作的综合管理、全过程管理和力量资源的优化管理，形成统一指挥、专常兼备、反应灵敏、上下联动的中国特色应急管理体制，在深化党和国家机构改革工程中，整合了分散在11个部门的13项自然灾害、安全生产领域突发事件应急管理职能，组建应急管理部门。组建应急管理部两年之后，2020年10月9日中共中央办公厅、国务院办公厅制定的《关于调整应急管理部职责机构编制的通知》（以下简称《通知》）对应急管理部职责、机构、编制再调整，具体内容如下。

一是应急管理部非煤矿山（含地质勘探）安全监管职责以及相应16名行政编制、4名司局级领导职数划入国家矿山安全监察局。二是撤销应急管理部安全生产基础司，相关职责并入安全生产执法局，安全生产执法局更名为安全生产执法和工贸安全监督管理局，承担冶金、有色、建材、机械、轻工、纺织、烟草、商贸等工贸行业安全生产基础和执法工作；拟定相关行业安全生产规程、标准，指导和监督相关行业生产经营单位安全生产标准化、安全预防控制体系建设等工作，依法监督检查其贯彻落实安全生产法律法规和标准情况；负责安全生产执法综合性工作，指导执法计划编制、执法队伍建设、执法规范化建设工作。三是应急管理部危险化学品安全监督管理司更名为危险化学品安全监督管理一司，承担化工、医药、危险化学品生产安全监督管理工作，依法监督检查相关行业生产单位贯彻落实安全生产法律法规和标准情况；指导非药品类易制毒化学品生产经营监督管理工作。四是应急管理部增设危险化学品安全监督管理二司，承担化工、医药、危险化学品经营安全监督管理工作，以及烟花爆竹生产经营、石油开采安全生产监督管理工作，依法监督检查相关行业生产经营单位贯彻落实安全生产法律和标准情况；组织危险化学品登记；承担海洋石油安全生产综合监督管理工作，相应核增行政编制20名、司局级领导职数3名。为了更好发挥应急管理部职责，对内加强职能融合和重塑，经调整后，应急管理部20个内设机构包括：办公厅、应急指挥中心、人事司、教育训练司、风险监测和综合减灾司、救援协调和预案管理局、火灾防治管理司、防汛抗旱司、地震和地质灾害救援司、危险化学品安全监督管理一司、危险化学品安全监督管理二司、安全生产执法和工贸安全监督管理局、安全生产综合协调司、救灾和物资保障司、政策法规司、国际合作和救援司、规划财务司、调查评估和统计司、新闻宣传司、科技和信息化司。在应急管理部门的职能调整优化下，31个省级应急管理厅（局）全面组建，全部的地市级、县市级应急管理局已完成挂牌，县（市、区）探索实行局队合一的执法体制改革模式，大部分的乡镇街道也成立了应急管理机构，街乡建立应急管理委员会及其办公室。组建应急管理部门把分散体系变成集中体系，把低效资源变成高效资源，在"优化、协同、高效"的原则下，全面提升应急管理综合能力和水平。

在科学界定应急管理职责基础方面，为适应应急管理事业改革发展，坚持以防为主、防抗救相结合，坚持常态减灾和非常态救灾相统一，实现从注重灾害救助向注重灾前预防转变，从应对单一灾种向综合减灾转变，从减少灾害损失向减轻灾害风险转变，应急管理部在国家安全生产应急救援中心和中国地震局之外，成立国家消防救援局和国家矿山安全监察局两个部属单位。2020年9月22日，按照党中央决策部署，国家煤矿安全监察局更名为国家矿山安全监察局，由应急管理部管理。地方27个煤矿安全监察机构相应更名，由国家矿山安全监察局领导管理。在力量配备上，为聚焦全灾种大应急任务需要，坚持专业化职业化发展方向，推进国家综合性消防救援体制改革，将消防救援队伍和森林消防队伍整合为一支正规化、专业化、职业化的国家综合性消防救援队伍，按照准现役、准军事化标准建设管理，建立中央地方分级指挥和队伍专业指挥相结合的机制。2023年1月6日，国家消防救援局挂牌，这是完善国家应急管理体系、提高灾害事故应急处置能力的重大举措。随着国家消防救援局的成立，省市县三级随后也跟进改革，成立统一的消防救援机构，进入实体运行。通过对队伍整合和业务融合，坚持专业化职业化发展方向，聚焦全灾种大应急任务需要，融入大安全大应急框架建设，应急管理部门的职能配置不断优化。在2023年1月5日召开的全国应急管理工作会议上，应急管理部要求健全完善应急管理体系，围绕建立大安全大应急框架，充分发挥应急部门综合优势，推动全要素、全过程协同联动，提升应急管理整体合力。

在应急管理部门职责优化的同时，国家卫生健康委员会也进行职责调整。2022年1月，中共中央办公厅、国务院办公厅印发的《关于调整国家卫生健康委员会职能配置、内设机构和人员编制的通知》中，对国家卫生健康委员进行职责调整。首先，明确国家卫生健康委员负责管理国家疾病预防控制局。2021年，整合分散在国家卫健委疾控局、综合监督局等司局的部分疾病预防控制职能，组建副部级的国家疾病预防控制局，并将关于传染病预防控制的规划、制定检疫监测传染病目录、指导传染病疫情防控、编制专项预案等职责划入其中。其次，明确国家卫生健康委员会负责卫生应急工作，牵头组织协调传染病疫情应对工作、组织指导传染病以外的其他突发公共卫生事件预防控制和各类突发公共事件医疗卫生救援，与海关总署建立健全应对口岸公共卫生事件合作机制和通报交流机制。在明确职责范围时，调整内设机构，一是将国家健康委员会医政医管局更名为医政司，承担拟定医疗机构以及医务人员、医疗技术应用、医疗质量和医疗服务等行业管理政策规范、标准并监督实施等工作。二是国家卫生健康委员会卫生应急办公室（突发事件应急指挥中心）更名为医疗应急司，组织协调传染病疫情应对工作，承担医疗卫生应急体系建设，组织指导各类突发事件的医疗救治和紧急医学救援工作；拟定医疗安全、医疗监督、采供血机构管理以及行风建设等行业管理政策、标准并组织实施；拟定重大疾病、慢性病防控管理政策规范并监督实施。三是撤销国家卫生健康委员会疾病预防控制局、综合监督局。2023年6月21

日，宁夏银川市富洋烧烤店发生燃气爆炸，造成严重人员伤亡，国家卫生健康委员会调派国家（宁夏）紧急医学救援队开展伤员救治，同时由医疗应急司带领国家级烧伤、重症专家赶赴银川，加强国家医疗专家力量。宁夏、银川市卫生健康委员派出120急救车和医务人员到达现场抢救和转运伤员，国家（宁夏）紧急医学救援队所在宁夏医科大学总医院成立专家团队开展伤员抢救工作。国家卫生健康委员会履行组织指导突发事件的医疗救治和紧急医学救援工作的职责。

应急管理部门和其他职能部门抓好安全和发展两件大事，尤其是2020年"一手抓防疫，一手抓生产"中，发挥了巨大的应急作用。

（二）应急管理体制基本形成

应急管理体制是由法律规定的突发事件应急处置不同主体的职责及其相对稳定的相互关系，包括领导体制、相互关系等构成要素。通过连续性、系统性、整体性重构，自党和国家机构改革以及应急管理部组建以来，基本形成了"统一指挥、专常兼备、反应灵敏、上下联动"的中国特色应急管理体制。这是从国家层面对各种公共安全事件从风险规制和突发应对作出的顶层设计，相关国家机关履行安全保障义务，形成有序协调的统一整体。

1. "统一指挥"

"统一指挥"是指在突发事件应急处置中的集中统一，解决以往应急指挥"多头决策""协调不力""力量分散""统筹不够"等问题，主要强调如何形成突发应对的综合管理、统筹协调，为真正形成"统一指挥"这个核心体制，从中央到地方进行了多种形式的探索。

全面加强党的领导是健全完善中国特色的大国应急管理体制的根本。党的集中统一领导制度，是中国特色的大国应急管理体系的核心内涵，也是最大的特色和优势，是形成"全国上下一盘棋"、实现"集中力量办大事"的根本保证。应急管理系统党的领导制度更加完善。应急管理部、全部省级、绝大部分市级和县级应急管理部门党组改设为党委，21个省级应急管理部门设立政治部，把党对应急管理的全面领导制度化。国家综合性消防救援队伍实行党委统一的集体领导下的首长分工负责制和政治委员制、政治机关制，确保党的绝对领导。进入新时代，在建设中国特色大国应急管理体制过程中，健全总揽全局、协调各方党的应急管理领导制度体系，完善各级党员干部和基层党组

第八章 我国应急管理法治建设成效、问题与展望

织等构成的组织网络,把党的集中统一领导落实到应急管理的各领域、各方面、各环节、全过程,把党的集中统一领导固定下来,使之常态化、制度化,形成应对各类突发事件的核心领导力量,为突发事件应急管理提供根本组织。

完善集中统一的领导体制,还体现在强化党的统一领导和属地的主体责任上。党政结构是中国应急管理的内核和灵魂。[1]在突发事件应急管理具体过程中,各级党委和政府坚持党政同责、一岗双责、齐抓共管、失职追责,及时研究解决应急管理重大问题,确保行动坚决、落实有力。面对重大灾害事故,各地党政主要负责人深入一线、靠前指挥,广大党员干部冲锋陷阵、守土尽责。党的十八大以来,我国在防灾减灾救灾、安全生产、生态环境保护、食品安全、疫情防控等领域提出"党政同责、一岗双责"要求,强调各级党委、政府对相关领域应急管理工作共同负有领导责任。党政同责理念的提出,将地方各级党委纳入法治责任主体范畴,"有效解决了党委、政府权责不一的问题,集中体现了加强党的全面领导的优越性"。[2]

在党的领导下,在国家层面形成了面向公共卫生事件、社会安全事件、自然灾害和事故灾难的领导体制。形成了面向突发公共卫生事件的全国突发公共卫生事件应急指挥部、国务院联防联控机制;面向社会安全事件的平安中国建设协调小组共同构成的统筹协调体制;设立了面向自然灾害和事故灾难的国家防汛抗旱总指挥部、国务院抗震救灾指挥部、国务院安全生产委员会、国家森林草原防灭火指挥部、国家减灾委员会。近年来,积极推进应急指挥体系建设,推进国家应急救援总部和六大区域应急救援中心建设,分别作为国家应对特别重大灾害的全国性应急指挥中心和专业性区域应急指挥中心。不断加强对安全生产、自然灾害等领域突发事件处置的综合管理、统筹协调,基本形成了权威高效的应急指挥中枢,建成国家应急指挥总部。

应急管理领导机构变革也体现在地方层面。例如,《北京市突发事件总体应急预案(2021年修订)》规定,在北京市委统一领导下,由市突发事件应急委员会组织指挥全市突发事件日常应对工作,统一指挥处置重大、特别重大自然灾害和事故灾难;市委应对重大突发公共卫生事件领导机构统一指挥

---

[1] 参见雷尚清:《应急管理中的党政结构》,载《南京社会科学》2017年第7期。
[2] 马迅、李尧:《党政同责的逻辑与进路——以食品安全责任制为例》,载《河南社会科学》2020年第12期。

处置重大、特别重大突发公共卫生事件；市委平安北京建设领导小组统一指挥处置重大、特别重大社会安全事件。北京以及其他地区全面建成部省市县四级贯通的应急指挥信息网和自上而下的应急指挥平台体系。

"统一指挥"的应急领导体制，有利于发挥中国特色社会主义制度能够集中力量办大事的制度优势，统筹调度全国的应急力量和资源，形成全国一盘棋的工作格局，推动形成"统一指挥、专常兼备、反应灵敏、上下联动"的中国特色应急管理体制。在应对各类突发事件过程中，应急管理领导体制在统筹经济社会发展与安全生产、维护人民群众生命健康和社会稳定方面发挥了关键作用，体现了社会主义国家的制度优势。

2. "专常兼备"

"专常兼备"的核心在于建好突发事件应急管理的专业队伍和常规队伍。应急管理既要建设应对各类常规事件的常规救援力量，又要建设处置非常规的突发事件及常规突发事件特殊环节的专业救援力量。常规救援力量需要具备一般性的救援知识和技能，配备常用救援装备、技术手段。专业救援队伍需要特殊装备技术手段及特殊技能人才。综合应急救援队、专业应急救援队、常规应急救援队互相配合，发挥应急救援主力军作用。

3. "反应灵敏"

"反应灵敏"的核心在于突发事件应急处置必须做好监测预警、迅速研判、报告、决策、组织指挥。尽可能缩短突发事件响应处置时间，立即形成有效的指挥系统和科学决策的架构，切实提高应急响应效率，降低灾害事故带来的损失。

4. "上下联动"

"上下联动"的核心在于突发事件应急处置自上而下，动员多层次应急主体广泛参与到应急管理中来。按照"健全充分发挥中央和地方两个积极性体制机制"的要求，我国进一步强化了中央的统筹协调作用和属地的主体意识、主体责任、主体作用。地方党委、政府为各类突发事件应对的责任主体；中央和上级党委、政府主要发挥领导作用，做好组织、指挥协调功能；企业、社会组织和志愿者广泛参与，发挥基础性支撑作用；科学有序进行指挥处置，推动形成上级指导和属地指挥相互结合、优势互补的统分结合型应急组织指挥模式。在组织体系上，中央主要依靠派驻工作组、指导组的方式对地方进行统筹协调,从而弥合中央政府对政策推进的总体控制与地方政府在行政实践中自由裁量权之间的张力。[1]

(三) 应急管理工作机制实现整体性、系统性重构

全国应急管理系统在"边组建、边应急、边建设、边发展"的道路上,在严峻疫情、复工复产、自然灾害等不确定性因素的多重冲击下,在实战中逐步完善健全工作机制,实现了系统性、整体性重构。应急部门发挥综合优势,各相关部门发挥专业优势,形成了协同高效的应急管理工作格局。

1. 协同顺畅的应急管理工作格局逐步完善

应急管理部组建以来,由专职部门统筹应急管理工作,强化了全灾种管理、全过程管理、全主体参与、全手段运用的应急管理,初步建立起了大安全大应急框架,形成了系统完备、协同高效的应急管理工作格局。在发挥应急管理部门的综合优势和相关部门的专业优势下,为加强统分结合、防救协同、上下联动,建立了风险联合会商研判、防范救援救灾一体化、扁平化应急指挥等工作机制。应急管理部门职责在于"防"与"救",在中央与地方关系上,处理的是"统"与"分"的关系。

处理"统"与"分"关系。过去的应急管理是"九龙治水"、各管各灾,现在是应急统筹、一体协同。应急管理部门发挥综合优势,各相关部门发挥专业优势,形成了统筹管理、统分结合的协调机制。特别是在基层,面对每年的防汛救灾任务,气象部门做好气象预报,水利部门做好汛情监测,自然资源部门监测好地质风险,应急管理部门会商协调,全力做好人员转移避险、抢险救援救灾工作,形成了各部门协同发力、共同防汛的有效机制。

强化"防"与"救"衔接。应急管理部成立以来,经过协调、磨合,有关部门形成了一定共识:"防"是各部门共同责任,涉灾部门落实主体责任;"救"是应急管理部门主要职责,涉灾部门坚持灭早灭小、防止事态扩大。从风险识别、隐患排查到源头预防,从应急准备、监测预警到应急响应,从抢险救援、物资调拨到灾后重建,基本形成了事前事中事后全程统筹、防灾减灾救灾紧密衔接的工作链条,克服了以往重救轻防、重短轻长、被动应对的弊端。

----

[1] 参见吕方、梅琳:《"复杂政策"与国家治理——基于国家连片开发核实项目的讨论》,载《社会学研究》2017年第3期。

实现"上"与"下"联动。通过建立信息报告制度，省部联合远程"会诊"和综合研判机制，自上而下视频直通、现场直连、指令直达的应急指挥平台体系等，地方重特大灾害事故和险情1小时内可报应急管理部，重大风险隐患排查更加精准有力，上传下达频次更密、协同更多、效率更高，基本实现了应急管理组织体系上下贯通。〔1〕

2. 从"事后"向"事前+事后"并重工作机制转变

近年来，应急管理及其他突发事件应对部门着重加强事前监测、会商、判断、预警，加强突发事件发生的事先防范。事故防范的事前导向上，包括风险普查、风险评估、完善预案，做好物资、装备等资源准备。特别是在监测预警方面，不少地方不断完善研判会商机制，将信息化手段和研判会商机制深度融合。我国把防范化解重大风险列为三大攻坚战的首位，在各类突发事件领域全面推进：在自然灾害领域，实施自然灾害防治九项重点工程，开展全国自然灾害综合风险普查，实施自然灾害防治能力提升工程，实施全国自然灾害综合风险普查、地震易发区房屋设施加固工程等；在安全生产领域，建立风险分级管控和隐患排查治理双重预防性工作机制，组织开展全国安全生产专项整治三年行动；在公共卫生事件领域，防范化解重大疫情和突发公共卫生风险；在社会安全领域，实施重大决策社会稳定风险评估制度、矛盾纠纷调处化解综合机制等。上海市提出了防灾减灾重在灾前，事故防范重在事前的发展导向，基本形成涵盖"测、报、防、抗、救、援"全过程的应急管理制度，建立了灾情预测预警、风险隐患排查、综合防灾减灾等机制。

"完善公共安全体系，推动公共安全治理模式向事前预防转型。"〔2〕习近平总书记在党的二十大报告中就提高公共安全治理水平提出明确要求。这一论述是"凡事预则立，不预则废"的底线思维，是前置防线、前瞻治理、前端控制、前期处置的生动体现，也是打好安全防范主动仗的重要原则方法。

三、应急管理法治监督体系进一步完善

应急管理履职情况是新制（修）订的《中国共产党问责条例》《党政领

---

〔1〕 参见马宝成：《体制之变》，载《中国应急管理》2023年第4期。

〔2〕 习近平：《高举中国特色社会主义伟大旗帜　为全面建设社会主义现代化国家而团结奋斗——在中国共产党第二十次全国代表大会上的报告》，载《人民日报》2022年10月26日。

导干部选拔任用工作条例》《党政领导干部考核工作条例》等中央党内法规的重要内容。与此同时，我国制定出台党政领导干部在安全生产、食品安全、生态环境损害、社会治安综合治理、意识形态工作等方面责任制的具体规定。"三管三必须"逐步落实，地方党政领导安全生产责任制逐步建立，安全生产责任体系进一步完善。

四、应急管理法治保障体系更加丰富

2021年以来，我国已先后发布《"十四五"国家应急体系规划》《"十四五"国家综合防灾减灾规划》《"十四五"应急救援力量建设规划》等，对推进"十四五"期间应急保障能力建设做出了部署。应急法治保障体系包括硬件保障和人员保障，在救援的业务能力和体系建设上实现重大变化。

（一）应急保障体系从"经验"向"数据+经验"并重转变

2021年5月，应急管理部就应急管理信息化建设提出了明确要求和整体布局，重点指出要以规划引领、集约发展、统筹建设、扁平应用，夯实信息化发展基础，补齐网络、数据、安全、标准等方面的短板弱项，推动形成体系完备、层次清晰、技术先进的应急管理信息化体系，全面提升监测预警、监管执法、辅助指挥决策、救援实战和社会动员能力。2021年12月，中央网络安全和信息化委员会印发了《"十四五"国家信息化规划》，明确提出打造平战结合的应急信息化体系，建设应急管理现代化能力提升工程。2021年国务院印发的《"十四五"国家应急体系规划》也指出要强化信息支撑保障，推动跨部门、跨层级、跨区域的互联互通、信息共享和业务协同。不断强化数字技术在灾害事故应对中的运用，全面提升监测预警和应急处置能力。相关部门发挥信息化手段的作用，将先进的技术手段转化为管理能效。这两年来，新的应急管理保障优势所带来的成绩有目共睹。

（二）应急法治力量体系大幅度提升

按照构建统一领导、权责一致、权威高效的国家应急能力体系要求，我国基本形成以国家综合性消防救援队伍为主力军和国家队，以专业救援队伍为协同、以军队应急力量为突击，以社会力量为辅助的应急力量体系，应急救援能力得以大幅度提升。国家综合性消防救援队伍围绕全灾种、大应急加快转型升级，新组建了水域、山岳、地震等专业队伍3500余支，研发配备了一批先进技术装备，提升了现代化综合救援能力。对比而言，我国应急救援体系发生了巨大的变化：一是以往应急力量建设主要是以单一灾种为基础，改革后则以综合应对为指针，把消防作为骨干、基础力量。二是突出安全生产应急救援队伍的作用，将其作为综合性常备骨干力量。三是把专业力量作为协同力量，而非基础力量。军队和社会力量的角色则基本没有变化，分别是突击力量和辅助力量。但是，军队的职责更加强调向打仗聚焦，社会力量的参与更加广泛，这些也都是对应急救援体系产生影响的新的发展形势。

第二节 应急管理法治建设新变化

党的二十大报告把应急管理体系列为国家安全体系的重要组成部分，强调大安全和大应急，并推动公共安全治理向事前预防转型，为应急管理工作和实践工作指明了方向。党的二十大报告指出，贯彻总体国家安全观理念，推进国家安全体系和能力现代化，坚决维护国家安全与社会稳定。[1]这将国家总体安全观贯穿党和国家工作各方面全过程，确保国家安全和社会稳定，这形成了大安全和大应急的理念。在2023年1月5日召开的全国应急管理工作会议上，应急管理部要求健全完善应急管理体系，围绕建立"大安全大应急"框架，充分发挥应急部门综合优势，推动全要素、全过程协同联动，提升应急管理整体合力。同时，党的二十大报告要求全面推进国家各方面工作的法治化。所以，我国应急管理的理念不再局限于传统的四类突发事件类型，将范围扩大到事关国家安全的所有领域，这就对应急管理范围和应急管理法治建设带来新变化。

一、理念新变化：大安全和大应急

大安全和大应急理念变化，主要表现在四个方面。

首先，安全和应急的领域广。党的二十大报告指出："我们要坚持以人民安全为宗旨、以政治安全为根本、以经济安全为基础、以军事科技文化社会安全为保障、以促进国际安全为依托，统筹外部安全和内部安全、国土安全

---

[1] 参见习近平：《高举中国特色社会主义伟大旗帜 为全面建设社会主义现代化国家而团结奋斗——在中国共产党第二十次全国代表大会上的报告》，载《人民日报》2022年10月26日。

和国民安全、传统安全和非传统安全、自身安全和共同安全，统筹维护和塑造国家安全，夯实国家安全和社会稳定基层基础，完善参与全球安全治理机制，建设更高水平的平安中国，以新安全格局保障新发展格局。"[1]

其次，大安全大应急的体系广。党的二十大报告提出健全安全体系，明确提出了一个体制，即高效权威的国家安全领导体制；两个机制，即国家安全工作协调机制和反制裁、反干涉、反"长臂管辖"机制；八大体系，即国家安全法治体系、战略体系、政策体系、风险监测预警体系、国家应急管理体系、重点领域安全保障体系、重要专项协调指挥体系，强化经济、重大基础设施、金融、网络、数据、生物、资源、核、太空、海洋等全域联动、立体高效的国家安全保障体系建设。

再其次是推动公共安全治理模式向事前预防转型。党的二十大报告指出："坚持安全第一、预防为主，建立大安全大应急框架，完善公共安全体系，推动公共安全治理模式向事前预防转型。推进安全生产风险专项整治，加强重点行业、重点领域安全监管。提高防灾减灾救灾和重大突发公共事件处置保障能力，加强国家区域应急力量建设。强化食品药品安全监管，健全生物安全监管预警防控体系。加强个人信息保护。"[2]"公共安全治理水平和治理能力现代化的一个基本标志就是从制度化、规范化的事后补救惩罚向制度化、规范化、科学化、超前化的事前预防转型。"[3]

最后是安全和应急的共治共享的制度建设。健全共建共治共享的社会治理制度，提升社会治理效能。安全和应急不仅是党政部门的共同责任，也是企业的主体责任，是社会成员参与维护的责任，安全和应急需要共治共享。

以理念"重点突破"带动体系"整体提升"。以总体国家安全观为统领的国家应急管理理念的突破，带动国家应急管理体系变革，国家应急管理体系变革又推动国家应急法治建设。

---

[1] 习近平：《高举中国特色社会主义伟大旗帜 为全面建设社会主义现代化国家而团结奋斗——在中国共产党第二十次全国代表大会上的报告》，载《人民日报》2022年10月26日。

[2] 习近平：《高举中国特色社会主义伟大旗帜 为全面建设社会主义现代化国家而团结奋斗——在中国共产党第二十次全国代表大会上的报告》，载《人民日报》2022年10月26日。

[3] 王晓晔：《不断开创应急管理事业发展新局面——应急管理领域专家学者热议党的二十大报告（下）》，载《中国应急管理报》2022年11月2日，第1版。

二、大安全和大应急法治建设总体目标

围绕建设中国特色社会主义法治体系，建设社会主义法治国家，在法治的轨道上推进国家治理体系和治理能力现代化，以《法治中国建设规划（2020-2025年）》《法治政府建设实施纲要（2021-2025年）》《法治社会建设实施纲要（2021-2025年）》作出的任务安排，建设应急管理法治体系。"一规划两纲要"是应急法治的建设主线，应急法治建设目标明确。

《法治中国建设规划（2020-2025年）》明确法治中国建设总体目标为"到2025年，党领导全面依法治国体制机制更加健全，以宪法为核心的中国特色社会主义法律体系更加完备，职责明确、依法行政的政府治理体系日益健全，相互配合、相互制约的司法权运行机制更加科学有效，法治社会建设取得重大进展，党内法规体系更加完善，中国特色社会主义法治体系初步形成。"[1]《法治政府建设实施纲要（2021-2025年）》提出的"全面建设职能科学、权责法定、执法严明、公开公正、智能高效、廉洁诚信、人民满意的法治政府"[2]的目标，新纲要对健全突发事件应对体系和依法预防处置重大突发事件作出具体安排，这一阶段目标为：完善突发事件应对制度、提高突发事件依法处置能力、引导和规范基层组织和社会力量参与突发事件。《法治社会建设实施纲要（2020-2025年）》提出增强社会安全感，加快对社会安全体系的整体设计和战略规划，贯彻落实加快推进社会治理现代化开创平安中国建设新局面的意见。在应急法治规划指引和应急实践探索、经验的总结上，将应急事项转化成制度，以法规、制度、标准等形式加以固化，有效实施势在必行。

中国法治现代化是中国现代化的有机体，以应急管理的规律为指引，与中国国情与法治实践相结合，才能构建起符合社会主义法治内在机理和法治文明演进的规律的应急法治体系。这一布局为应急法治化带来机遇和挑战。我们需要深入思考如何适应新的法治思路，以及如何在政策实践和学术研究之间互相支撑。另外，如何把应急法治学术研究跟国家安全的学术研究有机

---

[1]《中共中央印发〈法治中国建设规划（2020-2025年）〉》，载 https://www.gov.cn/zhengce/2021-01/10/content_5578659.htm，最后访问日期：2023年10月26日。

[2]《中共中央国务院印发〈法治政府建设实施纲要（2021-2025年）〉》，载 https://www.gov.cn/gongbao/content/2021/content_5633446.htm，最后访问日期：2023年10月26日。

衔接起来，也是我们需要探讨的问题。

第三节　应急管理法治建设新问题

随着应急法治建设的持续深入推进，应急法治建设中容易走的、架桥梁的主体工作基本完成。在取得应急法治成效的同时，伴随大安全和大应急理念的调整，应急法治建设短板也日益凸显。从应急法律制度体系看，应急法律体系的架构基本搭建，但是配套衔接协调的法律还待完善；形式意义的法治已经基本实现，但是实质意义的法治还有很长的路要走。从国家应急法治实施体系上看，相关部门职责边界模糊、垂直领导与横向协同不畅等问题还在一定程度上存在；传统背景下的行政权组织从科层制侧重于某个行业或领域的场景中的执法，向处理整体性、大规模、跨部门的风险任务的防控转变，应急规范性文件的合法性不足；应急协调机制有待增强，尤其是地区不平衡、层级不平衡等问题，以及不同权力部门之间的协调问题都亟待解决。在应急法治监督体系上，在风险社会背景下，行政的任务从传统的秩序维护，转向风险的预防，针对不确定经济和社会风险进行防患于未然的调控，该如何对未尽风险义务防范的组织进行监督和追责，需要深入研究。此外，应急保障体系还需要继续努力，技术手段的先进性、预测预报的精准性还有待增强。

一、应急管理法治原则确立问题

应急法治包括两个层面内容，一是规制风险，二是突发应对。两者在组织形式、活动方式和程序、司法审查、政府损害承担范围等方面有所不同。第一，从组织形式上来看，现代社会的风险预防和规制，有传统的科层制和分工，需要引入专家咨询委员会、公众参与和社会组织等承担风险预防和功能。而突发应对的组织形式，除了专家、公众之外，社会组织要求专业性，而且有专门的救援能力，更重要的是有整体性的指挥协调组织形式。这些组织形式和结构方面不同，需要在风险规制和突发事件应对上明确各类主体的权责界限。第二，在风险的活动方式和程序上，两者都是多元主体的参与，风险规制下的多元主体的参与有法律的明确规定，而突发应对中的危机处理、事故响应等需要协商、协调配合。这些与传统的行政行为法和行政程序法不同。第三，在司法审查面临风险规制问题上，司法审查范围扩大，司法审查规范标准也有发展，风险规制面临的不确定涉及客观事实的不确定和规范价值的不确定，待证事实并非已经发生的确定事实而是预测，对行政程序法的影响和在举证责任等方面存在疑惑；突发应对中的司法审查目前也是待研究的问题。第四，关于政府风险损害承担的范围，由于风险本身并非传统上的损害，利害关系人能否基于风险威胁而主张具有原告资格是有高度争议性的问题。即使损害实际发生，由于风险内在的不确定性，风险规制活动的违法性，以及风险规制活动与损害之间的因果关系往往很难确认，因此，受害人也很难通过行政赔偿途径获得救济；突发应对中的政府损害承担的范围与风险规制的损害赔偿有相同之处，也有不同，最大的问题是紧急处理的边界判断，这都是有待研究的问题。风险规制不仅仅包括风险设施的正常管理，如生产经营许可安全检查等这类普遍实行的应急管理内容，也有事件突发时或之后临时性、特殊性，例如临时的组织机构、应急管理措施等。以上问题中，冲突应对方面的法治化不足是主要问题，其中法治原则是首要探讨内容。

法治原则是指可以作为法律规则的基础或本源的综合性、稳定性的原理。法律原则可以指导立法、填补法律漏洞、克服法律规则的教条。法律原则作为规范论的重要组成部分，"向上通达法概念论，向下则勾连法学方法论，因而地位极其特殊。"〔1〕

面对突发应急公共事件给行政任务带来的不确定性风险治理的新挑战和数字技术的发展对行政法治的新要求，已有的行政法原则不能有效发挥法治功用。一是针对复杂多样的风险特别是风险综合体，需要整体应对。这就挑战了传统的职能分层分工，调整和优化应急管理体制和制度基础，高效进行社会动员。二是在稳定性和灵活性之间平衡。为提升政府的灵活性和适应性，以期在稳定性与灵活性之间寻求平衡，以有效应对复杂多变的突发环境。三是风险综合体不仅需要整体应对，还需要多种手段和方式及时应对，除了应急状态的从重从快的行政处罚之外，还有及时高效沟通后的征收等手段的应用。以上三个方面的典型变化，使得稳定的、可预期的法律规则无法实现。因此，在行政法基本原则中的正当程序、公开公正、比例原则之外，有学者

---

〔1〕 雷磊：《法律原则如何适用？——〈法律原则适用中的难题何在〉的线索及其推展》，载舒国滢主编：《法学方法论论丛》，中国法制出版社2012年版，第227页。

建议将风险预防与应急原则、行政效能原则等新的原则纳入行政法原则之中，作为非常态下的法治原则。

"法律原则的典型适用方式是权衡。因为作为最佳化命令，原则要求其内容在相对于法律上与事实上的可能的范围内尽最大可能地被实现，并能以不同的程度被实现。"[1]鉴于应急管理法治对象的风险综合体特点和紧急状态特征，在稳定性和灵活性平衡的价值追求下，要求在组织结构上高效协同、风险评估合理准确、风险处置及时有效。虽然以上要求并非如常态下易于判断，但也必须恪守基本的正义原则。

二、应急管理法律规范体系问题

应急管理现代化既需要依靠以各级党组织统一领导为基础的政治驱动，更需要依靠基于事先安排的应急法律制度体系，通过法律法规和标准规范建设，为地方和部门的突发事件应对行为提供更加稳定、更可预期的制度环境。然而在大安全和大应急理念指导下，应急制度体系还不完备。

第一，应急立法还有空白。一些基础性、综合性和全局性的法律缺位，影响到应急法律体系完善，尤其是超大城市安全等新类型的风险定性，立法缺位严重。

第二，应急立法质量也需要进一步提高。有的法律法规体现客观规律和反映人民意愿不充分，解决实际问题的有效性不足，针对性、可操作性不强，需要及时修改完善。如应急事件应对中，依然遵照传统的科层制的职责约束，面对紧急情况没有制度供给，如2023年京津冀海河流域的洪水危机，高速公路依然按照既定规则发卡收费，这背后是相关法律并未针对意外情形作出例外规定的原因。

第三，法律规定之间不一致、不协调、不适应问题，及时组织清理。除此之外，应急立法效率和质量也需要进一步提升。

三、应急管理法治实施体系问题

（一）应急管理法律实施方面的问题

（1）应急规范性文件制定的监督管理方面。应急事件发生后，为了有效

---

[1] 雷磊：《为权衡理论辩护》，载《政法论丛》2018年第2期。

应对突发情况，有关部门以规范性文件的形式进行社会治理。但是规范性文件的制定主体、程序、内容等方面存在的超越权限等问题，暴露出当前应急规范性文件的制定和监督存在短板和弱项，以上问题在疫情期间充分表现出来。

（2）应急预案方面。仍存在源头治理不够彻底、日常防范不够全面、在应急预案和演练中存在形式主义等问题。首先是预案和演练、预案和实际应急处置"两张皮"这一突出问题。预案准备不够深化细化，预案演练真实性不足，安全与应急科普宣传覆盖面有限、针对性不强等。除此之外是预案差异性较大。具体原因为以下几点：一是部分省市缺乏行业系统总体应急预案或者仅有单个应急预案；二是预案制定时间差距较大；三是部分省市对现实情况及时更新修订预案，而部分省市预案并未修订。

（3）应急管理手段制度不健全。应急审批、监管、征用、执法等制度不健全，相互脱节，衔接机制不畅通。应急征收对公民的人身和财产权益的影响缺少相应的规制约束。这种不对称的权力是维系应急状态下的社会运行效率和秩序的必需，但也存在应急权力的无序扩张甚至是异化。疫情期间的应急征用征收权力行使不规范的现象，给社会公众带来基本权利侵害的担忧，客观上造成了紧急状态下个人权利与公权力关系失衡的格局。应急执法层面，未能完全实现严格规范公正文明执法，部分法律的实施效果不佳，存在有法不依、执法不严、选择性执法等问题。此外，在应急审批、监管方面的制度也存在脱节和衔接机制不畅的问题。

（4）科学决策方面，在依法决策意识、落实重大行政决策程序、加强行政决策执行和评估等方面，存在风险评估运用范围有限、科学合法的决策内容不健全等。

（二）应急管理体制未完善

应急管理体制是指应急管理机构设置及其隶属关系、应急管理权责划分以及为保证应急管理顺利进行而建立的一切组织体系和制度的总称。体制以组织结构和行政职能为依托，其核心是不同主体之间的权责配置，其外在表现是应急管理组织机构的设置。[1]

---

〔1〕 参见钟开斌：《中国应急管理体制的演化轨迹：一个分析框架》，载《新疆师范大学学报（哲学社会科学版）》2020年第6期。

(1) 综合应急管理职责落实难度大

组建应急管理部以来,国家应急管理体制实现了系统性、整体性重构,推动了我国应急管理事业取得历史性成就、发生历史性变革。在坚持集中统一领导的同时如何完善权责分工?面对开放发展过程中系统性风险挑战不断增多的现实,需要进一步理顺中央与地方之间、部门与部门之间、条与块之间、地区与地区之间、军队与地方之间的权责,形成各方权责一致、权威高效的良性机制。为适应从单灾种向全灾种和灾害链应对全面转型的需要,在注重提升专项应对能力的同时,应打破单灾种、单事件应对的藩篱。各类突发事件防范应对中,统一领导、统一指挥、综合协调、信息共享、支持配合等方面还存在薄弱环节。

(2) 部门职责未厘清

随着我国经济社会发展水平不断提升,人民群众对安全与应急的关注更多、期待更高,而安全和应急涵盖的工作内容众多,诸如交通安全、建筑安全、核安全、特种设备安全、气象灾害、环境污染事件、公共卫生事件、社会安全事件等,尤其是风险的综合性质,其中有不少不是应急管理部门直接负责的,这就要求在进一步厘清部门职责的基础上,统筹和发挥好各相关部门的特殊优势,共同做好安全和应急工作。

(三) 应急管理领导体制待完善

随着跨界危机和系统性风险日益增多,跨地区、跨部门、跨层级、跨行业综合协调成为现代国家开展应急管理工作的痛点和难点。[1]"风险综合体"的判断和总体国家安全观的提出,要求建立与之相适应的集中统一、高效权威的领导体制,以更好地整合各方面的力量和资源,统筹协调涉及安全问题的重大事项和重要工作。"风险综合体"和总体国家安全观的提法,在一定程度上提出了应急管理领导体制改革不平衡、不到位,基层应急管理体制机制不健全等问题。如何科学界定中央与地方各自的权责,理顺中央与地方之间的关系,既是一个重大的理论问题,也是一个重大的现实难题。

在事件动态演化的过程中,无论是联邦制还是单一制国家,都面临着中央是否介入、何时介入、如何介入、介入到何种程度以及何时退出的问题。

---

〔1〕 参见高小平、张强:《再综合化:常态与应急态协同治理制度体系研究》,载《行政论坛》2021年第1期。

一方面，要发挥地方在事发后第一时间、第一现场的主体作用，避免因地方响应不足导致事态恶化或因中央过早介入而弱化地方的主动性；另一方面，随着事态不断升级，中央要及时介入，为地方提供必要的指导和支持，避免因地方能力不足、中央支援迟滞而导致事态升级、危害扩大。面对各种重大突发事件，中国更需要在地方主责与中央协调之间取得适度的平衡，充分发挥中央和地方两个积极性，从而在最早的时间、以最小的代价、最迅速有效地管控局面。

四、应急管理法治监督体系问题

在应急法治监督体系上，在风险社会背景下，行政的任务从传统的秩序维护，转向风险的预防，政府针对不确定经济和社会风险进行防患于未然的调控，该如何对未尽风险义务防范的组织进行监督和追责，需要深入研究。

五、应急管理法治保障体系问题

应急保障上，由于我国幅员辽阔，各地区、行业发展不平衡，灾害事故特征存在很大差异，应急处置保障能力还存在与灾害事故风险不适应的问题，特别是应急救援队伍综合实战演练、救援力量跨区域机动、急难险重任务专业化处置、物资装备与科技信息化保障建设等还存在较多的短板和不足。应急物资、应急通信、装备配备、紧急运输、远程投送、信息化平台建设等保障仍需进一步完善。中国特色应急法治事业保障体系还面临需要迫切研究和解决的社会组织地位问题。在发挥党政体制优势的同时如何壮大社会力量？应急管理现代化既需要建设强大的国家，也需要培育强大的社会；在继续发挥中国特色党政体制优势的同时，中国未来的应急管理事业发展也需要更加强大的社会力量、更加健全的市场机制参与其中，从而形成各方共建共治共享的良好格局，这就必须对社会组织在应急管理中的法律地位进行明确。

第四节 应急管理法治建设新方向

党的二十大报告要求我们站在既往探索之上，更加坚持系统观念，进一步加强前瞻性思考、全局性谋划、战略性布局、整体性推进。按照党的二十大最新部署和要求，我们应该进一步站在健全国家安全体系的高度，按照全面依法治国的系统工程，法治国家、法治政府和法治社会三个子系统整体谋划，注重系统性、整体性、协同性。

不谋全局者，不足谋一域。坚持统筹推进，从应急法律制度体系、实施体系、监督体系和法律保障体系强化应急法治建设的整体推动、协同发展。应急法治体系是存在于全面依法治国大系统工程下的小系统。应急管理法治化是法治政府建设的重要内容，特别是政府依法全面履行应急管理职责的关键。我们既要把应急法治建设放在党和国家事业全局中加以统筹谋划，放在全面依法治国系统中加以整体推动、协同发展，又要充分认识到应急法治建设是全面依法治国非常态下的秩序维护功能，是推进国家治理体系和治理能力现代化的重要支撑，在全面依法治国工作布局中具有重要作用，应急法治建设应纵深推进和协调并进。

做好应急法治化要坚持问题导向、目标导向和成效导向，把握应急法治的一般规律，着力解决目前实践中存在的问题。应急法治向纵深迈进，首先需要整体谋划，注重系统性、整体性、协同性，这也是法治发展的规律。依法治国、依法执政、依法行政紧密联系、相互支撑，在不同的发展阶段可以有所侧重但最终还是要实现"共同推进"。其次，应急法治建设各项制度和举措系统性要在全面推进依法治国的系统工程中，把握法治国家、法治政府、法治社会之间的系统关联，抓住三者各有侧重、相辅相成、耦合性等特点。

一、确立应急管理法治原则

随着风险社会的到来，法律既需要赋予行政机关重组的应急裁量空间以应对频发的社会风险问题，又需要辅以有效约束机制确保应急行政行为受到监督，避免应急权力滥用。

现有的行政法原则都是指导常态下的公共利益维护的原则，因此，根据新冠疫情的实践和应急法治的规律，确立应急法治原则。整体政府和综合各种力量和资源的应急运作模式，短时间内针对突发情况的评估和作出应急决策的安排，应急实施中因效率要求的手段和方式的特殊性，这些都要求应急体系适度的灵活性，突破常规的程序制约，要求按照特殊紧急情况下"特事特办、急事急办"的原则灵活变通。关于行政效能原则，沈岿教授在文章中有深入的讨论。[1]行政效能是行政机关行为的基本要求，表现在《法治政府建设实施纲要（2021-2025年）》中的高效便民要求，也规定在行政组织中以及相关的行政行为法中。在应急状态下，效率发挥极为重要的作用。行政效能原则与比例原则、正当程序原则等原则一样，既是常态下的坚持的原则，也是非常态下的原则。

关于行政应急原则，这是独属于非常态下的原则。因为非常态下，整体社会环境和状态处于异样的情景。在全面依法治国的背景下，应急权力应该纳入法治框架，规定在法律规范中。应急处置的非常态下，为有效应急会突破常态下的权力配置，甚至会采取违法措施防止危机蔓延和扩展，因此必须有法律保障；同时为防止滥用权力，还需要对应急权力行使方式进行监督。发挥自主性与规避问责风险的统一的原理就是应急原则。

首先，在行政应急原则的价值取向上，体现为行政权的集中与扩展、公益优先兼顾私益、效率优先兼顾公平三个方面。[2]

其次，应急法治最终目标为如何配置行政权与保护相对人权利的经典问题。因此，行政应急原则指导和规范应急状态下的公权力行使的程度等问题。在权力配置上，避免无限授权，以应急为必要条件；在应急权力规制上，在既定法律无法应对时，采取违法应急措施，接受权力监督机关的审查，获得追认后可免责，为应急法律制度和应急权力行使提供"补短板、堵漏洞、强弱项"的指引作用。[3]行政应急原则指导应急状态下的征收、执法和审批等行政手段的合理性和合法性。

应急法治理论有其难点，首先，主要是事件发生的突然性，难以把握规律；其次，事件发生的多因素，复杂行为理论抽象难度大等。行政效能和应急原则，既体现了现代法中非常态下法律规则制定的指引功能，也充分展现出行政基本法典的时代精神气质。新时代的国家任务不应仅局限于常态下权力的扩张，也应着眼于应急状态下的权力扩张，追求如何更公平、高效、及时提供社会管理与服务。由此而言，国家行为尤其是行政行为正当性来源也要发生新变化。就应急任务而言，应形成以成本、收益、责任为具体内容的

---

[1] 参见沈岿：《论行政法上的效能原则》，载《清华法学》2019年第4期。
[2] 参见刘莘：《行政应急性原则的基础理念》，载《法学杂志》2012年第9期。
[3] 参见彭錞：《再论行政应急性原则：内涵、证立与展开》，载《中国法学》2021年第6期。

评价体系，法律规则与后果考量兼容的应急法治框架。

应急法治的目的为确保为人民服务的权力观能够实现，应急法治要着重发挥行政权和其他权力积极的一面，即政府和相关部门提升社会应急管理与服务的质量、效率和公平性，提供以人民满意为标准的应急管理与服务。

二、协调应急管理法律规范体系

我国应急立法不断完善，具有中国特色的应急法律体系日益健全，形成了我国应急法律制度的"四梁八柱"。现在是处理好新的政策目标与立法衔接、法律之间的衔接工作，保证环环相扣，推进高质量立法的阶段。在坚持科学立法、民主立法、依法立法基础上，提高立法针对性、及时性、系统性、协同性，这是应急法律制度体系建构的基础。

按照党中央提出统筹发展和安全两件大事的创新理论，在总体国家安全观的指引下，完善中国应急法律体系。总体国家安全观"为中国的安全治理提供了一个'顶层设计'，为中国应急管理体系的演进提供了自上而下的动力"。[1]以总体国家安全观为统领，制定应急法律制度有以下目标：一是统筹应对国内外全灾种、全领域的突发事件；二是编织全方位、立体化的公共安全网；三是加强、优化、统筹国家应急能力建设。

（一）在制定法律方面

国家层面，系统梳理应急相关法律法规，研究和制定了应急管理、自然灾害防治、应急救援组织、国家消防救援人员、危险化学品安全等方面的法律法规，构建"1+4"全过程应急管理法律体系。[2]但是，在大安全和大应急理念指导下，应研究制定涉及政治、经济、社会各领域以及各要素相关的法律，构建系统完备、科学规范、运行有效的应急与安全相关的法律体系。在行政法典编纂的时代背景下，立法任务主要有以下几个：

一是要编纂行政基本法典，为应急管理部门依法行政提供全面、系统、完整的法律规范依据。

---

［1］ 张海波：《中国总体国家安全观下的安全治理与应急管理》，载《中国行政管理》2016 年第 4 期。

［2］ 参见周孜予、杨鑫：《"1+4"全过程：我国应急管理法律体系的构建》，载《行政论坛》2021 年第 3 期。

二是加快推进应急组织、程序、责任法定化，确保相关主体履行应急职能，尤其是在制定统一的行政程序法中，在建立各类行政活动的共同性程序制度之外，应建立应急程序的特殊规则，规范行政权力的行使程序。

三是加强重要领域的立法。加强国家安全领域立法；健全军民融合发展法律；加强信息技术领域立法，及时跟进研究数字经济、互联网金融、人工智能、大数据、云计算等相关法律制度；抓紧补齐短板，加强区域协调应急法律制度建设；以及强化公共安全保障立法。

（二）在修改法律方面

《突发事件应对法》以及《国家突发公共事件总体应急预案》《突发事件应急预案管理办法》正在修订中。

加强与《行政处罚法》相关联、相配套的法律制度建设。制定和修改法律法规要着力解决违法成本过低、处罚力度不足的问题。统筹解决食品药品、生态环境、安全生产等领域法律法规存在的该硬不硬、该严不严、该重不重的问题。按照《法治中国建设规划（2020-2025年）》要求，完善有关处罚程序加强同应急领域相关联、相配套的法律制度建设。

制度质量是衡量和决定国家治理现代性的关键变量，现代国家制度是国家治理的有效基石。[1]应急管理的立法质量决定了应急管理的成效，要实现依法立法、科学立法和民主立法的统一。

三、提升应急管理法治实施体系

（一）应急法律实施方面

不确定事件的复杂演变，需在应急法律的指引下，建立可操作化的实施细则。首先需要在应急相关的规范性文件的制定和监督方面，健全制度；其次是健全法治预案规范，完善应急预案结构和功能，补充和细化应急管理标准规范化。

（1）提升应急规范性文件质量

应急规范性文件是健全应急法治实施的内容也是制度体系建设的内容。常态下规范性文件有起草、调研、论证、公开征求意见、合法性审核、集体

---

[1] 参见李放：《现代国家制度建设：中国国家治理能力现代化的战略选择》，载《新疆师范大学学报（哲学社会科学版）》2014年第4期。

审议、公开发布和备案等完整链条。在应急状态下，基于特殊的情景，应急规范性文件应当科学、合法、规范，尤其是涉及公民、法人和其他组织的权利义务，以及针对不特定对象的适用要重点把握。针对应急规范性文件在制定和监督管理方面存在的短板和弱项，可以从以下几个方面努力。一是控制应急规范性文件数量。二是明确应急规范性文件制定、设计专门的制定程序，尤其应在制定中引入依据来源说明，这样既便于合法性审查也便于复议和司法审查。三是对应急规范性文件合法性备案审核机制的建设。四是对应急规范性文件的复议审查和司法审查，包括制定程序以及制定内容的合法审查，一方面要尊重行政机关的判断，另一方面在特殊情况下进行实质的审查。五是对应急规范性文件的冲突需要建立调整机制。六是建设法规、规章、行政规范性文件统一公开查询平台，实现现行有效的行政法规、地方性法规、部门规章和地方政府规章及行政规范性文件的统一公开查询。通过以上方式提升应急规范性文件的制定和管理的法治化水平。

(2) 完善应急预案

针对应急预案的对策，随着大安全和大应急的理念调整，要从以下几个方面完善。

从应急预案的内容看，不再局限在传统的四类突发事件，而是匹配大安全和大应急的范围，包括网络信息安全、环境污染，以及针对不同单位性质的类型预案，如教育系统的考试预案。在预案编制上，各省市应将"合力"要求写进应急预案建设，编制一批简明、易记、管用、好用的预案和应急处置卡。

从预案类别看，可分为总体应急预案、部门应急预案、专项应急预案、企事业单位应急预案与重大活动应急预案。完善国家突发公共事件总体和专项应急预案，以及与之相衔接配套的各级各类突发事件应急预案。比如学校应急预案既要建立综合应急预案，而且还要制定诸如考试应急的专项预案，并且与地方的各级各类突发事件应急预案衔接协调。

(3) 规范应急管理手段

加快推进突发事件行政手段应用的制度化、规范化，规范行政权力边界。健全突发事件应对征收、征用、补助、补偿制度，规范相关审批、实施程序和救济途径。应急征收、征用、补助、补偿制度是一类特殊的行政行为，具有紧急性和强制性特征，行政权力行使的程序和要求比较简单，实施过程中很容易突破法律既定框架。

（二）完善应急管理职能

推进综合应急机构职能优化协同高效。习近平总书记指出"政府职能转变到哪一步，法治建设就要跟进到哪一步。要发挥法治对转变政府职能的引导和规范作用，既要重视通过制定新的法律法规来固定转变政府职能已经取得的成果，引导和推动转变政府职能的下一步工作，又要重视通过修改或废止不合适的现行法律法规为转变政府职能扫除障碍"。[1]厘清应急管理职能是前提和基础工作。

（1）综合应急职能方面

党的二十大报告提出建立大安全大应急框架，这对于跨部门、跨层级、跨地域、跨领域协调重大生产安全事故、重大突发事件应对处置具有十分重要的意义。"构建集政治安全、国土安全、军事安全、经济安全、文化安全、社会安全、科技安全、信息安全、生态安全、资源安全、核安全等为一体的国家安全体系。"[2]系统综合治理方面，包括源头上的"统"与实施中的"合"。源头上的"统"，应有效整合安全生产、城市运行、风险治理与自然灾害综合防范等各类各项有关工作，避免单打独斗。实施中的"合"，建立跨类别、涵盖灾害链各部分的综合监测、综合预警、综合研判、综合施策一体化防控和预案体系，依托各行业部门现有监测系统，构建完善的智能化平台，推进智慧应急工程建设。如在城市应急上，有的地方充分发挥城市规划在城市建设和发展中的主导作用，根据安全城市理念，按照"多规合一"的要求，制订安全城市的规划措施，并将其纳入城市总体规划，筑牢清晰严密的职责体系，明确相应的职责清单、工作清单，健全协同高效的应急指挥体系。

（2）部门职责厘清方面

应急管理有大量需要两个以上部门共同完成的职责事项，为此，一方面编制部门职责清单，明确责任分工，厘清履职边界；另一方面，聚焦清单动态调整，及时对部门清单事项进行调整。除了以上两个方面之外，在坚持一类事项原则上由一个部门统筹、一件事情原则上由一个部门负责上，需要健

---

[1]《习近平关于全面依法治国论述摘编》，中央文献出版社2015年版，第55页。

[2] 刘跃进：《人民安全是国家安全的宗旨和基石》，载《红旗文稿》2022年第8期。

全部门职责的协商协调机制，促进问题的解决。

（三）以大安全大应急为目标优化体制机制

尽快补齐短板，以新安全格局保障新发展格局，以此为目标优化体制机制。习近平总书记强调："要把着力点放到加强系统集成、协同高效上来，巩固和深化这些年来我们在解决体制性障碍、机制性梗阻、政策性创新方面取得的改革成果，推动各方面制度更加成熟更加定型。"〔1〕

在应急管理体制上，有两套逻辑，即政治逻辑和行政逻辑，两者不同要注意区分。在法律制度的完善中，面临复杂组织体系中，要统筹政治逻辑和行政逻辑的不同目标。在党政治理结构下，突发事件情境中的运作逻辑、中央与地方在突发事件中的权责配置、新型举国体制下的应急社会动员，以及应急管理组织设置和优化，集中表现为中央派出工作组。作为一种独特的应急组织形式，反映出我国探索出大安全大应急的组织思路。在中央工作组，以及部分地方探索建立综合领导机构，如建立健全各级应急管理委员会，发挥统筹协调作用，发挥中央和地方的两个积极性。

工作组通过督促、检查和宣传等活动方式，发挥监督和连接中央与地方的科层制的重要功能，"串联起上下级机构的工作组功能的发挥，既有利于将中央（上级机构）的统一意志贯彻到广袤的各个地方（下级机构），又有利于减少政策执行中的信息不对称，还有利于减少（即便不能完全杜绝）地方政府（下级机构）在政策执行过程中的背离行为。"〔2〕工作组成为重大突发事件应对活动中央与地方之间的核心接点，实现了地方属地管理为主和中央统筹协调之间的适度平衡，做到了中央和地方各自优势的有机结合，发挥了中央和地方两个积极性，因而在突发事件应对实践中日益受到重视和推广。〔3〕应急工作组作为中央政策推动者，工作组扮演着推动中央政府政策落地的执行者角色，成为重构中央与地方关系、强化中央政府汲取调控能力的关键，作为国家治理执行者，工作组成为推动地方党政干部执行国家治理有关内容、

---

〔1〕《习近平主持召开中央全面深化改革委员会第十次会议》，载 https://www.gov.cn/xinwen/2019-09/09/content_ 5428640.htm，最后访问日期：2023 年 11 月 10 日。

〔2〕李振：《推动政策的执行：中国政治运作中的工作组模式研究》，载《政治学研究》2014 年第 2 期。

〔3〕参见钟开斌：《"刚柔并济"：应急工作组的运作逻辑——基于新冠肺炎疫情防控的案例研究》，载《中国行政管理》2022 年第 5 期。

落实国家治理有关责任的重要形式。工作组这类组织形式根据突发事件复杂演化机理，连接起左右协同、前后衔接的工作格局，形成应对突发事件的整体合力，对这种组织形式需要深入其组织功能和明确职能。

（四）应急法治实施机制有序衔接

体制是机制的组织载体，机制是体制的运作过程与方式。为更好地适应和应对各种复杂情境下的挑战和问题，基于全周管理的应急管理法治过程看，需要关注不同环节如何进行资源的最优化分配和程序安排。其中需要优先发展的主题为突发事件的预防和准备、信息管理的效度和精度、风险治理的意愿和能力、应急组织指挥的权责分工、调查机制的调整和优化。

第一，健全应急事项下放，加强基层应急和社会共治体系。例如，上海市积极响应共建共治共享的建设要求，主动构建应急管理"大协同"理念，推动多项保险设计，为多元共治提供有力补充。稳步将基层管理迫切需要且能有效承接的行政执法事项下放给基层，坚持依法下放、试点先行，坚持权随事转、编随事转、钱随事转，确保放得下、接得住、管得好、有监督。建立健全乡镇（街道）与上一级相关部门行政执法案件移送及协调协作机制。

第二，加强突发事件监测预警、信息报告、应急响应、恢复重建、调查评估等机制建设。上海市在监测预警、信息沟通机制上，完善了应急联动响应、协同抗灾救灾、应急救援会商等风险防范机制，创新了街镇基层应急管理"六有"建设、街镇联动联勤和轨道交通站点"四长联动"等应急管理机制，加强了应急救援的信息沟通和资源共享，促进了条块结合。信息平台建设的统筹规划，优化整合各类数据、网络平台，防止重复建设。

第三，完善部门间、军地间协调联动机制，建立健全军地联合高效协同机制。打破职能条块分割、部门系统独立导致资源难以有效整合利用的弊端，实现对风险的综合监测、联合预警、协同应对。探索建立跨区域、跨部门、跨行业的协作机制，如京津冀、长三角、粤港澳大湾区等区域联动协调机制、部际联席会议机制、联防联控机制等。完善综合协调机制、应急平台互联互通建设、资源共建共享机制等。跨领域部门联合执法，实现应急违法线索互联、标准互通、处理结果互认。完善应急执法与刑事司法的衔接机制。完善应急程序，创新执法方式。

第四，完善特大城市风险治理机制，增强风险管控能力。《中华人民共和国国民经济和社会发展第十四个五年规划和 2035 年远景目标纲要》强调："统筹兼顾经济、生活、生态、安全等多元需要，转变超大特大城市开发建设方式，加强超大特大城市治理中的风险防控，促进高质量、可持续发展。"安全是城市运行的前提和基础，是城市可持续发展的必要条件；加强城市安全、提高城市韧性、有效防范化解各种重大风险，是城市治理工作的重要内容。适应城市风险综合体的特征，必须按照优化协同高效的原则，建立健全以系统集成、协同高效为基本特征的城市综合风险治理体系，并把该体系巧妙地内嵌于应急法治体系这个复杂系统中，从而提高整个系统应对各种压力冲击的韧性。统筹发展和安全两件大事，把安全发展贯穿城市发展各领域、全过程，编制城乡安全发展建设规划，健全风险分级管控和隐患排查治理制度，从源头上避免或减少重大风险的发生。[1]

第五，健全规范应急处置收集、使用个人信息机制制度，切实保护公民个人信息。在国家和社会公共利益层面，一些深度合成的技术滥用已经形成对社会公共利益的威胁。科技发展应用的两面性对法治的风险控制能力提出的新的要求。要评估新技术存在风险，尤其是对公民权利造成的影响，通过加强科技伦理引导、激励社会共治、行政监管等多种方式调试法律的控制机制，防止因为技术和法律变革造成的国家利益、社会公共利益和个人利益保护的真空，确保科技创新始终在法治框架下进行。在数字化时代，大量数据的聚合既提升了社会治理的效率，但也存在一定的数据安全风险。政府基于履行法定职责的需要，掌握了大量数据信息，但若处理不当，很容易造成数据泄露或其他数据问题，威胁到国家安全、经济安全和个人信息权益。对于掌握大量数据信息的个人和企业，政府监管不力也很容易带来数据安全隐患。行政机关必须适应科技和社会环境发生的这种变化，加快转变政府职能，提升信息数据法治素养，全面建设数字法治政府。要严格落实数据安全法的相关规定，保护个人、组织与数据有关的权益，建立健全数据安全管理制度，落实国家机关数据安全保护责任；应当按照个人信息保护法的规定，推动删除处理目的已实现的个人信息。各地依托健康码等数字技术推进疫情防控取得了重要成效，但实践中也出现了滥用的情形。随着历史使命的完成，这些

---

[1] 参见钟开斌：《推进韧性城市建设的重大意义和重点任务》，载《中国应急管理科学》2023年第 2 期。

承载个人数据的应用程序也该退出历史舞台。个人信息保护与数据向社会有序开放一样重要，不能为了数据的开放而随意使用个人信息。

第六，加大食品药品、公共卫生、生态环境、安全生产、劳动保障、野生动物保护等关系群众切身利益的重点领域的执法力度。各地通过坚持制度、管理、队伍等方面统筹规划推进，加快改革健全应急管理综合行政执法，不断深化各领域各行业应急管理综合行政执法改革。严格执行突发事件应对有关法律法规，依法实施应急处置措施，全面提高依法应对突发事件能力和水平。

在编制应急物资储备规划时，进一步优化物资储备布局，加强实物储备、落实产能储备、完善社会储备、鼓励家庭储备，构建现代化应急物流体系，加强应急基础数据库建设，推动应急平台之间互联互通、数据交换、系统对接、信息共享。提高保障能力应通盘考虑、系统安排、优化配置，构建涵盖国家、地方、区域、企事业单位和个人的分层、分类保障能力体系；完善协调机制，加快制定不同层级行政执法装备配备标准；充分利用科技力量，发挥好社会和市场作用；形成人人有责、人人尽责、人人享有的共建共治共享格局。落实装备物资、畅通运输投送、抓实处置演练等重点环节，打造全域全天候救援处置保障体系，确保能够快速反应、高效应对重大突发公共事件。

四、完善应急管理法治监督体系

法治监督主要是对权力行使者的监督，包括党内监督、人大监督、民主监督、行政监督、司法监督、审计监督、社会监督、舆论监督，由此形成监督体系。法治监督作为中国特色社会主义法治体系的重要组成部分，在于运用法治来制约监督权力，将所有应急公权力的配置与运行都置于法治轨道上。完善应急法治监督体系主要是对应急权力行使部门的系统内部监督和系统外部监督。系统内部的监督主要是基于层级关系对应急权力在资源使用、手段等方面的监督，以及系统内部的专项监督如财会监督、审计监督、统计监督以及行政复议监督等。系统外部监督主要是人大、政协、监察机关、司法机关的监督，包括应急事件结束后向人大的报告以及接受人大的质询、对政协提案的办理情况的回应、接受并配合监察机关监督、及时向检察机关反馈检察建议采纳情况、反馈人民法院的司法建议和尊重并执行法院生效裁判。除了以上之外，信息公开是另一种监督方式，应将应急事件全周期的、事关公民切身利益的信息公开。以上需要在整体法治监督体系中，对应急权力行使的监督专门规范。

五、健全应急管理法治保障体系

在应急保障力量体系上，广泛推动人民群众参与社会治理，打造共建共治共享的社会治理格局。第一，明确社会组织的法律地位，社会组织参与应急活动发挥集成信息协助科学决策、架设桥梁增强社会韧性、提升应急效能的功能。社会组织在重大公共事件的全生命周期有不同的表现，应通过法律规范定位其在应急法治中的角色。发挥工会、共青团、妇联等群团组织引领联系群众参与社会治理的作用，明确社会组织、慈善组织、社会工作者、志愿者等参与突发事件应对的法律地位及其权利义务。第二，健全社会治理规范体系，完善群众参与基层社会治理的制度化渠道，引导、规范基层组织和社会力量参与突发事件应对。第三，完善乡镇（街道）、村（社区）应急处置组织体系，推动村（社区）依法参与预防、应对突发事件。第四，健全社会应急力量备案登记、调用补偿、保险保障等方面的制度，这既是应急管理法治的实施内容，也是应急管理法治力量和物资保障内容。第五，提升领导干部应急管理法治化能力。党的十八大以来，防范风险挑战、应对突发事件已经成为评价中国各级党政领导干部综合能力的重要方面，被列为全面增强党的八种执政本领之一、领导干部解决实际问题的七种能力之一，以及党政领导干部专项考核的重要内容。中央对领导干部驾驭风险能力建设提出明确要求：在总体目标上，强调把防范风险摆在突出位置，重点防控那些迟滞或中断中华民族伟大复兴的全局性风险，力争不出现重大风险或在出现重大风险时扛得住、过得去。在思维方法上，强调要增强忧患意识、风险意识和责任意识，善于运用底线思维的方法，做好应对最坏局面的思想准备和工作准备，努力争取最好的结果，做到有备无患、遇事不慌，牢牢把握主动权。在具体任务上，提出实施大灾巨灾情景构建工程，调研论证应对巨灾情景的资源和能力缺口，面向未来谋划做好全方位应急准备的中长期规划。最后，在物资储备的保障上，在编制应急物资储备规划时，进一步优化物资储备布局，加强实物储备、落实产能储备、完善社会储备、鼓励家庭储备，构建现代化应急物流体系，加强应急基础数据库建设，推动应急平台之间互联互通、数据交换、系统对接、信息共享。提高保障能力应通盘考虑、系统安排、优化配置，构建涵盖国家、地方、区域、企事业单位和个人的分层、分类保障能力体系；完善协调机制，加快制定不同层级行政执法装备配备标准；充分利用科技力量，发挥好社会和市场作用；落实装备物资、畅通运输投送、抓实处置演练等重点环节，打造全域全天候救援处置保障体系，确保能够快速反应、高效应对重大突发公共事件。

小 结

应急法治是为实现总体国家安全和发展而建立的重要法治准则。作为一种应对突发意外状况的法治内容，它推动法治中国建设进程。在风险法框架内，应急法治既有与常态法治的预防安全管理与善后处理的风险规制的交叉，也有迥异于常态法治并鼎足而立的突发应对法治状态。前者表现在常态法如《安全生产法》等预防措施的规定中，后者表现在《突发事件应对法》的紧急事件发生后的从快处置规定中，以及《行政处罚法》规定的应急状态下的从快从重处罚规定。应急管理领域修改《突发事件应对法》，既要做好与预防谋划的一般法和在具体的行业常态风险规制的规定协调一致，也要做好突发事件紧急情况下法治状态的特殊性。有应急法治原则上，不仅有常态下的比例原则，还有非常态下的应急原则和效能原则。在应急法治内容上，不仅包括四大类如公共安全、公共卫生、自然灾害、生产安全事件，还应包括城市安全，以及交通运输安全、公共设施和设备安全、环境污染和生态破坏事件等其他事故灾难。在应急组织架构上，不仅包括预防状态下的传统科层制下的分工，从应急管理部门组建到公共卫生事件发生，我国的应急体系在总体国家安全观下对应急管理工作统领，因此也包括应急状态下的整体性、大规模、跨部门的指挥协调机制。建议制定"紧急状态法"，制定独有的组织机构和处置职责。组织体系结构上为各级党委、政府的统一领导、统一指挥、统一调度职责，而不仅仅是发挥好应急管理部门的综合优势，主要是完善集中统一的领导体制、科学顺畅的运行机制、系统完备的法律制度。在应急法治手段上，不仅有常态下安全检查中发现问题的预防危险发生的执法问题，应急事件发生之后调查的执法，还有突发事件发生时的紧急手段比如应急征用、强制措施等。在能力上，除了增强领导干部驾驭风险能力、科技支撑保障能力和社会组织动员能力，更重要的在应急处置决策上的法治能力。以上内容是 2021-2022 年应急法治的新情况。新的大安全和大应急理念提出，是未来应急法治体系健全完善的关注点。

关于对《突发事件应对管理法（草案）》的修改意见

全国人大常委会法工委宪法室：

近日《突发事件应对管理法（草案）》（以下简称《草案》）公开征求意见。1月7日，中国应急管理学会法律工作委员会专门召开专家研讨会，认真研究讨论《草案》。专家学者一致认为，《草案》从规范和推动突发事件应对管理事业发展、提高突发事件预防和应对能力出发，认真贯彻习近平总书记关于应急管理的重要论述，突出人民至上、生命至上，着力完善应急管理体制，理顺应急管理流程，扩大各方参与渠道，明确各方权责，整体结构清晰，内容也充实了不少，取得的进展值得肯定。不过，专家们也提出了不少意见建议，我们择其要者报告如下，不一定妥当，仅供贵室参考。

一、关于此次修法的基本定位及思路

（一）基本定位

《突发事件应对法》应当大修、中修还是小修，是有争论的。从《草案》名称中未用"修订"二字及规定内容来看，似乎采纳了小修的观点，而且由于法名增加了"管理"二字，内容也特别突出了应急管理。

名称中增加"管理"意在强调该法的管理法定位，基于"管理法"定位增加管理内容理所当然。但由此带来的问题是，在强化管理的同时，如何规范应急权力、保障权利？《突发事件应对法》的突出短板就是对应急权力的规范制约不够、程序正当性不足及权利保障不到位。《草案》强化管理实属应当，但如果该法作为突发事件应对的基本法定位不变，未来不再制定单行的突发事件应对权利保障法，只强化管理权力是不够的。因此，不管名称是否增加"管理"二字，建议从突发事件应对基本法的角度，统筹考虑应急权力和权利保障。而如要补上《突发事件应对法》的前述短板，至少应当"中修"，即采用"修订"而非"修正"模式。

（二）基本思路

第一，进一步增加应急权力规范制约的内容。《突发事件应对法》第16条规定："县级以上人民政府作出应对突发事件的决定、命令，应当报本级人民代表大会常务委员会备案；突发事件应急处置工作结束后，应当向本级人民代表大会常务委员会作出专项工作报告。"《草案》对此没有实质性修改。"备案"属性和缺乏时限要求减弱了人大对行政紧急权行使的监督力度。建议对备案和专项工作报告的时限作出明确规定，同时增加规定"人大常委会认为人民政府的决定、命令不合法或不合理的，有权要求政府予以纠正。"同时，建议将《草案》第3条第3款"突发事件的分级标准由国务院或者国务院确定的部门制定"修改为"突发事件的分级标准由全国人大常委会制定或者授权国务院制定并向全国人大常委会备案"。另外，从突发事件应对法律规定看，对行政权予以司法监督的规定也比较缺乏。建议增加规定县级以上地方人民政府的应急决定、命令违法的，利害关系人有权提起诉讼。

第二，进一步增加程序，尤其是正当程序的内容。与《突发事件应对法》相比，《草案》几乎没有增加应急程序的内容。建议增加规定限制人身权或财产权强制措施的形式要件，包括出具决定强制通知书、解除强制通知书、征收征用通知书等法律文书，即使情况紧急无法先出具书面文书，也应在口头通知后的一定期限内补充书面通知。另外，应急处置要满足最低限度的程序正义，必须规定实施主体中立、告知、听取意见和说明理由等正当程序的基本制度。当然，应急程序可以简化，比如告知的方式可以采取口头方式，听取意见的方式也可以采取电话、网络、自媒体等简便方式。

第三，进一步增加权利保障的内容。一是应充分体现最低限度人权保障原则，设置不得限制的基本人权底线标准，明确规定公民的生命权、健康权、人格尊严不受侵犯、宗教信仰自由、平等对待权等不应受到限制。二是对强制医疗、行政隔离等限制人身自由强制措施的适用条件和程序作出规定，对紧急征收、征用的程序和补偿标准作出规定，对紧急调用的补助标准和时限作出规定，对各种权利受到侵害时的救济程序作出规定。

二、需要进一步斟酌的几个重大问题

（一）与各单行法的协调

《突发事件应对法》是突发事件应对的一般法、综合法，首先需要协调好与单行法的关系。目前《草案》的规定与单行法还有不少协调不够的问题，比如《草案》第94条和《安全生产法》第98条不协调、《草案》规定处罚轻、偏结果责任，而《安全生产法》则是行为责任；第95条设定的处罚种类与《行政处罚法》不一致；等等。

（二）规定的明确性

明确性是法律的基本品格和要求。《草案》的很多规定并不明确，不利于应急权力的行使和公民权利的保障。比如第7条"有关人民政府及其有关部门"、第12条"有关人民政府及其部门……可以征收、征用"、第15条"国家建立健全突发事件专家咨询论证制度"、第75条"履行统一领导职责或者组织处置突发事件的人民政府及其有关部门"等，都不具体明确。总体看，规定的不明确既有主体的不明确，也有内容的不明确，如紧急征收、征用的对象、程序、补偿标准，专家咨询论证运行机制及作用发挥，等等。

（三）紧急征收征用

《草案》增加规定"紧急征收"，这是一个重大进步。但《草案》没有具体规定征收征用的主体、对象、管辖、程序、补偿等，这不利于紧急征收征用工作的开展，更不利于被征收征用人权益的保护。作为突发事件应对的基本法，应当对紧急征收征用制度全面系统规定。一方面，相对于各单行法分别规定紧急征收征用制度，《突发事件应对法》统一规定紧急征收征用制度是成本最低的，而且可以有效避免单行法规定可能造成的不一致。另一方面，紧急征收征用是对民事基本财产权利的限制，不能由行政法规、地方性法规等规定，只能由法律规定。

为此，建议：第一，明确应急征收征用的主体。规定应急征收征用的法定主体为负责处置突发事件的县级以上人民政府或者应急指挥机构，其他组织不得实施征收征用。第二，明确紧急征收征用的对象，规定紧急征收征用物品和场所，以实际需要为限，对于违法、危险的物品和场所不得征用。第三，明确规定紧急征收的基本程序和补偿标准。紧急征收的程序要简化，征收补偿标准至少不能低于普通征收，而且可以采用提前补偿的方式。第四，明确规定紧急征用的基本程序和补偿标准。紧急征用也应当送达《征用通知书》，听取当事人的申辩；若发现有不得征用或不宜征用的情况，必须立即中止征用；补偿标准上应以市场价为基础予以确定，补偿范围应适当考虑间接损失。第五，明确配备相应法律责任。在紧急征收征用过程中，既需要对公权力进行规范约束，又需要公民、法人和其他组织的协助配合。因此需要对各方主体配置明确、相当的法律责任。

（四）法律责任制度的完善和合理化

法律责任是法律的强制力之源。《草案》的修改应当重点解决责任配置不完整、不科学、不合理等问题。比如，第 50 条、第 54 条、第 83 条规定的义务没有配置相应的法律责任，第 94 条、第 95 条规定的处罚与《安全生产法》《行政处罚法》不协调，第 94 条规定的"并处一百万元以上的罚款"起罚点太高，实践中可能无法操作。

三、具体修改建议

1. 第 2 条与第 3 条顺序调换

理由：逻辑上，先界定概念，然后规定适用范围，《行政处罚法》《行政许可法》等法律也是如此的安排。

2. 第 7 条"有关人民政府及其有关部门"修改为具体的政府层级和部门；同时第 2 款规定内容调整至"法律责任"一章；建议增加"加强及时回应舆情关切、正确舆论引导、正确信息发布的能力"

理由：突发事件发生后最大的问题之一就是信息发布主体的不明确，需要立法明确规定。本条强调的是国家的信息发布建设，而第 2 款涉及对个人的义务性规定，更适合放在后续的法律责任或过程监管部分。信息管理、舆情管控，不是只有发现问题时才去处置，而是应该做好日常的关切回应、信息管理和舆情引导。

3. 第 8 条"开展"修改为"加强"；"法律法规"修改为"法律法规及决定、命令、措施"

理由：突发事件应对的新闻宣传是必需的工作，需要进一步"加强"。突发事件发生，有关政府和部门会公布决定、命令、措施，这也是新闻媒体宣传的主要内容。

4. 第9条删除"不正确履行"

理由：投诉、举报突发事件应对管理工作是公民的宪法性权利，但是在判断工作人员是否"不正确履行"，于公民而言判断标准较难，于工作人员而言举报投诉会影响应急工作进行。而且"不正确履行"本身就是"不履行"或者"不作为"的表现形式之一，不需要专门强调。

5. 第10条"多种措施"修改为"成本较小的措施"；"且对生态环境影响较小"删除

理由："多种措施选择"需要明确选择"成本较小的措施"，因为如果不明确，易于选择"成本大的措施"；措施选择标准是有利于最大程度地保护公民、法人和其他组织的权益，这与第5条人民至上或"以人为本"一致，但是最大程度保护权益与"且对生态环境影响较小"较难平衡。且"生态环境影响"不能概括所有需要平衡的权益。

6. 第11条"应当给予未成年人、老年人……等群体特殊、优先保护"增加"疾病"，具体表述可以修改为"国家在突发事件应对管理工作中，中华人民共和国公民在年老、疾病、残疾和妇女在孕期、产期、哺乳期受特殊优待。"

理由：《宪法》第45条规定了公民在年老、疾病或者丧失劳动能力的情况下，有从国家和社会获得物质帮助的权利。《妇女权益保障法》保护妇女权益，《老年人权益保障法》倡导全社会优待老年人等。

7. 第12条"征收、征用"修改为"依法在紧急情势可以征收、征用"，删除"作为应急物资"，同时建议完善关于征收、征用的程序性和原则性规定，明确如何判断界定征收、征用

理由：征收、征用涉及公民的财产权，应有严格的条件限制，保障公民的权利，落实"人民至上"的价值理念；征用财产作为"应急物资"不能涵括"土地房屋等不动产、生产线等"。需要进一步明确征收、征用的事项范围。除此以外应该分别界定征收和征用，征收、征用在实际操作中存在难以判断界定何为征收、何为征用的问题，二者概念不同、影响的程度也不同；进一步明确"征收、征用"原则、主体、程序，保障征收、征用过程中的依法行政，有助于化解实际操作中的难题。

附：关于对《突发事件应对管理法（草案）》的修改意见

8. 第18条将"反应灵敏"修改为"反应迅速"并调换至"综合协调"之后；"分类管理"修改为"分类统筹"

理由：应急管理体制与工作方针有重合和交叉，"反应灵敏"不属于应急管理体制，应该是工作方针的内容。"反应迅速"放在"综合协调"之后，能进一步说明工作的目标追求。分类管理更涉及统筹而不只是一个管理的概念，是工作方针进一步细化的操作。

9. 第21条与第7条重复，建议删除第7条。"发布有关突发事件应对管理的决定、命令、措施等"修改为"发布有关突发事件应对管理的决定、命令、措施等信息"；"法律后果"修改为"法律责任"；新增加一款"应急指挥机构依法发布的决定、命令、措施等，应当及时向本地区人民代表大会常务委员会备案；突发事件应急处置工作结束后，应当向本地区人民代表大会常务委员作出专项工作报告"

理由："决定、命令、措施等"都属于"信息"范畴，所以应该在后面加上"信息"进一步说明。"法律后果"就是"法律责任"，法条中应该用明确的说法。应急指挥机构的行为也必须进行监督，为了保障与第26条的规定衔接协调，需要增加对其监督的规范内容。

10. 第23条增加一款"自治制度"

理由：在实践当中，基层自治组织制度和机制对于应对和防范突发事件发挥重要的作用。加强自治组织的制度建设和机制的完善，在立法上引导自治制度和章程完善，做好工作分工和安排，有利于进一步提高基层自治组织的应急启动能力。

11. 第26条"县级以上人民政府"修改为"县级以上人民政府和应急指挥机构"；"决定、命令"修改为"决定、命令、措施等"

理由：作出决定、命令、措施等主体需要明确，未成立应急指挥机构的是县级以上政府，成立应急指挥机构的，则应急指挥机构是领导机关，并可作出决定、命令。作出的决定、命令和措施与发布的内容是相一致的，所以从逻辑上应该保持一致。

12. 第27条增加一款"生产经营单位、基层自治组织、学校"等主体制定预案体系的备案工作

理由：应急预案的制定主体除了各级地方政府和县级以上政府有关部门

之外，还有生产经营单位、基层自治组织、学校等，应该在此条用一款列明。

13. 第28条第2款"应急预案的制定、修订、备案等"修改为"制定、修订、备案、评估、协调和动态调整和及时更新等程序"

理由： 应急预案并不是一劳永逸的而是随着经验、科技的丰富和发展处在动态优化完善中，需要明确应急预案的动态性特点。目前应急预案的主要问题表现在滞后性。因而增加预案定期评估、整体协调、动态管理和及时更新的机制，有利于发挥应急预案的作用。

14. 第29条"预防与预警"修改为"预防与应急准备"；新增加一款规定应急预案的公示，包括制定时全面征求意见、专家论证、预案的科学性完整性等；同时要明确具体的分工，完善及时公布、及时反馈意见机制

理由： 应急预案属于预防与应急准备工作，既与第三章标题相符合也与突发事件整体过程规定一致。应急预案的公示内容，包括选择的措施、具体的分工、反馈机制等，做好应急准备的分工负责的工作。

15. 第32条"应急避难场所的规划、建设和管理工作"修改为"应急避难场所的规划、建设、管理和维修工作"

理由： 应急避难场所承载功能多，存在后续维修保障的不足，需要在立法中完整呈现。

16. 第33条"进行综合性评估"后面新增"健全预警和信息及时共享机制"。

理由： 突发事件风险评估的目的是预防和预警，所以在综合性评估后明确其目的是"健全预警和信息及时共享机制"。

17. 第34条第3款建议删除

理由： 依法登记的"危险源、危险区域及其基础信息"接入突发事件信息系统并向社会公布，存在安全风险。将危险暴露引发更大的国家安全问题，需要进一步明晰公布的信息。

18. 第35条"村民委员会应当及时调解处理"修改为"村民委员会应当定期排查矛盾源头、分级分类管理，及时调解处理"

理由： 仅调解处理还不够，需要继续向前延伸，即定期排查矛盾源头，从源头预防矛盾发生并根据风险登记分级分类管理。

19. 第37条"运输、储存"修改为"运输、储存、装卸"

理由： 与新修正的《安全生产法》第24、34条衔接协调。

20. 在第41条之后增加一条，规定"县级以上人民政府应当加强非专业应急救援队伍的培训、演练，提高应急救援能力。地方各级人民政府、县级以上人民政府有关部门、有关单位应当为非专业应急救援队伍提供专业性保障，完善相应制度和机制安排，加强相应能力培训。"

理由： 如果救援队伍缺乏相应的专业能力，反而有可能在救援过程中造成不必要的次生伤害。强化队伍的专业性保障，完善相应制度和机制安排，加强相应培训，有利于救援队伍作用的正向发挥。非专业应急救援队伍作为多元应急救援队伍中的组成部分，最大的问题是救援专业水平和能力的问题，需要加强培训、演练等专业水平提升，也需要人身安全保障和救援装备的配备。同时这一条与第41条保持衔接协调，所以应放在其后。

21. 第43条增加一款"健全应急演练场地，保障应急演练针对性和有效性。"

理由： 应急演练是非常重要的风险预防措施，但是实践中很多流于形式，原因之一就是演练场所等基础场所和设施的配套不健全。建议完善常态化应急演练基地的建设、资源的对接。

22. 第59条"加强跨部门、跨地区的信息共享"修改为"加强跨部门、跨层级、跨区域的信息共享"

理由： 信息共享除了部门间、区域间的信息共享之外，还有上下层级之间的信息共享和合作。

23. 第62条"预防"修改为"预防和减缓"

理由： 这一章是"监测与预警"，采取措施的目的就是"预防或减缓"措施。

24. 第63条"危害程度分为一级、二级、三级和四级"修改为"特别重大、重大、较大和一般共四级"

理由： 这一条的突发事件分级标准与第3条相统一。

25. 第67条"县级以上人民政府"修改为"县级以上人民政府市场监管部门"。

理由： 价格监管是市场监督管理部门的职责。

26. 第 70 条第 3 款修改为"特别重大和重大突发事件的应急响应级别划分标准由全国人大常委会制定；较大和一般的突发事件的应急响应级别划分标准由国务院制定并向全国人大常委会备案"

理由：同第 3 条的修改意见，更符合正当程序原则。

27. 第 72 条、第 73 条"应当立即启动应急响应"修改为"应当立即启动相应级别应急响应"

理由：启动应急响应与确定应急级别是对应的，不同级别的响应措施和手段是不同，需要明确启动应急响应的级别以便确定采取对应措施。

28. 第 75 条"履行统一领导职责或者组织处置突发事件的人民政府及其有关部门"修改为"突发事件发生地的民政部门"

理由：无人照料的无民事行为能力人和限制民事行为能力人的照顾如果交给履行统一领导职责或者组织处置的人民政府负担过重，应该明确照顾主体的责任单位为民政部门。

29. 第 84 条"威胁和危害得到控制或者消除后"修改为"威胁和危害得到控制和消除后，履行统一领导职责或者组织处置突发事件的人民政府应当宣布结束应急状态"

理由：条文中的"突发事件的威胁和危害得到控制或者消除后"还不够明确是否结束应急状态，需要在条文中明确结束应急，恢复正常的生产生活秩序。

30. 第 96 条"造成严重后果的，依法给予行政处罚"修改为"造成严重后果的，由公安机关依照治安管理处罚的规定处罚"

理由："警告"本是行政处罚，所以其后规定的"造成严重后果的，依法给予行政处罚"混淆了"警告"的性质，出现逻辑混乱。

31. 第 98 条"违反本法规定，构成违反治安管理行为的，依法给予治安管理处罚"删除或者保留为之前的立法方式

理由：违反一事不再罚原则，以上内容与第 95 条、第 96 条规定关系上，存在一事二罚的问题。

32. 第 103 条"应对管理工作责任单位、监测与预警、应急处置与救援、信息报送报告与公布、法律责任等另有规定的"修改为"应对管理工作责任单位、预防与应急准备、监测与预警、应急处置与救援、事后恢复与重建、

附：关于对《突发事件应对管理法（草案）》的修改意见

法律责任等另有规定的"

理由： 修改后的内容与各章的标题保持一致，既能全面涵括具体内容又能逻辑上一致。

以上供参考。

此致

中国应急管理学会法律工作委员会

二〇二二年一月十八日

后　记

2021年我们曾发布《中国应急管理法治年度报告（2019-2020）》，两年多转瞬即逝。新冠疫情期间我们的生活、工作都发生了很多变化，对时间的感知也发生了变化，这两年似乎异常的短暂。不变的是，我们对应急管理法治的持续关注，对百姓、社会和国家的深沉感情。2021-2022年是新时期应急法治建设的关键之年。两年来，我国应急法治建设成效显著，应急法治理论研究成果丰硕，应急法治"四个方面体系"越发健全，应急法治建设推进机制更加完善。又一次，我们将一份两年度报告呈现给广大读者。

2023年是全面贯彻党的二十大精神的开局之年。党的二十大就坚决维护国家安全和社会稳定作出战略部署，强调建设更高水平的平安中国，以新安全格局保障新发展格局。同时，党的二十大从全面建设社会主义现代化国家的高度对全面依法治国和法治中国建设作出部署。以上对应急管理法治建设提出更高要求。未来应急管理法治建设必须以习近平法治思想为根本遵循，系统完善应急管理法律规范体系、应急管理法治实施体系、应急管理法治监督体系、应急管理法治保障体系，努力实现应急管理法治建设全面突破。本报告对过去两年的应急管理法治展开研究，希望对我国应急管理法治事业有所贡献，并期待本报告成为系列读物，成为从事应急管理工作、研究应急法治理论与实践、关注应急法治发展的广大读者的必备用书。

本书的作者是来自中共中央党校（国家行政学院）、中国政法大学、北京师范大学、中国地质大学（北京）、中央司法警官学院、首都师范大学和上海澄明则正律师事务所、北京易和律师事务所等长期关注政府法

后 记

治、应急管理等的专家学者，他们数年如一日地对应急法治问题展开跟踪研究，他们也都是中国应急管理学会法律工作委员会的专家，参与我国应急管理体制机制的完善和执法、司法等诸多案例的讨论。

本书具体分工如下：

统稿：刘锐、王静、杨霞

第一章 中央应急管理法治特点与发展方向：陈悦、吴小亮

第二章 国内应急管理法治研究综述：王祯军

第三章 地方应急管理法治特点与发展方向：崔俊杰、谢一帆

第四章 地方应急管理法治的先进经验和试验做法：孟磊、秦颖、张睿

第五章 全国重特大生产安全事故汇总：张红、曾雯萱

第六章 应急管理执法典型案例汇总与梳理：成协中、方彦博

第七章 应急管理司法案例：闫丽彬、胡振楠、安妤、邹倩、李小琪

第八章 我国应急管理法治建设成效、问题与展望：杨霞、王静

本报告的撰写和出版得到了中国应急管理学会、最高人民法院司法大数据研究院、澄观治库、上海澄明则正律师事务所、北京市易和律师事务所的大力支持，在此表示由衷的感谢！魏顺香、龙晓莉、王潇漫、邵靖博、张彤辉、梁伟哲、徐晓丹、郑宇、王恩博、韩晓梅、武丽璇、乌日红等对本报告第七章亦有贡献，在此一并表示感谢。感谢中国政法大学出版社和余娟副总编、隋晓雯编辑，这是出版社为本系列出版的第二本报告，没有他们高度敬业、专业的工作，就不会有本报告的顺利出版。

水平和时间所限，本报告恐有疏漏，敬请读者批评指正。

本书编写组
2023 年 10 月 10 日